统计学系列教材

二十一世纪“双一流”建设系列精品规划教材

投入产出法

（第三版）

向蓉美 编著

西南财经大学出版社

图书在版编目(CIP)数据

投入产出法/向蓉美编著.—3版.—成都:西南财经大学出版社,
2018.9(2024.2重印)
ISBN 978-7-5504-3593-3

Ⅰ.①投… Ⅱ.①向… Ⅲ.①投入产出—教材 Ⅳ.①F223

中国版本图书馆CIP数据核字(2018)第156185号

投入产出法(第三版)

TOURU CHANCHUFA

向蓉美 编著

责任编辑:李晓嵩

助理编辑:袁 婷

封面设计:杨红鹰 张姗姗

责任印制:朱曼丽

出版发行	西南财经大学出版社(四川省成都市光华村街55号)
网址	http://cbs.swufe.edu.cn
电子邮件	bookcj@swufe.edu.cn
邮政编码	610074
电话	028-87353785
照排	四川胜翔数码印务设计有限公司
印刷	四川五洲彩印有限责任公司
成品尺寸	185mm×260mm
印张	15.125
字数	342千字
版次	2018年9月第3版
印次	2024年2月第3次印刷
印数	3001—3500册
书号	ISBN 978-7-5504-3593-3
定价	35.00元

第三版前言

投入产出法这项重要发明给了经济科学一种经验上有用的方法，以阐明一个社会的生产系统中的一般相互依赖关系。特别是，这个方法能够用于系统地分析一个经济中的复杂的产业之间的交易。“投入产出分析是一种用于分析经济的解剖学和生理学的非常复杂的统计方法，除了被认为是一种描述工具所具有的价值外，它还是一种重要的预测和计划手段。”因此，《投入产出法》不仅作为高校的教材，也经常作为经济管理干部的培训教材和参考资料。

本教材自2007年第一版出版和2013年第二版出版以来，使用情况很好，不时得到使用者的意见反馈，为此，我们再次对教材做了修订。

投入产出表不仅在经济总体层面完整地体现了国内生产总值的三种计算方法，而且还在纯部门或者产品层面体现了这些计算方法，我们在第二章中凸显了这一点。

中国对尾数是2和7的年份进行全国投入产出调查，编制投入产出表，公布了2012年投入产出表。本次修订全面更新了数据，并对2012年和2007年基本的投入产出数据进行了比较，从中可以看出我国产业及其结构的发展变化趋势。

虽是老话但也是诚挚的话，随着投入产出法研究和应用的发展，我们会不时修订本教材，希望读者提出宝贵的意见。

向蓉美

2018年9月

第二版前言

《投入产出法》自2007年第一版出版以来，被多所高校作为教材采用。一方面，有的学者请教有关投入产出的问题，有的就书中的内容提出建议。另一方面，投入产出法的研究和应用也有了新发展，为此，我们对教材做了修订。

投入产出核算是国民账户体系（system of national accounts，SNA）的组成部分。联合国1968年SNA正式把投入产出核算纳入国民经济核算体系，并制定了编制投入产出表的部门分类目录、指标解释、计价标准、计算方法等。1993年SNA强调“将投入产出法纳入国民经济核算体系是SNA的一个重要特点”，2008年SNA更是突出了投入产出核算，把1993年SNA“供给和使用表及投入产出”一章，分成了“供给使用表及货物和服务账户”和“投入产出及其他基于矩阵的分析”两章。2008年SNA还强调：投入产出表的代数性质使其特别适合于分析，由此可对如下问题进行估计：相对价格变化的影响、由于产出水平变化而对劳动和资本需求变动的影响、需求模式变化之后果的影响等。投入产出表也可以作为扩展版本的基础，例如，用扩展表可以估计经济需求对环境的影响。在修订版中，笔者力图把这些思想纳入进去，更明确投入产出核算与国民经济核算体系的关系。

我国对尾数是2和7的年份进行全国投入产出调查，编制投入产出表。目前已出版了中国2007年投入产出表，2014年将进行2012年全国投入产出调查，估计2014年会公布中国2012年投入产出表。所以本次修订版中，基本原理部分使用了2007年投入产出表数据，并就一些问题与2002年做了比较分析。

另外，笔者订正了《投入产出法》第一版中一些印刷和原稿的错误，使文字表述更准确。

随着投入产出法研究和应用的发展，我们会继续修订本教材，希望读者提出宝贵的意见。

向蓉美

2013年1月于光华园

第一版前言

投入产出法自1936年产生以来,在世界范围内得到广泛的应用,编制技术和应用技术日益提高。

投入产出法将深刻复杂的经济内涵与简洁易懂的数学表达形式完美地结合在一起,成为经济系统数量分析不可或缺的工具,被普遍用于经济预测和规划、重要经济关系分析、均衡和非均衡分析等。

我国投入产出法的研究和应用始于20世纪60年代初期,党的十一届三中全会以后,得到了大力的恢复和发展。从1987年开始,我国国务院决定每逢尾数是7和2的年份进行全国投入产出调查,编制基本投入产出表,每逢尾数是0和5的年份编制延长投入产出表。投入产出表的编制和应用,极大地提高了我国宏观经济分析和决策的水平。

1984年笔者选择"吸收SNA的长处,建立我国的国民账户体系"为硕士毕业论文题目,接触到了投入产出法并对其产生兴趣。1985年笔者自编油印教材《简明投入产出法》,给学生开设了"投入产出法"课程。笔者于1989年与庞皓教授合著了《投入产出分析》(西南财经大学出版社出版)用于教学,此后发表了约10篇有关投入产出法的论文,近几年承担的国家社科基金项目、国家统计局科研项目和四川省统计局科研项目等都与投入产出法密切相关。

如今,出于学校教学与实际部门经济管理人员学习的需要,笔者重新编写了本书。编写中努力突出以下特点:

讲清基本原理、突出主要应用、融入研究成果。本书的内容按照原理→应用→拓展的逻辑思路展开。其中第1、2、3、4章是原理篇,第5、6、7章是应用篇,第8、9章是拓展篇。这样的安排脉络清楚,学以致用,启发思考。内容中融入自己及与研究生一起研究的成果,如投入产出系数新探、完全需求系数的求解及求解条件探讨、投入产出法在文化产业关联度分析中的应用等。

夯实相关理论、联系中国实际、注重能力训练。为了便于组织教学和有利于自学,本书用一章的篇幅介绍投入产出法的预备知识,包括国民经济核算体系、国内生产总值和矩阵知识。书中绝大部分数例来自中国2002年投入产出表,应用于中国实际问题的分析。本书注重培养学生应用和解决实际问题的能力,每章后面配有本章小结以及思考与练习题,便于学生把握本章的学习要点,并通过思考与练习题加深对本章内容的理解和掌握。

本书详细阐述了投入产出法的基本理论方法和应用,可以作为高等院校经济类和管理类各专业学生的教材,也可以作为广大经济管理人员自学和应用的参考文献。

笔者的博士生和硕士研究生马丹、孟彦菊、敬艳辉、沙方芳参加了一些内容的研究和写作以及部分计算工作,孟彦菊做了全书的校对工作。

随着投入产出法研究和应用的发展,我们将适时修订本书,恳请读者将使用本书的建议和意见及时反馈给我们,对此我们表示衷心的感谢。

向蓉美

2007 年 4 月于光华园

目　录

1 总论

"瑞典皇家科学院已决定将1973年度纪念阿尔弗雷德·诺贝尔经济学奖授予美国马萨诸塞州坎布里奇哈佛大学的沃西里·里昂惕夫教授。因为投入产出法的发展,并且因为它在重要经济问题上的应用。"

"里昂惕夫教授是投入产出技术独一的和没有挑战的创始人。这项重要发明给了经济科学一种经验上有用的方法,以阐明一个社会的生产系统中的一般相互依赖关系。特别是,这个方法提供系统地分析一个经济中的复杂的产业之间的交易。"①

—— 瑞典皇家科学院1973年公告

1.1 投入产出法概述

1.1.1 投入产出法的基本概念

投入产出法是在一定经济理论指导下,编制投入产出表,建立相应的投入产出模型,综合系统分析国民经济各部门、再生产各环节之间数量依存关系的一种经济数量分析方法。它是经济学、统计学与数学相结合的产物,是对具有复杂联系现象进行数量分析的一种方法。

1970年诺贝尔经济学奖获得者保罗·萨缪尔森说:"哈佛大学的沃西里·里昂惕夫于1973年荣获诺贝尔经济学奖,他是因为就一个经济各个部门的投入产出结构所做的开创性研究工作而获得此殊誉的。投入产出分析是一种用于分析经济的解剖学和生理学的非常复杂的统计方法,除了认为是一种描述工具所具有的价值外,它还是一种重要的预测和计划手段。"②

国民经济是由许多部门、再生产各种活动构成的有机整体。国民经济的运行过程就是国民经济各个部门实现再生产各个环节活动的过程。社会产品一经生产出来,就具有价值和使用价值,由此产生了两种相对应的运动 —— 实物运动和价值运动。一方面,一部分社会产品(货物)的实物由运输部门将其送到消费地,再由批发零售贸易业、物资供销业或集市贸易把货物送到其他生产者或消费者手中,完成社会产品的实物运动;另一

---

① 王宏昌. 诺贝尔经济学奖金获得者讲演集(上)[M]. 北京:中国社会科学出版社,1997.

② 李仁贵. 24位诺贝尔奖大师解读经济学与人生[M]. 北京:经济日报出版社,2003.

部分社会产品(服务)的生产与使用是同时完成的,一旦生产出来即被消费掉;社会产品的实物运动形成社会总供给。另一方面,社会产品以价值形态进入分配过程,各个部门通过出售社会产品而取得货币收入,在扣除了用于补偿生产过程中消耗的货物和服务的价值后,要在生产部门内部进行初次分配,初次分配以后还要进行再分配,形成各个部门的可支配收入,以购买所需要的社会产品,从而完成社会产品的价值运动(资金运动)。社会产品的价值运动形成社会总需求(见图 1 - 1)。

可见,在市场经济条件下,国民经济活动表现为产品实物运动和货币资金运动的对立统一、使用价值和价值的对立统一、社会总供给与社会总需求的对立统一。实物运动体现在生产、使用过程中,在这两个过程中,社会产品的价值和使用价值是统一的。社会产品一旦离开生产过程,使用价值和价值就发生分离,在使用过程中社会产品的价值和使用价值重新统一起来,但是这一次的统一在量和质上都与生产过程的统一不一样了。如果生产过程与使用过程的使用价值和价值统一或基本统一,即社会产品全部都能售出,同时各个部门又能用其收入购买到所需要的产品,就意味着社会总供给与社会总需求基本平衡,就形成国民经济的良性循环。国民经济的运行过程就是社会产品的两种形态从统一到分离再到统一的周而复始、不断更新的过程;国民经济的良性运行就是各个部门和社会再生产各个环节协调发展,社会总供给与总需求保持平衡、协调发展的过程。

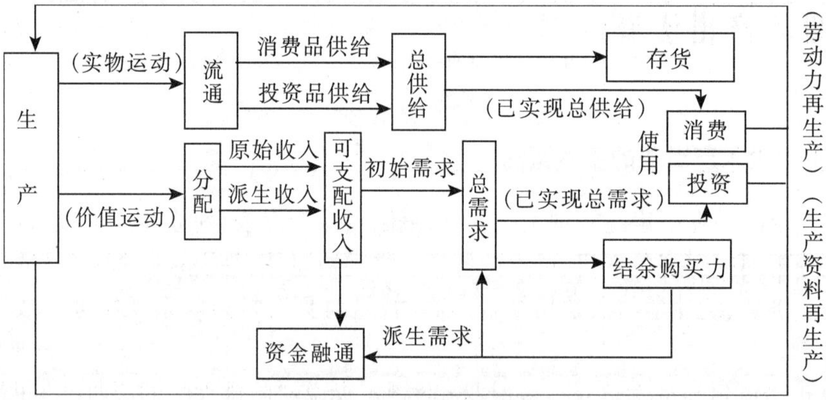

图 1 - 1　国民经济运行图

在实物运动和价值运动中,国民经济各个部门之间,再生产各环节之间,各个子系统之间存在着极其复杂的经济联系和生产技术联系:一些部门的生产成果是另外一些部门的生产投入,一种产品的产出会影响其他产品的产出,一种产品的价格会影响其他产品的价格,等等。随着生产的发展,技术的进步,各种联系会更趋复杂,可以说现代经济就是在各种复杂联系的网络基础上进行的。国民经济系统内的联系虽然复杂,但可以概括为消耗与被消耗即投入与产出之间依存的关系。因此,可以从投入和产出的角度对国民经济系统的复杂联系进行研究。

所谓投入,指从事一项经济活动的消耗,包括产品生产经营过程中所消耗的原材料、辅助材料、燃料、办公用品、服务、机器设备、劳动力等。所谓产出,指从事经济活动后得到的一定数量的货物和服务以及它们的分配使用去向。

国民经济中的投入和产出,不仅是一个定性的概念,更是一个定量的概念。因为国民经济各子系统之间的依存关系，总是体现为一定的数量关系。例如生产若干吨钢材，需要消耗多少吨生铁，多少吨焦炭等。投入产出法的主要任务就是将这样的数量关系揭示出来，并利用其建立数学模型，进行经济分析和预测等。

我们称反映投入与产出相互关系的表格为投入产出表，称反映投入和产出相互关系的数学公式为投入产出模型。投入产出法的基本内容是编制投入产出表、建立投入产出模型、进行经济分析和预测，所以投入产出法也常常被称为投入产出分析、投入产出技术。

1.1.2 投入产出法的特点

1.1.2.1 投入产出法是一种经济计量方法

西方把投入产出法作为经济统计和经济计量学的一个组成部分。美国经济学家威廉在《投入-产出分析基础理论》中说："投入产出法是经济统计中的一部分。更确切地说，它是经济计量学的一部分。"① 所谓经济计量就是定量地测度经济，其核心是通过建立数学模型来研究经济中的数量关系。

投入产出法通过一些假定，把各种经济变量之间的关系都处理成一次函数关系，利用相对稳定的经济参数（系数）建立确定的线性模型，用以描述各个生产部门的内在联系，反映不同部门之间的货物和服务流量。

数学为经济学家提供了一种语言和一种方法，可以使复杂问题明晰化或简单化。1969年瑞典皇家科学院爱立克·伦德伯教授宣布第一届诺贝尔经济学奖授予经济计量学之父简·丁伯根和拉格纳·弗里希时，第一句话就是："过去40年中，经济科学朝着用数学表达经济内容和统计定量的方向发展。"他还说："经济学家们编制有关战略经济关系的数学模型，借助时间序列的统计分析，使这些模型定量地写出来的尝试，事实证明是成功的。"②1970年诺贝尔经济学奖获奖者保罗·萨缪尔森认为可以"在数学中寻求统一和清晰"。有人说华西里·列昂惕夫的投入产出法是用简单分析的方法，打开了深入分析的路子。确实，线性方程组是简单的，而各个部门无穷次的直接或间接联系却是复杂的。

投入产出模型虽然是比较简单的线性模型，但是却是比较大型的方程组，离了计算机的帮助是不可能把投入产出法用于实践的。保罗·萨缪尔森在描述沃西里·里昂惕夫时写道："10 × 10这样的系数就够吓人的了。可当有关行业的数据为100 × 100和400 × 400时，系数的个数开始多达几十万之多，同时解它们的运算次数更是多达百万之众。就在那时，巨大的计算机发明了，里昂惕夫是它的第一大客户。"③ 里昂惕夫在接受诺贝尔经济学奖时也说，1935年开始利用一台大规模机械计算机，并在1943年利用了马克*I*型（第一台大规模电子计算机）。

1.1.2.2 投入产出法是一种系统分析方法

投入产出法中，自始至终体现了系统的思想。所谓系统，是由相互作用、相互依存的若干部分结合而成的、具有特定功能的有机整体，而这个整体（系统）本身又是它所从属

① 威廉·H. 密尔涅克. 投入产出分析基础理论[M]. 秋同，译. 北京：中国社会科学出版社，1980.

② 王宏昌. 诺贝尔经济学奖金获得者讲演集（上）[M]. 北京：中国社会科学出版社，1997.

③ 李仁贵. 24位诺贝尔奖大师解读经济学与人生[M]. 北京：经济日报出版社，2003.

的一个更大系统的一个组成部分或者一个子系统。任何一个系统都具有:① 集合性。它指系统是由两个以上元素组成的整体;② 相关性。它指系统各元素之间相互作用,相互依赖;③ 目的性。它指系统有明确的目标;④ 适应性。它指系统要适应环境的变化;⑤ 整体性。它指系统元素之间相互关系及元素与系统之间的关系,以整体为准进行协调,局部服从整体,以整体效果为最优。

投入产出法遵循系统论的思想,把国民经济看作由许多子系统构成的巨大经济系统。从横向看,国民经济由各个部门 —— 货物生产部门子系统(农、林、牧、渔业以及工业、建筑业)和服务生产部门的子系统(运输计算机软件业、商业、生活服务、金融保险、文教、卫生、广播电视、国家管理等部门)构成,其中每一个子系统又由若干低一层次的子系统组成,如工业系统由采矿业,制造业,电力、燃气及水的生产和供应业等子系统组成,这些子系统还可以再细分。同一层次的子系统相互依存,相互制约,存在着错综复杂的横向联系。从纵向看,国民经济由各种活动 —— 生产、流通、分配、使用等再生产子系统构成,每一个子系统又可以细分成若干小一些的子系统。这些子系统在时间上依次继起,周而复始,上下子系统之间存在着错综复杂的纵向联系。一个子系统变化了,会影响其他子系统的变化。生产、分配、交换、消费四个子系统,生产是起点,消费是终点,分配和交换是连接生产和消费的纽带。生产决定消费,消费又重新引起再生产契机。国民经济系统的目标很明确,就是要不断提高物质技术水平,生产出高质量、多数量的产品,提供优质的服务,来满足社会和人民群众日益增长的物质文化生活需要。国民经济系统是一个开放的系统,需要大力发展国际联系,不断引进先进技术,发展外贸,出口优质产品取得外汇,进口本经济体需要的生产要素和产品。国民经济各子系统间是相互联系的,目标是一致的,但又不可避免有这样那样的不适应或者说矛盾的地方。在这种情况下,必须有全国一盘棋的观点。在局部看来可行,甚至效益还比较好,但在整体看来不好,就要以整体为准进行权衡协调。

投入产出法正是把各个部门放在国民经济整体中,研究它们之间相互依存、相互制约关系的一种方法。一张投入产出表,一组投入产出模型,既有反映国民经济整体最综合的指标,如社会总产出、国内生产总值、最终消费、资本形成总额等,又有各个部门的总产出、增加值、提供给社会的消费品数量、投资品数量等;既有反映国民经济整体平衡的关系式,又有反映各个部门平衡的关系式,任何部门的一点点数量变化,都会引起国民经济整体的数量变化。

1.1.3 投入产出法研究的经济关系

投入产出法研究国民经济各个部门之间在生产中发生的直接和间接的联系。“投入产出分析把生产系统中相互依赖的关系描写为各生产部门之间的交货网络。对每个生产部门而言,技术系数规定生产每个单位的每种产品需要中间产品的数量。用于消费、投资和出口的产品最终需求通常当作决定于生产系统以外的条件来处理。分析的目的在于求出为了满足用于消费、投资和出口的产品最终需求或计划的增量,经济的各部门必须增加多少生产。因此每个部门的增产量必须不仅包括最终需求的变化,而且也包括各生产部门对中间产品的需求的次生变化。”①

由于社会分工,国民经济体系逐步形成了很多具有不同作用的部门。国民经济各个部门之间存在着密切而复杂的相互依存、相互制约的关系,这些关系最突出地表现在产出与消耗的关系上。国民经济每一个部门生产的产品都要提供给其他部门用作生产消耗,每一个部门在生产中又都需要消耗其他部门的产品。例如,生产钢铁需要消耗机械,生产机械也需要消耗钢铁,这是双向的联系;生产煤炭需要消耗机械,但是生产机械不需要消耗煤炭,这是单向的联系(见图 1 - 2)。这种消耗和被消耗的关系不仅有直接的,还有间接的,例如,为了生产机械,需要直接消耗钢铁,但是为了生产钢铁需要直接消耗电,为了生产电又需要直接消耗煤炭,等等。生产机械除了要直接消耗钢铁外,还要间接消耗电、煤炭等。事实上,间接消耗是无穷次的。任何一个部门的产品在这个产品链上发生了问题,都会影响其他部门。正是各个部门这样的联系,才构成了国民经济大系统。

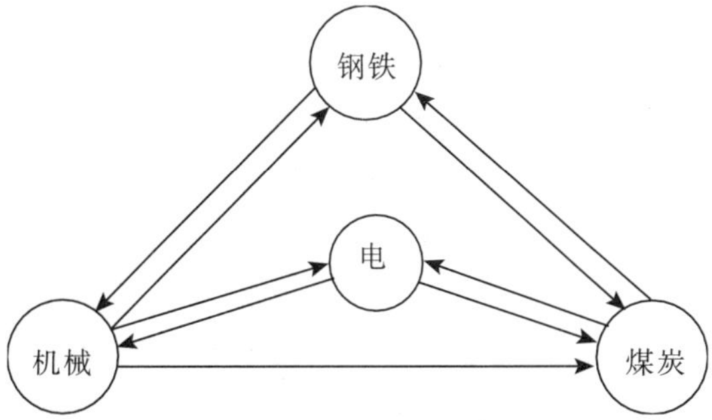

图 1 - 2　部门之间在生产中的联系示意图

国民经济的这种复杂联系早就为人们所知,但是要从数量上确定这些联系不能仅靠人们的经验和常识,或靠一般的数量分析方法,而唯有投入产出方法能够定量地分析这些直接和间接关系。投入产出法以国民经济为整体,以产品为对象,把产出和进口作为总资源,把中间消耗、最终使用、资本形成总额、出口作为总资源的使用,从数量上揭示国民经济各个部门之间相互依存、相互制约的关系。

1.2　投入产出法的产生和发展

1.2.1　投入产出法的产生

投入产出法产生于 20 世纪 30 年代中期,创始人是当时在美国哈佛大学任教的美籍俄国经济学家沃西里 · 里昂惕夫教授。1936 年,他发表论文《美国经济制度中投入与产出的数量关系》,被认为是投入产出法产生的标志。

早在 1925 年,里昂惕夫还在柏林大学学习期间,就在《世界经济》上发表过一篇题为《俄国经济的平衡 —— 一个方法论的研究》的论文,第一次阐述了投入产出法的基本思

① 王宏昌. 诺贝尔经济学奖金获得者讲演集(上)[M]. 北京:中国社会科学出版社,1997.

想。20世纪30年代初期移居美国后,他开始对投入产出法进行系统的研究。列昂惕夫获得诺贝尔经济学奖后在其自传中写道:"我得出这样的结论,所谓局部分析对经济系统的结构和作用的基本了解,不能提供充分广阔的基础,我在 1931 年开始构思一种能够验证实施的全部均衡理论。1932 年接受一笔研究经费,用于编制美国经济的第一次投入产出表(1919—1929 年)。 1935 年开始利用一台大规模机械计算机,并在 1943 年利用了马克I型(Mark-I,第一台大规模电子计算机)。在 1941 年出版了《美国经济结构,1919—1929》之后,我继续从事投入产出理论及其不同应用的发展工作。" ①

从投入产出法产生到里昂惕夫获得诺贝尔经济学奖,再到他此后的研究,半个多世纪以来,他的研究工作大体可以分为三个阶段。

第一阶段:20 世纪三四十年代。这一阶段里昂惕夫的工作重点是建立投入产出法的理论体系,并编制美国的投入产出表。1932 年,他被邀请去哈佛大学经济系工作。当时他正在设计美国经济部门之间商品流量的统计估算表,要求 1 500 美元资金援助,以便能在一年内雇一名助手,帮助他实现十分重要的新的研究。当时哈佛大学经济系很怀疑地考虑了他的请求,要他答应在 1932 年年底"用书面报告他的失败" 为条件,给了他 1 500美元补助金。但里昂惕夫从来没有报告过他的失败,他坚毅而踏实地进行研究工作,花了 4 年时间为编制第一张投入产出表收集资料。1936 年,他在《经济统计评论》上发表了关于这方面的研究成果《美国经济制度中投入与产出的数量关系》—— 投入产出法产生的标志。接着在 1941 年,他出版了《美国经济结构 1919—1929》一书,详细阐述了投入产出法的内容。这 20 年来,他为研究美国经济问题提出了一个新的方向,同时也在这长期的编制和研究工作中,检验和充实了他的投入产出理论。

第二阶段:20 世纪五六十年代。在里昂惕夫看来,投入产出法是经济分析的一个全能工具,所以他在解决了一国国民经济的投入产出表的编制和应用问题以后,进一步运用这个方法来研究不同的局部或个别环节的经济问题。1966 年他出版了一本论文汇编《投入产出经济学》(商务印书馆 1980 年出版,崔书香译),书中 11 篇论文涉及的问题有:生产结构、动态分析、成本与价格、计划与预测、地区间的经济关系、对外贸易、不发达国家的经济发展、裁军对生产和就业的影响等。这本专著代表了他这一阶段的研究工作。美国劳工统计局于 1962 年开始进行投入产出预测工作。在这一个阶段,线性规划模型与投入产出模型相结合得到了很大的发展。为美国空军做经济规划工作的经济学家所做的许多线性规划中,大量使用 1947 年投入产出表数据。

要特别提到的是,没有计算机技术的发展,线性规划和投入产出模型只能停留在学术活动的领域。投入产出分析中要使用里昂惕夫逆矩阵,20 世纪 50 年代,用手摇计算器完成10 阶的逆矩阵大约要花一周的时间,1951 年用马克 Ⅱ(Mark - Ⅱ)型计算机求41 个部门系数的逆矩阵花了 56 小时,而到 1969 年,用 IBM 7094 计算机求 100 阶的逆矩阵,只需要 36 秒钟,在 CDC 6600 机上只用了 10 秒钟。计算时间的惊人缩短意味着以前不可能进行的,或者需要几周、几个月甚至几年才能完成的许多投入产出分析,能够在很短的时间完成。

---

① 王宏昌. 诺贝尔经济学奖金获得者讲演集(上)[M]. 北京:中国社会科学出版社,1997.

第三阶段:20 世纪 70 年代以来。这段时间,里昂惕夫集中研究了世界范围的经济问题,特别是发达国家与发展中国家之间的经济关系,以及世界各国的未来环境污染问题,试图建立世界性的投入产出表。1973 年,他在获得诺贝尔奖时所做的学术报告《世界经济结构 —— 一个简单投入产出模型概要》的第一句话就是:"世界经济就像一个国家经济一样,可以看作一个相互依赖过程的系统。""这次讲演的主题是阐述世界经济的一种特殊投入产出观点。这个模型应当提供一个框架来汇集和组织描写世界经济所需要的大量事实和数据。这样一个系统,对具体了解世界经济结构,以及系统地描绘它,在将来可能运动的各条不同道路是有用的。"①1977 年他出版的《世界经济的未来》一书,探讨了环境污染和预测了下一个世纪世界经济的变化。

1965 年以前,投入产出研究的重点在于把其作为经济分析的工具,而不是一种核算结构。1965 年以后,当投入产出表的编制和发表成了常规性的工作,成为美国完整国民账户的一部分,把投入产出纳入核算结构中时,引起了国民经济核算专家的关注。因创立国民账户体系(System of National Accounts,即 SNA②)而获得 1984 年诺贝尔经济学奖的英国经济学家理查德 · 斯通(Richard Stone),于 1961 年发表了一篇文章《投入产出与国民账户》。国民经济核算专家认为这篇文章阐明了如何把收入和生产账户的核算与投入产出账户核算相互协调起来的方法,使得投入产出账户可以成为国民账户的一部分。

1968 年,联合国正式把投入产出核算纳入国民经济核算体系,并制定了编制投入产出表的部门分类目录、指标解释、计价标准、计算方法等。1993 年 SNA 强调"将投入产出法纳入国民经济核算体系是 SNA 的一个重要特点"。2008 年 SNA 更是突出了投入产出核算,把 1993 SNA"供给和使用表及投入产出"一章,分成了"供给使用表及货物和服务账户"和"投入产出及其他基于矩阵的分析"两章。在国民经济核算体系中,投入产出的重要作用是把货物和服务账户与生产和收入形成账户相连接起来,将机构部门的生产账户和收入分配账户加以细化,通过编制投入产出表,得到一个完整描述生产领域的核算框架。这个框架是使来自不同核算渠道的有关货物和服务流量统计数据一致性的核算框架,是使经济统计的定义和分类一致性的协调框架,是使产业关系和产品关系明晰化的分析框架。这个框架也适合计算国民经济核算中的大部分数据,如国内生产总值及其组成部分,并且易于发现数据中存在的问题,对于把货物和服务流量分解成物量和价格从而进行一系列价格和物量的测算是非常重要的。2008 年 SNA 还强调:投入产出表的代数性质使其特别适合于分析,由此可对如下问题进行估计:相对价格变化的影响,由于产出水平变化而对劳动和资本需求变动的影响,需求模式变化之后果的影响,等等。投入产出表也可以作为扩展版本的基础,例如,用扩展表可以估计经济需求对环境的影响。

1.2.2 投入产出法的推广应用

里昂惕夫提出投入产出法后,最初并没有得到美国政府和经济学界的重视和支持。美国经济 1919—1929 年投入产出表基本上是依靠里昂惕夫个人学术研究的兴趣同助手一起靠私人的力量编制出来的。一直到第二次世界大战开始,投入产出法的命运才出现

---

① 王宏昌. 诺贝尔经济学奖获得者讲演学(上)[M]. 北京:中国社会科学出版社,1997.

② 我国曾将 SNA 译为国民经济核算体系。

了转变的契机。

1941 年,美国总统罗斯福决定生产5万架飞机。而制造飞机要消耗铝,所以要完成飞机制造任务,必须生产很多的铝,这是很容易推算出来的。但是未考虑到间接消耗问题:铝是电解法生产的,每吨铝在电解过程中要耗电 16 000 多度;为了生产铝要大量消耗电,而为了传送和使用电,需要很多电线、电器等;电线、电器等都需要消耗铜。这是由于事先没有考虑周到,因而造成了铜的严重紧张状况。于是,美国政府不得不向国库借用白银来代替铜,保证电的生产和传输。这时美国政府深感需要有一个比较科学、完备和准确的计算工具来研究经济、控制经济、干预经济。投入产出法是一种能够测度直接和间接消耗联系的科学方法,从而受到了美国政府的重视。美国劳工部聘请里昂惕夫为指导,花了 3 年时间,编制完成了美国经济 1939 年投入产出表。这是美国第一张官方投入产出表。利用这张投入产出表,美国劳工部对"如果第二次世界大战在 1945 年 6 月 30 日结束,1945 年年末美国的就业情况会是什么样"进行了预测。有人认为随着战争的结束,对武器的需求量会减少,从而对钢铁的需求量也会减少。但是,根据投入产出分析,里昂惕夫认为美国对钢铁的需求量不但不会减少,反而要增加, 1947 年需要 9 800 万吨钢铁。事实上,美国 1947 年生产了 9 650 万吨钢铁,基本上满足了建设的需要。

第二次世界大战结束后,投入产出法更加受到美国企业界和政府的重视。在洛克菲勒基金会和美国空军的支持下,里昂惕夫在哈佛大学成立了投入产出法研究机构,并于 1949 年由美国劳工部组织花费约 400 万美元编制了包括约 450 个部门的"1947 年美国经济投入产出表"。这张表的 192 个部门版本的数据被用于与朝鲜战争有关的经济分析和计划,因此被称为"紧急状态模型(EM 模型)"。

由于美国政府的重视,应用投入产出法取得了一定成效,因此投入产出法很快传播到世界很多国家。许多国家的学者来到里昂惕夫工作的哈佛大学,学习编制和应用投入产出法。西欧国家和日本先编制了投入产出表,应用进展很大。20 世纪 50 年代在西方国家曾出现了一个编制投入产出表的热潮。据不完全统计,1950 年以前只有美国、英国、丹麦、挪威、荷兰、加拿大、澳大利亚、波多黎各、阿根廷和日本编制了投入产出表,到 1955 年有 25 个国家编制,而 20 世纪 50 年代末期已有 57 个国家编制了投入产出表。20 世纪 50 年代末期以前,苏联和东欧国家对于在经济研究和计划工作中应用数学方法和电子计算机技术很不重视,甚至持批判态度。可随后由于国内经济发展的需要和西方国家应用实践的影响,这种状况得到扭转。1957 年以后,苏联在其科学院院士涅姆钦诺夫的领导下,开始研究、编制和应用投入产出表;匈牙利自 1959 年以后,基本上每年都编制投入产出表,在经济计划工作和经济分析中广泛应用投入产出法。这些国家也改革了原有的统计报表制度,使之适合编投入产出表的需要。迄今,已有 100 多个国家编制过投入产出表。据国际投入产出协会 2000 年度报告,世界上有 80 多个国家和地区定期编制投入产出表①。

随着投入产出法在世界范围内的迅速推广应用,为了增进投入产出技术研究者和使用者交流经验,共同探讨理论方面和应用方面出现的情况,联合国于 1950 年成立了"国际投入产出协会",由沃西里·里昂惕夫任主席。组织者中除里昂惕夫外,还包括 1969 年首

---

① 许宪春,刘起运. 中国投入产出分析应用论文精粹(序)[M]. 北京:中国统计出版社,2004.

届诺贝尔经济学奖获得者简·丁伯根和拉格纳·弗里希,1975 年诺贝尔经济学奖获得者加林·库普曼斯和1984年诺贝尔经济学奖获得者理查德·斯通等著名经济学家。国际投入产出大会从每四年召开一次到每两年召开一次,再到每年召开一次。其召开时间和地点依次为:1950 年,荷兰的德里贝亨(Driebergen);1954 年,意大利的拉文那(Vavenna);1961 年、1968 年、1971 年,瑞士的日内瓦(Geneva);1974 年,奥地利的维也纳(Vienna);1979 年,奥地利的英斯布鲁克(Innsbruck);1986 年,日本的札幌;1989 年,匈牙利的凯斯特海伊(Keszthely);1993 年,西班牙的塞维利亚(Seville);1995 年,印度的新德里(New Delhi);1998 年,美国的纽约(New York);2000 年,意大利的马切拉塔(Macerata);2002 年,加拿大的蒙特利尔(Montreal);2005 年,中国北京;2007 年,土耳其的伊斯坦布尔(Istanbul);2009 年巴西的圣保多(S ã o Paulo);2010 年澳大利亚的悉尼;2011 年美国的亚历山德里亚(Alexandria);2012 年斯洛伐克首都布拉迪斯拉发(Bratislava)。

我国代表从第 7 届开始参加会议,第 7 届会议于 1979 年 4 月在奥地利的因斯布鲁克举行,会议的主题是世界经济结构的变化,即讨论投入产出世界模型。英国剑桥大学教授理查德·斯通(国民账户体系 SNA 创始人)做了“投入产出的目前状况”的总结报告,系统总结了40 多年来投入产出法的发展情况。他认为投入产出法具有巨大的生命力,因为它能把简单的开始变成越来越复杂的形式,它能在它的发源地以外用于社会科学的各个领域,使计算机的应用范围扩大,而计算机又促进了这个方法的成功,投入产出分析已有巨大进展,正处于蓬勃发展的时期。第 15 届国际投入产出会议于2005 年6 月在我国北京召开。2016 年还在北京召开了投入产出技术国际研讨会。

由于投入产出法将深刻复杂的经济内涵与简洁易懂的数学表达形式完美地结合在一起,成为经济系统数量分析不可或缺的工具,被普遍用于经济预测和规划,分析重要决策、事件影响和经济 - 环境依存关系等方面,所以国际投入产出协会不仅吸引了投入产出学界的专家,也吸引了整个经济学界、管理学界专家和一些政府机构的关注。在历届会议上,参加者中都不乏来自各个不同领域的著名专家和政府机构成员。例如,在会议上做主题发言的学者中,有被称为“宏观经济计量学之父”的 1980 年诺贝尔经济科学奖获得者劳伦斯·R. 克莱因,有被称为“现代经济增长理论之父”的 1987 年诺贝尔经济学奖获得者罗伯特·默顿·索洛。另外,美国经济分析局(BEA)、加拿大统计局等都是国际投入产出协会的机构会员,积极参加了历届会议并提交论文。

1.2.3 我国研究和应用投入产出法的概况

投入产出法的研究和应用,在我国经历了一个曲折的过程。20 世纪 60 年代,我国一些科研机构和高等院校就开始进行投入产出法的宣传介绍和理论探讨工作了。1960 年,当时的中国科学院数学研究所运筹室成立了经济数学方法组,专门从事投入产出法研究。1965 年,鞍钢编制的企业投入产出表,是我国的第一张投入产出表。尽管“文化大革命”对这项工作干扰破坏很严重,使其中断了很长时间,但中科院数学所的同志们仍于1972 年整理了《部门间综合平衡方法》一书,较详细地介绍了国家级、地方级、企业级的投入产出表的结构和方法。1974 年,他们又和国家计委计算中心的同志们一起,编制了1973 年 61 × 61 的全国实物型投入产出表。这是第一张全国型投入产出表,在当时的历史条件下,编制出这样一张表,是相当不容易的事了。

党的十一届三中全会开始的改革开放以后，投入产出法的研究和应用得到大力的恢复和发展。山西省从1979年开始用了两年多的时间编制了1979年全省88×88实物型投入产出表和56×56的价值型投入产出表。化工部于1979年编制了1978年主要化工产品的投入产出表。目前全国很多省市和企业都编制了投入产出表，积累了很多经验。1987年3月，国务院办公厅发出了《关于进行全国投入产出调查的通知》明确规定从1987年开始，每逢尾数是7和2的年份进行一次全国投入产出调查，编制基本投入产出表，每逢尾数是0和5的年份编制延长投入产出表，这样使编表工作制度化。从1987起，我国已经编制了1987年、1992年、1997年、2002年、2007年的基本投入产出表。近年来我国学者在考虑存量的投入产出法、投入产出表的更新等问题的研究上居于国际比较领先的地位。

1.2.4 投入产出模型的种类

投入产出模型种类较多，有产品投入产出模型、环境污染投入产出模型、水资源投入产出模型等，但是应用成熟的和实际应用的主要是产品投入产出模型。产品投入产出模型的分类如表1－1所示。

- 投入产出模型
  - 按分析时期分
    - 静态模型
    - 动态模型
  - 按计量单位分
    - 价值型模型
    - 实物型模型
    - 劳动型模型
  - 按资料范围分
    - 世界模型
    - 全国模型
    - 地区模型
    - 地区间模型
    - 部门模型
    - 企业模型
  - 按编表时期分
    - 报告期模型
    - 计划期模型

表1－1　投入产出模型的种类

静态模型是分析与研究某一个时期的再生产过程，其中的变量只涉及某一个时期，基本建设投资是事先确定的。动态模型是分析与研究若干时期的再生产过程，并研究各个时期再生产过程的相互联系，它的变量涉及几个时期，基本建设投资是本期即若干时期产量增加量的函数，不能事先确定，而要通过模型来求解。静态模型比较成熟，应用历史长，范围广。动态模型离实际应用还有距离，还需要从理论和实际方面进一步研究。本书以下阐述的均为静态产品投入产出模型。

价值型投入产出表中所有数字都按价值单位（元、万元、亿元等）计量。实物型投入产出表中大部分产品都按实物单位计量，如米、吨、台等，但是有一些也需要采用价值单位。劳动型投入产出表中的数字都用劳动单位如“人年”来表现。目前我国编制的主要是价值型投入产出表和实物型投入产出表。

报告期模型是用过去年份的实际统计资料编制的。计划期模型是根据计划计算或预测,说明今后某一时期的。我国逢尾数为 2 和 7 的年份编制的基本投入产出表和逢尾数是 0 和 5 年编制的延长表都是属于报告期的投入产出表。

以上各种分类只是从不同的角度划分,实际上每一个投入产出模型都可以属于几种分类。例如,全国价值型投入产出模型和实物型投入产出模型、地区价值型投入产出模型和实物型投入产出模型、企业价值型投入产出模型和实物型投入产出模型等。

1.3 投入产出分析中的部门

用投入产出法研究国民经济各部门之间的经济联系,首先需要对国民经济部门进行分类,也就是按某种原则去划分部门。根据不同的经济理论和不同的研究目的,对国民经济中的部门可以进行不同的分类。在投入产出分析中划分部门,主要是考虑两个问题:一是以什么作为部门?二是用什么标准去划分部门?

1.3.1 以什么作为部门

在现实的经济管理中,国民经济有许多部门,最常用的是按行政隶属关系划分的"企业部门"和按生产同一性划分的产业部门。

按行政隶属关系划分的企业部门是机构单位的集合。机构单位是国民经济统计的基本经济单位,它是能以自己的名义拥有资产、发生负债、从事经济活动并与其他实体进行交易的经济实体。机构单位有以下特点:有权拥有货物或资产,并因此能够交换这些货物或资产;能够做出经济决策和从事经济活动,并对它们直接负责和承担法律责任;能为自身的利益发生负债,承担其他义务或未来承诺,签订合同。

企业部门的划分是为了适应行政管理的需要,如"冶金工业部门""纺织工业部门""教育部门"…… 通常一个企业不只生产一种产品,不只进行一种经济活动,我们只能按照企业的主要产品去划分其所属的部门。例如,钢铁企业除了炼铁、炼钢、轧钢等主要活动以外,常常还包括耐火材料、石灰石等的生产,冶金设备的制作与修理,电力、运输、建筑安装等这样一些本来应当属于其他部门的经济活动。因此,企业部门所从事的经济活动不是单一的。

机构部门中的一个企业,特别是一个大型企业,可能同时从事多种不同的生产活动,在对生产技术起重要作用的生产进行分析时,必须把基本上从事同种生产的单位归并在一起。这一要求意味着有些机构单位必须细分成更小更同质的单位,这种单位称为"产业活动单位"或"基层单位"。产业活动单位是位于一个地点、仅从事一种生产活动或其主要生产活动的增加值占绝大部分的一个企业或企业的一部分。将从事同种生产的基层单位的集合定义为产业部门。

产业部门虽然是从事同一种生产活动的基层单位的集合,但是,一个基层单位的生产可能包含主要活动与次要活动,次要活动的产品可能是其他部门的主要产品。因此,产业部门所从事的经济活动也不是很纯的。

投入产出核算的目的是定量地研究国民经济各部门之间的技术经济联系,即投入和产出关系,所以要求各个部门在投入与产出两方面具有同质性。这种部门就是同质生产单位的集合——“产品部门”或“纯部门”，它要求同一类产品不论是哪个部门生产的，都归为同一个部门。只有这种“产品部门”或“纯部门”之间的经济联系，才主要决定于生产技术联系，才是相对稳定的。

产品部门的提出是里昂惕夫的一个理论创新，里昂惕夫本人称其投入产出理论基础是瓦尔拉斯的“一般均衡论”。瑞士洛桑大学经济学教授瓦尔拉斯在他 1874 年出版的《纯粹经济学要义》中提出了“一般均衡论”，为了论证“一般均衡论”，瓦尔拉斯为每一种商品建立一个方程，用以表示所有商品的供求关系。虽然瓦尔拉斯的分析很有道理，但实际上却无法建立和求解大型联立方程组。里昂惕夫吸收了瓦尔拉斯的分析思想，但是他用同类产品的综合体——产品部门代替一种产品，这就大大简化了方程，使得方程可以实际利用。进一步，里昂惕夫把对商品的需求分为中间需求和最终需求，将其中一个作为内生变量，另一个作为外生变量，把瓦尔拉斯封闭式模型发展成开放式模型，使得模型更适合于经济政策问题的分析，更有实用价值。

1.3.2 用什么标准去划分部门

“产品部门”或“纯部门”要求按产品的经济用途、消耗结构和生产工艺标准划分部门。满足这三个条件的部门就是“产品部门”或“纯部门”。

按产品经济用途分类即是按产品经济用途是否相同进行的分类。同一个部门内部的所有产品经济用途基本相同，它们可以相互替代，而不同部门的产品不能相互替代。实际经济中，同一种产品可以有不同的用途。例如，电力可以分为生产用电和生活用电；煤可以分为炼焦煤、动力煤和生活用煤。按产品经济用途的标准，就要将电和煤按用途划分到各个不同的部门中去，而胶鞋、皮鞋、布鞋用途相同，则应合并为一个部门；化纤和棉花生产用途相同，也应当合为一个部门。

按消耗结构和生产工艺分类即是按工艺技术条件是否同类，原材料消耗是否相近来分类。同一个部门的所有产品其消耗结构和工艺技术条件基本相同。实际经济中，同一种产品可以有不同的消耗结构和工艺技术。例如，橡胶可分为天然橡胶和合成橡胶；电力可以分为水力发电和火力发电；钢可以分为电炉钢和转炉钢；等等。它们就不应该划在同一个部门中。而焦炭和炼焦煤气等关联产品的消耗结构相同，就应当划分为同一部门。

但是，实际经济中，同时满足经济用途、消耗结构和工艺技术三个条件均相同的部门几乎不存在，一般只能满足其中一个或者两个条件。只有以一种产品为一个部门时，一个产品部门才能同时满足上述三个条件。如上所述，投入产出分析中不可能以一种产品为一个部门。投入产出分析着重从产品部门之间直接和间接的消耗关系去研究部门之间的经济联系，为了保证投入和产出的线性比例关系，保证反映部门之间比例关系的系数的准确性和稳定性，投入产出分析中对产品部门的划分，着重于产品消耗结构和工艺条件的同质性，同时也要考虑产品用途的同类性。

1.3.3 部门划分的程度

产品部门的同质性与产品部门划分的粗细程度有密切关系，划分愈细愈同质，反之，划分愈粗，同质性就愈差。

投入产出分析中部门划分过粗或过细都各有利弊。部门划分愈细，模型的效能愈高，系数愈精确，但是资料的收集愈困难，编表花费的时间、人力、物力也愈大，并且投入产出表的填满率也愈低。部门划分愈粗，模型分析的问题愈粗糙，模型的运用有一定局限，但是资料的收集相对比较容易，投入产出表的填满率较高。所以，部门划分的程度应根据需要与可能加以权衡。我国各省市编制投入产出表时，实物表一般划分为100 ~ 200个部门，价值表一般划分为120个部门左右。例如，1992年我国投入产出表中的部门为118个，2002年为122个，2007年为135个。

本章小结

1. 投入产出法是经济学、统计学与数学相结合的产物，是对具有复杂联系的现象进行数量分析的一种经济计量方法。

2. 投入产出模型虽然种类比较多，但是应用最多的是产品投入产出模型。

3. 投入产出法因其应用的广泛性，为世界绝大多数国家所采用。我国从1987年开始，每逢尾数是2和7的年份编制全国基本投入产出表，每逢尾数是0和5的年份编制延长投入产出表。

4. 部门分类是投入产出分析的前提，投入产出分析以同类产品的综合体——纯部门为部门。纯部门的划分着重于产品消耗结构和工艺条件的同质性，同时也要考虑产品用途的同类性。

思考与练习题

1. 什么是投入产出法?
2. 投入产出法的基本特点是什么?
3. 投入产出法研究的经济关系是什么?
4. 投入产出核算与国民账户体系(SNA)的关系是什么?
5. 投入产出模型有哪些种类?
6. 为什么投入产出法能得到广泛的传播和应用?
7. 试述投入产出法的产生和发展给你的启示。
8. 什么是产品部门? 如何划分产品部门?
9. 为什么投入产出分析要以产品部门为部门?
10. 投入产出表部门划分过粗或过细各有什么利弊?

2 投入产出法预备知识

投入产出法是国民经济核算体系的组成部分,投入产出表的三个象限分别表示了国内生产总值的三种计算方法,投入产出模型是建立在矩阵理论基础上的。学习投入产出法应该掌握基本的国民经济核算、国内生产总值和矩阵知识。

2.1 国民经济核算体系概述

2.1.1 国民经济核算的意义

国民经济的运行无一不表现为数量水平和数量联系,这就要求有一套生产国民经济统计数据的体系。联合国国民账户体系(System of National Accounts,SNA)是世界各国采用的生产国民经济统计数据的体系,是对国民经济运行进行实证分析的基础。

1984年,SNA先驱者理查德·斯通获得诺贝尔经济学奖,瑞典皇家科学院爱立克·伦德伯教授在授奖大会上说:"在年度过程中出现的经济实际可以看成买卖双方之间的无数交易(几十亿和几十亿次)。为了考察和分析一个国家构成的经济单位中的无限具体和复杂的交易网络,必须设计系统的总结和加总的方法。一个国民账户体系是实现简化和综览的一个方法。…… 你的首创精神和对国民会计体系这个题目的先驱性研究意味着对经济科学发展的重要贡献。自从(20世纪)50年代以来这些体系取得了独特的国际影响,而且在它们产生据以做出国民预算的系统性文件的同时,是周期性和结构性分析的不可缺少的工具。由于这些根本性的贡献,瑞典皇家科学院决定授予你今年的诺贝尔经济科学纪念奖。"

国民经济核算是以整个国民经济为对象的全面的、系统的核算,是一个宏观经济信息系统,是整个经济信息系统的核心。国民经济核算以市场经济为基础,以国民经济循环理论为指导,综合运用统计、会计和数学等方法和具有内在联系的指标体系对一个经济总体(国家、地区)在一定时期的经济活动及特定时点的活动结果的各种重要总量及其组成部分进行测定,以描述国民经济的结构和内在联系。这些经济理论、方法体系、指标体系就构成了国民经济核算体系。

2.1.2 国民经济核算体系的产生和发展

从整体上对社会再生产过程进行全面的、系统的、综合的核算是社会化大生产的共同要求。国民经济核算体系就是伴随着社会化大生产的发展,国家经济管理职能的加强而逐步产生发展起来的。

国民经济核算有比较悠久的历史。英国的威廉·配第(William Petty)约在1665年就提出了国民收入概念;法国的格雷戈·金(Gregory King)在1696年对国民收入进行了第一次估算;而凯恩斯在1936年出版的《就业、利息和货币通论》为国民经济核算体系的建立做了理论和方法论的准备。凯恩斯理论当时迫切需要解决的问题是从理论上"证明"经济危机和失业的原因,向政府提供对策,力图说明国民收入的变动将在何种程度上影响社会的就业量,以及如何通过增加国民收入的生产量来扩大就业量。因此他对经济的分析是从收入流量均衡分析开始的。收入流量总是在一些交易者之间进行的,所以收入流量均衡分析首先对国民经济各个单位进行了分类。分类的标志是各单位进行经济活动的行为方式和决策过程的同质性。按照这一标志可将众多的经济单位划分为四大部门:企业、住户、政府、国外。其中企业是生产的决策者,住户是消费的决策者,政府是经济干预的决策者,这三个部门对外国的交易则组成"国外"。

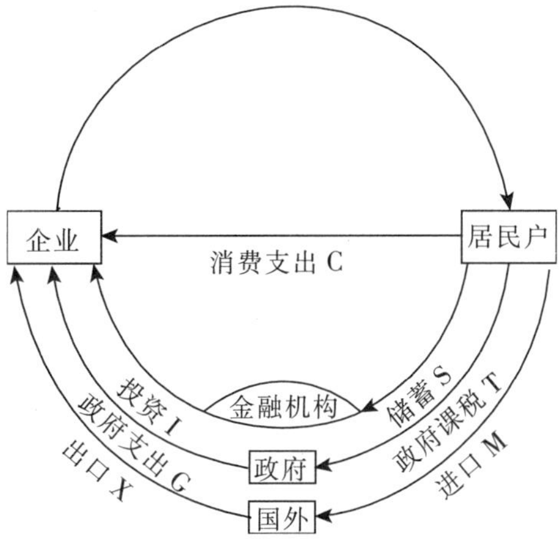

图 2－1　收入与支出的流量图

凯恩斯经济学认为,在资本主义经济运行中,住户向企业提供各种生产要素,如劳动、资本、土地等,企业运用这些生产要素生产货物和服务,企业向住户支付生产要素的报酬,构成了住户的收入,住户用所得到的收入购买企业生产的货物和服务(C),企业将销售的收入又付给住户作为取得生产要素的代价(GDP)。这样形成收入与支出的循环流动。从理论上说,企业对住户提供生产要素所支付的数额应等于住户向企业购买货物和服务的支出。但经济大危机以后,政府对经济的干预突出了,所以在收入循环过程中,还有政府参与;只要不是封闭经济,也还有"国外"参与。这样一来,住户要向政府纳税(T)、要购买进口品(M)、也要进行储蓄(S),这使得一部分收入渗出收入循环;与此同时,管理储蓄的金融机构要把这些资金进行投资(I),政府要对企业进行支出(G),货物和服务要出口一部分(X),从而又使得它们注入了收入循环中,如图2－1所示。凯恩斯主义的这一理论,为国民账户体系奠定了基础。

英国的理查德·斯通在20世纪40年代初参加了凯恩斯的政治经济学俱乐部,凯恩斯理论成为他研究的出发点。他认为"会计思想在经济生活中最为发达","借助账户的形式组织数据,我们能够得到我们感兴趣的任何流量和存量变量”。1940 年 12 月他完成了一套有三张表的估计,凯恩斯看后提议作为《战争财源分析以及 1938 和 1940 年国民收入和支出估计》白皮书的第二部分,并对理查德·斯通对大量统计材料系统加工的实验感动地惊呼“我们在一个通过统计的快乐时代中”。此后,理查德·斯通成为凯恩斯的助手,并在凯恩斯的动议下继续负责研究,使他设计的表格能够形成一套国民账户。

1945 年国际联盟情报局长需要一篇关于定义和测量国民收入和有关总数的论文,以便国际联盟统计专家委员会考虑。他请斯通承担这项工作。1947 年国民收入统计分会公布了理查·斯通撰写的《国民收入的测量和社会账户的编制》和附录,定义了国民收入及有关总量,为机构部门设置了有关账户,这是 SNA 的雏形。该分会希望这个报告及其附录中的指导原则和建议应当最大限度地用于计算每个国家的国民收入和编制有关的账户,以便具有更大的国际可比性。20 世纪 40 年代后期,欧洲经济合作组织在巴黎成立了。斯通与欧洲同事们进行了许多富有成效的交流,认为国民账户对于评审成员国的进展可能提供一种有用的框架。为此他们在剑桥大学成立了国民账户研究组,分别在 1950 年和 1952 年公布了研究成果《一个简化的国民账户体系》和《一个标准化的国民账户体系》。

20 世纪 50 年代初,斯通被联合国秘书长指定为国民账户专家委员会主席进行研究。1953 年斯通公布了其研究成果——《国民账户体系及其辅助表》,这就是 1953 年 SNA。1953 年 SNA 称其“目的在于制定一套标准的国民经济核算体系,以便提供一个具有普遍适用性的报告国民收入和生产统计的框架”。

由于世界经济的发展变化和国民经济核算理论与实践的逐步完善,联合国于 1968 年公布了第二版国民经济核算体系——1968 年 SNA。它除了仍然包括 1953 年 SNA 中的国民收入和生产核算外,还把投入产出核算、资金流量核算、国际收支核算、资产负债核算扩展进了体系。1993 年又公布了由欧洲共同体统计局、国际货币基金组织、经济合作和发展组织、联合国统计处和秘书处地区委员会、世界银行五个组织经过 10 余年研究的第三版国民经济核算体系——1993 年 SNA。1993 年 SNA 充分反映了 1968 年以来世界经济发生的变化,简化了核算人员的工作,对诸如核算原则、非法活动等特殊问题做了澄清,使概念和方法更为明确,与其他国际统计标准更加协调一致,更加适合不同发展阶段的国家使用。

从 1993 年 SNA 发布以后,许多国家的经济环境发生了显著变化,过去核算比较困难的部分的相关方法改进取得了很多成果,核算实践也提出了新的需求。上述五个国际组织完成了对 1993 年 SNA 的升级更新,发布了 2008 年 SNA。“2008 年 SNA 的新面貌在于将那些近年来越来越重要的经济特征引入核算之中,对那些日益成为分析焦点的各种观点做详细阐述,澄清这一系列广泛主题在国民经济核算中的处理方法。这些新面貌涉及研究、实践经验以及作为企业和公共核算的国际准则。”①

2.1.3 SNA 的核算方法与形式

国民经济核算的众多指标必须要用一定的方法和表式表现出来。国民经济核算的

① 参见《国民账户体系 2008》。

主要方法是平衡法。平衡法是对国民经济现象的数量对等关系进行分析研究的方法。国民经济是一个不断发展、不断运动的总体,其发展变化常常表现为两个对应方面的数量对等关系,比如收入与支出、来源与运用、投入与产出等。国民经济核算以整个国民经济为研究范围,因此必然要从数量对等方面来描述和分析国民经济,也就必然要应用平衡法。平衡法的基本原则是:有收必有支,收支必相等;要素对等,不重不漏。

与国民经济核算方法相适应,国民经济核算的表式主要有平衡账户和平衡表。

平衡账户即会计复式记账的账户表式。账户表式有两种,一种是T字形账户,另一种是矩阵账户。

(1)T字形账户。这种账户分为借方和贷方,贷方表示收入,借方表示支出。当一项经济活动计入一个账户后,在对应账户上必须保持量上的平衡。通过账户项目的对应关系,把所有单个账户联系起来,从而形成账户体系。

假如我们设置生产账户、消费和收入支出账户、资本账户、国外(国际收支)账户来概括地反映国民经济活动。某期发生了十项经济活动:

① 消费品买卖　210
② 资本物买卖　47
③ 出口　52
④ 进口　54
⑤ 增加值(国内生产的最终成果)　255
⑥ 提取固定资产折旧　19
⑦ 来自国外的要素收入净额　5
⑧ 储蓄　27
⑨ 向国外的现期转移净额　4
⑩ 向国外贷出净额　-1

采用复式记账方法,就要在这4个账户中记录20次(见表2-1)。

各账项后边括号中的数字是该账项对应账项的编号。通过各账项和其对应账项从横向上把各个账户连接起来。例如,通过消费品买卖,把生产账户与消费和收入支出账户连接起来了;通过资本物买卖,把消费和收入支出账户与资本账户连接起来了……国内的每一个账户都有一个平衡项目,起着从纵向上连接各个账户的作用,同时它们本身又是国民经济非常重要的总量指标。例如,生产账户中的增加值、消费和收入支出账户中的储蓄就是这样的平衡项目。

(2)矩阵账户。把所有T字形账户排列在一个由横行、纵列交叉组成的棋盘式表中,就形成了矩阵账户(见表2-2)。矩阵账户的横行和纵列按相同的名称和顺序排列各个T字形账户,横行排列T字形账户贷方的内容,即横行表示收入,纵列排列T字形账户借方的内容,即纵列表示支出。矩阵账户中每一个数值都至少是两个T字形账户中的对应项目,因此,每一个数值都有两层含义。这样每一项经济活动的数值虽然只登记了一次,但是又不失复式记账的原理,而且还简化了记账手续。表2-2中粗线中的数值是根据表2-1的四个T字形账户编制的矩阵账户,粗线外的数值是存量(资产负债)账户的数值。

表 2 - 1　　国民经济 T 字形账户

生产账户			
1. 进口(18)	54	3. 消费品出售(6)	210
		4. 资本物出售(12)	47
2. 增加值(9)	255	5. 出口(16)	52
合计	309	合计	309
消费和收入支出账户			
6. 消费品购买(3)	210	9. 增加值(2)	255
7. 向国外的现期转移净额(19)	4	10. 减:固定资产折旧(13)	- 19
8. 储蓄(15)	27	11. 来自国外的要素收入净额(17)	5
合计	241	合 计	241
资本账户			
12. 资本物购买(4)	47	15. 储蓄(8)	27
13. 减:固定资产折旧(10)	- 19		
14. 向国外贷出净额(20)	- 1		
合计	27	合计	27
国外(对外交易)账户			
16. 出口品购买(5)	52	18. 进口品销售(1)	54
17. 要素收入净支付额(11)	5	19. 现期转移净收入额(7)	4
		20. 借入净额(14)	- 1
合计	57	合计	57

表 2 - 2　　矩阵账户

	期初资产 1	生产 2	消费 3	积累 4	国外 5	物量和估价调整 6	期末资产 7
期初资产 1				693			
生产 2			210	47	52		
消费 3		255		- 19	5		
积累 4	693		27			44	764
国外 5		54	4	- 1			
物量和估价调整 6				44			
期末资产 7				764			

矩阵账户既可以高度概括,又可以详细分解,始终把所要研究的问题放在总体的综合平衡中。它既可以包括流量账户的数值,又可以包括存量账户的数值,将流量与存量有机地结合在一起,完整地反映再生产活动及其内在联系。又由于矩阵账户采用了矩阵形式,因此它可以比较方便地建立数学模型。因此,矩阵账户是平衡法的最好形式。

2.1.4 把投入产出法纳入国民经济核算体系是SNA的重要特点

社会生产是国民经济最基本的活动，其目的是向社会提供可最终使用的产品，以满足人民群众日益增长的物质文化生活需要。社会最终使用产品的价值就是国内生产总值，国民经济生产、分配和使用都是围绕国内生产总值进行的。因此，国内生产总值是反映国民经济生产最重要的总量指标，是制定经济发展战略目标、进行经济分析、调控宏观经济等的中心指标。

国内生产总值不包括生产中投入的货物和服务即中间投入，计算国内生产总值的收入法和支出法不涉及中间投入，生产法是把中间投入作为一个总量，从总产出中扣除。但是，不包括中间投入就不能反映国民经济各部门之间的联系。例如，羊毛（假设为生产的起点，没有中间投入）作为纺纱的原材料，纱作为织布的原材料，布又用于制衣：

羊毛⟶纱⟶布⟶服装

100　180　270　500

该例中提供给社会的最终产品是500单位服装，即国内生产总值为500单位。它等于各个部门的总产出扣除中间投入后的增加值之和：羊毛生产中创造的增加值100单位、纺纱生产中创造的增加值80（180－100）单位、织布中创造的增加值90（270－180）、服装生产中创造的增加值230（500－270），即：

国内生产总值500＝100＋80＋90＋230

由于扣除了各个部门的劳动对象转移价值（中间投入），因此各个部门之间的联系看不出来了。事实上羊毛生产部门、纺纱生产部门、织布生产部门、服装生产部门之间的联系正是由中间投入的转移价值体现的。在现有的生产技术水平下，每生产180单位纱就要消耗100单位羊毛，每生产270单位布就要消耗180单位纱，每生产500单位服装就要消耗270单位布。如此，各个部门之间的生产技术联系非常清楚地表现出来了。

国民经济各个部门之间存在的密切而复杂的相互依存、相互制约关系，这些关系最突出地表现在产出与消耗的关系上。投入产出核算是从中间使用的角度对国内生产总值核算的补充和细化，与国内生产总值核算一样，也属于生产核算的范畴，二者共同形成了完整的生产核算。

投入产出核算以国民经济为整体，以产品为对象，把产出和进口作为总资源，把中间消耗、最终消费、资本形成总额、出口作为总资源的使用，采用复式记账的矩阵账户原理和形式，从数量上揭示国民经济各个产品部门之间消耗和被消耗、投入与产出之间相互依存、相互制约的关系。

投入产出表的第一象限采用如表2－2所示的矩阵账户形式，所以通过编制投入产出表，可以得到一个完整描述生产领域的核算框架。这个框架是使来自不同统计渠道的有关货物和服务流量统计数据保持一致性的核算框架，是使经济统计的定义和分类保持一致性的协调框架，是使产业关系和产品关系明晰化的分析框架。这个框架也适合计算国民经济核算中的大部分数据，如国内生产总值及其组成部分，并且易于发现数据中存在的问题，对于把货物和服务流量分解成物量和价格从而进行一系列价格和物量的测算是非常重要的。利用投入产出表能够很方便地建立宏观经济模型，进行最终需求与产出之间的关联分析、价格分析、生产率研究和就业测算等。

2.2 国内生产总值知识

2.2.1 国内生产总值概念及重要作用

国内生产总值(Gross Domestic Product,GDP),是按市场价格计算的一个国家(或地区)所有常住单位在一定时期内生产活动的最终成果。最终成果指提供给社会最终使用的货物和服务的价值总量。

最终使用是与中间使用相对而言的。凡是本期生产、本期不再进一步加工的社会产品为最终使用(也称为最终产品、最终成果);那些本期生产、本期还要被进一步加工的社会产品则为中间使用(也称为中间产品)。这里的"最终"是对全社会而言的,一个企业的最终产品对全社来说完全可能是中间产品。例如,一个钢铁厂某时期生产了100万元的钢铁,全部卖给了机械厂用作生产消耗,则这100万元的钢铁对钢铁厂是最终产品,而对全社会是中间产品。

对全社会(全国或地区)来说,称最终产品的价值为国内生产总值,对部门或企事业单位来说,它们为社会创造的最终产品的价值是它们追加到生产中消耗的货物和服务上的价值,称为增加值。

由于国内生产总值全面反映了货物生产部门和服务生产部门提供给社会最终使用的货物和服务价值量,因而它可以作为衡量一个国家(或地区)经济实力和经济发展水平、发展状况的尺度。我国的经济发展战略目标也以国内生产总值来规划。人均国内生产总值更是国际通用的重要相对指标。

国内生产总值是第一次产业、第二次产业和第三次产业的增加值之和。因此,世界各国常用国内生产总值中各次产业所占的比重来评价产业结构状况。

从国民经济整体出发考察发展速度和增长速度,最合适的指标是国内生产总值。因为国内生产总值不仅反映了货物生产部门的规模和水平,也反映了生活服务、文化、教育、卫生、科技、公共服务等服务部门的规模和水平,是能全面反映整个国民经济发展状况的指标;达到一定的经济发展战略目标要有一定的速度作保证,反映速度的指标应该与发展战略目标的指标一致;国内生产总值不包括中间消耗的货物和服务,它的增加是增产和降低中间消耗的结果,并且国内生产总值正好等于满足社会最终需求的产品和劳务的价值,采用它可以把速度和效益更好地统一起来;世界上绝大多数国家都把国内生产总值作为其统计和分析的中心指标,采用国内生产总值反映国民经济速度,不仅便于国际对比,也是对外开放的需要。

2.2.2 国内生产总值的表现形态与计算方法

国内生产总值有三种表现形态:价值形态、收入形态和实物形态。从价值形态看,国内生产总值是所有常住单位在一定时期内生产的全部货物和服务的价值超过同期投入(消耗)的非固定资产货物和服务的价值,即 $c' + v + m$,这部分价值为常住单位的增加值。从收入形态看,国内生产总值是一定时期内要素提供者从所有常住单位的直接分配中得到的收入之和。从实物形态看，国内生产总值是全社会最终使用的货物和服务，包括用于当期消费、资本形成和净出口的货物和服务，不包括当期生产中消耗的货物和服务。

与国内生产总值的三种表现形态相对应，国内生产总值有三种计算方法：生产法、收入法（分配法）和支出法。

（1）生产法国内生产总值的表达式为：

国内生产总值 = 总增加值之和

总增加值 = 总产出 − 中间投入

（2）收入法国内生产总值的表达式为：

国内生产总值 = 固定资产折旧 + 劳动者报酬 + 生产税净额 + 营业盈余

（3）支出法国内生产总值的表达式为：

国内生产总值 = 最终消费 + 资本形成总额 + 净出口

表2－3表现了国内生产总值的三种计算方法。这三种方法，分别从价值形态、收入形态和实物形态计算同一经济总体同一时期的最终成果，因此理论上应该是相等的，即生产多少国内生产总值，就只能分配多少国内生产总值，也就只能使用多少国内生产总值。这就是“三面等值”原则。

“三面等值”原则是统计国内生产总值必须遵循的原则。但是，在实际工作中由于资料来源口径的影响，很难使三种计算方法的计算结果完全一致。为了保持一致性，我国每个产业部门的增加值一般以生产法和收入法中的一种方法为准，一般农业、工业和建筑业以生产法的计算结果为准，服务部门则以收入法计算结果为准，生产法和收入法实际上是合二为一了。然后用这两种方法计算的国内生产总值去调整支出法国内生产总值，将“统计误差”放在支出法一方，以保证“三面等值”原则成立。

表2－3　　国内生产总值表

生　　产		使　　用	
一、生产法国内生产总值	10 684	一、支出法国内生产总值	10 687
（一）总投入	24 000	（一）最终消费	6 801
（二）中间投入（−）	−13 316	居民消费	5 557
二、收入法国内生产总值	10 684	农村居民消费	3 451
（一）固定资产折旧	1 124	城镇居民消费	2 106
（二）劳动者报酬	5 506	政府消费	1 244
（三）生产税净额	749	（二）资本形成总额	4 090
生产税	808	固定资本形成总额	3 557
生产税补贴	−59	存货增加	533
（四）营业盈余	3 305	（三）净出口	−204
		出口	1 469
		进口（−）	1 673
		二、统计误差	−3

投入产出表的横行合计是总产出，纵列合计是总投入。而投入产出表第一象限的合计数就是中间投入，第二象限的宾栏由支出法国内生产总值的各个项目构成，第三象限

的主栏由收入法国内生产总值构成。投入产出表不仅从经济总体层次完整地表现了国内生产总值的三种计算方法,而且还在纯部门或者产品的层次上表现了这些计算方法。

2.2.3 利用国内生产总值进行的重要比例分析

在生产法国内生产总值中,根据总产出、中间投入、增加值这几个指标可以计算一些重要的比率,反映投入与产出之间的关系。

$$中间投入率 = \frac{中间投入}{总产出}$$

$$社会增加值率 = \frac{国内生产总值}{社会总产出}$$

或 $$增加值率 = \frac{增加值}{总产出}$$

$$单位中间投入创造的国内生产总值 = \frac{国内生产总值}{中间投入}$$

这些指标反映了生产中的经济效益。中间投入率越小,表明生产一定的总产出消耗的货物和服务越少,经济效益就越好;增加值率反映了增加值在总产出中的比重。增加值率与中间投入率之和为1,中间投入率小,增加值率就大,经济效益就好。单位中间投入创造的国内生产总值越多,表明一定的货物和服务消耗生产的社会最终成果越多,经济效益就好。

在分配法国内生产总值中,生产税净额是国家所得,固定资产折旧和营业盈余是企业所得,劳动者报酬是个人所得。由此我们可以计算国家、企业、个人三者所得的比重,反映国家、企业、居民三者之间的分配关系。

$$国家所得的比重 = \frac{生产税净额}{国内生产总值}$$

$$企业所得的比重 = \frac{固定资产折旧 + 营业盈余}{国内生产总值}$$

$$个人所得的比重 = \frac{劳动者报酬}{国内生产总值}$$

在支出法国内生产总值中,根据各个项目可以计算一些重要的比率,分析国民经济是否协调正常。

$$最终消费率(消费率) = \frac{最终消费}{国内生产总值}$$

$$资本形成率(投资率) = \frac{资本形成总额}{国内生产总值}$$

$$净出口率 = \frac{净出口}{国内生产总值}$$

此外,还可以计算最终消费与资本形成的比例;最终消费中,居民消费与政府消费各自所占的比重和相互之间的比例关系;资本形成总额中,固定资本形成与存货增加各自所占的比重和相互之间的比例关系;等等。

根据投入产出表提供的数据,不仅可以从经济总体层次计算以上比率,进行国民经济综合分析，还可以在纯部门或者产品的层次上计算以上比率；不仅可以分析各个部门的各种比率形成的原因，还能分析经济总体呈现各种比率的原因。

2.3 矩阵知识

2.3.1 矩阵的概念和类型

设有 $n \times m$ 个元素分别为 $a_{11}, a_{12}, \cdots, a_{1m}, a_{21}, \cdots, a_{nm}$，称这些元素组成的形为下列式样的数表 $\boldsymbol{A}$ 为矩阵：

$$\boldsymbol{A}=\begin{pmatrix} a_{11} & a_{12} & \cdots & a_{1m} \\ a_{21} & a_{22} & \cdots & a_{2m} \\ \vdots & \vdots & & \vdots \\ a_{n1} & a_{n2} & \cdots & a_{nm} \end{pmatrix}$$

它可以记为 $\boldsymbol{A}=(a_{ij})_{n\times m}$，其中横排是矩阵的行，竖排是矩阵的列，$a_{ij}$ 是矩阵第 i 行第 j 列的元素。

若矩阵的行数与列数不相等，且行数和列数均大于 1，则称这种矩阵为矩形矩阵，如：

$$\boldsymbol{A}=\begin{pmatrix} a_{11} & a_{12} & \cdots & a_{1m} \\ a_{21} & a_{22} & \cdots & a_{2m} \\ \vdots & \vdots & & \vdots \\ a_{n1} & a_{n2} & \cdots & a_{nm} \end{pmatrix}$$ 为 $n \times m$ 阶矩阵，可以记为 $\boldsymbol{A}=(a_{ij})_{n\times m}$；

$$\boldsymbol{A}=\begin{pmatrix} a_{11} & a_{12} & \cdots & a_{1n} \\ a_{21} & a_{22} & \cdots & a_{2n} \\ \vdots & \vdots & & \vdots \\ a_{m1} & a_{m2} & \cdots & a_{mn} \end{pmatrix}$$ 为 $m \times n$ 阶矩阵，可以记为 $\boldsymbol{A}=(a_{ij})_{m\times n}$。

若矩阵的行数与列数相等且大于 1，比如为 n 行 n 列，则称这种矩阵为 $n \times n$ 阶方阵，简称 n 阶方阵或 n 阶矩阵，即：

$$\boldsymbol{A}=\begin{pmatrix} a_{11} & a_{12} & \cdots & a_{1n} \\ a_{21} & a_{22} & \cdots & a_{2n} \\ \vdots & \vdots & & \vdots \\ a_{n1} & a_{n2} & \cdots & a_{nn} \end{pmatrix}$$ ，可以记为 $\boldsymbol{A}=(a_{ij})_{n\times n}$。方阵中两个下标相同的元素如 a_{11}，$a_{22}, \cdots, a_{nn}$ 所在的位置称为主对角线，这些元素称为主对角线上的元素。

具有相同行数与相同列数的矩阵称为同型矩阵。若 $\boldsymbol{A}$ 和 $\boldsymbol{B}$ 为两个同型矩阵，矩阵所有行列相同的元素都对应相等，即在

$$\boldsymbol{A}=\begin{pmatrix} a_{11} & a_{12} & \cdots & a_{1m} \\ a_{21} & a_{22} & \cdots & a_{2m} \\ \vdots & \vdots & & \vdots \\ a_{n1} & a_{n2} & \cdots & a_{nm} \end{pmatrix} \qquad \boldsymbol{B}=\begin{pmatrix} b_{11} & b_{12} & \cdots & b_{1m} \\ b_{21} & b_{22} & \cdots & b_{2m} \\ \vdots & \vdots & & \vdots \\ b_{n1} & b_{n2} & \cdots & b_{nm} \end{pmatrix}$$

中 $a_{ij}=b_{ij}\quad(i=1,2,\cdots,n;\ j=1,2,\cdots,m)$，则称矩阵 $\boldsymbol{A}$ 和矩阵 $\boldsymbol{B}$ 相等，记为 $\boldsymbol{A}=\boldsymbol{B}$。

若一个方阵中只有主对角线上的元素不为零，其余元素均为零，则称它为对角矩阵，即：

$$\boldsymbol{A}=\begin{pmatrix} a_{11} & 0 & \cdots & 0 \\ 0 & a_{22} & \cdots & 0 \\ \vdots & \vdots & & \vdots \\ 0 & 0 & \cdots & a_{nn} \end{pmatrix}$$

一般对角矩阵记为 $\hat{\boldsymbol{A}}$，非主对角线上的 0 元素可以不写出来。如：

$$\hat{\boldsymbol{A}}=\begin{pmatrix} a_{11} & & & \\ & a_{22} & & \\ & & \ddots & \\ & & & a_{nn} \end{pmatrix}$$

若对角矩阵主对角线上的元素全为 1，则称为单位矩阵，一般用 $\boldsymbol{I}$ 或者 $\boldsymbol{E}$ 表示，本书用 $\boldsymbol{I}$ 表示：

$$\boldsymbol{I}=\begin{pmatrix} 1 & 0 & \cdots & 0 \\ 0 & 1 & \cdots & 0 \\ \vdots & \vdots & & \vdots \\ 0 & 0 & \cdots & 1 \end{pmatrix} \quad 或 \boldsymbol{I}=\begin{pmatrix} 1 & & & \\ & 1 & & \\ & & \ddots & \\ & & & 1 \end{pmatrix}$$

在一个 n 阶方阵中，当 $i>j$ 时，所有的元素均为零，这样的矩阵为上三角矩阵：

$$\boldsymbol{A}=\begin{pmatrix} a_{11} & a_{12} & \cdots & a_{1n} \\ 0 & a_{22} & \cdots & a_{2n} \\ \vdots & \vdots & & \vdots \\ 0 & 0 & \cdots & a_{nn} \end{pmatrix}$$

反之，当 $i<j$ 时所有的元素均为零，那么这样的矩阵为下三角阵：

$$\boldsymbol{A}=\begin{pmatrix} a_{11} & 0 & \cdots & 0 \\ a_{21} & a_{22} & \cdots & 0 \\ \vdots & \vdots & & \vdots \\ a_{n1} & a_{n2} & \cdots & a_{nn} \end{pmatrix}$$

只有一行或一列元素的矩阵分别称为“行矩阵”（或“行向量”）和“列矩阵”（或“列向量”）。$m>1,n=1$，为行向量：$\boldsymbol{V}=(v_1,v_2,\cdots,v_m)$；$m=1,n>1$，为列向量：$\boldsymbol{T}=\begin{pmatrix} t_1 \\ t_2 \\ \vdots \\ t_n \end{pmatrix}$。

如果 $m=1,n=1,\boldsymbol{A}=(a_{ij})$ 只是一个数。

2.3.2　矩阵与线性方程组的关系

线性方程组的系数可以构成一个矩阵。设有线性方程组：

$$
\begin{cases}
a_{11}x_1 + a_{12}x_2 + \cdots + a_{1n}x_n = X_1 \\
a_{21}x_1 + a_{22}x_2 + \cdots + a_{2n}x_n = X_2 \\
\cdots \\
a_{m1}x_1 + a_{m2}x_2 + \cdots + a_{mn}x_n = X_m
\end{cases}
\tag{2.1}
$$

则其系数构成一个 $m \times n$ 阶的矩阵：

$$
\boldsymbol{A} = \begin{pmatrix} a_{11} & a_{12} & \cdots & a_{1n} \\ a_{21} & a_{22} & \cdots & a_{2n} \\ \vdots & \vdots & & \vdots \\ a_{m1} & a_{m2} & \cdots & a_{mn} \end{pmatrix}
$$

线性方程组与矩阵有对应关系。式(2.1) 可以表示为：

$$\boldsymbol{Ax} = \boldsymbol{X}$$

其中：$\boldsymbol{x} = \begin{pmatrix} x_1 \\ x_2 \\ \vdots \\ x_n \end{pmatrix} \qquad \boldsymbol{X} = \begin{pmatrix} X_1 \\ X_2 \\ \vdots \\ X_m \end{pmatrix}$

2.3.3 矩阵的运算

2.3.3.1 矩阵的加法

若有两个行数和列数相同的矩阵：

$$
\boldsymbol{A} = \begin{pmatrix} a_{11} & a_{12} & \cdots & a_{1m} \\ a_{21} & a_{22} & \cdots & a_{2m} \\ \vdots & \vdots & & \vdots \\ a_{n1} & a_{n2} & \cdots & a_{nm} \end{pmatrix} \qquad
\boldsymbol{B} = \begin{pmatrix} b_{11} & b_{12} & \cdots & b_{1m} \\ b_{21} & b_{22} & \cdots & b_{2m} \\ \vdots & \vdots & & \vdots \\ b_{n1} & b_{n2} & \cdots & b_{nm} \end{pmatrix}
$$

同行同列矩阵可以相加(或相减)，其结果等于各个矩阵同行列的元素之和(或之差)。$\boldsymbol{A}$ 与 $\boldsymbol{B}$ 之和为：

$$
\boldsymbol{A} + \boldsymbol{B} = \begin{pmatrix} a_{11} + b_{11} & a_{12} + b_{12} & \cdots & a_{1m} + b_{1m} \\ a_{21} + b_{21} & a_{22} + b_{22} & \cdots & a_{2m} + b_{2m} \\ \vdots & \vdots & & \vdots \\ a_{n1} + b_{n1} & a_{n2} + b_{n2} & \cdots & a_{nm} + b_{nm} \end{pmatrix}
$$

$\boldsymbol{A}$ 与 $\boldsymbol{B}$ 之差为：

$$
\boldsymbol{A} - \boldsymbol{B} = \begin{pmatrix} a_{11} - b_{11} & a_{12} - b_{12} & \cdots & a_{1m} - b_{1m} \\ a_{21} - b_{21} & a_{22} - b_{22} & \cdots & a_{2m} - b_{2m} \\ \vdots & \vdots & & \vdots \\ a_{n1} - b_{n1} & a_{n2} - b_{n2} & \cdots & a_{nm} - b_{nm} \end{pmatrix}
$$

例如，$\boldsymbol{A} = \begin{pmatrix} 7 & 1 \\ 3 & 3 \\ 4 & 2 \end{pmatrix}$，$\boldsymbol{B} = \begin{pmatrix} -5 & 8 \\ 30 & 6 \\ -1 & 9 \end{pmatrix}$，则：

$$A+B=\begin{pmatrix}7+(-5) & 1+8\\ 3+30 & 3+6\\ 4+(-1) & 2+9\end{pmatrix}=\begin{pmatrix}2 & 9\\ 33 & 9\\ 3 & 11\end{pmatrix}$$

$$A-B=\begin{pmatrix}7-(-5) & 1-8\\ 3-30 & 3-6\\ 4-(-1) & 2-9\end{pmatrix}=\begin{pmatrix}12 & -7\\ -27 & -3\\ 5 & -7\end{pmatrix}$$

验证矩阵的加法有以下性质：

(1)$A+B=B+A$ （交换律）

(2)$A+(B+C)=(A+B)+C$ （结合律）

(3)$A+(-A)=O$

(4)$A+O=A$

2.3.3.2 矩阵的乘法

一个常数 k 与一个矩阵的乘积，等于这个数乘以这个矩阵中的每一个元素。即：

$$kA=\begin{pmatrix}ka_{11} & ka_{12} & \cdots & ka_{1m}\\ ka_{21} & ka_{22} & \cdots & ka_{2m}\\ \vdots & \vdots & & \vdots\\ ka_{n1} & ka_{n2} & \cdots & ka_{nm}\end{pmatrix}$$

例如，$A=\begin{pmatrix}7 & 1\\ 3 & 3\\ 4 & 2\end{pmatrix}$，$k=5$，则：

$$5A=\begin{pmatrix}5\times7 & 5\times1\\ 5\times3 & 5\times3\\ 5\times4 & 5\times2\end{pmatrix}=\begin{pmatrix}35 & 5\\ 15 & 15\\ 20 & 10\end{pmatrix}$$

若有两个矩阵 $A=(a_{ij})_{n\times m}$，$B=(b_{ij})_{m\times s}$，矩阵 A 的列数等于矩阵 B 的行数，则 A 和 B 可以相乘，其乘积 C 为矩阵 A 的各行元素分别乘以矩阵 B 的各列对应元素之和，矩阵 C 的阶数等于前一个矩阵的行数，后一个矩阵的列数，即：

$$c_{ij}=\sum_{k=1}^{m}a_{ik}b_{kj}\qquad(i=1,2,\cdots,n;\quad j=1,2,\cdots,s)$$

$$AB=C=\left(\sum_{k=1}^{m}a_{ik}b_{kj}\right)_{n\times s}$$

设 $A=\begin{pmatrix}7 & 1\\ 3 & 3\\ 4 & 2\end{pmatrix}$，$B=\begin{pmatrix}2 & 5 & 3 & 0.5\\ 3 & -2 & 1 & 4\end{pmatrix}$，则：

$$AB=\begin{pmatrix}7\times2+1\times3 & 7\times5+1\times(-2) & 7\times3+1\times1 & 7\times0.5+1\times4\\ 3\times2+3\times3 & 3\times5+3\times(-2) & 3\times3+3\times1 & 3\times0.5+3\times4\\ 4\times2+2\times3 & 4\times5+2\times(-2) & 4\times3+2\times1 & 4\times0.5+2\times4\end{pmatrix}$$

$$=\begin{pmatrix}17 & 33 & 22 & 7.5\\ 15 & 9 & 12 & 13.5\\ 14 & 16 & 14 & 10\end{pmatrix}$$

由于这样定义矩阵的相乘方式，所以“数”中一些关于乘法的运算规律，在矩阵乘法中不具备。

首先，两个“数”相乘，位置交换其积相同，而矩阵的乘法一般不具有交换律。如上边矩阵 $\boldsymbol{A}$ 可以与矩阵 $\boldsymbol{B}$ 相乘，但是 $\boldsymbol{BA}$ 不能相乘，因为矩阵 $\boldsymbol{B}$ 的列数不等于矩阵 $\boldsymbol{A}$ 的行数。即使 $\boldsymbol{AB}$ 和 $\boldsymbol{BA}$ 都有意义，也不具有交换律，而且相乘的结果可能是不同型的矩阵，例如：

$$\boldsymbol{A}=\begin{pmatrix}7&1\\3&3\\4&2\end{pmatrix}\qquad \boldsymbol{B}=\begin{pmatrix}2&5&3\\3&-2&1\end{pmatrix}$$

则 $\boldsymbol{AB}=\begin{pmatrix}7&1\\3&3\\4&2\end{pmatrix}\begin{pmatrix}2&5&3\\3&-2&1\end{pmatrix}=\begin{pmatrix}17&33&22\\15&9&12\\14&16&14\end{pmatrix}$

而 $\boldsymbol{BA}=\begin{pmatrix}2&5&3\\3&-2&1\end{pmatrix}\begin{pmatrix}7&1\\3&3\\4&2\end{pmatrix}=\begin{pmatrix}41&23\\19&-1\end{pmatrix}$

故 $\boldsymbol{AB}\neq\boldsymbol{BA}$

两个同阶方阵相乘，同样不具有交换律，如：

$$\boldsymbol{A}=\begin{pmatrix}7&1&5\\3&3&1\\4&2&2\end{pmatrix}\qquad \boldsymbol{B}=\begin{pmatrix}2&1&5\\2&3&5\\1&2&6\end{pmatrix}$$

$$\boldsymbol{AB}=\begin{pmatrix}7&1&5\\3&3&1\\4&2&2\end{pmatrix}\begin{pmatrix}2&1&5\\2&3&5\\1&2&6\end{pmatrix}=\begin{pmatrix}21&20&70\\13&14&36\\14&14&42\end{pmatrix}$$

$$\boldsymbol{BA}=\begin{pmatrix}2&1&5\\2&3&5\\1&2&6\end{pmatrix}\begin{pmatrix}7&1&5\\3&3&1\\4&2&2\end{pmatrix}=\begin{pmatrix}37&15&21\\43&21&23\\37&19&19\end{pmatrix}$$

故 $AB\neq BA$

AB 称为 A 左乘 B 或 B 右乘 A，BA 称为 B 左乘 A 或 A 右乘 B。当用一个矩阵去乘另一个矩阵时，必须指明是左乘还是右乘。

但是，由于对角矩阵相乘实际上等于对应元素相乘，所以交换位置不影响结果，例如：

$$\boldsymbol{A}=\begin{pmatrix}7&0&0\\0&3&0\\0&0&2\end{pmatrix}\qquad \boldsymbol{B}=\begin{pmatrix}2&0&0\\0&3&0\\0&0&6\end{pmatrix}$$

$$\boldsymbol{AB}=\begin{pmatrix}7&0&0\\0&3&0\\0&0&2\end{pmatrix}\begin{pmatrix}2&0&0\\0&3&0\\0&0&6\end{pmatrix}=\begin{pmatrix}14&&\\&9&\\&&12\end{pmatrix}$$

$$\boldsymbol{BA}=\begin{pmatrix}2&0&0\\0&3&0\\0&0&6\end{pmatrix}\begin{pmatrix}7&0&0\\0&3&0\\0&0&2\end{pmatrix}=\begin{pmatrix}14&&\\&9&\\&&12\end{pmatrix}$$

其次,不为零的两个"数" 相乘,其积一定也不为零,而若矩阵 $A \neq 0$,矩阵$B \neq 0$, 其积 AB 有可能为零,例如:

$$AB = \begin{pmatrix} -2 & 2 \\ 2 & -2 \end{pmatrix} \begin{pmatrix} 3 & 3 \\ 3 & 3 \end{pmatrix} = \begin{pmatrix} 0 & 0 \\ 0 & 0 \end{pmatrix}$$

最后,在"数" 中,若等式两边有一个相同的数,将这个数消去,等式仍然成立,而在矩阵中,若 $\boldsymbol{AB} = \boldsymbol{AC}, \boldsymbol{A} \neq 0$,不一定有 $\boldsymbol{B} = \boldsymbol{C}$,例如:

$\begin{pmatrix} -2 & 2 \\ 2 & -2 \end{pmatrix} \begin{pmatrix} 3 & 3 \\ 3 & 3 \end{pmatrix} = \begin{pmatrix} -2 & 2 \\ 2 & -2 \end{pmatrix} \begin{pmatrix} 0 & 0 \\ 0 & 0 \end{pmatrix}$,如果把等式两端的$\begin{pmatrix} -2 & 2 \\ 2 & -2 \end{pmatrix}$消去,剩下的$\begin{pmatrix} 3 & 3 \\ 3 & 3 \end{pmatrix}$绝不等于$\begin{pmatrix} 0 & 0 \\ 0 & 0 \end{pmatrix}$。

验证矩阵的乘法有以下性质:

(1)$\boldsymbol{A}(\boldsymbol{BC}) = (\boldsymbol{AB})\boldsymbol{C}$

(2)$\boldsymbol{A}(\boldsymbol{B} + \boldsymbol{C}) = \boldsymbol{AB} + \boldsymbol{AC}$

(3)$(\boldsymbol{A} + \boldsymbol{B})\boldsymbol{C} = \boldsymbol{AC} + \boldsymbol{BC}$

(4) 对任意常数 λ,有 $\lambda(\boldsymbol{A} + \boldsymbol{B}) = \lambda\boldsymbol{A} + \lambda\boldsymbol{B}$

(5) 对任意常数 λ,有 $\lambda(\boldsymbol{AB}) = (\lambda\boldsymbol{A})\boldsymbol{B} = \boldsymbol{A}(\lambda\boldsymbol{B})$

(6)$\boldsymbol{AI} = \boldsymbol{IA} = \boldsymbol{A}$

(7) $\underbrace{\boldsymbol{A} \cdot \boldsymbol{A} \cdots\cdots \boldsymbol{A}}_{k} = \boldsymbol{A}^k$　　　(k 为自然数)

(8)$\boldsymbol{A}^k \cdot \boldsymbol{A}^t = \boldsymbol{A}^{k+t}$　　　(k,t 为自然数)

(9)$(\boldsymbol{A}^k)^t = \boldsymbol{A}^{kt}$　　　(k,t 为自然数)

2.3.3.3　矩阵的转置

把矩阵 $\boldsymbol{A}$ 的行和列交换,得到的新矩阵称为矩阵 $\boldsymbol{A}$ 的转置矩阵,记为 $\boldsymbol{A}'$ 或 $\boldsymbol{A}^T$,例如:

$$\boldsymbol{A} = \begin{pmatrix} a_{11} & a_{12} & \cdots & a_{1m} \\ a_{21} & a_{22} & \cdots & a_{2m} \\ \vdots & \vdots & & \vdots \\ a_{n1} & a_{n2} & \cdots & a_{nm} \end{pmatrix}$$

则 $\boldsymbol{A}' = \begin{pmatrix} a_{11} & a_{21} & \cdots & a_{n1} \\ a_{12} & a_{22} & \cdots & a_{n2} \\ \vdots & \vdots & & \vdots \\ a_{1m} & a_{2m} & \cdots & a_{nm} \end{pmatrix}$, $a_{ij} = a'_{ji}(i = 1,2,\cdots,n;\ j = 1,2,\cdots,m)$。

若有两个同阶方阵,$\boldsymbol{A}' = \boldsymbol{A}$,则称这两个矩阵为对称矩阵。

转置矩阵有以下性质:

(1)$(\boldsymbol{A}')' = \boldsymbol{A}$

(2)$(\sum_{i=1}^{\infty})' = \boldsymbol{B}'\boldsymbol{A}'$

(3)$(\boldsymbol{A} + \boldsymbol{B})' = \boldsymbol{A}' + \boldsymbol{B}'$

(4)$(k\boldsymbol{A})' = k\boldsymbol{A}'$

在投入产出法中,所有的向量都设为列向量。如果各个元素本身在一行上,则将其表示为转置矩阵形式。如元素 $t_j(j=1,2,\cdots,n)$ 在一行上，我们设置向量时仍然为 $\boldsymbol{T}$ 列向量，只是这些向量的位置表示为 $\boldsymbol{T}'$。

2.3.3.4　逆矩阵和分块矩阵

对于 n 阶矩阵 $\boldsymbol{A}$，若其行列式 $|\boldsymbol{A}|\neq 0$，则一定存在一个矩阵 $\boldsymbol{B}$，使得 $\boldsymbol{AB}=\boldsymbol{BA}=I$，则称 $\boldsymbol{A}$ 为可逆矩阵，$\boldsymbol{A}$ 和 $\boldsymbol{B}$ 互为逆矩阵，$\boldsymbol{B}$ 的逆矩阵可以记为：$\boldsymbol{B}=\boldsymbol{A}^{-1}$；同样，$A$ 的逆矩阵可以记为：$\boldsymbol{A}=\boldsymbol{B}^{-1}$。例如：

$$A=\begin{pmatrix}-3 & 2\\ 2 & -1\end{pmatrix}\qquad \boldsymbol{B}=\begin{pmatrix}1 & 2\\ 2 & 3\end{pmatrix}$$

$$\boldsymbol{AB}=\begin{pmatrix}-3 & 2\\ 2 & -1\end{pmatrix}\begin{pmatrix}1 & 2\\ 2 & 3\end{pmatrix}=\begin{pmatrix}1 & 0\\ 0 & 1\end{pmatrix}$$

$$\boldsymbol{BA}=\begin{pmatrix}1 & 2\\ 2 & 3\end{pmatrix}\begin{pmatrix}-3 & 2\\ 2 & -1\end{pmatrix}=\begin{pmatrix}1 & 0\\ 0 & 1\end{pmatrix}$$

则 $\boldsymbol{A}$ 是 $\boldsymbol{B}$ 的逆矩阵，$\boldsymbol{B}$ 也是 $\boldsymbol{A}$ 的逆矩阵，即 $\begin{pmatrix}-3 & 2\\ 2 & -1\end{pmatrix}$ 和 $\begin{pmatrix}1 & 2\\ 2 & 3\end{pmatrix}$ 互为逆矩阵。

一个矩阵的逆矩阵的求解原理是代数余子法和初等变换法。在投入产出法中，矩阵的阶数往往很大，需要借助计算机完成逆矩阵的求解。一般可以利用非常普及的 Excel 求逆矩阵，其方法是：

(1) 启动 Excel 在应用程序工作区中显示一个新的空工作簿，如图 2－2 所示。

图 2－2　Excel 的工作界面

(2) 在活动单元格中输入所要求逆的 $n\times n$ 阶矩阵，见图 2－3 中行 1～6、列 A～F；

(3) 在另外的活动单元格中拉黑 n 行、n 列，见图 2－3 中行 8～13、列 A～F；

(4) 点击粘贴函数 fx；

(5) 点击数学与三角函数；

(6) 点击求逆矩阵的函数键 MINVERSE;

(7) 在 Array 中输入数据所在块的第一个数据的行列,点":",然后输入最后一个数据的行列,或者将光标放在 Array 中,拉黑所要求的矩阵;

(8) 同时按 Ctrl + Shift 键,然后按 Enter 键(回车键),即得到所要求的逆矩阵,如图 2 - 3 中行 8 ~ 13、列 A ~ F 所示。

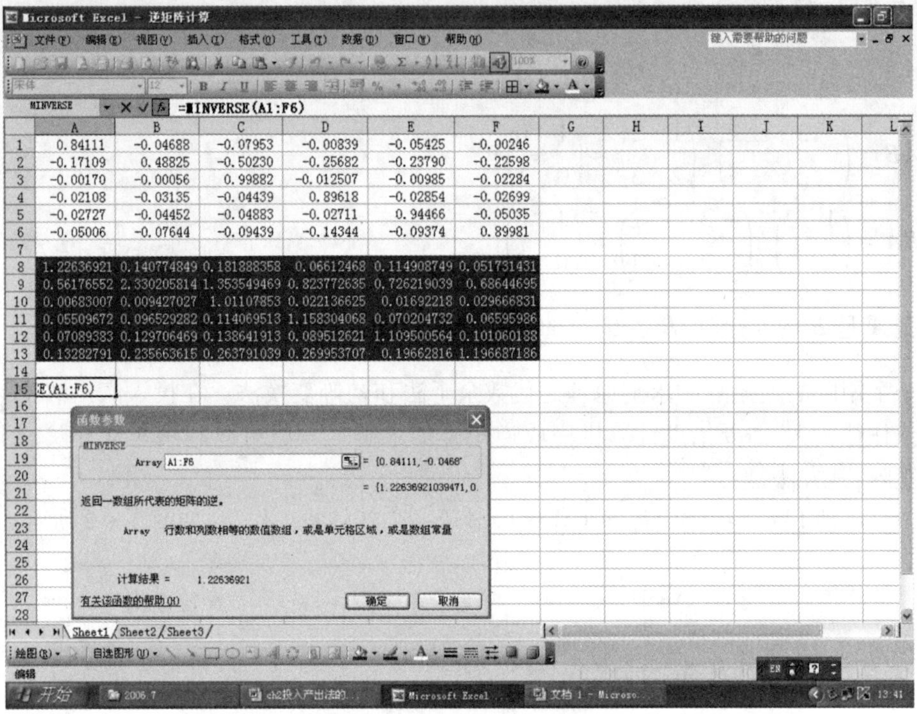

图 2 - 3 逆矩阵求解界面

对角矩阵的逆矩阵是各个元素倒数构成的对角矩阵,即:

$$A=\begin{pmatrix} a_{11} & & & \\ & a_{22} & & \\ & & \ddots & \\ & & & a_{nn} \end{pmatrix}$$

则:

$$A^{-1}=\begin{pmatrix} \frac{1}{a_{11}} & & & \\ & \frac{1}{a_{22}} & & \\ & & \ddots & \\ & & & \frac{1}{a_{nn}} \end{pmatrix}$$

单位矩阵的逆矩阵就是它本身:$\boldsymbol{I}=\boldsymbol{I}^{-1}$。

可逆矩阵具有以下性质:

(1) $(\boldsymbol{A}^{-1})^{-1}=\boldsymbol{A}$

(2) $(k\boldsymbol{A})^{-1}=\dfrac{1}{k}\boldsymbol{A}^{-1}$

(3) $(\boldsymbol{AB})^{-1}=\boldsymbol{B}^{-1}\boldsymbol{A}^{-1}$

(4) $(\boldsymbol{A}')^{-1}=(\boldsymbol{A}^{-1})'$

在投入产出分析中，常常需要利用分块矩阵来显示矩阵结构上的一些特点，从而完成矩阵的计算。

用贯通矩阵的横线和纵线，把一个阶数比较大的矩阵分成若干个阶数比较小的矩阵，称为矩阵的分块。这些小矩阵称为子矩阵，以这些小矩阵称为元素的矩阵称为分块矩阵。例如：

设 $\boldsymbol{A}=\begin{pmatrix}3&0&0&0&0&0&0\\0&3&0&0&0&0&0\\0&0&3&0&0&0&0\\2&-3&1&2&6&1&-1\\3&5&0&4&1&2&2\end{pmatrix}$，如果把前 3 行、前 3 列分出来，即：

$$\boldsymbol{A}_{33}=\begin{pmatrix}3&&\\&3&\\&&3\end{pmatrix}=3\boldsymbol{I}_{33};\boldsymbol{A}_{3,(7-3)}=\begin{pmatrix}0&0&0&0\\0&0&0&0\\0&0&0&0\end{pmatrix}=\boldsymbol{0}_{3\times4};$$

$$\boldsymbol{A}_{(5-3),3}=\begin{pmatrix}2&-3&1\\3&5&0\end{pmatrix}=\boldsymbol{B};\boldsymbol{A}_{(5-3),(7-3)}=\begin{pmatrix}2&6&1&-1\\4&1&2&2\end{pmatrix}=\boldsymbol{C}。$$

这样的分块可以显示矩阵 A 的特点：第一个子矩阵实际上是 3 倍单位矩阵，第二个子矩阵是一个零矩阵，其余两个子矩阵是一般的数阵。

矩阵 A 可以记为：

$$\boldsymbol{A}=\begin{pmatrix}3I_{33}&\boldsymbol{0}_{3\times4}\\B&C\end{pmatrix}$$

当一个矩阵需要分块时，应该如何分，要视分析或者计算的目的而定。在投入产出分析中，常常需要在 n 阶矩阵 $\boldsymbol{A}$ 的 $n-1$ 行后、$n-1$ 列后分别做一条横线和纵线，把矩阵分成四块：

$$\boldsymbol{A}=\left(\begin{array}{cccc:c}a_{11}&a_{12}&\cdots&a_{1,n-1}&a_{1n}\\a_{21}&a_{22}&\cdots&a_{2,n-1}&a_{2n}\\\vdots&\vdots&&\vdots&\vdots\\a_{n-1,1}&a_{n-1,2}&\cdots&a_{n-1,n-1}&a_{n-1,n}\\\hdashline a_{n1}&a_{n2}&\cdots&a_{n,n-1}&a_{nn}\end{array}\right)$$

$$=\begin{pmatrix}\boldsymbol{A}_{(n-1)}&\boldsymbol{U}\\\boldsymbol{T}'&a_{nn}\end{pmatrix}$$

其中：

$$A_{(n-1)}=\begin{pmatrix} a_{11} & a_{12} & \cdots & a_{1n-1} \\ a_{21} & a_{22} & \cdots & a_{2n-1} \\ \vdots & \vdots & & \vdots \\ a_{n-1,1} & a_{n-1,2} & \cdots & a_{n-1,n-1} \end{pmatrix} \qquad U=\begin{pmatrix} a_{1n} \\ a_{2n} \\ \vdots \\ a_{n-1,n} \end{pmatrix}$$

$$T'=(a_{n1} \quad a_{n2} \quad \cdots \quad a_{n,n-1})$$

只要把分块矩阵中的小矩阵视为元素，就可以按照前述原则进行分块矩阵的加法、乘法等运算。

本章小结

1. 投入产出核算是国民经济核算体系的重要组成部分，它采用SNA矩阵账户原理和形式，从中间使用的角度对国内生产总值核算进行补充和细化。国内生产总值有三种计算方法：生产法、收入法和支出法，而投入产出表的Ⅰ、Ⅱ、Ⅲ象限完整地表现了国内生产总值的这三种计算方法。

2. 投入产出模型是线性模型，建立在矩阵理论基础上，矩阵的各种类型和各种运算是投入产出模型能够实际应用的数学基础。

思考与练习题

1. 把投入产出法纳入国民经济核算体系有什么重要意义？
2. 为什么说矩阵账户是平衡法的最好形式？
3. 什么是国内生产总值？国内生产总值有何重要意义？如何计算国内生产总值？
4. 投入产出表与国内生产总值的三种计算方法有什么关系？
5. 矩阵与线性方程组有什么关系？
6. 矩阵的加法和矩阵的乘法有哪些性质？
7. 根据下列矩阵求$(I-A)^{-1}$。

$$A=\begin{pmatrix} 0.158\,89 & 0.046\,88 & 0.079\,53 & 0.008\,39 & 0.054\,25 & 0.002\,46 \\ 0.171\,09 & 0.511\,75 & 0.502\,30 & 0.256\,82 & 0.237\,90 & 0.225\,98 \\ 0.001\,70 & 0.000\,56 & 0.001\,18 & 0.012\,51 & 0.009\,85 & 0.022\,84 \\ 0.021\,08 & 0.031\,35 & 0.044\,39 & 0.103\,82 & 0.028\,54 & 0.026\,99 \\ 0.027\,27 & 0.044\,52 & 0.048\,83 & 0.027\,11 & 0.055\,34 & 0.050\,35 \\ 0.050\,06 & 0.076\,44 & 0.094\,39 & 0.143\,44 & 0.093\,74 & 0.050\,35 \end{pmatrix}$$

8. 把下列线性方程组表示成矩阵。

$$\begin{cases} a_{11}X_1+a_{12}X_2+\cdots+a_{1n}X_n+Y_1=X_1 \\ a_{21}X_1+a_{22}X_2+\cdots+a_{2n}X_n+Y_2=X_2 \\ \cdots \\ a_{n1}X_1+a_{n2}X_2+\cdots+a_{nn}X_n+Y_n=X_n \end{cases}$$

9. 把矩阵$\overline{B}$分成四块子矩阵，其中一块为：$\overline{B}_{2\times 2}=\begin{pmatrix} 1.226\,38 & 0.140\,78 \\ 0.561\,79 & 2.330\,23 \end{pmatrix}$。

$$\overline{\boldsymbol{B}} = \begin{pmatrix} 1.22638 & 0.14078 & 0.18189 & 0.06613 & 0.11491 & 0.05173 \\ 0.56179 & 2.33023 & 1.35357 & 0.82378 & 0.72622 & 0.68646 \\ 0.00683 & 0.00943 & 1.01108 & 0.02214 & 0.01692 & 0.02967 \\ 0.05510 & 0.09653 & 0.11407 & 1.15830 & 0.07021 & 0.06596 \\ 0.07090 & 0.12971 & 0.11386 & 0.08951 & 1.10950 & 0.10106 \\ 0.13283 & 0.23567 & 0.26379 & 0.26995 & 0.19663 & 1.19669 \end{pmatrix}$$

10. 计算下列矩阵。

$$\left[\begin{pmatrix} 0.83862 & -0.05067 \\ -0.20218 & 0.44136 \end{pmatrix}\begin{pmatrix} 30640.7 \\ 184950.7 \end{pmatrix}\right] -$$

$$\left[\begin{pmatrix} 0.18189 & 0.06613 & 0.11491 & 0.05173 \\ 1.35357 & 0.82378 & 0.72622 & 0.68646 \end{pmatrix}\right]\begin{pmatrix} 30134.5 \\ 5480.8 \\ 9822.2 \\ 32698.0 \end{pmatrix}$$

2 投入产出法预备知识

3 产品投入产出表基本结构和平衡关系

投入产出表或投入产出模型是投入产出理论的表现形式与具体运用的基础。如前所述,投入产出表或投入产出模型种类很多,但是,静态全国产品投入产出表或投入产出模型是一种基本的模式,通过它可以了解投入产出法的基本原理及应用。以下如果没有特别指明,所称投入产出表或投入产出模型均指全国、静态、产品投入产出表或投入产出模型。

在第1章中我们说投入产出表中的部门应该是“纯部门”或“产品部门”,本章前两节介绍的投入产出表也是以这样的纯部门编制的。但是,在实际经济中,特别是在社会化大生产的经济中,这样只生产一种产品的单位和部门在大多数情况下是不存在的,它只是一种抽象的单位或理想的单位。但是投入产出表数据必须从现实生产单位采集,这种单位往往包括若干个基层单位,生产不止一种产品,除了主要生产外,可能还有次要生产、辅助生产。于是,基于数据采集和提供核算框架的目的,联合国在国民账户体系(SNA)中采用了两种投入产出表,一种是供给与使用表(UV表),另一种是对称投入产出表(产品 × 产品表)。供给与使用表是直接收集数据编制的表,对称投入产出表往往是在一定的假定下,在供给与使用表的基础上编制的。在进行投入产出分析时,必须使用对称表。我国在编制投入产出表时,主要采用纯部门分解法,直接编制产品对称投入产出表。

3.1 价值型投入产出表及平衡关系

3.1.1 价值型投入产出表的表式结构

价值型投入产出表(简称价值表)是以国民经济中的“纯”部门,即同类产品的综合体为部门①来进行编制的,它将各部门的投入与生产成果用价值形式表现出来。价值型投入产出表的表式如表3-1所示。表3-2是有实际数例的投入产出表。

① 在产品 × 产品投入产出表中,称“产品”和称“部门”是同一个含义,比如i产品和i部门,均指i“纯”部门或i产品综合体。

表 3－1　　价值型投入产出表的表式结构

<table>
<tr><td colspan="2" rowspan="2"></td><td>中间使用</td><td colspan="5">最终使用</td><td rowspan="2">总产出</td></tr>
<tr><td>1　2　3　…　n　合计</td><td>最终消费</td><td>资本形成总额</td><td>出口</td><td>进口</td><td>合计</td></tr>
<tr><td>中间投入</td><td>1
2
3
…
n
合计</td><td>x_{ij}
（Ⅰ象限）</td><td colspan="5">Y_i
（Ⅱ象限）</td><td>X_i</td></tr>
<tr><td>增加值</td><td>固定资产折旧
劳动者报酬
生产税净额
营业盈余
合计</td><td>（Ⅲ象限）
D_j
V_j
T_j
M_j
N_j</td><td colspan="5"></td><td></td></tr>
<tr><td colspan="2">总投入</td><td>X_j</td><td colspan="5"></td><td></td></tr>
</table>

中间投入与增加值之间的横线和中间使用与最终使用之间的竖线将价值表分成了四个部分(或四个象限)，如图 3－1 所示。

Ⅰ	Ⅱ
Ⅲ	Ⅳ

图 3－1　投入产出表的四个象限

第一象限采用复式记账的矩阵形式，主栏和宾栏都是产品部门，且横行、纵列的部门名称、部门数、部门排列顺序都相同。从横行看该象限是中间产品或中间使用象限，从纵列看该象限是中间投入或中间消耗象限，可以统称为中间流量矩阵。中间产品指本期生产、本期尚需进一步加工的产品，是用于本期生产过程的劳动对象；中间投入是常住单位在生产过程中消耗的非固定资产货物和服务的价值，包括货物投入和服务投入两部分。货物投入指生产过程中消费或转换的有形产品，如各种原材料、辅助材料、燃料、种子、饲料、肥料、办公用品、劳保用品等一次性消耗的货物和各种低值易耗品；服务投入指在生产过程中消耗的各种无形产品，如修理费、加工费、邮电费、运输费、代销手续费、利息净支出、保险费、广告宣传费、科研费、技术转让费、咨询费、商品检验费、职工培训教育费、出差的车船票费、畜禽配种费、畜禽防疫医疗费、绿化费、公证费、律师费、安全措施费、公杂费、招待费、警卫消防费等。

第一象限中的元素用 x_{ij} 表示。从横行看，x_{ij} 表示 i 产品分配给 j 部门用作生产的数量，从纵列看，x_{ij} 表示 j 部门生产中消耗的 i 产品数量。例如，在表 3－2 中，第 2 行是工业部门，第 5 列是交通运输、仓储和邮政与信息传输、软件和信息技术服务部门，因此，x_{25} = 24 232 亿元，从横行看，表示工业部门提供了 24 232 亿元给交通运输、仓储和邮政与信息

表 3-2　　中国 2012 年投入产出表[1]　　单位:亿元[2]

		中间使用							最终使用[3]				总产出
		农林牧渔	工业	建筑业	批零住餐	交仓软计	其他服务	合计	最终消费	资本形成	净出口和其他[4]	合计	
中间投入	农林牧渔	12 321	47 230	1 093	2 601	847	1 159	65 250	21 194	6 693	−3 715	24 172	89 421
	工业	20 249	570 549	76 964	11 593	24 232	49 037	752 625	81 021	86 546	5 271	172 839	925 463
	建筑业	8	1 440	3 735	278	597	2 604	8 661	0	128 912	1 039	129 951	138 613
	批零住餐	1 398	30 366	3 390	3 875	2 989	12 490	54 508	24 243	5 542	11 197	40 982	95 490
	交仓软计	1 172	25 266	5 905	3 242	12 797	11 559	59 942	14 306	10 081	2 724	27 110	87 052
	其他服务	1 915	43 397	10 720	14 534	10 855	42 422	123 842	130 955	10 616	175	141 747	265 588
	合计	37 063	718 247	101 808	36 122	52 318	119 270	1 064 827	271 719	248 390	16 692	536 800	1 601 627
增加值	劳动者报酬	52 996	79 612	22 462	21 179	14 699	73 186	264 134					
	生产税净额	−2 896	40 612	5 121	17 166	1 248	12 354	73 606					
	固定资产折旧	2 258	29 822	1 646	3 861	8 004	26 091	71 682					
	营业盈余	0	57 170	7 576	17 161	10 783	34 687	127 378					
	合计	52 359	207 217	36 805	59 368	34 734	146 318	536 800					
总投入		89 421	925 463	138 613	95 490	87 052	265 588	1 601 627					

注:[1]本表根据《中国 2012 年投入产出表》42×42 投入产出表合并而成:“农林牧渔产品和服务”表中简称为“农林牧渔”;“工业”由煤炭采选产品、石油和天然气开采产品、金属矿采选产品、非金属矿和其他矿采选产品、食品和烟草、纺织品、纺织服装鞋帽皮革羽绒及其制品、木材加工品和家具、造纸印刷和文教体育用品、石油炼焦产品和核燃料加工品、化学产品、非金属矿物制品、金属冶炼和压延加工品、金属制品、通用设备、专用设备、交通运输设备、电气机械和器材、通信设备计算机和其他电子设备、仪器仪表、其他制造产品、废品废料、金属制品机械和设备修理服务、电力热力的生产和供应、燃气生产和供应、水的生产和供应 26 个产品部门合并而成;“建筑业”为一个产品部门;批发和零售、住宿和餐饮 2 个产品部门合并,表中简称为“批零住餐”;交通运输、仓储和邮政与信息传输、软件和信息技术服务 2 个产品部门合并,表中简称为“交仓软计”;金融、房地产、租赁和商务服务、科学研究和技术服务、水利环境和公共设施管理、居民服务修理和其他服务、教育、卫生和社会工作、文化体育和娱乐、公共管理社会保障和社会组织 10 个产品部门合并,简称为“其他服务”。

[2]把原表计量单位由“万元”调整为“亿元”,取整数。

[3]用于小数点取舍,有些许误差。

[4]为了排版和讲授方便,我们对第二象限做了合并,取合计栏数据,其中表 3-2 中的“净出口和其他”等于原表的“出口−进口+其他”;“最终使用”包括原表的“最终使用”“进口”和“其他”。中国 2012 年 6×6 投入产出表的第二象限项目如表 3-3 所示。

表 3-3　　中国 2012 年投入产出表(最终使用)　　单位:亿元

	最终使用										进口	其他
	最终消费支出					资本形成总额			出口	合计		
	居民消费支出			政府消费支出	合计	固定资本形成总额	存货增加	合计				
	农村居民	城镇居民	小计									
农林牧渔	8 037	12 549	20 586	608	21 194	3 094	3 598	6 693	782	28 668	5 119	622
工业	18 384	62 637	81 021	0	81 021	80 681	5 865	86 546	110 583	278 150	106 177	865
建筑业	0	0	0	0	0	128 912	0	128 912	773	129 685	228	495
批零住餐	4 613	19 629	24 243	0	24 243	4 666	876	5 542	12 339	42 123	1 153	11
交仓软计	2 388	9 945	12 333	1 973	14 306	9 781	300	10 081	6 692	31 079	4 005	36
其他服务	11 801	48 553	60 354	70 601	130 955	10 616	0	10 616	5 497	147 068	5 345	23
合计	45 223	153 314	198 537	73 182	271 719	237 751	10 639	248 390	136 666	656 774	122 027	2 053

传输、软件和信息技术服务部门用作生产,从纵列看,表示交通运输、仓储和邮政与信息传输、软件和信息技术服务部门在生产中消耗了24 232亿元的工业产品。

行、列交叉处的元素即主对角线上的元素,表示各部门产品提供给本部门生产使用,或者本部门生产过程中消耗的本部门产品数量。如表3-2中, x_{22} = 570 549亿元,表示570 549亿元工业产品提供给工业部门用作生产,或者工业部门在生产过程中投入了570 549亿元本部门的产品。

第一象限是投入产出表的基本象限。它反映了国民经济各部门间的生产技术联系。但由于各部门间的联系受部门划分粗细及价格变动等因素的影响,所以确切地说,它反映的是国民经济各部门间的经济技术联系。投入产出表的规模是用第一象限的行数和列数的乘积来表示的。例如,表3-1是一张 $n \times n$ 的投入产出表,表3-2是一张 6×6 的投入产出表。通常称不足30个部门的表为小型投入产出表,30 ~ 79个部门的表为中型投入产出表,80个部门以上的表为大型投入产出表。此外,投入产出表的填满率(也称投入产出表的密度)是用第一象限填有数字的方格数占该象限全部方格数的比重来表示的。一般部门划分越细,填满率也越低。表3-2的填满率为100%。

第二象限是最终使用象限。它是第一象限在水平方向的延伸,主栏与第一象限相同,是产品部门,宾栏是最终使用,即已退出当前生产过程的产品。这一象限实际上是把支出法国内生产总值的各个项目,按产品部门进行了分解,反映社会最终使用产品的部门构成和项目构成。最终使用包括以下三个方面的内容:

(1) 最终消费。最终消费是常住单位在一定时期内对于货物和服务的全部最终消费支出。这里消费主体是常住单位,凡是常住单位在本国经济领土内购买的为满足个人物质、文化与精神生活需要的货物和服务,都包括在内。反之,非常住单位即使在本国经济领土上购买,并且就在本国经济领土上消费了的货物和服务,也不能算作最终消费,而应算作出口。

最终消费分为居民消费和政府消费两部分。居民消费指常住住户在核算期内用于最终消费的货物和服务总额。居民消费包括:① 居民用货币直接购买的用于生活消费的各种货物,包括各种耐用消费品和非耐用消费品支出,不包括居民购买的房屋和用于生产的物品支出;② 居民用货币直接购买用于生活消费的各种服务,包括交通、金融保险、房租、医疗、教育、文化、家教、保姆等支出;③ 居民以实物工资获得的各种生活消费,包括居民以免费和低于成本价从政府或单位获得的各种货物和服务,以及居民自产自用的产品;④ 居民自有住房的虚拟房租消费。

政府消费主要指政府部门向整个社会提供并被认为由社会全体成员同时获得和使用的一种服务支出和免费或低于成本向住户提供的货物和服务的净支出。前者等于政府的服务总产出(经常性业务支出加上虚拟固定资产折旧)减去所获得的经营收入,后者等于政府向住户提供的货物和服务的市场价值减去向住户收取的价值。政府提供的公共服务主要有安全和防务、法律和秩序的维护、立法和规章条例、公共卫生的维持、环境保护、研究和开发等。

(2) 资本形成总额。资本形成总额指常住单位在一定时期内,对固定资本和存货的投资支出合计,包括固定资本形成和存货增加两部分。资本形成总额中的"总"有两层含义,一是指资本形成总额为固定资本形成和存货增加之和;二是指固定资本形成总额中包括了固定资产折旧。如果不包括固定资产折旧，则为“资本形成净额”，即：

资本形成总额 = 固定资本形成总额 + 存货增加

= 固定资本形成净额 + 固定资产折旧 + 存货增加

= 资本形成净额 + 固定资产折旧

资本形成净额 = 固定资本形成净额 + 存货增加

固定资本形成总额指常住单位在一定时期内购置、转入和建造的固定资产，扣除固定资产的销售和转出后的价值，包括有形固定资本形成总额和无形固定资本形成总额。有形固定资本形成总额如各种房屋、建筑物的建造，购置的机器设备、工具、器具等，其使用期限和单位价值在规定限额以上。机器设备分需安装和不需安装两种，若需要安装，则还要包括安装价值。有形固定资本形成总额还包括购置的商品房，购置的役畜、种畜，用以提供奶、毛的牲畜和娱乐的牲畜，以及各种经济林木的营造费用支出等。无形固定资本形成总额如矿藏勘探支出、计算机软件等的获得减处置的价值。

存货增加指一定时期内常住单位的存货实物量的变化价值，等于期末存货价值与期初存货价值之差。存货增加包括生产单位从其他单位购买的原材料、燃料和各种储备物资等的增加，以及生产单位生产的产成品、在制品和半成品等。这是一个可正可负的数，若为正值，表示存货增加；若为负值，表示存货减少。

(3) 净出口。净出口是出口总额减去进口总额后的差额。出口是常住单位向非常住单位出售或无偿转让的各种货物和服务的价值。进口指常住单位从非常住单位购买或无偿得到的货物和服务的价值。净出口以常住单位为主体，只要是常住单位与非常住单位之间发生的货物和服务的买卖就包括在其中，而不论其是否出入境。货物进出口包括海关统计中的进出口商品部分和没有计入海关统计的我国常住居民在国外直接购买的商品（进口），和外国居民在我国市场上购买的商品（出口）。货物的出口和进口都按离岸价格计算。

服务进出口的表现形式与货物的进出口不同。由于服务具有提供服务和使用服务是同时发生的特点，因此服务的进出口并不发生出入境现象。常住单位和居民在国外市场上得到的金融、住宿、交通等服务是进口；非常住单位和居民从我国国内市场上得到的服务是出口。

第三象限是增加值（或国内生产总值、最初投入）象限。它是第一象限在垂直方向的延伸，故其宾栏与第一象限相同，是产品部门，主栏是增加值各个项目。

增加值指常住单位追加到生产中消耗的非固定资产货物和服务上的价值，即新创造价值与固定资产转移价值之和。各个部门的增加值之和是国内生产总值。从生产的角度看，增加值等于总产出减中间投入；从收入或分配的角度看，增加值等于固定资产折旧、劳动者报酬、生产税净额、营业盈余之和。第三象限实际上是把收入法或分配法增加值的各个项目，按产品部门进行了分解，反映增加值的项目构成和部门构成。

固定资产折旧是一定时期内为补偿生产活动中耗用的固定资产而按核定的固定资产折价率提取的价值。除了包括基本的折旧外，还包括按产量提取的更新改造基金、油田维护费、补提折旧等。

劳动者报酬是一定时期内，劳动者从事生产活动而得到的各种形式的报酬，包括工资、奖金、福利、各种津贴补贴、个体劳动者的纯收入等货币报酬，住户自己生产自己消费的产品作价、职工免费或低于成本从单位得到的实物作价等实物报酬,生产单位为劳动者的利益而支付的社会保险费,等等。

生产税净额是生产税与补贴相抵后的余额。生产税指政府对生产单位从事生产、销售和经营活动以及因从事生产活动使用某些生产要素,如固定资产、土地、劳动力等征收的各种税、附加费和规费。生产税有四种形式:一是含在货物和服务价格中的,由生产者直接向政府缴纳的税金,如增值税、消费税、车船税、房产税、屠宰税等;二是不含在货物和服务价格中而由购买者直接缴纳并由生产者代征的税金,如消费税、牲畜交易税、集市交易税、关税、进口税、特别消费税等;三是从专营专卖活动所获得的利润中上缴政府的专项收入和利润,如烟、酒等商品的专项收入;四是依照规定向政府支付的有关费用,如教育附加费、排污费、水电费及附加等。不论哪种形式的生产税,最终都由消费者承担。补贴指政府为控制价格和扶持生产而对生产部门提供的补助,包括价格补贴、亏损补贴、外贸企业出口退税收入等。补贴的性质与生产税一样,但流向相反,补贴是国家给生产单位,生产税是生产单位给国家,因此,补贴可以看作负的生产税。

营业盈余是一个平衡项,指一定时期内常住单位的增加值超过固定资产折旧、劳动者报酬、生产税净额的部分,或社会总产出扣除中间投入、固定资产折旧、劳动者报酬、生产税净额后的部分。它相当于企业的营业利润加上生产补贴,扣除从利润中开支的工资和福利等。

第四象限是由第二与第三象限共同延伸组成的。它的主栏是增加值,宾栏是最终使用。这一象限理论上是反映增加值经过分配和再分配,形成各个部门的最终收入,这些最终收入用于何种最终使用,显然一个象限无法反映这么多的经济内容,因此只是一个理论象限。目前编表一般将这一部分略去。

价值型投入产出表实际上是一个宏观经济的数据库,为我们提供了丰富的统计资料,具有多方面作用。例如,投入产出表第一象限为我们提供了编表期各部门内部和部门之间的技术经济联系资料,主对角上的各元素是各部门内部的生产技术联系程度的数量表现,其余各元素,反映了各部门之间的经济技术联系程度。这些数据揭示了各部门之间的本质联系,是一般传统统计方法无法取到的宝贵资料。它为我们研究部门消耗定额,组织国民经济综合平衡,协调各部门间的比例关系提供了重要信息。投入产出表反映了计算国内生产总值的三种方法,横行或者纵列的合计是社会总产出,第一象限合计数是全社会的中间投入,二者相减是生产法国内生产总值。第二、三象限分别表现收入法(分配法)和支出法国内生产总值。不仅如此,投入产出表还提供了按“纯”部门构成的中间消耗、增加值、最终使用资料,是我们研究经济效益、分配关系、预测劳动就业量等的重要依据。

3.1.2　价值型投入产出表中的平衡关系

3.1.2.1　行平衡关系

把价值表的第一象限和第二象限联系起来,反映产品的分配使用去向,表现了这样一个平衡关系:

中间使用 + 最终使用 = 总产出

用式子表示就是:

$$\begin{cases} x_{11} + x_{12} + \cdots + x_{1n} + Y_1 = X_1 \\ x_{21} + x_{22} + \cdots + x_{2n} + Y_2 = X_2 \\ \cdots \\ x_{n1} + x_{n2} + \cdots + x_{nn} + Y_n = X_n \end{cases} \tag{3.1}$$

或写成：

$$\begin{cases} \sum_{j=1}^{n} x_{1j} + Y_1 = X_1 \\ \sum_{j=1}^{n} x_{2j} + Y_2 = X_2 \\ \cdots \\ \sum_{j=1}^{n} x_{nj} + Y_n = X_n \end{cases} \tag{3.1a}$$

一般表达式为：

$$\sum_{j=1}^{n} x_{ij} + Y_i = X_i \qquad (i = 1,2,3,\cdots,n) \tag{3.1b}$$

其中：i 表示横行部门；j 表示纵列部门；$\sum_{j=1}^{n} x_{ij}$ 从横行看，表示 i 部门提供给各个部门用作生产消耗的产品数量之和即中间产品数量，从纵列看，表示各个部门在生产过程中消耗的 i 产品数量之和；Y_i 表示 i 部门的最终使用的合计；X_i 表示 i 部门的总产出。

式(3.1) 表示某一个部门产品的产出总量与其分配使用去向，所以也称为“分配方程组”。

对全社会有式(3.2) 所示的分配使用平衡关系：

$$\sum_{i=1}^{n} \sum_{j=1}^{n} x_{ij} + \sum_{i=1}^{n} Y_i = \sum_{i=1}^{n} X_i \tag{3.2}$$

由于投入产出表的横行是同一种产品的分配使用去向，所以价值表反映的分配使用去向的比例与实物表反映的分配使用去向的比例是相同的，所以式(3.1) 和式(3.2) 所示的线性方程实际上是从实物方面反映每一种产品和全社会所有产品的产出总量与其分配使用去向，即反映产品的实物运动。

3.1.2.2　列平衡关系

把价值表的第一象限和第三象限联系起来，反映产品部门的各种投入，表现了这样一个平衡关系：

中间投入 + 最初投入(增加值) = 总投入

用式子表示就是：

$$\begin{cases} x_{11} + x_{21} + \cdots + x_{n1} + D_1 + V_1 + T_1 + M_1 = X_1 \\ x_{12} + x_{22} + \cdots + x_{n2} + D_2 + V_2 + T_2 + M_2 = X_2 \\ \cdots \\ x_{1n} + x_{2n} + \cdots + x_{nn} + D_n + V_n + T_n + M_n = X_n \end{cases} \tag{3.3}$$

或写成：

$$
\begin{cases}
\sum_{i=1}^{n} x_{i1} + N_1 = X_1 \\
\sum_{i=1}^{n} x_{i2} + N_2 = X_2 \\
\cdots \\
\sum_{i=1}^{n} x_{in} + N_n = X_n
\end{cases}
\tag{3.3a}
$$

一般表达式为：

$$\sum_{i=1}^{n} x_{ij} + D_j + V_j + T_j + M_j = X_j \qquad (j = 1,2,3,\cdots,n) \tag{3.3b}$$

其中：$\sum_{i=1}^{n} x_{ij}$ 从纵列看，表示 j 部门生产过程中消耗的各种产品数量之和，即中间投入合计；从横行看，表示各个部门提供给 j 部门用作生产消耗的产品数量之和；D_j、V_j、T_j、M_j、X_j 分别表示 j 部门的固定资产折旧、劳动者报酬、生产税净额、营业盈余和总投入。N_j 表示 j 部门的增加值，等于 j 部门的固定资产折旧、劳动者报酬、生产税净额和营业盈余之和，即 $N_j = D_j + V_j + T_j + M_j (j = 1,2,\cdots,n)$。

式(3.3) 表示某一个部门生产过程中的中间投入和最初投入与总投入之间的平衡关系，所以称为“生产方程组” 或“投入方程组”。

对全社会有式(3.4) 所示的生产平衡关系：

$$\sum_{j=1}^{n} \sum_{i=1}^{n} x_{ij} + \sum_{j=1}^{n} (D_j + V_j + T_j + M_j) = \sum_{j=1}^{n} X_j \tag{3.4}$$

式(3.3b) 中的 $\sum_{i=1}^{n} x_{ij} + D_j$ 是 j 部门产品的转移价值，$V_j + T_j + M_j$ 是 j 部门产品的新创造价值；式(3.4) 中的 $\sum_{j=1}^{n} \sum_{i=1}^{n} x_{ij} + \sum_{j=1}^{n} D_j$ 是全社会总产品的转移价值，$\sum_{j=1}^{n} (V_j + T_j + M_j)$ 是全社会的新创造价值。所以式(3.3) 和式(3.4) 反映了产品的价值运动。

3.1.2.3 其他平衡关系

除了上述分配方程组和生产方程组外，价值型投入产出表还反映了其他一些平衡关系：

(1) 同一部门的平衡关系 —— 各部门的总产出与总投入相等，也就是同一部门的生产方程与分配方程相等：

$X_i = X_j = X_k \quad (i = j = k)$

用式(3.1) 和式(3.3) 表示是：

$$\sum_{j=1}^{n} x_{kj} + Y_k = \sum_{i=1}^{n} x_{ik} + N_k \qquad (k = 1,2,\cdots,n) \tag{3.5}$$

(2) 整个国民经济的平衡关系 —— 全社会的总产出与总投入相等。用式子表示就是：

$$\underbrace{\sum_{i=1}^{n} \left(\sum_{j=1}^{n} x_{ij} + Y_i \right)}_{1、2\text{象限之和}} = \underbrace{\sum_{j=1}^{n} \left(\sum_{i=1}^{n} x_{ij} + N_j \right)}_{1、3\text{象限之和}} \tag{3.6}$$

或者表示为：

$$\sum_{i=1}^{n}\sum_{j=1}^{n}x_{ij}+\sum_{i=1}^{n}Y_i=\sum_{j=1}^{n}\sum_{i=1}^{n}x_{ij}+\sum_{j=1}^{n}N_j \tag{3.6a}$$

式(3.6a)中$\sum_{i=1}^{n}\sum_{j=1}^{n}x_{ij}$和$\sum_{j=1}^{n}\sum_{i=1}^{n}x_{ij}$都是对第一象限求和，当然是相等的，把它们消去后有第二象限合计等于第三象限合计：

$$\sum_{i=1}^{n}Y_i=\sum_{j=1}^{n}N_j \tag{3.7}$$

式(3.7)表示全社会最终使用的价值与全社会各个部门增加值之和即国内生产总值相等，这与国内生产总值的概念是一致的。但要注意：对于一个部门来说，它的最终使用与增加值一般说来没有这种平衡关系，即$Y_k \neq N_k(k=1,2,\cdots,n)$。因为各个部门生产性质不同，产品的用途不同，所以一个部门提供给各个部门作中间使用的产品价值往往与本部门消耗各个部门产品的价值是不相等的，即：

$$\sum_{j=1}^{n}x_{kj}\neq\sum_{i=1}^{n}x_{ik} \qquad (i=j=k)$$

3.1.3 价值型投入产出表的特点

价值型投入产出表是一张“见树又见林”的平衡表，它有以下特点：

(1)既综合又具体地反映了国民经济中的各种经济问题。在价值表中，一方面能反映出国民经济中的各种综合指标和比例，如社会总产出、国内生产总值、初次分配和最终使用，以及增加值、最终使用及其构成等；可以用它们计算社会生产消耗率，社会增加值率，国家、企业、个人三者所得的比例，最终消费率，资本形成率，等等；可以对全社会做综合分析。另一方面，价值表又把整个国民经济分成若干部门，可以具体反映每一部门的各种总量指标和比例，如总产出、增加值等；可以计算各个部门对中间投入率、增加值率、三者所得的比例、最终消费率、资本形成率等；能够了解各个产品部门的生产、分配使用情况。这样，通过投入产出表，既能把综合经济问题的分析建立在具体经济情况的基础上，又能把具体部门置于整个国民经济中进行考察，同时也能把所要分析研究的问题置于国民经济的综合平衡之中。

(2)既可以从生产的角度(纵列)，又可以从分配使用的角度(横行)来考察整个国民经济和各部门的经济活动；既可以反映各个部门的生产联系(第一象限)，又可以反映各个部门的分配情况(第三象限)和为社会提供最终使用的情况(第二象限)。利用投入产出表来考察与分析经济问题，可以避免人为割裂再生产环节的现象。

(3)既可以从使用价值形态(横行)，又可以从价值形态(纵列)来考察社会产品和每一种产品的运动。利用投入产出表可以同时掌握整个国民经济和各部门产品的实物运动与价值运动的情况，并了解两者之间的联系。

(4)既可以使用表格形式，又可以用数学模型来反映经济问题。一张投入产出表，同时就是一个投入产出数学模型。所以它一方面能通过数学运算来揭示国民经济各部门、再生产各环节之间的内在联系，另一方面可以通过表格直观地反映国民经济和各个部门的发展水平及构成，便于学习与掌握。

3.2 实物型投入产出表及平衡关系

3.2.1 实物型投入产出表的表式结构

实物型投入产出表是根据国民经济中各大类产品编制的一种以实物单位表现的棋盘式平衡表，其表式结构如表 3－4 所示。

表 3－4　　实物型投入产出表

		计量单位	中间使用					最终使用				总产出 Q_i
			电 q_{i1}	煤 q_{i2}	钢 q_{i3}	…	合计 $\sum_{j=1}^{n} q_{ij}$	最终消费	资本形成	净出口	合计 Y_i	
中间投入	电 q_{1j}	亿度	20	10	10	…	145	10	0	5	15	160
	煤 q_{2j}	万吨	900	100	400	…	3 000	200	50	0	250	3 250
	钢 q_{3j}	万吨	10	20	10	…	80	10	5	－2	13	93
	…	…	…	…	…		…	…	…	…	…	…

实物型投入产出表分为两个部分。左边的第一象限是部门间流量矩阵，是投入产出表的基本部分，主栏和宾栏分列国民经济中的大类产品。一般可以根据有关部门规定的产品目录来填写。产品分类的粗细，可按编表目的和编表时所具备的资料条件等具体情况来定。中间产品部分反映每一类产品总量中，被各类产品生产消耗的情况。其中的元素 q_{ij} 的经济意义与价值表中的元素 x_{ij} 完全一样，只是用实物量表示的。例如，在表 3－4 中，第二行是煤炭部门，第三列是钢铁部门，因此，$q_{23}=400$ 万吨。从横行看，这表示煤炭部门提供了 400 万吨煤炭给钢铁部门用作生产消耗，从纵列看，这表示钢铁部门生产中消耗了 400 万吨煤炭。第一象限反映各产品部门之间的生产技术联系，它由国民经济的生产技术结构所决定，具有相对的稳定性，除非生产技术发展变化了，否则它不能由人随意改变。

右边的第二象限是第一象限在水平方向的扩展，宾栏是最终产品，说明主栏的每一类产品总量中，用于最终消费、资本形成、进出口的情况，反映社会产品最终使用的实物构成。

从实物型投入产出表的横行看，其反映了各类产品的分配使用情况；从纵列看，其反映了各类产品在生产中消耗的其他产品的种类和实物数量。

3.2.2 实物型投入产出表的平衡关系

实物型投入产出表中间产品部分，由于横行、纵列都包括了 n 种产品，并且排列顺序都一样，组成了一张棋盘式表格，整个表可以按行建立方程。

从实物型投入产出表的横行来看，存在以下平衡关系：

中间使用 + 最终使用 = 总产出

若以 q_{ij} 表示第j部门生产中消耗的i产品数量,或i产品提供给j部门用作中间消耗的数量;Y_i 为提供给社会最终使用的 i 产品数量;Q_i 为 i 产品生产总量,则有:

$$\begin{cases} q_{11} + q_{12} + q_{13} + \cdots + q_{1n} + Y_1 = Q_1 \\ q_{21} + q_{22} + q_{23} + \cdots + q_{2n} + Y_2 = Q_2 \\ \cdots \\ q_{n1} + q_{n2} + q_{n3} + \cdots + q_{nn} + Y_n = Q_n \end{cases} \tag{3.8}$$

一般表达式为:

$$\sum_{j=1}^{n} q_{ij} + Y_i = Q_i \qquad (i = 1,2,\cdots,n) \tag{3.9}$$

实物型投入产出表的纵列是用实物量表示的各种产品,具有不同的使用价值,因而不能相加,所以根据实物型投入产出不能建立列平衡关系。

3.2.3　实物型投入产出表的特点

在实物型投入产出表中,各种产品以其自然属性、长度、重量、标准实物量、复合量等为计量单位,所以有以下特点:

3.2.3.1　反映的经济关系明确

由于实物型投入产出表是用各类产品的实物量作为计量单位,从而避免了价格变化以及价格背离价值因素对投入结构的影响,真实反映了产品生产中的生产技术联系。利用实物投入产出表可以研究国民经济中重要产品的生产和使用状况,研究这些产品之间的相互联系。并且它对于有关部门进行主要产品的平衡分析,使各种产品的生产保持一定比例,有很重要的意义。

3.2.3.2　编表工作难度相对不大

由于实物投入产出表中的产品与经济工作的产品概念是一致的,而我国实际工作中的很多资料,如生产过程中的消耗定额为编制实物型投入产出表提供了基本资料,所以其编表相对于价值型投入产出表来说容易些。

3.2.3.3　存在比较大的局限

实物型投入产出表中的数据只能按水平方向相加,而不能按垂直方向相加,因此不能反映各个产品部门生产中的总消耗。另外,不是所有的产品都可以用恰当的实物量作为计量单位,有些产品需要用价值单位来表示其生产量和消耗量。例如,对于仪器、仪表、零配件等,由于它们品种、规格太多,相互间差别又很大,作为一大类产品,一般只能用价值单位来计量。又如,建筑业产品包括建筑物、构筑物、机器设备安装、勘探设计、施工现场自制的非标准件等,很难用实物量表示其总产出。所以实物型投入产出表无法完全避免价格因素的影响。还有,受编表规模大小的限制,实物型投入产出表不可能将国民经济中的所有产品都包括进去,因此实物型投入产出表只能进行主要产品间的生产与分配使用的平衡,无法对国民经济整体进行综合平衡。

3.3 供给表和使用表

3.3.1 供给表和使用表的表式结构

供给表和使用表与对称表不同，其主栏和宾栏所列项目是不一致的，而且它们都是用价值表现的表。供给表和使用表是为了利用现行部门数据而设计编制的，同时也提供核算框架。2008 年 SNA 表示“供给使用表是一个强有力的工具，可用于比较和比对不同来源的数据，从而改进整个经济信息系统的一致性。它们可用于对不同市场和产业进行分析，也可以在此分量水平上进行生产率分析。如果供给使用表是使用基层单位数据编制的（通常就是这样），它们还有助于在 SNA 与其他经济统计数据之间建立联系。”供给表和使用表的产品和部门是两个不同的概念。这里的产品与“产品 × 产品”表中的产品一致，是同类产品的综合体，这里的部门是产业部门。我国现行统计资料是按企业部门调查的，还不具备按产业部门进行分类的条件，所以在实际处理上是以国民经济行业即企业部门为供给表和使用表中的部门。

3.3.1.1 供给表的表式结构

供给表也称制造矩阵，主栏是产品（包括货物和服务，下同），宾栏是产业部门和产品的进口与商业和运输费用，其表式结构如表 3 - 5 所示。

表 3 - 5　　供给表

		产业部门	产品部门总产出	进口	按生产者价格计算的总供给	商业和运输费用	按购买者价格计算的总供给
		1　2　…　m					
产品部门	1 2 … n	V					
产业部门总产出							

供给表的左边部分是产出表，也称 V 表，是供给表的主要部分。主栏是 n 个产品部门，宾栏是 m 个产业部门。从横行看，V 表反映各种产品是由哪些产业部门生产的、各生产了多少数量，如 v_{ij} 反映 i 产品由 j 产业部门生产的数量。横行合计是 i 产品总产出；从纵列看，V 表反映各个产业部门生产了哪些产品及生产各种产品的数量，如 v_{ij} 表示 j 产业部门生产的 i 产品数量。一个产业部门从事的主要活动的增加值远远大于其从事的其他非主要活动的增加值，所以 V 表中各产业部门的主产品的数据比较大，其余数据比较小。如果产品部门的分类与产业部门的分类一致，则 V 表中主对角线上的元素是各个产业部门的主产品，即主对角线上的元素往往比较大。纵列合计是 j 产业部门的总产出。

供给表的右边部分是为核算和分析设计的，主栏是 n 个产品部门，宾栏是产品部门总产出、产品进口数量、按生产者价格计算的总供给、商业和运输费用、按购买者价格计算

的总供给,各项指标的关系是:

$$产品部门总产出 = 产品的价值总量 = \sum_{j=1}^{m} v_{ij}(i = 1,2,\cdots,n)$$

$$产业部门总产出 = \sum_{j=1}^{n} v_{ij}(i = 1,2,\cdots,m)$$

产品部门总产出 = 产业部门总产出,即:

$$\sum_{i=1}^{n}\sum_{j=1}^{m} v_{ij} = \sum_{j=1}^{m}\sum_{i=1}^{n} v_{ij}$$

按生产者价格计算的总供给 = 产品总产出 + 产品进口

按购买者价格计算的总供给 = 按生产者价格计算的总供给 + 产品的商业和运输费用

3.3.1.2 *使用表的表式结构*

使用表也称为投入表,反映各个产业部门的全部投入构成,包括货物和服务的中间投入构成,增加值的构成,所以使用表可以认为是一张包括四个象限的矩形表(2008 年 SNA)。其表式结构如表 3 - 6 所示。虽然使用表与我们第一节的价值型“产品 × 产品”表结构类似,分为三个象限,但是由于这里的产品和部门不一致,所以经济意义上也有所不同。

表 3 - 6　　　　　　　　　　　　使用表

<table>
<tr><td colspan="2" rowspan="2"></td><td colspan="4">中间使用</td><td colspan="4">最终使用</td><td>总使用</td></tr>
<tr><td>产业部门1</td><td>产业部门2</td><td>…</td><td>产业部门 m</td><td>最终消费</td><td>资本形成总额</td><td>出口</td><td>最终使用合计</td><td>按购买者价格计算的总使用</td></tr>
<tr><td>中间投入</td><td>产品部门1
产品部门2
…
产品部门 n
中间投入合计</td><td colspan="4">Ⅰ 象限</td><td colspan="5">Ⅱ 象限</td></tr>
<tr><td>增加值</td><td>固定资产折旧
劳动者报酬
生产税净额
营业盈余
增加值合计</td><td colspan="4">Ⅲ 象限</td><td colspan="5"></td></tr>
<tr><td colspan="2">总投入
(生产者价格)</td><td colspan="4"></td><td colspan="5"></td></tr>
</table>

第一象限是投入表,也称为 U 表,由中间消耗构成,其主栏是产品,宾栏是产业部门。从横行看,它反映各种产品提供给各个部门用作生产消耗的数量,如 u_{ij} 表示把 i 产品提供给 j 产业部门用作生产消耗的数量;从纵列看,它反映各个产业部门生产过程中消耗的各种产品的数量,如 u_{ij} 表示 j 产业部门在生产过程中消耗的 i 产品数量。

第二象限的主栏是产品,宾栏是最终使用,反映各个产品部门提供给社会最终使用的产品数量及其构成。

第三象限主栏是增加值(最初投入),宾栏是产业部门,反映各个产业部门创造的增加值及其构成。

将使用表的第一、二象限联系起来,反映了产品的平衡关系:

中间使用 + 最终使用 = 总使用

将使用表的第一、三象限联系起来,反映了产业部门的平衡关系:

中间投入 + 最初投入 = 总投入

3.3.2 UV 表的结构

3.3.2.1 方形 UV 表的结构

由于投入产出分析是基于"产品 × 产品" 表进行的,而"产品 × 产品" 表可以在一定的假设下,通过供给表和使用表推导出来,为此需要将供给表和使用表结合起来,这就形成了 UV 表。如果产业部门分类与产品分类一一对应,则为方形 UV 表;如果产业部门分类与产品分类没有一一对应,则是长方形 UV 表。表3 - 7 是一张方形 UV 表。以下不特别说明,均指方形 UV 表。

与对称投入产出表相比,UV 表的第一象限包括四个子象限:产品 × 产品表、产品 × 产业部门表、产业部门 × 产品表、产业部门 × 产业部门表。

表 3 - 7　　UV 表

<table>
<tr><td colspan="2" rowspan="2"></td><td>产　品</td><td>产业部门</td><td rowspan="2">最终需求</td><td rowspan="2">总产出</td></tr>
<tr><td>1　2　…　n</td><td>1　2　…　n</td></tr>
<tr><td>产品</td><td>1
2
…
n</td><td></td><td>u_{ij}
U(使用) 表</td><td>f_i</td><td>Q_i</td></tr>
<tr><td>产业部门</td><td>1
2
…
n</td><td>v_{ij}
V(供给) 表</td><td></td><td></td><td>G_i</td></tr>
<tr><td colspan="2">最初投入</td><td></td><td>N_j</td><td></td><td></td></tr>
<tr><td colspan="2">总投入</td><td>Q_j</td><td>G_j</td><td></td><td></td></tr>
</table>

表 3 - 7 中有字母的部分是产业部门能够直接提供的资料。各字母的含义如下:

U:U 表,又称为投入矩阵、消耗矩阵,是一张产品 × 产业部门表。从横行看,U 表的元素 u_{ij} 表示把 i 产品提供给 j 产业部门用作生产消耗的数量;从纵列看,它表示 j 产业部门在生产中消耗的 i 产品数量,这可能是 j 产业部门生产多种产品消耗的 i 产品数量。显然 U 表比较容易从纵列方向编制。

V:V 表,又称为制造矩阵、产出矩阵,是一张产业部门 × 产品表。从横行看,V 表的元素 v_{ij} 表示 i 产业部门生产出的 j 产品数量;从纵列看,它表示全部 j 产品中由 i 产业部门提供的数量。V 表主对角线上的元素是一个产业部门生产的主要产品数量,其余的是这个产业部门的次要产品数量或辅助产品数量。显然V表比较容易从横行编制。

F:最终产品列向量,其中的元素f_i为提供给社会最终使用的i产品数量。

Q:总产出列向量,其中的元素Q_i为i产品总产出。

G:产业部门的总产出列向量,其中的元素G_i为i产业部门的总产出。

N:产业部门的最初投入(增加值)列向量,其中的元素N_j为j产业部门的最初投入。

3.3.2.2 矩形UV表的结构

方形UV表的产业分类与产品分类完全相同。但是,在现实经济中,一个产业部门往往生产多种产品,对产品的分类比对产业部门的分类细得多,即产品的种类一般都比产业的门类多,从而使得产品的分类与产业部门的分类不能完全对应。这样一来,UV表不再是方形表。我们称产品的分类与产业的分类不一致的UV表为矩形UV表,其表式如表3-8所示。

表3-8 矩形UV表

		产品				产业部门				最终需求	总产出
		1	2	…	n	1	2	…	m		
产品	1										
	2										
	…										
	n										
产业部门	1										
	2										
	…										
	m										
最初投入											
总投入											

3.3.3 UV表的平衡关系

供给表和使用表可以反映产品的平衡、产业部门的平衡、总供给与总需求的平衡、总产出与总投入的平衡。以下我们以方形UV表来说明其中的平衡关系。

3.3.3.1 产品的平衡

(1)产品的分配方程组。从产品的横行看,反映产品的分配使用去向,产品一部分作中间产品使用,一部分作最终产品使用,即:

中间产品+最终需求=总产出

对某一种产品有:

$$\sum_{j=1}^{n} u_{ij} + f_i = Q_i \qquad (i = 1,2,\cdots,n) \tag{3.10}$$

对全部产品则有:

$$\sum_{i=1}^{n}\sum_{j=1}^{n} u_{ij} + \sum_{i=1}^{n} f_i = \sum_{i=1}^{n} Q_i \tag{3.11}$$

用矩阵表示就是：

$$\boldsymbol{Q} = \boldsymbol{U}\boldsymbol{e} + \boldsymbol{F} \tag{3.12}$$

(3.12) 式中 $\boldsymbol{e}$ 是与产品同阶的全为 1 的列向量(本节下面各公式中的 $\boldsymbol{e}$ 相同)，即：

$$\boldsymbol{e} = \begin{bmatrix} 1 \\ 1 \\ \vdots \\ 1 \end{bmatrix}$$

(2) 产品的供给方程组。从产品的纵列看，反映产品的来源，每一种产品不仅来源于以它为主产品的产业部门，也来自生产其他主产品的产业部门。

对某一种产品有：

$$\sum_{i=1}^{n} v_{ij} = Q_j \qquad (j = 1,2,\cdots,n) \tag{3.13}$$

对全部产品则有：

$$\sum_{j=1}^{n}\sum_{i=1}^{n} v_{ij} = \sum_{j=1}^{n} Q_j \tag{3.14}$$

用矩阵表示就是：

$$\boldsymbol{Q} = \boldsymbol{V}'\boldsymbol{e} \tag{3.15}$$

(3) 总供给与总需求的平衡。产品的分配使用去向实际上是社会对各种产品的需求，而各个产业部门生产的产品形成产品的供给。把产品的横行和纵列联系起来，反映了总供给与总需求的平衡，无论对同一种产品还是对全部产品，其总供给都与总需求平衡。

对某一种产品有：

$$\sum_{j=1}^{n} u_{kj} + f_k = \sum_{i=1}^{n} v_{ik} \qquad (k = 1,2,\cdots,n) \tag{3.16}$$

对全部产品则有：

$$\sum_{i=1}^{n}\sum_{j=1}^{n} u_{ij} + \sum_{i=1}^{n} f_i = \sum_{j=1}^{n}\sum_{i=1}^{n} v_{ij} \tag{3.17}$$

用矩阵表示就是：

$$\boldsymbol{U}\boldsymbol{e} + \boldsymbol{F} = \boldsymbol{V}'\boldsymbol{e} \tag{3.18}$$

3.3.3.2 产业部门的平衡

(1) 投入方程组。从产业部门的纵列看，反映了产业部门投入的平衡关系，即：

中间投入 + 最初投入 = 总投入

对某一个部门有：

$$\sum_{i=1}^{n} u_{ij} + N_j = G_j \qquad (j = 1,2,\cdots,n) \tag{3.19}$$

用矩阵表示是：

$$\boldsymbol{G} = \boldsymbol{U}'\boldsymbol{e} + \boldsymbol{N} \tag{3.20}$$

对全社会则有：

$$\sum_{j=1}^{n}\sum_{i=1}^{n} u_{ij} + \sum_{j=1}^{n} N_j = \sum_{j=1}^{n} G_j \tag{3.21}$$

(2) 产出方程组。从产业部门的横行看,反映了产业部门生产的各种产出,包括生产的主产品产出和生产的其他产品产出。

对某一个部门有:

$$\sum_{j=1}^{n} v_{ij} = G_i \qquad (i = 1,2,\cdots,n) \tag{3.22}$$

用矩阵表示是:

$$\boldsymbol{Ve} = \sum_{i=1}^{\infty} \tag{3.23}$$

对全社会则有:

$$\sum_{i=1}^{n}\sum_{j=1}^{n} v_{ij} = \sum_{i=1}^{n} G_i \tag{3.24}$$

3.3.3.3 总投入与总产出的平衡

把产业部门的横行和纵列联系起来,反映了各个产业部门和全社会总投入与总产出的平衡关系。

对某一个部门有:

$$\sum_{i=1}^{n} u_{ij} + N_j = \sum_{j=1}^{n} v_{ij} \qquad (i = j; i,j = 1,2,\cdots,n) \tag{3.25}$$

对全社会有:

$$\sum_{j=1}^{n}\sum_{i=1}^{n} u_{ij} + \sum_{j=1}^{n} N_j = \sum_{j=1}^{n}\sum_{i=1}^{n} v_{ij} \tag{3.26}$$

用矩阵表示则是:

$$\boldsymbol{U'e} + \boldsymbol{N} = \boldsymbol{Ve} \tag{3.27}$$

本章小结

1. 投入产出分析的基础是投入产出表。产品投入产出表有按产品部门(纯部门)分类的对称型产品×产品表和按产品与产业部门交叉分类的 UV 表之分。

2. 价值型投入产出表分为中间流量、最终使用、增加值三个象限。第一象限采用复式记账矩阵形式,反映国民经济各个部门的经济技术联系;第二、三象限分别反映最终使用和增加值的构成。三个象限实际上表示了国内生产总值的三种计算方法。

3. 把投入产出表的第一、二象限联系起来,反映产品的分配使用去向,有中间使用+最终使用=总产出的平衡式;把投入产出表的第一、三象限联系起来,反映产品的投入结构,有中间投入+增加值=总投入的平衡式。

4. 实物型投入产出表分为中间流量、最终使用两个象限,它只能反映产品的分配使用去向平衡,不能反映产品的投入平衡。

5. 供给表和使用表是为了利用现行部门数据编表而设计的,同时也提供核算框架。UV 表既反映了产品的总供给与总需求的平衡,又反映了产业部门总产出与总投入的平衡。

思考与练习题

1. 简述价值型投入产出表各个象限的经济意义。
2. 价值型投入产出表有哪些基本平衡关系？其意义是什么？
3. 价值型投入产出表有什么特点？
4. 为什么实物型投入产出表不能建立列平衡关系？
5. 实物型投入产出表有什么特点？
6. 简述 U 表和 V 表的意义。
7. 简述 UV 表中的平衡关系。
8. 矩形 UV 表有什么意义？
9. 假设国民经济分为农、轻、重、其他 4 个部门，通过调查取得以下资料(单位：亿元)：

(1) 农业总产出 1 200，轻工业总产出 1 560，重工业 2 040，其他 1 200；

(2) 农业生产中消耗：轻工业产品 2，重工业产品 31.3，农产品 70.2，其他 31.3；

(3) 轻工业生产中消耗：农产品 174.4，重工业产品 217.8，轻工业产品 451，其他 251.2；

(4) 重工业生产中消耗：农产品 149.3，重工业产品 876.2，轻工业产品 26.3，其他 270.7；

(5) 其他部门生产中的消耗资料未能取得；

(6) 全社会国内生产净值 2 801.3，其中农业 1 065.2，轻工业 465.6，重工业 717.5；国内生产净值中，劳动者报酬占 48.87%，其中农业的劳动者报酬 852.2，轻工业 81，重工业 215；

(7) 全社会资本形成总额 700.3，其中农业 33.7，轻工业 128.5，重工业 353.3；

(8) 全社会最终消费 2 101，其中农业 640，轻工业 859.7，重工业 324。

要求：利用上述资料编制一张投入产出表。

10. 假如国民经济分为农林渔业、工业、建筑业和服务业四个部门。四个部门有如下的行平衡关系和列平衡关系中的增加值部分：

行平衡关系(第一个括号内为中间产品，第二个括号内依次为最终消费、资本形成总额、净出口)：

$(3 + 70 + 0 + 14) + (27 + 3 - 30) = 87$

$(31 + 821 + 74 + 211) + (544 + 168 + 60) = 1\ 909$

$(1 + 9 + 5 + 25) + (3 + 196 + 5) = 244$

$(9 + 219 + 32 + 312) + (770 + 26 - 5) = 1\ 363$

列平衡关系中的增加值部分(依次为劳动者报酬、生产税净额、固定资本消耗和营业盈余)：

$9 - 1 + 11 + 24 = 43$

$356 + 81 + 85 + 268 = 790$

$57 + 9 + 12 + 55 = 133$

$340 + 15 + 114 + 332 = 801$

要求：根据上述平衡关系中的数据，编制一张 4 × 4 的投入产出表。

4 基本的投入产出系数及模型

在对社会经济现象进行数量分析的时候,我们可以把决定一个经济体系的众多数量因素分为两类:一类是在不同时间和空间可以取不同数值、经常处于变动之中的经济数量(常被称为经济变量),如各部门的总产出量、中间产品量、最终使用量等;另一类是在不同时间和空间相对稳定的数量(常称为经济参数或系数)。

投入产出模型是一种经济数学模型。现实的经济问题是错综复杂、变化多端的,任何经济数学模型都必须运用科学的抽象,舍弃一些次要因素或变量,集中说明重要的少数主要变量之间的关系。所以,经济数学模型是对经济活动中数量关系简化的数学表达形式,通常是由变量、系数和函数关系三部分构成的。变量是构造模型的因素;系数是一个变量通过其特定的因果关系,对另一变量发生影响的程度;函数关系是对组成模型的各种常数、系数、变量之间的相互关系的描述。

投入产出表通过棋盘式表格,描述了国民经济各部门之间生产和使用、投入和产出的数量关系,但这种描述只涉及表面现象,而没有揭示内在的规律性联系。通过投入产出表建立的平衡方程,都是用编表时期的变量来建立的,这对于当期的分析是很重要的。但是,对于今后时期的分析和预测就显得力不从心了。因为变量是不稳定的,不同时期可能取不同的量。投入产出表编制出来,必定是以前年份的,如果不引进相对稳定的因素建立起经济数学模型,那么辛辛苦苦编制出来的投入产出表就发挥不出应有的作用。所以,基本的投入产出参数是进行投入产出分析和研究的基础。

4.1 直接消耗系数及基本的投入产出模型

投入产出法中相对稳定的因素是一些系数,根据投入产出表可以计算很多系数。其中最主要的是直接消耗系数 a_{ij}、在 a_{ij} 基础上计算的完全消耗系数 b_{ij}、完全需求系数 $\bar{b}_{ij}$ 以及分配系数 h_{ij} 等。

4.1.1 直接消耗系数的意义及计算

4.1.1.1 直接消耗系数的意义

直接消耗系数 a_{ij} 是生产单位 j 总产出对 i 产品的直接消耗量。

在价值型投入产出表中,第一象限纵列各元素 x_{ij} 是 j 部门生产中消耗的 i 部门产品数量,纵列合计 X_j 是 j 部门的总投入,而总投入等于总产出。因此,根据直接消耗系数的定义，它们实际上是一些结构相对数，其计算式是：

$$a_{ij} = \frac{x_{ij}}{X_j} \qquad (i,j = 1,2,\cdots,n) \tag{4.1}$$

直接消耗系数计算式的分子是 i 产品，分母是 j 产品部门。

根据表 3－2，农林牧渔产品和服务部门对其他部门产品的直接消耗系数分别为：

$$a_{11} = \frac{12\ 321}{89\ 421} = 0.137\ 8 \qquad a_{41} = \frac{1\ 398}{89\ 421} = 0.015\ 6$$

$$a_{21} = \frac{20\ 249}{89\ 421} = 0.226\ 4 \qquad a_{51} = \frac{1\ 172}{89\ 421} = 0.013\ 1$$

$$a_{31} = \frac{8}{89\ 421} = 0.000\ 1 \qquad a_{61} = \frac{1\ 915}{89\ 421} = 0.021\ 4$$

这些直接消耗系数的经济意义是，农、林、牧、渔产品和服务部门每生产单位（1 亿元）总产出，要直接消耗0.137 8亿元本部门产品，0.226 4亿元工业产品，0.000 1亿元建筑业产品，0.015 6亿元批发和零售、住宿和餐饮产品，0.013 1亿元交通运输、仓储和邮政与信息传输、软件和信息技术服务，0.021 4 亿元其他服务。

直接消耗系数反映了国民经济各个产品部门之间的生产联系，这些联系是通过中间投入或者中间消耗发生的。把每生产 1 亿元 j 产品对各种产品的消耗量加总，即为各产品部门的中间投入率。例如，农、林、牧、渔产品和服务部门的中间投入率为0.414 4（0.137 8 + 0.226 4 + 0.000 1 + 0.015 6 + 0.013 1 + 0.021 4）。

表 4－1 是根据第 3 章表 3－2 计算的所有部门的直接消耗系数及其中间投入率。在进行投入产出分析时，常常把直接消耗系数的整体用矩阵的形式表示，这个矩阵称为直接消耗系数矩阵（或投入系数矩阵），通常以 $\boldsymbol{A}$ 表示。

表 4－1　　直接消耗系数及中间投入率表

	农林牧渔	工业	建筑业	交仓软计	批零住餐	其他服务
农林牧渔	0.137 8	0.051 0	0.007 9	0.027 2	0.009 7	0.004 4
工业	0.226 4	0.616 5	0.555 2	0.121 4	0.278 4	0.184 6
建筑业	0.000 1	0.001 6	0.026 9	0.002 9	0.006 9	0.009 8
交仓软计	0.015 6	0.032 8	0.024 5	0.040 6	0.034 3	0.047 0
批零住餐	0.013 1	0.027 3	0.042 6	0.034 0	0.147 0	0.043 5
其他服务	0.021 4	0.046 9	0.077 3	0.152 2	0.124 7	0.159 7
合计（中间投入率）	0.414 5	0.776 1	0.734 5	0.378 3	0.601 0	0.449 1

$$\boldsymbol{A} = \begin{pmatrix} a_{11} & a_{12} & \cdots & a_{1n} \\ a_{21} & a_{22} & \cdots & a_{2n} \\ \vdots & \vdots & & \vdots \\ a_{n1} & a_{n2} & \cdots & a_{nn} \end{pmatrix}$$

$$
= \begin{pmatrix} 0.1378 & 0.0510 & 0.0079 & 0.0272 & 0.0097 & 0.0044 \\ 0.2264 & 0.6165 & 0.5552 & 0.1214 & 0.2784 & 0.1846 \\ 0.0001 & 0.0016 & 0.0269 & 0.0029 & 0.0069 & 0.0098 \\ 0.0156 & 0.0328 & 0.0245 & 0.0406 & 0.0343 & 0.0470 \\ 0.0131 & 0.0273 & 0.0426 & 0.0340 & 0.1470 & 0.0435 \\ 0.0214 & 0.0469 & 0.0773 & 0.1522 & 0.1247 & 0.1597 \end{pmatrix}
$$

根据直接消耗系数矩阵,可以在既定的总产出下求得中间流量矩阵:

$$
\boldsymbol{W} = \boldsymbol{A}\hat{\boldsymbol{X}} \tag{4.2}
$$

其中 $\boldsymbol{W}$ 是中间流量矩阵,$\boldsymbol{A}$ 是直接消耗系数矩阵,$\hat{\boldsymbol{X}}$ 是以各部门总产出为元素的对角矩阵。如各个部门的总产出分别为:90 000 亿元、1 050 000 亿元、155 000 亿元、100 000 亿元、93 000 亿元、300 000 亿元,则只要把各个部门的总产出分别乘表 4 - 1 的直接消耗系数,就可以得到各个部门的中间消耗量:

$$
W = \begin{pmatrix} 0.1378 & 0.0510 & 0.0079 & 0.0272 & 0.0097 & 0.0044 \\ 0.2264 & 0.6165 & 0.5552 & 0.1214 & 0.2784 & 0.1846 \\ 0.0001 & 0.0016 & 0.0269 & 0.0029 & 0.0069 & 0.0098 \\ 0.0156 & 0.0328 & 0.0245 & 0.0406 & 0.0343 & 0.0470 \\ 0.0131 & 0.0273 & 0.0426 & 0.0340 & 0.1470 & 0.0435 \\ 0.0214 & 0.0469 & 0.0773 & 0.1522 & 0.1247 & 0.1597 \end{pmatrix} \times
$$

$$
\begin{pmatrix} 90\,000 & & & & & \\ & 1\,050\,000 & & & & \\ & & 155\,000 & & & \\ & & & 100\,000 & & \\ & & & & 93\,000 & \\ & & & & & 300\,000 \end{pmatrix}
$$

$$
= \begin{pmatrix} 12\,401 & 53\,586 & 1\,222 & 2\,724 & 905 & 1\,309 \\ 20\,380 & 647\,326 & 86\,063 & 12\,141 & 25\,888 & 55\,391 \\ 8 & 1\,634 & 4\,177 & 291 & 638 & 2\,941 \\ 1\,407 & 34\,452 & 3\,791 & 4\,058 & 3\,193 & 14\,108 \\ 1\,180 & 28\,666 & 6\,603 & 3\,395 & 13\,671 & 13\,057 \\ 1\,927 & 49\,237 & 11\,987 & 15\,220 & 11\,597 & 47\,919 \end{pmatrix}
$$

我国每逢尾数为0、5的年份编制的投入产出延长表的第一象限,就是利用尾数为7、2年份的直接消耗系数矩阵与尾数为 0、5 的年份的各个部门的总产出计算的。

4.1.1.2 实物型直接消耗系数

由实物型投入产出表计算直接消耗系数的方法与由价值型表计算一样。以 a_{ij}^* 表示实物型直接消耗系数,其计算公式是:

$$
a_{ij}{}^* = \frac{q_{ij}}{Q_j} \qquad (i,j = 1,2,\cdots,n) \tag{4.3}
$$

根据表 3 - 4,电、煤、钢的直接消耗系数分别是:

$a_{11}^* = \frac{q_{11}}{Q_1} = \frac{20}{160} = 0.125$ $a_{21}^* = \frac{q_{21}}{Q_1} = \frac{900}{160} = 5.625$

$a_{31}^* = \frac{q_{31}}{Q_1} = \frac{10}{160} = 0.0625$ $a_{12}^* = \frac{q_{12}}{Q_2} = \frac{10}{3250} = 0.0031$

$a_{22}^* = \frac{q_{22}}{Q_2} = \frac{100}{3250} = 0.0308$ $a_{32}^* = \frac{q_{32}}{Q_2} = \frac{20}{3250} = 0.0062$

$a_{13}^* = \frac{q_{13}}{Q_3} = \frac{10}{93} = 0.1075$ $a_{23}^* = \frac{q_{23}}{Q_3} = \frac{400}{93} = 4.3012$

$a_{33}^* = \frac{q_{33}}{Q_3} = \frac{10}{93} = 0.1075$

这些系数实际上都是具有复合单位的一些数，它们的经济意义分别是：每生产1亿度电，要直接消耗0.125亿度电、5.625万吨煤、0.062 5万吨钢；每生产1万吨煤要直接消耗0.003 1亿度电、0.030 8万吨煤、0.006 2万吨钢；每生产1万吨钢，要直接消耗0.107 5亿度电、4.301 2万吨煤、0.107 5万吨钢。各个部门的实物型直接消耗系数不能加总，即不能计算中间投入率。

若以 A^* 表示实物型直接消耗系数矩阵，则实物型直接消耗系数的整体可以表示为：

$$A^* = \begin{pmatrix} a_{11}^* & a_{12}^* & \cdots & a_{1n}^* \\ a_{21}^* & a_{22}^* & \cdots & a_{2n}^* \\ \vdots & \vdots & & \vdots \\ a_{n1}^* & a_{n2}^* & \cdots & a_{nn}^* \end{pmatrix}$$

如果以 P_i、P_j 分别表示 i 部门产品和 j 部门产品的价格，则 a_{ij} 与 a_{ij}^* 有如下关系：

$$a_{ij} = \frac{x_{ij}}{X_j} = \frac{q_{ij}P_i}{Q_jP_j} = a_{ij}^* \frac{P_i}{P_j} \tag{4.4}$$

式(4.4)表明，价值表的直接消耗系数等于实物表的直接消耗系数与相对价格的乘积。如果说实物表的直接消耗系数反映各个部门的生产技术联系，那么价值表直接消耗系数除了反映生产技术联系以外，还受到相对价格$\frac{P_i}{P_j}$的影响。投入产品的价格 P_i 和产出部门的价格 P_j，对直接消耗系数起着相反的作用：即使生产单位产品的实物消耗量不变，当投入部门的产品价格相对提高，a_{ij} 会增大；而产出部门的产品价格相对提高，a_{ij} 会降低。所以，我们在第3章说价值型投入产出表的第一象限反映的是各个产品部门的经济技术联系。

4.1.2 直接消耗系数的特点

4.1.2.1 价值表的直接消耗系数特点

第一，$0 \leqslant a_{ij} < 1(i,j = 1,2,\cdots,n)$，即直接消耗系数非负并必定小于1。因为负投入从经济意义上讲是行不通的。从公式(4.1)可知，如果 $a_{ij} > 1$，也就意味着$x_{ij} > X_j$，这表明j部门在生产产品的过程中，只消耗一种产品i的价值就大于j产品的总价值了，这种生产肯定是亏本生产，无法继续下去，现实经济中没有这种部门存在；$a_{ij} = 1$ 意味着j部门在生产过程中，只消耗一种产品 i 的价值就等于 j 产品的总价值，且不说 j 产品生产中不可能不消耗其他产品，就是没有新创造价值，发不出工资，这种生产也是不能继续下去的，现实经济中也没有这种部门存在。所以，根据有现实经济意义编制的投入产出表，一定有直接消耗系数非负并必定小于 1 的特点。

第二，$\sum_{i=1}^{n} a_{ij} < 1(j=1,2,\cdots,n)$，即直接消耗系数矩阵的列和一定小于1。$\sum_{i=1}^{n} a_{ij}$ 是生产单位 j 产品的中间投入之和，即中间投入率，也就是在单位产品的价值中，货物和服务消耗所占的比重。由于产品的价值除了包括投入的货物和服务价值外，还包括固定资产消耗的价值和新创造价值（增加值），所以在单位产品价值中，中间投入率与增加值率之和应等于 1。如果中间投入率大于 1 或等于 1，肯定是亏本生产。同上述道理一样，这样的生产是难以为继的，从整个国民经济看，没有这样的部门存在，所以有现实意义投入产出表的 $\sum_{i=1}^{n} a_{ij}$ 必定小于 1。

第三，直接消耗系数具有相对的稳定性。这是因为单位 j 产品对 i 产品的消耗量，主要取决于当时的生产技术水平，而生产技术水平的发展一般说来是一个比较平稳渐进的过程，它在短期内一般不会发生巨大的变化。但是它又不是绝对不变的，一方面生产技术水平在不断地进步，另一方面投入产出表中部门划分粗细的变化，各个部门产品价格水平的相对变化对直接消耗系数的大小都有影响。此外，产品的替代性对直接消耗系数也有很大的影响，如钢门窗代替木门窗，单位建筑业产品对钢材的消耗会增大，对木材的消耗会减小。

4.1.2.2　实物型直接消耗系数特点

第一，a_{ij}^* 可以大于等于 1。根据实物型直接消耗系数的意义及其与价值型直接消耗系数的关系可知，实物型直接消耗系数不具有上述价值型直接消耗系数的第一个特点。一是因为 a_{ij}^* 中投入产品 q_{ij} 和产出产品 Q_j 一般是具有不同的使用价值的产品，a_{ij}^* 大于或等于 1 并不意味是亏本生产。因为在正常情况下，产出产品（j 产品）的价值总是大于投入产品（i 产品）的价值。二是因为 a_{ij}^* 受投入产品和产出产品计量单位的影响，例如，1 台机器消耗 0.56 吨钢，也可以表示为 1 台机器消耗 560 千克钢。

第二，实物型直接消耗系数不能求列和。由于实物型投入产出表的纵列是一种产品生产中消耗的各种不同使用价值的产品，不能相加，所以生产单位产品消耗的各种产品量 a_{ij}^* 也不具有可加性。

第三，主对角线上的直接消耗系数一定小于 1 且与对应的价值型直接消耗系数相等。主对角线上的直接消耗系数表示本部门生产单位产品中消耗的本部门产品数量，从经济意义上讲，一个部门的产品不可能全部提供给本部门用作生产消耗，因此 $0 \leqslant a_{ij}^* < 1$（当 $i=j$ 时）。从式（4.4）来看，$\frac{P_i}{P_j}$ 是同一种产品的价格，其比值当然为 1，所以 $a_{ij} = a_{ij}^*$（当 $i=j$ 时）。

4.1.3　利用直接消耗系数建立投入产出模型

我们以价值型投入产出表说明如何把直接消耗系数分别引进第 3 章建立的分配方程

组和生产方程组中去,建立基本的投入产出模型。

4.1.3.1 把直接消耗系数代入分配方程组——行模型

因为 $a_{ij}=\dfrac{x_{ij}}{X_j}\ (i,j=1,2,\cdots,n)$,所以有 $x_{ij}=a_{ij}X_j$,把它代入第3章式(3.1)中有:

$$\begin{cases}a_{11}X_1+a_{12}X_2+\cdots+a_{1n}X_n+Y_1=X_1\\a_{21}X_1+a_{22}X_2+\cdots+a_{2n}X_n+Y_2=X_2\\\cdots\\a_{n1}X_1+a_{n2}X_2+\cdots+a_{nn}X_n+Y_n=X_n\end{cases}\tag{4.5}$$

一般表达式为:

$$\sum_{j=1}^{n}a_{ij}X_j+Y_i=X_i\qquad(i=1,2,3,\cdots,n)\tag{4.5a}$$

由于线性方程组与矩阵有一一对应关系,所以线性方程组可以写成矩阵形式。以 A 表示直接消耗系数矩阵,I 表示 n 阶单位矩阵,X 和 Y 表示各部门总产出列向量和最终使用列向量,即:

$$\boldsymbol{A}=\begin{pmatrix}a_{11}&a_{12}&\cdots&a_{1n}\\a_{21}&a_{22}&\cdots&a_{2n}\\\vdots&\vdots&&\vdots\\a_{n1}&a_{n2}&\cdots&a_{nn}\end{pmatrix}\quad\boldsymbol{X}=\begin{pmatrix}X_1\\X_2\\\vdots\\X_n\end{pmatrix}\quad\boldsymbol{I}=\begin{pmatrix}1&0&\cdots&0\\0&1&\cdots&0\\\vdots&\vdots&&\vdots\\0&0&\cdots&1\end{pmatrix}\quad\boldsymbol{Y}=\begin{pmatrix}Y_1\\Y_2\\\vdots\\Y_n\end{pmatrix}$$

则式(4.5)可以写成:

$$\boldsymbol{AX}+\boldsymbol{Y}=\boldsymbol{X}\tag{4.6}$$

式(4.6)是投入产出法中最基本的关系式,它是利用静态投入产出模型进行一系列计算和分析的基础。把式(4.6)中的总产出作为一组变量,最终使用作为另一组变量,可以得到两个投入产出行模型。整理式(4.6)可得:

$$\boldsymbol{Y}=\boldsymbol{X}-\boldsymbol{AX}\tag{4.6a}$$

式(4.6a)右端提取 $\boldsymbol{X}$ 得:

$$\boldsymbol{Y}=(\boldsymbol{I}-\boldsymbol{A})\boldsymbol{X}\tag{4.7}$$

以 $(\boldsymbol{I}-\boldsymbol{A})$ 的逆矩阵 $(\boldsymbol{I}-\boldsymbol{A})^{-1}$ 左乘式(4.7)两端得:

$$\boldsymbol{X}=(\boldsymbol{I}-\boldsymbol{A})^{-1}Y\tag{4.8}$$

式(4.7)和式(4.8)建立了总产出与最终使用之间的联系,在已知总产出列向量 $\boldsymbol{X}$ 或最终使用列向量 $\boldsymbol{Y}$ 的条件下,利用投入产出表计算出直接消耗系数矩阵,就可以求得最终产品列向量 $\boldsymbol{Y}$ 或总产品列向量 $\boldsymbol{X}$。

$(\boldsymbol{I}-\boldsymbol{A})$ 矩阵是投入矩阵,其展开式为:

$$(\boldsymbol{I}-\boldsymbol{A})=\begin{pmatrix}1-a_{11}&-a_{12}&-a_{13}&\cdots&-a_{1n}\\-a_{21}&1-a_{22}&-a_{23}&\cdots&-a_{2n}\\\vdots&\vdots&\vdots&&\vdots\\-a_{n1}&-a_{n2}&-a_{n3}&\cdots&1-a_{nn}\end{pmatrix}$$

该展开式是投入产出模型的核心和基础。从纵列来看,$(\boldsymbol{I}-\boldsymbol{A})$ 中的元素反映了投入与产出的关系,凡有负号的元素均表示投入,主对角线上的元素是单位各种产品扣除自身的消耗后的净产出率。每一列的合计 $1-\sum_{i=1}^{n}a_{ij}(j=1,2,\cdots,n)$ 是各部门增加值所占的比重,即增加值率。

由于 $(\boldsymbol{I}-\boldsymbol{A})$ 的出现从而有 $(\boldsymbol{I}-\boldsymbol{A})^{-1}$,两个矩阵使得简单的数学模型走进了复杂的经济网络中,打开了对经济进行深入分析的路子。为纪念它的创始者沃西里·里昂惕夫,所以称 $(\boldsymbol{I}-\boldsymbol{A})$ 为"里昂惕夫矩阵",将它的逆矩阵 $(\boldsymbol{I}-\boldsymbol{A})^{-1}$ 称为"里昂惕夫逆矩阵"。

4.1.3.2　把直接消耗系数代入生产方程组——列模型

把 a_{ij} 代入生产方程组即第 3 章的式(3.2)则有:

$$\begin{cases}a_{11}X_1+a_{21}X_1+\cdots+a_{n1}X_1+D_1+V_1+T_1+M_1=X_1\\a_{12}X_2+a_{22}X_2+\cdots+a_{n2}X_2+D_2+V_2+T_2+M_2=X_2\\\cdots\\a_{1n}X_n+a_{2n}X_n+\cdots+a_{nn}X_n+D_n+V_n+T_n+M_n=X_n\end{cases}\tag{4.9}$$

一般表达式为:

$$\sum_{i=1}^{n}a_{ij}X_j+D_j+V_j+T_j+M_j=X_j\qquad(j=1,2,\cdots,n)\tag{4.9a}$$

以 $\hat{\boldsymbol{C}}$ 表示如下的对角矩阵:

$$\hat{\boldsymbol{C}}=\begin{pmatrix}\sum_{i=1}^{n}a_{i1}&&&\\&\sum_{i=1}^{n}a_{i2}&&\\&&\ddots&\\&&&\sum_{i=1}^{n}a_{in}\end{pmatrix}=\begin{pmatrix}c_1&&&\\&c_2&&\\&&\ddots&\\&&&c_n\end{pmatrix}$$

矩阵 $\hat{\boldsymbol{C}}$ 主对角线上的元素 $\sum_{i=1}^{n}a_{ij}(j=1,2,\cdots,n)$ 是第 j 部门的中间投入率。

再分别以 $\boldsymbol{D}$、$\boldsymbol{V}$、$\boldsymbol{T}$、$\boldsymbol{M}$ 表示固定资产折旧列向量、劳动报酬列向量、生产税净额列向量和营业盈余列向量;$\boldsymbol{N}$ 表示增加值列向量,即:

$$\boldsymbol{D}=\begin{pmatrix}D_1\\D_2\\\vdots\\D_n\end{pmatrix}\quad\boldsymbol{V}=\begin{pmatrix}V_1\\V_2\\\vdots\\V_n\end{pmatrix}\quad\boldsymbol{T}=\begin{pmatrix}T_1\\T_2\\\vdots\\T_n\end{pmatrix}\quad\boldsymbol{M}=\begin{pmatrix}M_1\\M_2\\\vdots\\M_n\end{pmatrix}\quad\boldsymbol{N}=\begin{pmatrix}D_1+V_1+T_1+M_1\\D_2+V_2+T_2+M_2\\\vdots\\D_n+V_n+T_n+M_n\end{pmatrix}$$

则式(4.9)可以写成:

$$\hat{\boldsymbol{C}}\boldsymbol{X}+\boldsymbol{D}+\boldsymbol{V}+\boldsymbol{T}+\boldsymbol{M}=\boldsymbol{X}\tag{4.10a}$$

或

$$\hat{\boldsymbol{C}}\boldsymbol{X}+\boldsymbol{N}=\boldsymbol{X}\tag{4.10b}$$

移项并整理式(4.10b)得:

$$\boldsymbol{N}=\boldsymbol{X}-\hat{\boldsymbol{C}}\boldsymbol{X}$$

$$\boldsymbol{N}=(\boldsymbol{I}-\hat{\boldsymbol{C}})\boldsymbol{X}\tag{4.11}$$

以$(\boldsymbol{I}-\hat{\boldsymbol{C}})$的逆矩阵$(\boldsymbol{I}-\hat{\boldsymbol{C}})^{-1}$左乘式(4.11)的两端得：

$$\boldsymbol{X}=(\boldsymbol{I}-\hat{\boldsymbol{C}})^{-1}\boldsymbol{N} \tag{4.12}$$

式(4.11)和式(4.12)反映了总投入与增加值之间的联系。$(\boldsymbol{I}-\hat{\boldsymbol{C}})$矩阵中各元素是$(1-c_j)(j=1,2,\cdots,n)$，$c_j$是$j$部门的中间投入率，表示生产单位$j$产品，需要直接消耗各部门产品的价值总和。$1-c_j$就是$j$部门单位产品价值中增加值所占的比重，即增加值率。所以式(4.11)说明各部门创造的增加值等于增加值率与总产值的乘积；而式(4.12)说明各部门生产的产品的总价值，等于各部门增加值除以各部门的增加值率。

4.2　完全消耗系数和完全需求系数及模型

4.2.1　完全消耗系数及模型

4.2.1.1　完全消耗系数的意义和求解

国民经济各个部门的联系除了有直接的消耗和被消耗联系外，还有非常复杂和层次众多的间接消耗和被消耗联系。增加一个部门的生产，可能会使国民经济所有部门的生产发生一定的变化。综合、定量地研究这样的直接和间接联系对国民经济良性发展有重要的意义。例如，我们在第1章中举的例子，为了增加一定数量的飞机生产，并不是只需要增加飞机制造部门的生产，因为生产飞机要直接消耗合金铝，必须增加合金铝的生产；而为了生产合金铝，需消耗电力，因而需要增加电力部门的生产；为了传输电力，需要增加铜的生产；为了生产铜，需要铜矿；为了挖掘铜矿，需要机器……这种循环可以是无穷次的。这里飞机对合金铝的消耗是直接消耗，而飞机对电力、铜、铜矿、机器等的消耗是不同层次的间接消耗。一种产品对某种产品的直接消耗量与全部间接消耗量之和称为完全消耗量。

完全消耗系数是生产单位最终使用(产品)所要直接消耗某种产品的数量与全部间接消耗这种产品的数量之和，一般用b_{ij}表示完全消耗系数。b_{ij}的含义是生产单位j最终产品所要直接消耗的i产品数量和间接消耗的i产品数量之和。用$\boldsymbol{B}$表示完全消耗系数矩阵：

$$\boldsymbol{B}=\begin{pmatrix} b_{11} & b_{12} & \cdots & b_{1n} \\ b_{21} & b_{22} & \cdots & b_{2n} \\ \vdots & \vdots & & \vdots \\ b_{n1} & b_{n2} & \cdots & b_{nn} \end{pmatrix}$$

投入产出表中的中间流量x_{ij}不能认为是生产j最终产品完全消耗的i产品数量，无论是总产出还是最终使用，都无法从表中找到j产品生产中对i产品的全部间接消耗量。因此，完全消耗系数不能像直接消耗系数一样可以直接根据投入产出表计算。例如，采煤要直接消耗电力、采煤工具、钢材、坑木等，采煤工具、钢材、坑木要直接消耗电力；采煤工具还要直接消耗钢、配件等，钢、配件要直接消耗电力……要求解采煤对电力的全部间接消耗系数，从而求出采煤对电力的完全消耗系数太困难了，并且部门如此多，要把各个部门的完全消耗系数都求解出来,根本不可能。

那么能不能求得完全消耗系数,如何求得完全消耗系数呢?我们用图4-1来看生产一个单位的煤对电力的直接消耗和间接消耗的情况。

图4-1揭示了各生产部门的直接和全部消耗关系,表明了一个部门的生产对其他部门生产的全部影响。这给我们一个启示:虽然完全消耗系数 b_{ij} 不能按定义由消耗总量求出,但是它与一系列直接消耗系数有关,一种产品生产对某种产品的间接消耗可以用一系列的直接消耗表示,因此可以通过一系列直接消耗系数来求完全消耗系数。

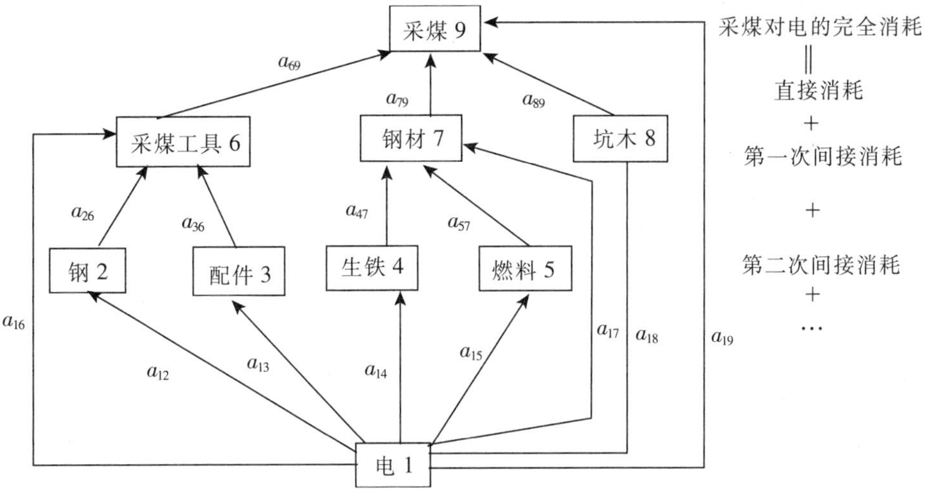

图4-1　采煤对电的完全消耗示意图

图4-1中,单位采煤对电的直接消耗是 a_{19};采煤通过采煤设备对电的消耗是第一次间接消耗,它等于 $a_{16}a_{69}$。同理,采煤通过钢材和坑木对电的第一次间接消耗分别等于 $a_{17}a_{79}$ 和 $a_{18}a_{89}$。因此,单位采煤对电的第一次间接消耗量是:$a_{16}a_{69}+a_{17}a_{79}+a_{18}a_{89}$。

类似地,单位采煤通过采煤设备和钢材再通过钢、配件、生铁和燃料对电的第二次间接消耗量是:$a_{12}a_{26}a_{69}+a_{13}a_{36}a_{69}+a_{14}a_{47}a_{79}+a_{15}a_{57}a_{79}$。

所以采煤对电的完全消耗系数为:

$$b_{19}=a_{19}+(a_{16}a_{69}+a_{17}a_{79}+a_{18}a_{89})+(a_{12}a_{26}a_{69}+a_{13}a_{36}a_{69}+a_{14}a_{47}a_{79}+a_{15}a_{57}a_{79})+\cdots$$

将单位采煤对电的完全消耗表达式推而广之,n 种产品之间的完全消耗系数可以表示为:

$$b_{ij}=a_{ij}+\sum_{k=1}^{n}a_{ik}a_{kj}+\sum_{s=1}^{n}\sum_{k=1}^{n}a_{is}a_{sk}a_{kj}+\cdots \qquad (i,j=1,2,\cdots,n) \tag{4.13}$$

由于间接消耗是无穷层次的,所以我们不可能像式(4.13)那样,对各次间接消耗求积或求和。那么如何通过式(4.13)求解完全消耗系数呢?假定有两个部门的投入产出表,根据它算出的直接消耗系数矩阵为:

$$\boldsymbol{A}=\begin{pmatrix}a_{11} & a_{12}\\ a_{21} & a_{22}\end{pmatrix}$$

(1)考察只有两种产品(部门)时的第一次间接消耗情况。在式(4.13)中,当 $k=1$、2时有:

$$\sum_{k=1}^{2} a_{ik}a_{kj} = a_{i1}a_{1j} + a_{i2}a_{2j} \tag{4.14}$$

(2) 考察 $i = 1$、2 和 $j = 1$、2 时的各种组合情况，即：

当 $i = 1, j = 1$ 时，式(4.14)为：$a_{11}a_{11} + a_{12}a_{21}$，它位于第一行第一列；

当 $i = 1, j = 2$ 时，式(4.14)为：$a_{11}a_{12} + a_{12}a_{22}$，它位于第一行第二列；

当 $i = 2, j = 1$ 时，式(4.14)为：$a_{21}a_{11} + a_{22}a_{21}$，它位于第二行第一列；

当 $i = 2, j = 2$ 时，式(4.14)为：$a_{21}a_{12} + a_{22}a_{22}$，它位于第二行第二列。

故当 $i, j = 1,2$ 时：

$$\sum_{k=1}^{2} a_{ik}a_{kj} = \begin{pmatrix} a_{11}a_{11} + a_{12}a_{21} & a_{11}a_{12} + a_{12}a_{22} \\ a_{21}a_{11} + a_{22}a_{21} & a_{12}a_{12} + a_{22}a_{22} \end{pmatrix}$$

将它与 $\boldsymbol{A}^2$ 比较：

$$\boldsymbol{A}^2 = \begin{pmatrix} a_{11} & a_{12} \\ a_{21} & a_{22} \end{pmatrix}^2 = \begin{pmatrix} a_{11}a_{11} + a_{12}a_{21} & a_{11}a_{12} + a_{12}a_{22} \\ a_{21}a_{11} + a_{22}a_{21} & a_{21}a_{12} + a_{22}a_{22} \end{pmatrix}$$

可以看出 $\sum_{k=1}^{2} a_{ik}a_{kj}(i,j = 1,2)$ 正好是 $\boldsymbol{A} = \begin{pmatrix} a_{11} & a_{12} \\ a_{21} & a_{22} \end{pmatrix}$ 的平方中的各元素。所以有：

$$\sum_{k=1}^{2} a_{ik}a_{kj} = \boldsymbol{A}^2 \qquad (i,j = 1,2)$$

(3) 考察只有两种产品时的第二次间接消耗情况，式(4.13)中，当 $k,s = 1,2$ 时，有：

$$\sum_{s=1}^{2}\sum_{k=1}^{2} a_{is}a_{sk}a_{kj} = a_{i1}a_{11}a_{1j} + a_{i1}a_{12}a_{2j} + a_{i2}a_{21}a_{1j} + a_{i2}a_{22}a_{2j} \tag{4.15}$$

分别把 $i, j = 1,2$ 的各种组合代入式(4.15)，可以得到：

当 $i = 1, j = 1$ 时，式(4.15)为：$a_{11}a_{11}a_{11} + a_{11}a_{12}a_{21} + a_{12}a_{21}a_{11} + a_{12}a_{22}a_{21}$，它位于第一行第一列；

当 $i = 1, j = 2$ 时，式(4.15)为：$a_{11}a_{11}a_{12} + a_{11}a_{12}a_{22} + a_{12}a_{21}a_{12} + a_{12}a_{22}a_{22}$，它位于第一行第二列；

当 $i = 2, j = 1$ 时，式(4.15)为：$a_{21}a_{11}a_{11} + a_{21}a_{12}a_{21} + a_{22}a_{21}a_{11} + a_{22}a_{22}a_{21}$，它位于第二行第一列；

当 $i = 2, j = 2$ 时，式(4.15)为：$a_{21}a_{11}a_{12} + a_{21}a_{12}a_{22} + a_{22}a_{21}a_{12} + a_{22}a_{22}a_{22}$，它位于第二行第二列。

将上述四种组合与 $\boldsymbol{A}^3$ 比较可以得到：

$$\sum_{s=1}^{2}\sum_{k=1}^{2} a_{is}a_{sk}s_{kj} = \begin{pmatrix} a_{11} & a_{12} \\ a_{21} & a_{22} \end{pmatrix}^3 = \boldsymbol{A}^3$$

所以，式(4.15)可以写成矩阵形式：

$$\boldsymbol{B} = \boldsymbol{A} + \boldsymbol{A}^2 + \boldsymbol{A}^3 + \cdots + \boldsymbol{A}^k \tag{4.16}$$

式(4.16)中：$\boldsymbol{B}$ 为完全消耗系数矩阵，$\boldsymbol{A}$ 为直接消耗系数矩阵；

$\boldsymbol{A}^2$ 为第一次间接消耗系数矩阵；

$\boldsymbol{A}^3$ 为第二次间接消耗系数矩阵；

……

$\boldsymbol{A}^k$ 为第($k-1$)次间接消耗系数矩阵。

但是按式(4.16) 计算完全消耗系数矩阵仍然是不可能的,因为 k 趋于无穷。我们对式(4.16) 进行一些恒等变形。

将单位矩阵加在式(4.16) 的两端可得:

$$\boldsymbol{I}+\boldsymbol{B}=\boldsymbol{I}+\boldsymbol{A}+\boldsymbol{A}^2+\boldsymbol{A}^3+\cdots+\boldsymbol{A}^k \tag{4.16a}$$

用($\boldsymbol{I}-\boldsymbol{A}$) 去左乘式(4.16a),其中右端为:

$$(\boldsymbol{I}-\boldsymbol{A})(\boldsymbol{I}+\boldsymbol{A}+\boldsymbol{A}^2+\boldsymbol{A}^3+\cdots+\boldsymbol{A}^k)=\boldsymbol{I}-\boldsymbol{A}^{k+1} \tag{4.16b}$$

由于对于价值型投入产出表来说有:

$$0 \leqslant a_{ij} < 1 \qquad (i,j=1,2,\cdots,n)$$

故当 $k \to \infty$ 时,$A^k \to 0$ 时,有:

$$(\boldsymbol{I}-\boldsymbol{A})(\boldsymbol{I}+\boldsymbol{A}+\boldsymbol{A}^2+\boldsymbol{A}^3+\cdots+\boldsymbol{A}^k) \to I$$

根据逆矩阵原理,两个矩阵相乘为一个单位矩阵,这两个矩阵就互为逆矩阵。所以,($\boldsymbol{I}-\boldsymbol{A}$) 与($\boldsymbol{I}+\boldsymbol{A}+\boldsymbol{A}^2+\boldsymbol{A}^3+\cdots+\boldsymbol{A}^k$) 互为逆矩阵,也就是说($\boldsymbol{I}-\boldsymbol{A}$) 与($\boldsymbol{I}+\boldsymbol{B}$) 互为逆矩阵,即:

$$\boldsymbol{I}+\boldsymbol{B}=(\boldsymbol{I}-\boldsymbol{A})^{-1}$$

整理得:

$$\boldsymbol{B}=(\boldsymbol{I}-\boldsymbol{A})^{-1}-\boldsymbol{I} \tag{4.17}$$

这就是完全消耗系数的求解公式。完全消耗系数矩阵等于里昂惕夫逆矩阵减去一个单位矩阵。因此,只要我们算出了直接消耗系数矩阵,就能算出完全消耗系数矩阵。

只要 $0 \leqslant a_{ij} < 1$,不仅有 $k \to \infty$ 时,$\boldsymbol{A}^k \to 0$,而且后一层次的间接消耗系数矩阵中的元素一定小于前一层次间接消耗系数矩阵中的对应元素。我们用一个简单的例子来说明完全消耗系数通过一系列直接消耗系数来求解的收敛性。假设国民经济只分为农业与工业两个部门,它们之间的直接消耗系数如表 4-2 所示。

表 4-2　两部门直接消耗系数

	农业	工业
农业	0.06 (a_{11})	0.1 (a_{12})
工业	0.3 (a_{21})	0.4 (a_{22})

$$\boldsymbol{A}=\begin{pmatrix} 0.06 & 0.1 \\ 0.3 & 0.4 \end{pmatrix}$$

第一次间接消耗系数:

① 单位农产品对农产品的第一次间接消耗为:

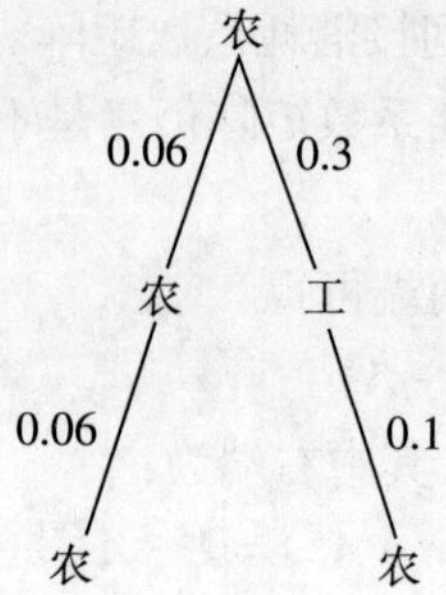

$0.06 \times 0.06 + 0.3 \times 0.1 = 0.0336$，即 $a_{11}a_{11} + a_{12}a_{21} = 0.0336$

② 单位农产品对工业品的第一次间接消耗为：

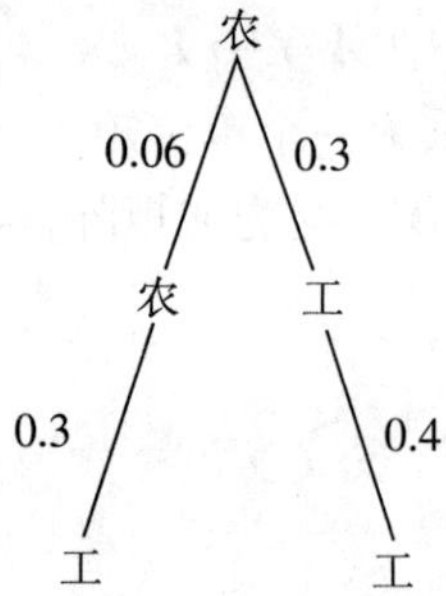

$0.06 \times 0.3 + 0.3 \times 0.4 = 0.138$，即 $a_{11}a_{21} + a_{21}a_{22} = 0.138$

③ 单位工业品对农产品的第一次间接消耗为：

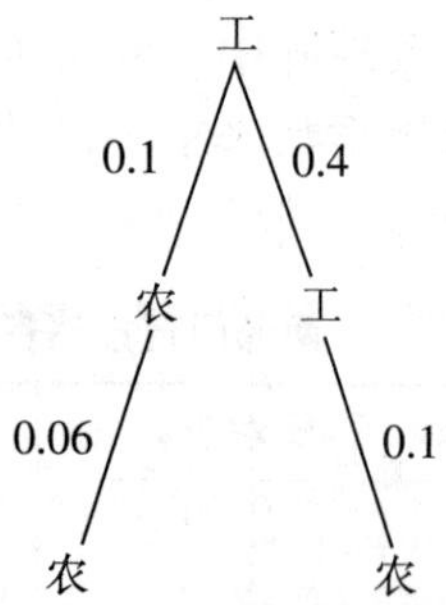

$0.1 \times 0.06 + 0.4 \times 0.1 = 0.046$，即 $a_{11}a_{12} + a_{12}a_{22} = 0.046$

④ 单位工业品对工业品的第一次间接消耗为：

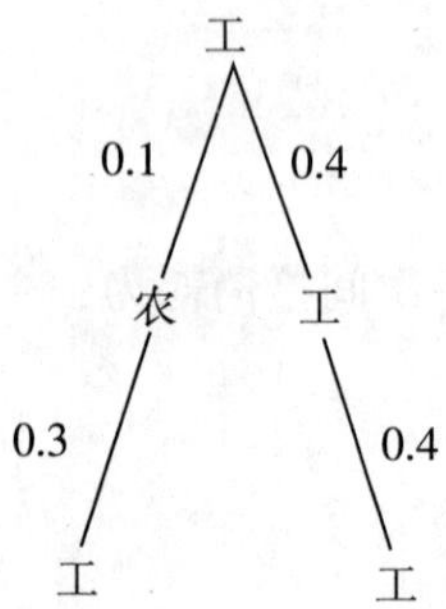

$0.1 \times 0.3 + 0.4 \times 0.4 = 0.19$，即 $a_{12}a_{21} + a_{22}a_{22} = 0.19$

根据上述计算第一次间接消耗系数矩阵为：

$$A^2=\begin{pmatrix}0.0336 & 0.046\\ 0.138 & 0.19\end{pmatrix}$$

非常明显：

$$A^2=\begin{pmatrix}0.0336 & 0.046\\ 0.138 & 0.19\end{pmatrix}<A=\begin{pmatrix}0.06 & 0.1\\ 0.3 & 0.4\end{pmatrix}$$

第二次间接消耗系数：

① 单位农产品对农产品的第二次间接消耗为：

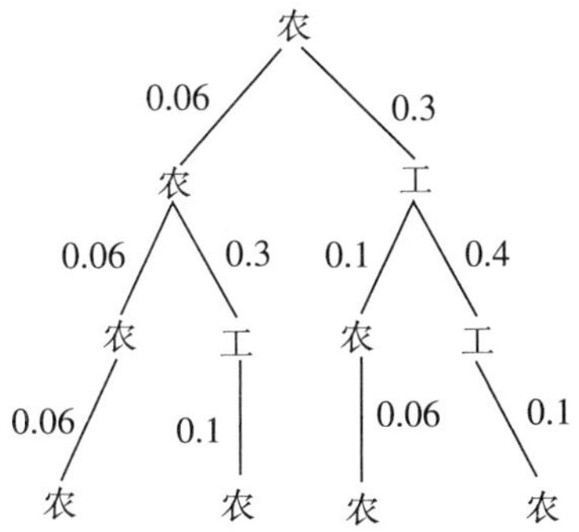

$0.06\times0.06\times0.06+0.06\times0.3\times0.1+0.3\times0.1\times0.06+0.3\times0.4\times0.1\approx0.0158$，即 $a_{11}a_{11}a_{11}+a_{11}a_{12}a_{21}+a_{12}a_{21}a_{11}+a_{12}a_{21}a_{22}\approx0.0158$

② 单位农产品对工业品的第二次间接消耗为：

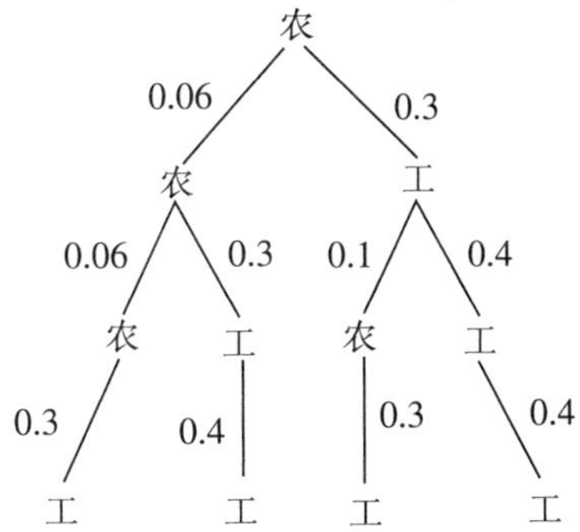

$0.06\times0.06\times0.3+0.06\times0.3\times0.4+0.3\times0.1\times0.3+0.3\times0.4\times0.4=0.06528$，即 $a_{11}a_{11}a_{21}+a_{11}a_{21}a_{22}+a_{12}a_{21}a_{21}+a_{21}a_{22}a_{22}=0.06528$。

继续这样算下去可得到第二次间接消耗系数矩阵为：

$$A^3=\begin{pmatrix}0.0158 & 0.02176\\ 0.06528 & 0.0898\end{pmatrix}$$

A^3 又比第一次间接消耗系数的对应元素小，即：

$$A^3=\begin{pmatrix}0.0158 & 0.02176\\ 0.06528 & 0.0898\end{pmatrix}<A^2=\begin{pmatrix}0.0336 & 0.046\\ 0.138 & 0.19\end{pmatrix}$$

第三次间接消耗系数矩阵为：

$$A^4=\begin{pmatrix}0.007426 & 0.010284\\ 0.0308568 & 0.042448\end{pmatrix}$$

A^4 明显地小于第二次间接消耗系数矩阵。

如此下去，我们看到每多一层间接消耗，各系数就比前一次相应的间接消耗系数小。上述计算仅仅算到第三次间接消耗系数，就已经比直接消耗系数小得多了，所以可以看出间接消耗确实逐渐向 0 收敛。实际计算时，我们当然无法对直接消耗系数矩阵求无限次方，但是，对矩阵求逆存在着各种计算机程序，即对 $\boldsymbol{B}=(\boldsymbol{I}-\boldsymbol{A})^{-1}-\boldsymbol{I}$ 的求解是很容易的。本书第2章我们给出了用最普及的Excel求逆矩阵的程序。但是，上述分析方法对理解完全消耗系数的意义却是很好的。

我们通过上述一系列直接消耗系数推出了完全消耗系数的求解方法。我们也可以这样来理解全部间接消耗：j 产品对 i 产品的全部间接消耗系数，是单位 j 产品直接消耗 i 产品数量与单位 k 产品完全消耗 i 产品数量的乘积。拿采煤消耗电力来说明(见图 4 - 2)，其中细线表示直接消耗，粗线表示完全消耗。

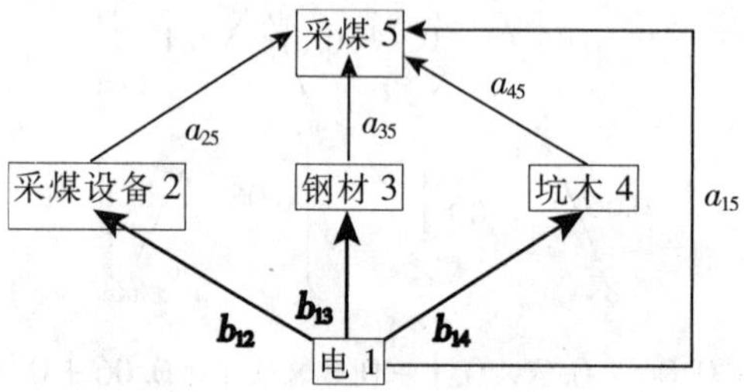

图 4 - 2　采煤对电的完全消耗

单位采煤对电、采煤设备、钢材、坑木的直接消耗分别是 a_{15}、a_{25}、a_{35} 和 a_{45}；而单位采煤设备、钢材、坑木对电的完全消耗分别是 b_{12}、b_{13} 和 b_{14}，则采煤对电的完全消耗系数为：

$$b_{15}=a_{15}+(b_{12}a_{25}+b_{13}a_{35}+b_{14}a_{45})=a_{15}+\sum_{k=2}^{4}b_{1k}a_{k5}$$

一般有：

$$b_{ij}=a_{ij}+\sum_{k=1}^{n}b_{ik}a_{kj}\qquad(i,j=1,2,\cdots,n)$$

写成矩阵形式则为：

$$\boldsymbol{B}=\boldsymbol{A}+\boldsymbol{B}\boldsymbol{A}$$

整理得：

$$\boldsymbol{B}-\boldsymbol{B}\boldsymbol{A}=\boldsymbol{A}$$

$$\boldsymbol{B}(\boldsymbol{I}-\boldsymbol{A})=\boldsymbol{A}$$

$$\boldsymbol{B}=\boldsymbol{A}(\boldsymbol{I}-\boldsymbol{A})^{-1}$$

右边加减一项 $(\boldsymbol{I}-\boldsymbol{A})^{-1}$ 得：

$$\boldsymbol{B}=(\boldsymbol{I}-\boldsymbol{A})^{-1}-(\boldsymbol{I}-\boldsymbol{A})^{-1}+\boldsymbol{A}(\boldsymbol{I}-\boldsymbol{A})^{-1}$$

提取公因式得：

$$\boldsymbol{B}=(\boldsymbol{I}-\boldsymbol{A})^{-1}-(\boldsymbol{I}-\boldsymbol{A})(\boldsymbol{I}-\boldsymbol{A})^{-1}=(\boldsymbol{I}-\boldsymbol{A})^{-1}-\boldsymbol{I}$$

这与式(4. 17) 完全一样。

根据表 3 - 2 算得的完全消耗系数如表 4 - 3 所示。

表 4 - 3　　完全消耗系数表

	农林牧渔	工业	建筑业	批零住餐	交仓软计	其他服务
农林牧渔	0.211 1	0.180 3	0.122 6	0.069 3	0.084 5	0.055 6
工业	0.819 6	1.945 0	1.810 6	0.561 9	1.119 1	0.761 7
建筑业	0.003 0	0.008 1	0.034 2	0.007 1	0.013 5	0.015 0
批零住餐	0.054 3	0.118 0	0.106 5	0.077 3	0.096 9	0.092 7
交仓软计	0.052 0	0.112 7	0.127 8	0.074 6	0.227 5	0.094 2
其他服务	0.094 4	0.207 8	0.237 6	0.240 0	0.265 6	0.266 1

写成矩阵为：

$$\boldsymbol{B}=\begin{pmatrix}0.2111 & 0.1803 & 0.1226 & 0.0693 & 0.0845 & 0.0556\\ 0.8196 & 1.9450 & 1.8106 & 0.5619 & 1.1191 & 0.7617\\ 0.0030 & 0.0081 & 0.0342 & 0.0071 & 0.0135 & 0.0150\\ 0.0543 & 0.1180 & 0.1065 & 0.0773 & 0.0969 & 0.0927\\ 0.0520 & 0.1127 & 0.1278 & 0.0746 & 0.2275 & 0.0942\\ 0.0944 & 0.2078 & 0.2376 & 0.2400 & 0.2656 & 0.2661\end{pmatrix}$$

表 4 - 3 中的每一个完全消耗系数都大于表 4 - 1 中对应的直接消耗系数，二者之间的差额就是间接消耗系数。

应当指出，完全消耗系数的“完全”是相对的，因为它要受投入产出表大小的影响。投入产出表小，产品包括不全，只能反映主要的产品部门，也就是说只能反映主要的间接消耗系数，把未包括在表中的那些产品实现的间接消耗排斥在外了。这样计算出来的完全消耗系数就会偏小。另外，部门划分粗细也要影响完全消耗系数。如果部门划分较粗，就需要把很多部门合二为一，而同类产品中，各种产品的直接消耗系数是不同的，合并后，直接消耗系数会发生变化。一般说来，投入产出表编得越详细，计算出来的完全消耗系数越精确。因此，根据投入产出表计算出来的完全消耗系数，其“完全性”是相对的。

4.2.1.2　完全消耗系数的特点

完全消耗系数的求得是投入产出法最突出的特点之一。它在投入产出分析中有着重要的作用，它能深刻地反映一个部门的生产与本部门和其他部门发生的经济联系。因此它比直接消耗系数更本质、更全面地反映部门之间的技术经济联系，因而它不仅在经济分析上有意义，而且在规划和经济预测方面也有重要作用。比如，当算得国民经济各部门对电的完全消耗系数后，便能确切回答国民经济发展对电的需要量是多少。另外也可以通过最终产品来测算总产品可以达到的水平。如果不精确计算产品之间的大量间接消耗，就谈不上真正的综合平衡，必然会出现短线产品和比例失调。

与直接消耗系数相比，完全消耗系数有以下特点：

第一，b_{ij} 是对最终产品而言，而 a_{ij} 是对总产品而言的。可用图 4 - 3 来说明这一点。

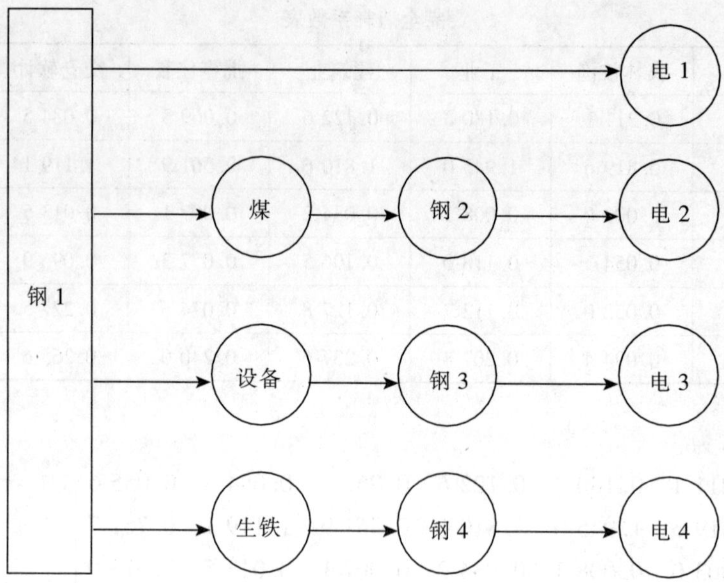

图 4－3　钢对电的直接消耗和完全消耗图

钢 1 是最终产品，钢 1＋钢 2＋钢 3＋钢 4＝钢总产出；钢 1 对电 1 是直接消耗，钢 1 对电 2、电 3、电 4 是间接消耗，钢 1 对电的完全消耗是电 1、电 2、电 3、电 4。

如果用 b_{ij} 与总产出相联系来表示对电的完全消耗，那么钢 1 对电的完全消耗为电 1、电 2、电 3、电 4，钢 2、钢 3、钢 4 对电的消耗电 2、电 3、电 4 还得加进去，这样电 2、电 3、电 4 重复计算了。反之，如果把 a_{ij} 与最终产品联系起来，则钢对电的消耗只是电 1。显然电 2、电 3、电 4 漏算了。

第二，完全消耗系数一般大于相对应的直接消耗系数。这一点是显然的，有时即使 $a_{ij}=0$，b_{ij} 也不一定等于 0。因为没有直接消耗，不一定没有间接消耗。

第三，b_{ij} 可以大于 1，而价值表的 a_{ij} 必定小于 1。b_{ij} 是与最终产品相联系的，它大于 1，只是说 j 产品对 i 产品的完全消耗价值大于最终产品价值。j 产品还有做中间产品的那一部分，这部分供给了其他部门用作生产消耗还可以盈利。所以 b_{ij} 可以大于 1。

4.2.1.3　引进完全消耗价值的投入产出模型

前面在建立投入产出的模型时，得到了：

$$\boldsymbol{X}=(\boldsymbol{I}-\boldsymbol{A})^{-1}\boldsymbol{Y}$$

由于

$$(\boldsymbol{I}-\boldsymbol{A})^{-1}=\boldsymbol{I}+\boldsymbol{B}$$

故：

$$\boldsymbol{X}=(\boldsymbol{I}+\boldsymbol{B})\boldsymbol{Y} \tag{4.18}$$

式(4.18) 展开就是：

$$\begin{cases} Y_1+b_{11}Y_1+b_{12}Y_2+\cdots+b_{1n}Y_n=X_1 \\ Y_2+b_{21}Y_1+b_{22}Y_2+\cdots+b_{2n}Y_n=X_2 \\ \cdots \\ Y_n+b_{n1}Y_1+b_{n2}Y_2+\cdots+b_{nn}Y_n=X_n \end{cases}$$

这个模型说明，只要已知各部门最终产品合计数 $\boldsymbol{Y}$ 列向量，而且在完全消耗系数已经计算出来的情况下，可以计算出各部门的总产品 $\boldsymbol{X}$。

比较式（4.18）$\boldsymbol{X}=\boldsymbol{Y}+\boldsymbol{BY}$ 和式（4.6）$\boldsymbol{X}=\boldsymbol{Y}+\boldsymbol{AX}$，可知列向量 $\boldsymbol{BY}$ 和 $\boldsymbol{AX}$ 相等，但对于每一个对应的 $b_{ij}Y_j$ 和 $a_{ij}X_j$ 却往往不相等。因为 $a_{ij}X_j$ 是生产 j 总产品要直接消耗的 i 产品的数量，而 $b_{ij}Y_j$ 是生产 j 最终产品要完全消耗的 i 产品的数量。

4.2.2 完全需求系数及模型

这里似乎又出现一个新概念，其实我们之前就已经了解过了，它就是“里昂惕夫逆矩阵”$(\boldsymbol{I}-\boldsymbol{A})^{-1}$ 中的各元素。

根据代入直接消耗系数的行模型和代入完全消耗系数的行模型，我们可以得到 $\boldsymbol{X}=(\boldsymbol{I}-\boldsymbol{A})^{-1}\boldsymbol{Y}$ 和 $\boldsymbol{X}=(\boldsymbol{I}+\boldsymbol{B})\boldsymbol{Y}$。如果以 b_{ij} 表示完全消耗系数矩阵 $\boldsymbol{B}$ 中的元素，则 $(\boldsymbol{I}+\boldsymbol{B})$ 中的元素就是在 $\boldsymbol{B}$ 矩阵的主对角线元素加上 1。以 $\bar{\boldsymbol{B}}$ 代表 $(\boldsymbol{I}-\boldsymbol{A})^{-1}$ 或 $(\boldsymbol{I}+\boldsymbol{B})$，则：

$$
\begin{aligned}
\bar{B} &= (\boldsymbol{I}-\boldsymbol{A})^{-1} \\
&= \boldsymbol{I}+\boldsymbol{B} \\
&= \begin{pmatrix} 1+b_{11} & b_{12} & \cdots & b_{1n} \\ b_{21} & 1+b_{22} & \cdots & b_{2n} \\ \vdots & \vdots & & \vdots \\ b_{n1} & b_{n2} & \cdots & 1+b_{nn} \end{pmatrix} \\
&= \begin{pmatrix} \bar{b}_{11} & \bar{b}_{12} & \cdots & \bar{b}_{1n} \\ \bar{b}_{21} & \bar{b}_{22} & \cdots & \bar{b}_{2n} \\ \vdots & \vdots & & \vdots \\ \bar{b}_{n1} & \bar{b}_{n2} & \cdots & \bar{b}_{nn} \end{pmatrix}
\end{aligned}
$$

假定第一个部门要得到一个单位最终产品，其余部门的最终产品为 0，由 $\boldsymbol{X}=(\boldsymbol{I}-\boldsymbol{A})^{-1}\boldsymbol{Y}=(\boldsymbol{I}+\boldsymbol{B})\boldsymbol{Y}$ 有：

$$
\boldsymbol{X}=\begin{pmatrix} \bar{b}_{11} & \bar{b}_{12} & \cdots & \bar{b}_{1n} \\ \bar{b}_{21} & \bar{b}_{22} & \cdots & \bar{b}_{2n} \\ \vdots & \vdots & & \vdots \\ \bar{b}_{n1} & \bar{b}_{n2} & \cdots & \bar{b}_{nn} \end{pmatrix}\begin{pmatrix} 1 \\ 0 \\ \vdots \\ 0 \end{pmatrix}=\begin{pmatrix} 1+b_{11} \\ b_{21} \\ \vdots \\ b_{n1} \end{pmatrix}=\begin{pmatrix} \bar{b}_{11} \\ \bar{b}_{21} \\ \vdots \\ \bar{b}_{n1} \end{pmatrix}
$$

其中 $\bar{b}_{ij}$ 是 $(\boldsymbol{I}-\boldsymbol{A})^{-1}$ 或 $(\boldsymbol{I}+\boldsymbol{B})$ 中的元素，而矩阵 $\boldsymbol{X}$ 中的元素正好是 $\bar{\boldsymbol{B}}$ 矩阵中第一列的元素。这说明由于直接和间接消耗，不仅第一部门的总产出需要增加，而且要求各部门的总产出都要增加，也就是说各个部门对总产出都有一定的需求量。

同样，为了得到第 j 部门一单位的最终产品，对各部门的需求量是：

$$
\boldsymbol{X}=\begin{pmatrix} \bar{b}_{11} & \bar{b}_{12} & \cdots & \bar{b}_{1n} \\ \bar{b}_{21} & \bar{b}_{22} & \cdots & \bar{b}_{2n} \\ \vdots & \vdots & & \vdots \\ \bar{b}_{n1} & \bar{b}_{n2} & \cdots & \bar{b}_{nn} \end{pmatrix}\begin{pmatrix} 0 \\ \vdots \\ 1 \\ \vdots \\ 0 \end{pmatrix}=\begin{pmatrix} b_{1j} \\ b_{2j} \\ \vdots \\ 1+b_{jj} \\ \vdots \\ b_{nj} \end{pmatrix}=\begin{pmatrix} \bar{b}_{1j} \\ \bar{b}_{2j} \\ \vdots \\ \bar{b}_{nj} \end{pmatrix}
$$

可见,一个部门为了得到的单位最终产品,不仅这个部门本身要增加总产出,而且由于国民经济各部门间有相互消耗的关系,使得其他各个部门的总产出都要增加,其增加的数量是非主对角线上的数字。这就是说,任何一个部门为了得到一单位最终产品,由于直接和间接消耗关系,对国民经济各个部门的产量都有一定的需求,所以称 b_{ij} 为"完全需求系数",称 $(\boldsymbol{I}-\boldsymbol{A})^{-1}$ 为"完全需求系数矩阵"。

根据表 3 - 2 计算的完全需求系数矩阵如下:

$$\overline{\boldsymbol{B}}=\begin{pmatrix} 1.2111 & 0.1803 & 0.1226 & 0.0693 & 0.0845 & 0.0556 \\ 0.8196 & 2.9450 & 1.8106 & 0.5619 & 1.1191 & 0.7617 \\ 0.0030 & 0.0081 & 1.0342 & 0.0071 & 0.0135 & 0.0150 \\ 0.0543 & 0.1180 & 0.1065 & 1.0773 & 0.0969 & 0.0927 \\ 0.0520 & 0.1127 & 0.1278 & 0.0746 & 1.2275 & 0.0942 \\ 0.0944 & 0.2078 & 0.2376 & 0.2400 & 0.2656 & 1.2661 \end{pmatrix}$$

$(\boldsymbol{I}-\boldsymbol{A})^{-1}$ 对于投入产出分析是非常重要的,因为它能表明每一个部门对最终产品需求而引发的对所有部门总产出的影响。这类似于凯恩斯乘数,所以西方也称 $(\boldsymbol{I}-\boldsymbol{A})^{-1}$ 为"矩阵乘子"。用这个矩阵可以解释生产体系的相互依赖关系,可以从最终使用确定各个部门的总产出。

完全需求系数 $(\boldsymbol{I}-\boldsymbol{A})^{-1}$ 与完全消耗系数 $(\boldsymbol{I}-\boldsymbol{A})^{-1}-\boldsymbol{I}$ 虽然都反映了国民经济各部门间的完全消耗关系,但它们是不同的。前者站在最终需求的角度,系数中包括了一个单位的最终产品;后者站在生产的角度,系数中不包括一个单位的最终产品。

4.3 分配系数及模型

直接消耗系数和完全消耗系数都是从生产的角度出发计算的,我们也可以从分配使用的角度计算另外一种系数 —— 分配系数。

4.3.1 分配系数的概念

所谓分配系数,是一个部门的产品分配(提供)给各个部门用作生产和提供给社会最终使用的数量占该部门产品总量的比重,一般用 h 表示。根据这个概念,分配系数有中间产品分配系数 h_{ij} 和最终产品分配系数 h_{iyk} 之分,其计算式分别为:

$$h_{ij}=\frac{x_{ij}}{X_i} \qquad (i,j=1,2,\cdots,n) \tag{4.19}$$

$$h_{iyk}=\frac{Y_{ik}}{X_i} \qquad (i=1,2,\cdots,n;\ k=1,2,\cdots,m) \tag{4.20}$$

式(4.20)中,Y_{ik} 表示 i 部门提供给社会用作 k 种最终使用的数量。例如,在表 3 - 1 中,$k=4$,Y_{i1}、Y_{i2}、Y_{i3}、Y_{i4} 分别表示 i 部门提供给社会用作最终消费、资本形成、出口和进口的数量。

分配系数实际上是从投入产出表横行计算的结构相对数,因此有:

$$\sum_{j=1}^{n} h_{ij} + \sum_{k=1}^{m} h_{iyk} = 1 \qquad (i = 1,2,\cdots,n) \tag{4.21}$$

h_{ij} 表示 i 部门的产品被 j 部门用作中间产品的数量占 i 部门产品总量的比重，该值越大，说明 i 部门向 j 部门提供的中间使用相对较多。由于投入产出表的第一象限实际上是一个矩阵账户，矩阵账户的横行表示经济收入，纵列表示经济支出，所以，从另一个角度看，h_{iyk} 值越大，i 部门从 j 部门得到的收入也比较多。h_{iyk} 表示 i 部门的产品提供给社会用作第 k 种最终使用（如最终消费、固定资本投资、存货、出口等）的数量占 i 部门产品总量的比重，该值越大，说明 i 部门向社会提供的最终产品相对较多。

可以用下列矩阵表示中间产品（中间使用）分配系数整体和最终使用分配系数整体，即式（4.19）和式（4.20）的矩阵表示是：

$$\boldsymbol{H} = \begin{pmatrix} h_{11} & h_{12} & \cdots & h_{1n} \\ h_{21} & h_{22} & \cdots & h_{2n} \\ \vdots & \vdots & & \vdots \\ h_{n1} & h_{n2} & \cdots & h_{nn} \end{pmatrix} \qquad \boldsymbol{H}_Y = \begin{pmatrix} h_{1y1} & h_{1y2} & \cdots & h_{1ym} \\ h_{2y1} & h_{2y2} & \cdots & h_{2ym} \\ \vdots & \vdots & & \vdots \\ h_{ny1} & h_{ny2} & \cdots & h_{nym} \end{pmatrix}$$

根据表 3 - 2 计算的中间使用分配系数矩阵（以下若没有特别说明，我们称“中间使用分配系数”为“分配系数”）和最终使用分配系数矩阵为：

$$\boldsymbol{H} = \begin{pmatrix} 0.1378 & 0.5282 & 0.0122 & 0.0291 & 0.0095 & 0.0130 \\ 0.0219 & 0.6165 & 0.0832 & 0.0125 & 0.0262 & 0.0530 \\ 0.0001 & 0.0104 & 0.0269 & 0.0020 & 0.0043 & 0.0188 \\ 0.0146 & 0.3180 & 0.0355 & 0.0406 & 0.0313 & 0.1308 \\ 0.0135 & 0.2902 & 0.0678 & 0.0372 & 0.1470 & 0.1328 \\ 0.0072 & 0.1634 & 0.0404 & 0.0547 & 0.0409 & 0.1597 \end{pmatrix}$$

$$\boldsymbol{H}_Y = \begin{pmatrix} 0.2370 & 0.0748 & -0.0415 \\ 0.0875 & 0.0935 & 0.0057 \\ 0.0000 & 0.9300 & 0.0075 \\ 0.2539 & 0.0580 & 0.1173 \\ 0.1643 & 0.1158 & 0.0313 \\ 0.4931 & 0.0400 & 0.0007 \end{pmatrix}$$

$\boldsymbol{H}$ 和 $\boldsymbol{H}_Y$ 矩阵中分配系数之所以出现负数，是因为我们把出口和进口用净出口表示了。显然，从经济意义上讲这是解释不通的。根据表 3 - 3 数据（不包括进口）计算的分配系数矩阵如下：

$$\boldsymbol{H}_Y = \begin{pmatrix} 0.0899 & 0.1403 & 0.0068 & 0.0346 & 0.0402 & 0.0087 & 0.0070 \\ 0.0199 & 0.0677 & 0.0000 & 0.0872 & 0.0063 & 0.1195 & 0.0009 \\ 0.0000 & 0.0000 & 0.0000 & 0.9300 & 0.0000 & 0.0056 & 0.0036 \\ 0.0483 & 0.2056 & 0.0000 & 0.0489 & 0.0092 & 0.1292 & 0.0001 \\ 0.0274 & 0.1142 & 0.0227 & 0.1124 & 0.0034 & 0.0769 & 0.0004 \\ 0.0444 & 0.1828 & 0.2658 & 0.0400 & 0.0000 & 0.0207 & 0.0001 \\ \text{农村居民} & \text{城镇居民} & \text{政府消费} & \text{固定资本形成} & \text{存货增加} & \text{出口} & \text{其他} \end{pmatrix}$$

4.3.2　分配系数的特点

与直接消耗系数相比，分配系数具有以下不同的特点：

第一，分配系数不受价格变化的影响。分配系数的分子和分母都是 i 产品，所以即使由价值型投入产出表计算的分配系数也不受价格变化的影响。而直接消耗系数实际上是从投入产出表纵列计算出的结构相对数，分子是 i 产品，分母是 j 产品，所以由价值型投入产出表计算的直接消耗系数会受 i 产品和 j 产品相对价格变化的影响。

第二，分配系数一般小于 1，但是也有例外。分配系数实质上是 i 部门提供给 j 部门用作生产消耗的产品数量在 i 部门总产出中的比重，所以无论是由实物型投入产出表还是由价值型投入产出表计算的分配系数一般都小于 1。但是当一经济体（特别是地区）生产的某种产品很少，需要大量进口或购入时，分配系数有可能等于或者大于 1。而根据价值型投入产出表计算的直接消耗系数必定小于 1，根据实物型投入产出表计算的直接消耗系数矩阵中的主对角线上的元素也必定小于 1。

第三，影响分配系数的主要因素是产品的用途。影响分配系数大小的因素主要有：产品的用途，一般第一部类产品的中间产品分配系数比较大，第二部类产品的最终产品分配系数比较大，如果市场对某种产品的需求充分，或者说某种产品能根据市场需求进行生产，存货所占的比重就比较小，反之，存货所占的比重就比较大。而影响直接消耗系数的主要因素是生产技术水平、产品的相对价格、产品的替代性。

4.3.3　代入分配系数的投入产出模型

4.3.3.1　把分配系数代入投入产出行平衡式

由 $h_{ij}=\dfrac{x_{ij}}{X_i}(i,j=1,2,\cdots,n)$ 有 $x_{ij}=h_{ij}X_i$，把它代入投入产出行平衡式即第 3 章式 (3.1) 中，有：

$$\begin{cases}h_{11}X_1+h_{12}X_1+\cdots+h_{1n}X_1+Y_1=X_1\\ h_{21}X_2+h_{22}X_2+\cdots+h_{2n}X_2+Y_2=X_2\\ \cdots\\ h_{n1}X_n+h_{n2}X_n+\cdots+h_{nn}X_n+Y_n=X_n\end{cases}\tag{4.22}$$

一般表达式为：

$$\sum_{j=1}^{n}h_{ij}X_i+Y_i=X_i\qquad(i=1,2,\cdots,n)\tag{4.22a}$$

令 $\boldsymbol{G}$ 是以 $\sum\limits_{j=1}^{n}h_{ij}$ 为元素的列向量，$\hat{\boldsymbol{G}}$ 是以 $\sum\limits_{j=1}^{n}h_{ij}$ 为元素的对角矩阵，即：

$$\boldsymbol{G}=\begin{pmatrix}\sum\limits_{j=1}^{n}h_{1j}\\ \sum\limits_{j=1}^{n}h_{2j}\\ \vdots\\ \sum\limits_{j=1}^{n}h_{nj}\end{pmatrix}\quad \hat{\boldsymbol{G}}=\begin{pmatrix}\sum\limits_{j=1}^{n}h_{1j}&&&\\ &\sum\limits_{j=1}^{n}h_{2j}&&\\ &&\ddots&\\ &&&\sum\limits_{j=1}^{n}h_{nj}\end{pmatrix}$$

那么式(4.22) 可以写成如下矩阵形式:

$$\hat{\boldsymbol{G}}\boldsymbol{X} + \boldsymbol{Y} = \boldsymbol{X} \tag{4.23}$$

由式(4.23) 可以得到以下两式:

$$\boldsymbol{Y} = (\boldsymbol{I} - \hat{\boldsymbol{G}})\boldsymbol{X} \tag{4.24}$$

$$\boldsymbol{X} = (\boldsymbol{I} - \hat{\boldsymbol{G}})^{-1}\boldsymbol{Y} \tag{4.25}$$

式(4.24) 和式(4.25) 从分配的角度建立起了总产出与最终使用之间的联系,可以分别通过总产出求得最终使用和通过最终使用求得总产出。

4.3.3.2　把分配系数代入投入产出列平衡式

把 $x_{ij} = h_{ij}X_i$ 代入投入产出列平衡式即式(3.3) 中,有:

$$\begin{cases} h_{11}X_1 + h_{21}X_2 + \cdots + h_{n1}X_n + N_1 = X_1 \\ h_{12}X_1 + h_{22}X_2 + \cdots + h_{n2}X_n + N_2 = X_2 \\ \cdots \\ h_{1n}X_1 + h_{2n}X_2 + \cdots + h_{nn}X_n + N_n = X_n \end{cases} \tag{4.26}$$

一般表达式为:

$$\sum_{i=1}^{n} h_{ij}X_i + N_j = X_j \qquad (j = 1,2,\cdots,n)$$

写成矩阵形式是:

$$\boldsymbol{H}'\boldsymbol{X} + \boldsymbol{N} = \boldsymbol{X} \tag{4.27}$$

式(4.27) 中,$\boldsymbol{H}'$ 是分配系数矩阵的转置矩阵,$\boldsymbol{X}$ 是总产出列向量,$\boldsymbol{N}$ 是增加值列向量。

由式(4.27) 可以得到以下两式:

$$\boldsymbol{N} = (\boldsymbol{I} - \boldsymbol{H}')\boldsymbol{X} \tag{4.28}$$

$$\boldsymbol{X} = (\boldsymbol{I} - \boldsymbol{H}')^{-1}\boldsymbol{N} \tag{4.29}$$

式(4.28) 和式(4.29) 从分配的角度建立起了总产出和增加值之间的联系,可以分别通过总产出求得增加值和通过增加值求得总产出。

4.4　增加值构成系数及模型

4.4.1　劳动报酬系数及模型

通过投入产出表的第三象限,还可以直接计算出劳动报酬系数。

劳动报酬系数,指生产单位总产出所要支付的劳动报酬,即劳动报酬在总产出中所占的比重。若以 a_{vj} 表示 j 部门的劳动报酬系数,则其计算式为:

$$a_{vj} = \frac{V_j}{X_j} \qquad (j = 1,2,\cdots,n) \tag{4.30}$$

令 $\boldsymbol{A}_V$ 为各部门劳动报酬系数列向量,则式(4.30) 的矩阵表达式为:

$$\boldsymbol{A}_V = \boldsymbol{V}\hat{\boldsymbol{X}}^{-1} \tag{4.31}$$

根据表 3 - 2 计算的劳动报酬系数列向量如下：

$$A_V = \begin{pmatrix} \frac{1}{89\,421} & & & & & \\ & \frac{1}{925\,463} & & & & \\ & & \frac{1}{138\,613} & & & \\ & & & \frac{1}{95\,490} & & \\ & & & & \frac{1}{87\,052} & \\ & & & & & \frac{1}{265\,588} \end{pmatrix} \begin{pmatrix} 52\,996 \\ 79\,612 \\ 22\,462 \\ 21\,179 \\ 14\,699 \\ 73\,186 \end{pmatrix}$$

$$= (0.592\,7 \quad 0.086\,0 \quad 0.162\,0 \quad 0.221\,8 \quad 0.168\,9 \quad 0.275\,6)'$$

劳动报酬系数的大小取决于两个因素：一是劳动量（投入的劳动力）。劳动密集型部门消耗劳动量多，劳动报酬系数就大，如农、林、牧、渔产品和服务，其劳动报酬系数为0.592 7，占了总产出的一大半；资本密集型部门消耗的劳动量少，劳动报酬系数也就小，如工业的劳动报酬系数为0.086 0，只占总产出的8.6%。二是劳动者的平均工资。如果平均工资高，劳动报酬系数大，反之，则小。第一个因素主要取决于技术结构，而技术结构短期内变化不是很大，所以这个因素对劳动报酬系数的影响相对稳定；第二个因素主要取决于工资政策，这个因素对劳动报酬的影响或较稳定，或较好测定。因而劳动报酬系数短期内是较稳定或者较好测定的。在工资水平一定的情况下，劳动报酬系数取决于劳动量。根据这一点，可以用它来分析和预测劳动就业量。

由 $a_{vj} = \frac{V_j}{X_j}$ 有 $V_j = a_{vj}X_j (j = 1,2,\cdots,n)$，写成矩阵形式为：

$$\boldsymbol{V} = \hat{\boldsymbol{A}}_V \boldsymbol{X} \tag{4.32}$$

式(4.32)中 $\hat{\boldsymbol{A}}_V$ 是以各部门劳动报酬系数为元素的对角矩阵，$\boldsymbol{V}$ 是以各部门劳动报酬为元素的列向量：

$$\hat{\boldsymbol{A}}_V = \begin{pmatrix} a_{v1} & & & \\ & a_{v2} & & \\ & & \ddots & \\ & & & a_{vn} \end{pmatrix} \qquad \boldsymbol{V} = \begin{pmatrix} V_1 \\ V_2 \\ \vdots \\ V_n \end{pmatrix}$$

将行模型 $X = (I - A)^{-1}Y$ 代入式(4.32)得：

$$\boldsymbol{V} = \hat{\boldsymbol{A}}_V (\boldsymbol{I} - \boldsymbol{A})^{-1} \boldsymbol{Y} \tag{4.33}$$

$\hat{\boldsymbol{A}}_V(\boldsymbol{I} - \boldsymbol{A})^{-1}$ 中的元素可以称为“完全劳动报酬系数”或“劳动报酬影响乘数”，它表示每生产单位最终产品要直接和间接支付的劳动报酬。

如果将最终产品列向量 $\boldsymbol{Y}$ 分解成各个部门的最终消费产品列向量 $\boldsymbol{Y}_1$、各个部门的资本形成产品列向量 $\boldsymbol{Y}_2$、各个部门的净出口产品列向量 $\boldsymbol{Y}_3$，则可以根据式(4.33)计算由最终消费、资本形成、净出口引起的劳动报酬：

$$\boldsymbol{V}_{\boldsymbol{Y}_1}+\boldsymbol{V}_{\boldsymbol{Y}_2}+\boldsymbol{V}_{\boldsymbol{Y}_3}=\hat{\boldsymbol{A}}_V(\boldsymbol{I}-\boldsymbol{A})^{-1}(\boldsymbol{Y}_1+\boldsymbol{Y}_2+\boldsymbol{Y}_3) \tag{4.34}$$

$$\boldsymbol{V}_{\boldsymbol{Y}_1}=\hat{\boldsymbol{A}}_V(\boldsymbol{I}-\boldsymbol{A})^{-1}\boldsymbol{Y}_1 \tag{4.34a}$$

$$\boldsymbol{V}_{\boldsymbol{Y}_2}=\hat{\boldsymbol{A}}_V(\boldsymbol{I}-\boldsymbol{A})^{-1}\boldsymbol{Y}_2 \tag{4.34b}$$

$$\boldsymbol{V}_{\boldsymbol{Y}_3}=\hat{\boldsymbol{A}}_V(\boldsymbol{I}-\boldsymbol{A})^{-1}\boldsymbol{Y}_3 \tag{4.34c}$$

4.4.2 固定资产折旧系数及模型

固定资产折旧系数指单位总产出应该分摊的固定资产折旧额，即固定资产折旧额在总产值中所占的比重。若以 a_{Dj} 表示 j 部门的固定资产折旧系数，则其计算式为：

$$a_{Dj}=\frac{D_j}{X_j}\qquad (j=1,2,\cdots,n) \tag{4.35}$$

令 $\boldsymbol{A}_D$ 为各部门固定资产折旧系数列向量，则式(4.35)的矩阵表达式为：

$$\boldsymbol{A}_D=\boldsymbol{D}\hat{\boldsymbol{X}}^{-1} \tag{4.36}$$

根据表 3－2 计算的固定资产折旧系数列向量如下：

$$\boldsymbol{A}_D=\begin{pmatrix}2\ 258\\29\ 822\\1\ 648\\3\ 861\\8\ 004\\26\ 091\end{pmatrix}\begin{pmatrix}\frac{1}{89\ 421}&&&&&\\&\frac{1}{925\ 463}&&&&\\&&\frac{1}{138\ 613}&&&\\&&&\frac{1}{95\ 490}&&\\&&&&\frac{1}{87\ 052}&\\&&&&&\frac{1}{265\ 588}\end{pmatrix}$$

$$=(0.025\ 3\quad 0.032\ 2\quad 0.011\ 9\quad 0.040\ 4\quad 0.091\ 9\quad 0.098\ 2)'$$

由 $a_{Dj}=\dfrac{D_j}{X_j}$ 有 $D_j=a_{Dj}X_j(j=1,2,\cdots,n)$，写成矩阵形式为：

$$\boldsymbol{D}=\hat{\boldsymbol{A}}_D\boldsymbol{X} \tag{4.37}$$

式(4.37)中 $\hat{\boldsymbol{A}}_D$ 是以各部门固定资产折旧系数为元素的对角矩阵，D 是以各部门固定资产折旧为元素的列向量，即：

$$\hat{\boldsymbol{A}}_D=\begin{pmatrix}a_{D1}&&&\\&a_{D2}&&\\&&\ddots&\\&&&a_{Dn}\end{pmatrix}\qquad \boldsymbol{D}=\begin{pmatrix}D_1\\D_2\\\vdots\\D_n\end{pmatrix}$$

固定资产折旧系数主要取决于固定资产的使用年限，是一个比较稳定的因素。根据

式(4.37)我们可以建立以下模型,分析应该在最终消费、资本形成、出口上分摊的固定资产折旧额:

$$\boldsymbol{D} = \hat{\boldsymbol{A}}_D(\boldsymbol{I} - \boldsymbol{A})^{-1}\boldsymbol{Y} \tag{4.38}$$

$$\boldsymbol{D}_{Y_1} + \boldsymbol{D}_{Y_2} + \boldsymbol{D}_{Y_3} = \hat{\boldsymbol{A}}_D(\boldsymbol{I} - \boldsymbol{A})^{-1}(\boldsymbol{Y}_1 + \boldsymbol{Y}_2 + \boldsymbol{Y}_3) \tag{4.39}$$

$$\boldsymbol{D}_{Y_1} = \hat{\boldsymbol{A}}_D(\boldsymbol{I} - \boldsymbol{A})^{-1}\boldsymbol{Y}_1 \tag{4.39a}$$

$$\boldsymbol{D}_{Y_2} = \hat{\boldsymbol{A}}_D(\boldsymbol{I} - \boldsymbol{A})^{-1}\boldsymbol{Y}_2 \tag{4.39b}$$

$$\boldsymbol{D}_{Y_3} = \hat{\boldsymbol{A}}_D(\boldsymbol{I} - \boldsymbol{A})^{-1}\boldsymbol{Y}_3 \tag{4.39c}$$

$\hat{\boldsymbol{A}}_D(\boldsymbol{I} - \boldsymbol{A})^{-1}$ 中的元素可以称为“完全固定资产折旧系数”或“固定资产折旧影响乘数”,它表示每生产单位最终产品要直接和间接消耗的固定资产。

4.4.3 生产税净额系数及模型

生产税净额系数指单位总产出中包括的生产税净额,即生产税净额在总产值中所占的比重。若以 a_{Tj} 表示 j 部门的生产税净额系数,则其计算式为:

$$a_{Tj} = \frac{T_j}{X_j} \qquad (j = 1,2,\cdots,n) \tag{4.40}$$

令 $\boldsymbol{A}_T$ 为以生产税净额系数为元素的列向量,则式(4.40)的矩阵表达式为:

$$\boldsymbol{A}_T = \boldsymbol{T}\hat{\boldsymbol{X}}^{-1} \tag{4.41}$$

根据表 3-2 计算的生产税净额系数列向量如下:

$$\boldsymbol{A}_T \begin{pmatrix} -2\,896 \\ 40\,612 \\ 5\,121 \\ 17\,166 \\ 1\,248 \\ 12\,354 \end{pmatrix} \begin{pmatrix} \frac{1}{89\,421} & & & & & \\ & \frac{1}{925\,463} & & & & \\ & & \frac{1}{138\,613} & & & \\ & & & \frac{1}{95\,490} & & \\ & & & & \frac{1}{87\,052} & \\ & & & & & \frac{1}{265\,588} \end{pmatrix}$$

$$= (-0.032\,4 \quad 0.043\,9 \quad 0.036\,9 \quad 0.179\,8 \quad 0.014\,3 \quad 0.046\,5)'$$

由 $a_{Tj} = \frac{T_j}{X_j}$ 得出 $T_j = a_{Tj}X_j (j = 1,2,\cdots,n)$,写成矩阵形式为:

$$\boldsymbol{T} = \hat{\boldsymbol{A}}_T\boldsymbol{X} \tag{4.42}$$

其中,$\hat{\boldsymbol{A}}_T$ 是以生产税净额系数为元素的对角矩阵,$\boldsymbol{T}$ 是以各部门生产税净额为元素的列向量:

$$\hat{A}_T = \begin{pmatrix} a_{T1} & & & \\ & a_{T2} & & \\ & & \ddots & \\ & & & a_{Tn} \end{pmatrix} \qquad T = \begin{pmatrix} T_1 \\ T_2 \\ \vdots \\ T_n \end{pmatrix}$$

生产税净额系数主要取决于国家的税收政策，是一个很容易观测到的系数。由式(4.42)我们可以建立以下模型，分析由最终消费、资本形成、出口引起的生产税净额和各个部门对国家的贡献：

$$\boldsymbol{T} = \hat{\boldsymbol{A}}_T(\boldsymbol{I} - \boldsymbol{A})^{-1}\boldsymbol{Y} \tag{4.43}$$

$$\boldsymbol{T}_{Y_1} + \boldsymbol{T}_{Y_2} + \boldsymbol{T}_{Y_3} = \hat{\boldsymbol{A}}_T(\boldsymbol{I} - \boldsymbol{A})^{-1}(\boldsymbol{Y}_1 + \boldsymbol{Y}_2 + \boldsymbol{Y}_3) \tag{4.44}$$

$$\boldsymbol{T}_{Y_1} = \hat{\boldsymbol{A}}_T(\boldsymbol{I} - \boldsymbol{A})^{-1}\boldsymbol{Y}_1 \tag{4.44a}$$

$$\boldsymbol{T}_{Y_2} = \hat{\boldsymbol{A}}_T(\boldsymbol{I} - \boldsymbol{A})^{-1}\boldsymbol{Y}_2 \tag{4.44b}$$

$$\boldsymbol{T}_{Y_3} = \hat{\boldsymbol{A}}_T(\boldsymbol{I} - \boldsymbol{A})^{-1}\boldsymbol{Y}_3 \tag{4.44c}$$

$\hat{\boldsymbol{A}}_T(\boldsymbol{I} - \boldsymbol{A})^{-1}$ 中的元素可以称之为“完全生产税净额系数”或“生产税净额影响乘数”，它表示每生产单位最终产品要直接和间接缴纳的生产税净额。

4.4.4 营业盈余系数及模型

营业盈余系数指单位总产出中包括的营业盈余额，即营业盈余额在总产值中所占的比重。若以 a_{Mj} 表示 j 部门的营业盈余系数，则其计算式为：

$$a_{Mj} = \frac{M_j}{X_j} \qquad (j = 1,2,\cdots,n) \tag{4.45}$$

令 $\boldsymbol{A}_M$ 为以营业盈余系数为元素的列向量，则式(4.45)的矩阵表达式为：

$$\boldsymbol{A}_M = \boldsymbol{M}\hat{\boldsymbol{X}}^{-1} \tag{4.46}$$

根据表 3－2 计算的营业盈余系数列向量如下：

$$\boldsymbol{A}_M \begin{pmatrix} 0 \\ 57\,170 \\ 7\,576 \\ 17\,161 \\ 10\,783 \\ 34\,687 \end{pmatrix} \begin{pmatrix} \frac{1}{89\,421} & & & & & \\ & \frac{1}{925\,463} & & & & \\ & & \frac{1}{138\,613} & & & \\ & & & \frac{1}{95\,490} & & \\ & & & & \frac{1}{87\,052} & \\ & & & & & \frac{1}{265\,588} \end{pmatrix}$$

$$= (0.000\,0 \quad 0.061\,8 \quad 0.054\,7 \quad 0.179\,7 \quad 0.123\,9 \quad 0.130\,6)'$$

由 $a_{Mj} = \frac{M_j}{X_j}$ 得出 $M_j = a_{Mj}X_j (j = 1,2,\cdots,n)$，写成矩阵形式为：

$$\boldsymbol{M} = \hat{\boldsymbol{A}}_M \boldsymbol{X} \tag{4.47}$$

式(4.47)中,$\hat{\boldsymbol{A}}_M$ 是以营业盈余系数为元素的对角矩阵,$\boldsymbol{M}$ 是以各部门营业盈余为元素的列向量:

$$\hat{\boldsymbol{A}}_M = \begin{pmatrix} a_{M1} & & & \\ & a_{M2} & & \\ & & \ddots & \\ & & & a_{Mn} \end{pmatrix} \quad \boldsymbol{M} = \begin{pmatrix} M_1 \\ M_2 \\ \vdots \\ M_n \end{pmatrix}$$

营业盈余是衡量部门盈亏的尺度。根据式(4.47)我们可以建立以下模型,并分析由最终消费、资本形成、出口带来的营业盈余额:

$$\boldsymbol{M} = \hat{\boldsymbol{A}}_M(\boldsymbol{I} - \boldsymbol{A})^{-1}\boldsymbol{Y} \tag{4.48}$$

$$\boldsymbol{M}_{Y_1}\boldsymbol{I} + \boldsymbol{A}\boldsymbol{M}_{Y_2} + \boldsymbol{M}_{Y_3} = \hat{\boldsymbol{A}}_M(\boldsymbol{I} - \boldsymbol{A})^{-1}(\boldsymbol{Y}_1 + \boldsymbol{Y}_2 + \boldsymbol{Y}_3) \tag{4.49}$$

$$\boldsymbol{M}_{Y_1} = \hat{\boldsymbol{A}}_M(\boldsymbol{I} - \boldsymbol{A})^{-1}\boldsymbol{Y}_1 \tag{4.49a}$$

$$\boldsymbol{M}_{Y_2} = \hat{\boldsymbol{A}}_M(\boldsymbol{I} - \boldsymbol{A})^{-1}\boldsymbol{Y}_2 \tag{4.49b}$$

$$\boldsymbol{M}_{Y_3} = \hat{\boldsymbol{A}}_M(\boldsymbol{I} - \boldsymbol{A})^{-1}\boldsymbol{Y}_3 \tag{4.49c}$$

$\hat{\boldsymbol{A}}_M(\boldsymbol{I} - \boldsymbol{A})^{-1}$ 中的元素可以称为"完全营业盈余系数"或"营业盈余影响乘数",它表示每生产单位最终产品可以直接和间接获得的营业盈余。

上述模型反映了价值型投入产出表第三象限与总产出和最终使用的联系,利用它们可以回答当总产出、最终使用及某个组成部分发生变化时,其对各部门的固定资产折旧、劳动报酬、生产税净额和营业盈余所产生的影响。

4.5 投入产出模型的基本假定和求解条件

用任何经济数学模型来反映客观经济现象之间的内在联系,都要设置一些假定条件,以反映客观经济过程的主要特征。投入产出模型要揭示国民经济各部门复杂的相互依存、相互制约的关系,也不例外地应做一些必要的假定。

4.5.1 投入产出模型的基本假定

从本书上述几节中我们看到,所有的投入产出模型都是线性模型。其基本思想是将国民经济分成若干个部门,把各个部门的总产出和最终使用或增加值分别作为两组变量,通过一些系数建立线性方程组来反映它们之间的联系。但这个思想要能成立,是基于以下基本假定。

4.5.1.1 同质性假定

同质性假定也称为非结合生产假定。它是假定每个生产部门只生产一种产品,而且只用一种生产技术方式进行生产。凡是使用价值及消耗构成相同的产品就归在同一个部门中,同一部门的产品可以相互替代,不同部门的产品不能相互替代。

这个假定，在理论上一方面是为了使每个部门都成为一个单纯的某种产品集合体，以便使模型反映各个部门产品的不同用途，并按不同用途说明其使用去向。另一方面，它使各个部门生产过程中不同生产技术的选择与相互替代被抽象化了，这就使得投入产出模型能准确反映各部门的消耗构成。为了符合这个假定，就要求按产品划分部门。如果一种产品为一个部门，就完全符合这个假定。但这样一来，方程组巨大，编表极难。所以在实际应用中，要如何将同类产品进行归并，是需要加强研究的问题。

4.5.1.2　比例性假定

比例性假定也称为收益不变假定。它是假定国民经济各生产部门的投入量与产出量之间成正比关系，投入越多，产出也就越多。每一个部门的投入量是产出水平的唯一函数，每单位产出量的平均投入量是不变的，因此每个部门的投入量可以表示为：

$$x_{ij} = a_{ij}X_j \qquad (i,j = 1,2,\cdots,n)$$

其中：x_{ij} 是 j 部门投入的 i 产品数量，a_{ij} 是系数，X_j 是 j 部门产出量。

4.5.1.3　无外部影响假定

无外部影响假定也称为相加性假定。它是假定在国民经济中，任意 n 个部门的产出合计等于这 n 个部门的投入量之和。无外部影响假定的实质是生产构成中不存在正外部效应影响，如养蜂有利于种植业；也不存在负外部效应的影响，如工业排污对种植业有害，所有的产出都是人类作用于劳动对象的结果。同时产出也不存在非经济因素的影响，如不存在战争、重大自然灾害等的影响。

4.5.1.4　直接消耗系数假定相对稳定

假定直接消耗系数 a_{ij} 在一定时期内固定不变（至少是编表的间隔期内）。这个假定将在间隔期中技术进步和劳动生产率提高的因素抽象化了。假定直接消耗系数近期不变，就保证了所编出的投入产出表能应用于实际分析、预测、规划等。在投入产出模型中，国民经济之间的生产技术联系是通过直接消耗系数 a_{ij} 来反映的，并通过计算 $(\boldsymbol{I}-\boldsymbol{A})^{-1}$ 来反映国民经济各部门的完全联系，可以说 a_{ij} 是投入产出模型的一个基础。直接消耗系数越精确，就越能通过投入产出模型反映客观经济过程的实际。但投入产出表的编制是比较复杂的，一般需要 3 ~ 5 年，所以当投入产出表编出来时，离它所反映的经济情况已经有一定时间间隔了。在实际经济生活中，生产技术在不断进步，劳动生产率也不可能一成不变，所以直接消耗系数是要发生变化的。我们在应用投入产出模型时，一定要注意 a_{ij} 变化的规律性，并做适当的调整。

以上假定是为了保证投入产出模型线性函数唯一性和直接消耗系数的相对稳定性。而在现实生活中又很难满足它们。所以，在利用投入产出模型来分析经济问题和编制规划时，一方面要注意它的局限性，另一方面要从方法论角度研究如何克服或减少这些局限性。

4.5.2　投入产出模型的求解条件

求解投入产出模型时，要求满足一定的条件。在正常的经济活动情况下，这些条件是由经济过程的实际决定的，称之为经济条件。另外，由于采用数学模型求解，必须满足一些数学处理上的要求，所以这些数学要求又被称为数学条件。

4.5.2.1　投入产出模型求解的经济条件

投入产出模型的经济条件主要有以下几点：

(1) $X > 0$，即总产出非负且大于0。这就是说，国民经济所有部门的生产活动都必须是有经济意义的，进行生产就要有产出。进行了生产，没有产出，甚至为负产出值，是根本不可能的。所以，凡是根据国民经济实际核算数据编制的投入产出表都能够满足这个条件。

(2) $a_{ij} < 1(i=j)$。即任何部门消耗本部门产品的直接消耗系数小于1，也就是说，如果一个部门生产的成果全部被自身消耗掉，不能为社会提供任何中间使用产品和最终使用产品，则这种生产是毫无意义的，是不可能生存下去的。如果 $a_{ij} > 1(i=j)$，这个部门的净产出 $1-a_{ij} < 0(i=j)$，如果 $a_{ij}=1(i=j)$，净产出 $1-a_{ij}=0(i=j)$。实物型投入产出表由于计量单位不同，$a_{ij}^*(i \neq j)$ 有可能大于或等于1，但作为消耗自身产品的 $a_{ij}^*(i=j)$ 也一定小于1。

(3) 价值型投入产出表中 $0 \leqslant a_{ij} < 1$，即直接消耗系数矩阵是一个非负的矩阵。

(4) 价值型直接消耗系数矩阵每一列合计数 $\sum_{i=1}^{n} a_{ij}$ 小于1。

上述第(3)、(4) 两条原因见本章第1节。

4.5.2.2　投入产出模型求解的数学条件

因为投入产出模型是通过$(\boldsymbol{I}-\boldsymbol{A})^{-1}$把总产出与最终使用联系起来，并通过$(\boldsymbol{I}-\hat{\boldsymbol{C}})^{-1}$把总产出与增加值的关系揭示出来的，所以，投入产出模型正常运行的数学条件就是$(\boldsymbol{I}-\boldsymbol{A})$与$(\boldsymbol{I}-\hat{\boldsymbol{C}})$可逆，即存在$(\boldsymbol{I}-\boldsymbol{A})^{-1}$和$(\boldsymbol{I}-\hat{\boldsymbol{C}})^{-1}$。要说明它存在，只需要证明$(\boldsymbol{I}-\boldsymbol{A})$与$(\boldsymbol{I}-\hat{\boldsymbol{C}})$为满秩矩阵就行了。

(1) 证明$(\boldsymbol{I}-\hat{\boldsymbol{C}})$可逆。一个矩阵是否可逆，只需要看它是否是满秩矩阵。若一个矩阵行列式不为零，它就是一个满秩矩阵，就是可逆的。由上述经济条件可知：

$$C_j = \sum_{i=1}^{n} a_{ij} < 1 \qquad (j=1,2,\cdots,n)$$

所以：

$$1 - C_j = 1 - \sum_{i=1}^{n} a_{ij} > 0 \qquad (j=1,2,\cdots,n)$$

故：

$$|1-\hat{\boldsymbol{C}}| = \begin{vmatrix} 1-C_1 & & & \\ & 1-C_2 & & \\ & & \ddots & \\ & & & 1-C_n \end{vmatrix}$$

$$= \prod_{j=1}^{n}(1-C_j) \neq 0$$

这就证明了$(\boldsymbol{I}-\hat{\boldsymbol{C}})$必定可逆。

(2) 证明$(\boldsymbol{I}-\boldsymbol{A})$可逆。我们用反证法证明价值型投入产出表的$(\boldsymbol{I}-\boldsymbol{A})$是满秩矩阵。

假定$(\boldsymbol{I}-\boldsymbol{A})$为降秩矩阵，即$|\boldsymbol{I}-\boldsymbol{A}|=0$，则$(\boldsymbol{I}-\boldsymbol{A})$各行必定线性相关，那么必定存在不全为0的数$(d_1,d_2,\cdots,d_n)$，使得式(4.50)成立：

$$(d_1,d_2,\cdots,d_n)\begin{pmatrix}1-a_{11} & -a_{12} & \cdots & -a_{1n}\\ -a_{21} & 1-a_{22} & \cdots & -a_{2n}\\ \vdots & \vdots & & \vdots\\ -a_{n1} & -a_{n2} & \cdots & 1-a_{nn}\end{pmatrix}=(0,0,\cdots,0) \tag{4.50}$$

在不全等于0的$d_1,d_2,\cdots,d_n$中，必有一绝对值最大者，设为d_k，即：

$$|d_k|=\max|d_i|$$

在式(4.50)中，对第k个方程有：

$$d_k-\sum_{i=1}^{n}a_{ik}d_i=0$$

因和之绝对值小于或等于绝对值之和，并考虑到$|d_k|=\max|d_i|$，所以有：

$$|d_k|=\left|\sum_{i=1}^{n}a_{ik}d_i\right|\leqslant\sum_{i=1}^{n}|a_{ik}d_i|=\sum_{i=1}^{n}|a_{ik}||d_k|$$

$$|d_k|\leqslant\sum_{i=1}^{n}|a_{ik}||d_k|$$

两端同时除以$|d_k|$得：

$$1\leqslant\sum_{i=1}^{n}|a_{ik}|$$

由于

$$a_{ij}\geqslant 0 \qquad (i,j=1,2\cdots,n)$$

故有：

$$\sum_{i=1}^{n}a_{ik}\geqslant 1$$

这与价值型直接消耗系数的列和$\sum_{i=1}^{n}a_{ij}<1\quad(j=1,2,\cdots,n)$相矛盾，因此，$(\boldsymbol{I}-\boldsymbol{A})$为降秩矩阵的假设是不合理的。因而$(\boldsymbol{I}-\boldsymbol{A})$为满秩矩阵，是可逆的。

(3) 证明$(\boldsymbol{I}-\boldsymbol{A}^*)$可逆。实物型直接消耗系数有可能等于或大于1，而实物型$(\boldsymbol{I}-\boldsymbol{A}^*)$是否也可逆呢？价值型直接消耗系数与实物型直接消耗系数有如下关系：

$$a_{ij}=\frac{x_{ij}}{X_j}=\frac{q_{ij}P_i}{Q_jP_i}=a_{ij}^*\ \frac{P_i}{P_j}$$

所以矩阵$(\boldsymbol{I}-\boldsymbol{A})$和$(\boldsymbol{I}-\boldsymbol{A}^*)$有如下的关系：

$$(\boldsymbol{I}-\boldsymbol{A})=\hat{\boldsymbol{P}}(\boldsymbol{I}-\boldsymbol{A}^*)\hat{\boldsymbol{P}}^{-1} \tag{4.51}$$

其中：$\hat{\boldsymbol{P}}=\begin{pmatrix}P_1 & & & \\ & P_2 & & \\ & & \ddots & \\ & & & P_n\end{pmatrix}\quad \hat{\boldsymbol{P}}^{-1}=\begin{pmatrix}\frac{1}{P_1} & & & \\ & \frac{1}{P_2} & & \\ & & \ddots & \\ & & & \frac{1}{P_n}\end{pmatrix}$

对式(4.51)取绝对值有:

$$|(\boldsymbol{I}-\boldsymbol{A})|=|\hat{\boldsymbol{P}}(\boldsymbol{I}-\boldsymbol{A}^{*})\hat{\boldsymbol{P}}^{-1}|=|\hat{\boldsymbol{P}}||(\boldsymbol{I}-\boldsymbol{A}^{*})||\hat{\boldsymbol{P}}^{-1}|$$

上边已证明$(\boldsymbol{I}-\boldsymbol{A})\neq 0$,又因为$\boldsymbol{P}$是由产品价格构成的对角矩阵,所以有:

$$|\hat{\boldsymbol{P}}|\neq 0 \qquad |\hat{\boldsymbol{P}}^{-1}|\neq 0$$

当然,$|(\boldsymbol{I}-\boldsymbol{A}^{*})|$也就不等于0了。所以,$(\boldsymbol{I}-\boldsymbol{A}^{*})$是满秩矩阵,是可逆的。

证明(2)和证明(3)说明,在投入产出模型中,不同的计量单位不影响里昂惕夫矩阵的满秩性。实际上,根据实际统计资料编制的投入产出表都满足经济条件,因而也都满足数学条件,也就是说投入产出模型都是可以求解的。

本章小结

1. 引进投入产出参数的目的是在投入产出平衡关系的基础上建立投入产出模型。最主要的投入产出参数是直接消耗系数、完全消耗系数、完全需求系数、分配系数、增加值构成系数等。其中直接消耗系数是最基本的系数,不仅是因为它可以直接由投入产出表计算得到,而且因为完全消耗系数和完全需求系数需要通过对里昂惕夫矩阵$(\boldsymbol{I}-\boldsymbol{A})$求逆矩阵得到。

2. 把直接消耗系数代入投入产出行平衡式和列平衡式,可以得到投入产出行模型和列模型,它们是进行经济分析、制定规划和预测决策等的基本模型。这些模型的求解需要满足一定的经济条件和数学条件。根据现实经济数据编制的投入产出表都能满足投入产出模型的经济条件和数学条件。

思考与练习题

1. 投入产出参数在投入产出表的应用中有什么重要作用?

2. 直接消耗系数和完全消耗系数各有什么特点?它们之间有什么关系?

3. 价值型直接消耗系数等于或者大于1必定是亏本生产,而完全消耗系数等于或者大于1不一定是亏本生产,这种看法正确吗?为什么?

4. 直接消耗系数矩阵列和的经济意义是什么?它与增加值构成系数的关系是什么?

5. 什么是分配系数?有什么特点?

6. 完全需求系数矩阵$(\boldsymbol{I}-\boldsymbol{A})^{-1}$每一列元素的含义是什么?

7. 根据第3章"思考与练习题"中的第9题编制投入产出表计算直接消耗系数矩阵、完全消耗系数矩阵和分配系数矩阵。

8. 根据给定的资料,完成下列投入产出表(写出计算过程)。

$$\boldsymbol{A}=\begin{pmatrix}0.10 & 0.10 & 0.05 & 0.05\\ 0.13 & 0.30 & 0.35 & 0.15\\ 0.03 & 0.01 & 0.03 & 0.05\\ 0.05 & 0.05 & 0.08 & 0.10\end{pmatrix}$$

		中间使用				最终使用	总产出
		1	2	3	4		
中间投入	1	60					
	2						
	3						200
	4					164	
增加值			648				
总投入							

9. 国民经济分为3个部门，它们的总产出分别为3 040万元、3 500万元、4 460万元；3个部门的直接消耗系数矩阵为：

$$\boldsymbol{A}=\begin{pmatrix}0.310\,8 & 0.259\,8 & 0\\ 0 & 0.170\,6 & 0.221\,7\\ 0.138\,9 & 0 & 0.392\,0\end{pmatrix}$$

要求：(1) 计算中间流量矩阵；

(2) 计算各部门的增加值；

(3) 计算各部门的最终使用；

(4) 编制一张投入产出表。

10. 根据基期3部门投入产出表计算的直接消耗系数矩阵为：

$$\boldsymbol{A}=\begin{pmatrix}0.1 & 0.1 & 0.1\\ 0.2 & 0.4 & 0.3\\ 0.1 & 0.1 & 0\end{pmatrix}$$

经测算计算期全社会对3种产品的最终需求为(单位：亿元)：

	最终消费	资本形成总额	净出口
甲	2 300	240	-40
乙	2 650	2 000	150
丙	360	200	60

试计算，为了满足这种最终需求，各个部门应该相互提供多少中间产品？

5 投入产出法在经济分析中的应用

投入产出法能推广应用到世界各国和各个领域,是因为它是进行经济分析、经济规划和预测的有力工具。投入产出表表现了社会产品的实物运动和价值构成,反映了社会再生产中各部门的经济技术联系,利用投入产出表及其数学模型,能确定一些十分重要的经济参数,并能深入分析国民经济的各种重大比例和经济结构等。

5.1 利用一些重要经济参数进行分析

对于一个经济系统来说,直接消耗系数、完全需求系数等相对稳定的经济参数决定着经济系统的基本结构,是进行数量分析的重要基础。掌握的经济参数越丰富,对各种社会经济现象之间相互联系的认识就越深刻,对国民经济的分析、预测和规划就越准确。投入产出法也正是通过确定相对稳定的经济参数,才得以被广泛地应用,得以有效地进行经济分析和经济预测。

一张完整的投入产出表,本身就是表现各种经济变量及其相互联系的"数据库",把投入产出表中有关的经济变量联系起来,就能确定一些表现经济现象直接联系程度的参数。这类经济参数一般表现为经济数量的比重或定额。例如,第 4 章已经讨论过的直接消耗系数 a_{ij}、分配系数 h_{ij}、劳动报酬系数 a_{Vj}、生产税净额系数 a_{Tj}、营业盈余系数 a_{Mj} 等,都属于这一类参数。

5.1.1 从投入产出表直接确定的参数进行分析

5.1.1.1 根据直接消耗系数进行的分析

直接消耗系数实际上反映了生产过程中产出与消耗之间的直接关联程度。直接消耗系数 a_{ij} 的值越大,表明 i 部门与 j 部门之间的经济技术联系越密切。从 i 部门(横行)的角度看,i 部门产品是否能够销售给 j 部门,关系到 i 产品的出路和 i 部门的生存,所以 a_{ij} 可以表示直接的销售依赖程度;从 j 部门(纵列)的角度看,j 部门能否得到足够的 i 产品,关系到 j 部门的生产能否正常进行,所以 a_{ij} 可以表示直接的生产依赖程度。我们可以称直接消耗系数矩阵 $\boldsymbol{A}$ 中少数最大的系数为"直接关联重要系数"。

根据 2012 年我国投入产出表(见表 3 - 2)和 2007 年我国投入产出表(见附表 5)计算的直接消耗系数矩阵[①]为:

① 根据 2012 年投入产出表计算的系数均不带下标。

$$
\boldsymbol{A}_{2007}=\begin{pmatrix}
0.1407 & 0.0479 & 0.0041 & 0.0089 & 0.0409 & 0.0061\\
0.2096 & 0.6334 & 0.6047 & 0.3082 & 0.2027 & 0.2978\\
0.0002 & 0.0003 & 0.0095 & 0.0032 & 0.0029 & 0.0125\\
0.0199 & 0.0267 & 0.0905 & 0.0728 & 0.0731 & 0.0396\\
0.0174 & 0.0240 & 0.0322 & 0.0285 & 0.0322 & 0.0559\\
0.0261 & 0.0348 & 0.0275 & 0.0837 & 0.1234 & 0.0995
\end{pmatrix}
$$

$$
\boldsymbol{A}_{2012}=\begin{pmatrix}
0.1378 & 0.0510 & 0.0079 & 0.0272 & 0.0097 & 0.0044\\
0.2264 & 0.6165 & 0.5552 & 0.1214 & 0.2784 & 0.1846\\
0.0001 & 0.0016 & 0.0269 & 0.0029 & 0.0069 & 0.0098\\
0.0156 & 0.0328 & 0.0245 & 0.0406 & 0.0343 & 0.0470\\
0.0131 & 0.0273 & 0.0426 & 0.0340 & 0.1470 & 0.0435\\
0.0214 & 0.0469 & 0.0773 & 0.1522 & 0.1247 & 0.1597
\end{pmatrix}
$$

工业作为国民经济支柱产业的地位非常突出。可以看出,两个直接消耗系数矩阵第二行的元素都大于其他各行,说明各个部门生产单位产品(1 亿元产品) 消耗工业产品比较多,工业是国民经济的支柱。其中 2007 年和 2012 年最大的 2 个直接消耗系数均是 a_{22}、a_{23},说明这些部门之间的直接关联程度高。2012 年,$a_{22}=0.6165$,$a_{23}=0.5552$,分别表示工业每生产 1 亿元产品要直接消耗 0. 616 5 亿元本部门产品,建筑业每生产 1 亿元产品要直接消耗 0. 555 2 亿元工业产品。这也反映工业内部,工业与建筑业以及交通运输、仓储和邮政与信息传输、软件和信息技术服务业的关系非常密切。一方面,工业产品的销路有赖于工业、建筑业以及交通运输、仓储和邮政与信息传输、软件和信息技术服务业的发展,也制约着工业、建筑业以及交通运输、仓储和邮政与信息传输、软件和信息技术服务业的发展;另一方面,工业、建筑业以及交通运输、仓储和邮政与信息传输、软件和信息技术服务业的发展依赖于工业提供产品,也制约着工业的发展。根据详细的投入产出表,把农业、轻工业和重工业之间的直接消耗系数归在一起加以分析,可以比传统分析方法更能反映农业、轻工业、重工业之间的关系。

直接消耗系数矩阵的列和 $\sum_{i=1}^{n}a_{ij}(j=1,2,\cdots,n)$ 反映 j 部门生产单位总产出对各个部门的直接消耗即中间投入率。换个角度来讲,就是 j 部门对各种产品的直接生产依赖程度或直接影响程度。因此,可以称 $\sum_{i=1}^{n}a_{ij}(j=1,2,\cdots,n)$ 为 j 部门的"生产依存度"或"直接影响力"①。为了比较不同部门的生产依存度,可以计算平均直接生产依赖程度 ——"生产依存度系数"。若以 l_j 表示 j 部门的生产依存度系数,则其计算式为:

$$
l_j=\frac{\sum_{i=1}^{n}a_{ij}}{\frac{1}{n}\sum_{j=1}^{n}\sum_{i=1}^{n}a_{ij}}\qquad(j=1,2,\cdots,n)\tag{5.1}
$$

① 为了与通过完全需求系数计算的影响力和影响力系数相区别,我们采用生产依存度和生产依存度系数称谓。

l_j 值在1的上下波动。l_j 大于1,说明j部门对各个部门对生产依存度和直接影响程度高于社会平均生产依存度和直接影响程度。根据表3－2和附表5计算的生产依存度系数如表5－1所示。

表5－1　　各个部门的生产依存度及生产依存度系数

	年份	农林牧渔	工业	建筑业	批零住餐	交仓软计	其他服务
$\sum_{i=1}^{n} a_{ij}$	2007	0.413 8	0.767 0	0.768 6	0.475 4	0.505 3	0.511 4
	2012	0.414 5	0.776 1	0.734 5	0.378 3	0.601 0	0.449 1
l_j	2007	0.721 5	1.337 1	1.340 0	0.828 8	0.881 0	0.891 6
	2012	0.741 6	1.388 6	1.314 1	0.676 8	1.075 3	0.803 5

由表5－1可知,我国工业和建筑业的生产依存度系数很大,2007年建筑业生产依存度系数高于社会平均水平34%,2012年也高于社会平均水平31.41%;其次是工业,2007年高于社会平均水平33.71%,2012年更是高于社会平均水平38.86%。这说明目前我国第二产业的发展不仅对各个部门的依赖程度大,而且对各个部门的影响也很大。但是,工业的生产依存度系数有上升的趋势,而建筑业生产依存度系数有下降的趋势。交通运输、仓储和邮政与信息传输、软件和信息技术服务业的生产依存度系数上升幅度最大,由0.881 0上升到1.075 3,升幅达22.05%,对各个部门的直接影响在加大。

直接消耗系数矩阵的行和 $\sum_{j=1}^{n} a_{ij}(i=1,2,\cdots,n)$ 表示 i 部门提供给各个部门用作生产的产品数量之和,反映 i 部门对各个部门的生产制约。换个角度看,就是面对各个部门的生产需要,i 部门应该做出的反应。因此,可以称 $\sum_{j=1}^{n} a_{ij}$ 为 i 部门的生产制约度或直接感应度①。为了比较不同部门的生产制约度,可以计算平均生产制约度——“生产制约度系数”。若以 z_i 表示 i 部门的生产制约度系数,则其计算式为:

$$z_i = \frac{\sum_{j=1}^{n} a_{ij}}{\frac{1}{n}\sum_{i=1}^{n}\sum_{j=1}^{n} a_{ij}} \qquad (i=1,2,\cdots,n) \tag{5.2}$$

z_i 值在1的上下波动。z_i 大于1,说明 i 部门对各个部门的生产制约度高于社会平均制约度。根据表3－2和附表5计算的生产制约度系数如表5－2所示。

由表5－2可知,我国工业对各个部门的生产制约程度非常大,比其他5个部门的总和还大,进一步说明工业确实是我国国民经济的支柱产业。同时我们也看出,金融、房地产等其他服务业对各个部门的生产制约程度上升得很快,2012年比2007年提高了51.29%,说明各个部门对其他服务的需求量在不断增大。

① 为了与通过完全需求系数计算的感应度和感应度系数相区别,我们采用生产制约度和生产制约度系数称谓。

表 5-2　各个部门的生产制约度及生产制约度系数

	年份	农林牧渔	工业	建筑业	批零住餐	交仓软计	其他服务
$\sum_{j=1}^{n} a_{ij}$	2007	0.248 6	2.256 4	0.028 7	0.190 3	0.322 6	0.395 0
	2012	0.238 0	1.982 6	0.048 2	0.194 8	0.307 5	0.582 3
z_i	2007	0.433 4	3.933 8	0.050 1	0.331 8	0.562 3	0.688 6
	2012	0.425 9	3.547 3	0.086 2	0.348 6	0.550 2	1.041 8

5.1.1.2　根据分配系数进行的分析

分配系数 h_{ij} 表示 i 部门的产品提供给 j 部门用作中间使用的数量占 i 部门产品总量的比重，该值越大，说明 i 部门向 j 部门提供的中间使用越多，因此分配系数也可以分析各个部门相互依赖的程度。同时投入产出表的第一象限实际上是复式记账的矩阵账户形式，其横行表示取得收入的交易，所以分配系数可以表示某个部门从各个部门取得收入的比重。

根据表 3-2 和附表 5 计算的中间产品分配系数矩阵为：

$$\boldsymbol{H}_{2012}=\begin{pmatrix}0.137\,8 & 0.528\,2 & 0.012\,2 & 0.029\,1 & 0.009\,5 & 0.013\,0\\ 0.021\,9 & 0.616\,5 & 0.083\,2 & 0.012\,5 & 0.026\,2 & 0.053\,0\\ 0.000\,1 & 0.010\,4 & 0.026\,9 & 0.002\,0 & 0.004\,3 & 0.018\,8\\ 0.014\,6 & 0.318\,0 & 0.035\,5 & 0.040\,6 & 0.031\,3 & 0.130\,8\\ 0.013\,5 & 0.290\,2 & 0.067\,8 & 0.037\,2 & 0.147\,0 & 0.132\,8\\ 0.007\,2 & 0.163\,4 & 0.040\,4 & 0.054\,7 & 0.040\,9 & 0.159\,7\end{pmatrix}$$

$$\boldsymbol{H}_{2007}=\begin{pmatrix}0.140\,7 & 0.504\,3 & 0.005\,3 & 0.036\,5 & 0.007\,8 & 0.007\,5\\ 0.019\,9 & 0.633\,4 & 0.073\,7 & 0.017\,2 & 0.025\,4 & 0.034\,8\\ 0.000\,2 & 0.002\,5 & 0.009\,5 & 0.002\,0 & 0.002\,2 & 0.012\,0\\ 0.019\,5 & 0.282\,6 & 0.046\,3 & 0.032\,2 & 0.027\,7 & 0.077\,2\\ 0.022\,9 & 0.323\,2 & 0.133\,7 & 0.075\,2 & 0.072\,8 & 0.056\,2\\ 0.021\,2 & 0.297\,2 & 0.028\,7 & 0.089\,4 & 0.059\,0 & 0.099\,5\end{pmatrix}$$

可以看出，$\boldsymbol{H}_{2012}$ 和 $\boldsymbol{H}_{2007}$ 第二列的元素除了 h_{32} 外，其余的都大于其他各列元素。这一方面说明各个部门提供给工业用作生产消耗的产品数量多，工业的发展对各个部门的影响作用比较大；另一方面说明各个部门来自工业的收入比较多，对工业的依赖程度比较大。2012 年分配系数矩阵中最大的 3 个分配系数是 $h_{22}=0.616\,5$、$h_{12}=0.0528\,2$、$h_{42}=0.318\,0$。$h_{22}=0.616\,5$ 表示工业提供了 61.65% 的产品给本部门作中间使用，也可以说工业有 61.65% 的收入来自工业内部。同理，批发和零售、住宿和餐饮业提供的服务中，有 31.80% 提供给了工业，其收入的 31.80% 来自工业部门；农、林、牧、渔业提供的服务中，52.82% 提供给了工业，其收入的 52.82% 来自工业部门。

中间产品分配系数矩阵的行和 $\sum_{j=1}^{n} h_{ij}(i=1,2,\cdots,n)$ 反映 i 部门产品被用作中间使用占 i 部门总产出的比重，是 i 部门因为提供中间产品而从各个部门得到的收入之和。该值越大，说明 i 部门产品对生产的直接支撑作用越大，可以称为“生产支撑度”。为了比较不同部门的生产支撑度,可以计算平均生产支撑度——"生产支撑度系数"。若以 f_i 表示 i 部门的生产支撑度系数,则其计算式为:

$$f_i = \frac{\sum_{j=1}^{n} h_{ij}}{\frac{1}{n}\sum_{i=1}^{n}\sum_{j=1}^{n} h_{ij}} \qquad (i = 1,2,\cdots,n) \tag{5.3}$$

f_i 的值在 1 的上下波动。由于中间产品分配系数矩阵的行和与最终产品分配系数矩阵的行和相加等于 1(一个部门提供的中间产品比重大,则其提供的最终产品比重必然小)。由此,我们可以用 f_i 的值判断某个部门是属于中间产品型部门还是最终需求型部门。f_i 大于 1,表示 i 部门对生产的支撑度大于社会平均支撑度,属于中间产品型部门;f_i 小于 1,表示 i 部门对生产的支撑度小于社会平均支撑度,属于最终需求型部门。根据表 3 - 2 和附表 5 计算的生产支撑度和生产支撑度系数如表 5 - 3 所示。

表 5 - 3　　各个部门的生产支撑度及生产支撑度系数

	年份	农林牧渔	工业	建筑业	批零住餐	交仓软计	其他服务
$\sum_{j=1}^{n} h_{ij}$	2007	0.702 0	0.804 4	0.028 5	0.485 7	0.683 9	0.595 0
	2012	0.729 7	0.813 2	0.062 5	0.570 8	0.688 6	0.466 3
f_i	2007	1.276 6	1.462 8	0.051 8	0.883 2	1.243 7	1.081 9
	2012	1.314 3	1.464 8	0.112 6	1.028 2	1.240 2	0.839 9

从表 5 - 3 可以看出,2007 年和 2012 年,农、林、牧、渔业,工业,交通运输、仓储和邮政与信息传输、软件和信息技术服务业都属于中间产品型部门,对各个部门的生产支撑作用很大。其他服务业由 2007 年的中间产品型部门变为 2012 年的最终需求型部门,说明金融、房地产、居民服务修理和其他服务、教育、卫生和社会工作、文化体育和娱乐等更多地为人民大众服务。建筑业,批发和零售、住宿和餐饮业属于最终需求型部门。需要指出的是,建筑业主要是提供固定资产的部门,生产性固定资产对生产的支撑作用当然是很大的,但是建筑业提供的固定资产本身属于最终使用中的资本形成,对固定资产的使用即固定资产折旧反映在投入产出表的第三象限,所以由第一象限计算的建筑业的生产支撑度系数比较小。

中间产品分配系数矩阵的列和 $\sum_{i=1}^{n} h_{ij}(j = 1,2,\cdots,n)$ 反映 j 部门生产中需要各个部门提供的中间产品在各个部门总产出中的比重之和,是 j 部门由于生产需要而对各个部门的支出之和。该值越大,说明 j 部门对各个部门的生产拉动作用越大,可以称为"生产拉动力"。为了比较不同部门的生产拉动力,可以计算平均生产拉动力——"生产拉动力系数"。若以 u_j 表示 j 部门的生产拉动力系数,则其计算式为:

$$u_j = \frac{\sum_{i=1}^{n} h_{ij}}{\frac{1}{n}\sum_{j=1}^{n}\sum_{i=1}^{n} h_{ij}} \qquad (j = 1,2,\cdots,n) \tag{5.4}$$

u_j 的值在 1 的上下波动。u_j 大于 1,说明 j 部门对各个部门的生产拉动作用高于社会平均生产拉动作用。根据表 3 – 2 和附表 5 计算的生产拉动力和生产拉动力系数如表 5 – 4 所示。

表 5 – 4　　各个部门的生产拉动力及生产拉动力系数

	年份	农林牧渔	工业	建筑业	批零住餐	交仓软计	其他服务
$\sum_{i=1}^{n} h_{ij}$	2007	0.224 3	2.043 2	0.297 2	0.252 6	0.194 9	0.287 2
	2012	0.195 0	1.926 7	0.266 0	0.176 2	0.259 1	0.508 0
u_j	2007	0.407 9	3.715 7	0.540 4	0.459 3	0.354 4	0.522 3
	2012	0.351 3	3.470 4	0.479 2	0.317 3	0.466 8	0.915 1

从表 5 – 4 可以看出,工业对国民经济各个部门的拉动作用非常大,比其他 5 个部门的总和还大,与表 5 – 2 分析的生产制约度是一致的。但是我们看到,其有减小的趋势,2007 年高于平均生产拉动力 2.72 倍,而 2012 年高于平均水平 2.47 倍。交通运输、仓储和邮政与信息传输、软件和信息技术服务业,其他服务业对国民经济各个部门的拉动作用大大增强,2012 年它们的生产拉动力系数分别比 2007 年增长了 31.7% 和 75.2%。批发和零售、住宿和餐饮业在生产经营过程中,直接需要的产品品种相对比较简单和固定,主要消耗的是人力,而人力消耗反映在第三象限,所以根据第一象限计算的生产拉动力系数比较小。

最终产品分配系数 h_{iyk} 表示 i 部门的产品提供给社会作为第 k 种最终使用的数量占 i 部门产品总量的比重。该值越大,说明 i 部门向社会提供的 k 种最终产品相对较多。通过这个系数可以反映某个部门是属于最终消费型部门、资本形成型部门还是出口型部门。根据表 3 – 2 和附表 5 计算的最终产品分配系数如表 5 – 5 所示。

从表 5 – 5 可以看出,就提供最终使用而言,农、林、牧、渔业,交通运输、仓储和邮政与信息传输、软件和信息技术服务业,批发和零售、住宿和餐饮业,其他服务业属于提供消费产品的部门。2007 年,它们提供给社会用作最终消费的产品数量分别占其总产出的 23.52%、16.51%、30.92% 和 99.92%,高于其提供给社会用作资本形成的数量。2012 年,这几个部门仍然属于提供消费产品型部门,但是比重发生了比较大的变化,分别为 23.70%、27.66%、14.16% 和 49.30%。

城镇居民各项消费比重均大于农村居民,特别是对交通运输、仓储和邮政与信息传输、软件和信息技术服务,批发和零售、住宿和餐饮服务以及其他服务的消费,城镇居民远远多于农村居民,而且差距有扩大的趋势。2007 年,城镇居民对交通运输、仓储和邮政与信息传输、软件和信息技术服务的消费与农村居民消费相比为 3.65(0.099 6/0.027 3),而 2012 年这一比例达到 4.26(0.205 6/0.048 3);2007 年,城镇居民对批发和零售、住宿和餐饮服务的消费与农村居民消费相比为 3.02(0.232 3/0.076 9),2012 年为 4.17(0.114 2/0.027 4);2007 年,城镇居民对其他服务的消费与农村居民消费相比为 3.71(0.352 6/0.095 0),2012 年为 4.12(0.182 8/0.044 4)。

而建筑业绝对是一个提供资本形成产品的部门,2007 年和 2012 年提供给社会的固定资产占其总产出的比重分别为 93% 和 93.87%。各个部门的资本形成总额中,主要是固定资本形成，存货增加占的比重很小。

2007年和2012年，农、林、牧、渔业是净进口部门，其余都是净出口部门。

如果用详细的投入产出表和更多年份的投入产出表，用直接消耗系数和分配系数进行分析，会得到更丰富、更有实际参考价值的结论。

表5－5　各个部门的最终产品分配系数及进出口系数①

	年份	农林牧渔	工业	建筑业	交仓软计	批零住餐	其他服务
农村居民消费 h_{iy_1}(1)	2007	0.105 5	0.017 3	0.000 0	0.027 3	0.076 9	0.095 0
	2012	0.089 9	0.019 9	0.000 0	0.048 3	0.027 4	0.044 4
城镇居民消费 h_{iy2}(2)	2007	0.122 7	0.057 7	0.000 0	0.099 6	0.232 3	0.352 6
	2012	0.140 3	0.067 7	0.000 0	0.205 6	0.114 2	0.182 8
政府消费 h_{iy_3}(3)	2007	0.007 0	0.000 0	0.000 0	0.038 2	0.000 0	0.551 6
	2012	0.006 8	0.000 0	0.000 0	0.022 7	0.000 0	0.265 8
最终消费 (1)+(2)+(3)	2007	0.235 2	0.075 0	0.000 0	0.165 1	0.309 2	0.999 2
	2012	0.237 0	0.087 6	0.000 0	0.276 6	0.141 6	0.493 0
固定资本形成 h_{iy_4}(4)	2007	0.021 8	0.074 6	0.938 2	0.035 3	0.043 4	0.061 8
	2012	0.034 6	0.087 2	0.930 0	0.048 9	0.112 4	0.040 0
存货增加 h_{iy5}(5)	2007	0.019 9	0.008 5	0.000 0	0.000 6	0.002 4	
	2012	0.040 2	0.006 3	0.000 0	0.009 2	0.003 4	0.000 0
资本形成总额 (4)+(5)	2007	0.041 7	0.083 1	0.938 2	0.035 9	0.045 8	0.061 8
	2012	0.074 8	0.093 5	0.930 0	0.058 1	0.115 8	0.040 0
出口 h_{iy_6}(6)	2007	0.013 6	0.157 7	0.006 5	0.105 5	0.108 7	0.067 1
	2012	0.008 7	0.119 5	0.005 6	0.129 2	0.076 9	0.020 7
进口 h_{iy7}(7)	2007	0.047 6	0.127 5	0.003 5	0.035 4	0.001 2	0.063 1
	2012	0.057 2	0.114 7	0.001 6	0.012 1	0.046 0	0.020 1
出口－进口 (6)－(7)	2007	－0.034 0	0.030 2	0.003 0	0.070 1	0.107 5	0.004 0
	2012	－0.048 5	0.004 8	0.004 0	0.117 1	0.030 9	0.000 6

5.1.1.3　根据增加值系数进行的分析

固定资产折旧系数、劳动报酬系数可以用于分析研究生产部门的有机构成和劳动生产率，分析不同条件下劳动者的收入，研究居民个人消费基金的形成和劳动就业问题等；生产税净额系数、营业盈余系数可以用来分析各种生产水平和产业结构对国家的贡献和可能取得的盈利水平，测算各种条件下财政收入水平和企业盈利水平。根据表3－2和附表5计算的劳动报酬系数列向量、生产税净额系数列向量、固定资产折旧系数列向量和营业盈余系数列向量如下：

① 进出口系数指进口总额、出口总额与总产出的比值。

$$\boldsymbol{A}_{V2007}=\begin{pmatrix}0.5559\\0.0750\\0.1181\\0.1312\\0.1224\\0.3287\end{pmatrix}\quad \boldsymbol{A}_{T2007}=\begin{pmatrix}0.0010\\0.0490\\0.0287\\0.1104\\0.0416\\0.0177\end{pmatrix}\quad \boldsymbol{A}_{D2007}=\begin{pmatrix}0.0290\\0.0388\\0.0124\\0.0404\\0.1260\\0.0516\end{pmatrix}\quad \boldsymbol{A}_{M2007}=\begin{pmatrix}0.0000\\0.0754\\0.0732\\0.2426\\0.2046\\0.0904\end{pmatrix}$$

$$\boldsymbol{A}_{V2012}=\begin{pmatrix}0.5927\\0.0860\\0.1620\\0.2218\\0.1689\\0.2756\end{pmatrix}\quad \boldsymbol{A}_{T2012}=\begin{pmatrix}-0.0324\\0.0439\\0.0369\\0.1798\\0.0143\\0.0465\end{pmatrix}\quad \boldsymbol{A}_{D2012}=\begin{pmatrix}0.0253\\0.0322\\0.0119\\0.0404\\0.0919\\0.0982\end{pmatrix}\quad \boldsymbol{A}_{M2012}=\begin{pmatrix}0.0000\\0.0618\\0.0547\\0.1797\\0.1239\\0.1306\end{pmatrix}$$

可以看出，农、林、牧、渔业是一个强劳动力密集型和劳动生产率最低的部门。2012年每亿元总产出消耗的活劳动占了59.27%，较2002年的55.59%还有所提高。这与我国农、林、牧、渔业机械化程度低，主要靠人工生产的实际情况相符合。

交通运输、仓储和邮政与信息传输、软件和信息技术服务业以及其他服务业的生产税净额系数高于其他4个部门，说明这两个部门对国家财政的贡献比较大。2012年，农、林、牧、渔业的生产税净额系数由2007年的0.001转变为负数，与2004年党中央“一号文件”中的农村新政策有关。该文件宣布：用5年的时间逐步取消农业税，取消烟叶以外的农林特产税，增加对农业的投入，实施直接补贴政策，逐步扩大对农民的补贴范围。

农、林、牧、渔业，特别是建筑业的有机构成比较低，每亿元产出中的固定资产折旧额低于其他部门，而且2012年都有所下降。

营业盈余系数比较高的是批发和零售、住宿和餐饮业，交通运输、仓储和邮政与信息传输、软件和信息技术服务业，其他服务业，均属于第三产业。

除了上述几个主要的经济参数以外，从投入产出表提供的数据，我们还可以直接确定以下一些经济参数（根据表3-2和附表5数据计算的各部门的比重见表5-6）：

各部门增加值在国内生产总值中的比重：

$$\frac{N_k}{\sum_{j=1}^{n} N_j}\qquad (k=1,2,3,\cdots,n)\tag{5.5}$$

这一比重常常用来分析国民经济的产业结构。从表5-6可知，时过5年，三次产业的比重发生了比较大的变化：2012年，第一产业（农、林、牧、渔业）占比由2007年的12.12%下降为9.75%，第二产业（工业和建筑业）占比由2007年的56.88%下降为2012年的45.46%，第三产业占比由2007年的31.00%上升为2012年的44.79%。

表 5 - 6　　2007 年和 2012 年各部门各项总量占比　　单位:%

	年份	农林牧渔	工业	建筑业	批零住餐	交仓软计	其他服务	合计
增加值	2007	12.12	50.74	6.14	9.68	8.88	12.44	100
	2012	9.75	38.60	6.86	11.06	6.47	27.26	100
生产税净额	2007	0.14	72.62	5.19	13.89	5.09	3.08	100
	2012	-3.93	55.17	6.96	23.32	1.70	16.78	100
劳动报酬	2007	26.12	37.14	7.13	5.51	5.00	19.06	100
	2012	20.06	30.14	8.50	8.02	5.56	27.71	100
总产出	2007	6.33	66.62	8.12	5.65	5.49	5.74	100
	2012	5.58	57.78	8.65	5.96	5.44	16.58	100
中间使用	2007	6.40	77.22	0.33	3.95	5.41	6.68	100
	2012	6.13	70.68	0.81	5.12	5.63	11.63	100
中间投入	2007	3.77	73.62	8.99	3.87	4.00	5.74	100
	2012	3.48	67.45	9.56	3.39	4.91	11.20	100
最终使用	2007	6.16	42.59	25.77	9.49	5.68	10.30	100
	2012	4.50	32.20	24.21	7.63	5.05	26.41	100
最终消费	2007	8.73	29.31	0.71	10.24	5.32	45.69	100
	2012	7.80	29.82	0.00	8.92	5.26	48.20	100
资本形成	2007	1.84	38.58	53.05	1.79	1.37	3.36	100
	2012	2.69	34.84	51.90	2.23	4.06	4.27	100

各部门产品占社会总产品的比重为:

$$\frac{X_k}{\sum_{i=1}^{n} X_i} \quad (k = 1,2,3,\cdots,n) \tag{5.6}$$

这一比重反映了各部门生产规模的份额。表 5 - 6 数据表明,第一、二产业的生产规模在下降,第三产业的生产规模大幅上升。2012 年,第一产业占 5.58%,第二产业占 66.43%,第三产业占 27.98%,而 2007 年三大产业生产规模的比重分别是 6.33%、74.74% 和 18.94%。

各部门提供的中间产品在全部中间产品中的比重即式(5.7a) 和各部门的中间投入在全部中间投入中的比重即式(5.7b) 分别为:

$$\frac{\sum_{j=1}^{n} x_{kj}}{\sum_{i=1}^{n}\sum_{j=1}^{n} x_{ij}} \quad (k = 1,2,3,\cdots,n) \tag{5.7a}$$

$$\frac{\sum_{i=1}^{n} x_{ik}}{\sum_{j=1}^{n}\sum_{i=1}^{n} x_{ij}} \quad (k = 1,2,3,\cdots,n) \tag{5.7b}$$

某个部门提供的中间产品(中间使用)在全部中间产品中的比重越大,说明该部门在社会生产中的作用越大。从表5-6可以看出,2012年全社会70.68%的中间产品由工业提供,虽然比2007年的77.22%有所下降,但仍表明工业对国民经济的支撑作用非常大。同时我们也看到,第三产业给各个部门提供的中间产品比重在上升,由2007年的16.04%上升为22.38%。

某个部门的中间投入在全部中间投入中的比重越大,说明该部门对其他部门发展的拉动作用越大。从表5-6可看出,2007年和2012年,工业的中间投入占比最高,其次为建筑业,而且这两个部门中间投入占全社会中间投入的比重,都大于它们总产出占社会总产出的比重。2012年,工业的中间投入占比和总产出占比分别为67.45%和57.78%,建筑业的中间投入占比和总产出占比分别为9.56%和8.99%。第三产业对其他部门发展的拉动作用越来越大,其中间投入占比由2007年的13.61%上升为2012年的19.50%。

最终产品结构系数,是指各部门提供的最终产品及其构成项目在全部最终产品及其构成项目中所占的比重,反映全社会资本形成和最终消费的部门构成,这对于分析资本形成与最终消费的比例十分重要,即:

$$\frac{Y_k}{\sum_{i=1}^{n} Y_i} \quad (k=1,2,3,\cdots,n) \tag{5.8}$$

从表5-6可知,2007年和2012年,提供给社会作为最终使用最多的是工业和建筑业,结合最终消费看,建筑业提供给社会的最终使用几乎没有用作消费,而是用作了资本形成。

提供给社会用作最终消费最多的是其他服务部门(金融、房地产、租赁和商务服务、科学研究和技术服务、水利环境和公共设施管理、居民服务修理和其他服务、教育、卫生和社会工作、文化体育和娱乐、公共管理社会保障和社会组织),2007年和2012年分别占全社会最终消费的45.69%和48.2%。提供资本形成的部门主要是建筑业和工业,2007年分别占53.05%和38.58%,2012年分别占51.90%和53.05%。

进一步还可分别算出各部门固定资本折旧、劳动者报酬、生产税净额、营业盈余在全社会固定资本折旧、劳动者报酬、生产税净额、营业盈余中的比重等,分析这些指标的部门构成,分析各部门的劳动生产率和比较劳动生产率(见表5-7)、对国家财政收入的贡献等。通常情况下,劳动生产率越高,支付单位劳动报酬创造的增加值就越高,所以比较劳动生产率可以用某个部门创造的增加值(k部门创造的增加值用GDP_k表示)占比与k部门劳动报酬占比的比率表示:

$$\frac{\dfrac{GDP_k}{GDP}}{\dfrac{V_k}{V}} \quad (k=1,2,3,\cdots,n) \tag{5.9}$$

表5-7　　各部门的比较劳动生产率

年份	农林牧渔	工业	建筑业	批零住餐	交仓软计	其他服务
2007	0.464 0	1.366 2	0.861 2	1.756 8	1.776 0	0.652 7
2012	0.486 0	1.280 7	0.807 1	1.379 1	1.163 7	0.983 8

从表5-6和表5-7可知,工业对国家财政收入的贡献最大,比较劳动生产率也比较高。

2007年和2012年分别有72.62%和55.17%的生产税净额由工业提供,而且这个比重均高于两年工业增加值的占比50.74%和38.60%,更大大高于其劳动报酬的占比37.15%和30.14%。比较劳动生产率分别为1.366 2和1.280 7。2007年,批发和零售、住宿和餐饮业以及交通运输、仓储和邮政与信息传输、软件和信息技术服务业的比较劳动生产率很高,2012年虽然大于1,但是下降幅度比较大,而其他服务业上升幅度很大,达50.7%。

5.1.2 由里昂惕夫逆阵$(\boldsymbol{I}-\boldsymbol{A})^{-1}$确定的参数

在第4章中我们已经指出,里昂惕夫逆阵$(\boldsymbol{I}-\boldsymbol{A})^{-1}$中各列元素是相对应部门的最终产品增加一个单位时,需要各部门直接与间接提供的总产出量。由$(\boldsymbol{I}-\boldsymbol{A})^{-1}$可以导出一系列反映国民经济各种直接和间接联系的经济参数,这些参数更深刻地表现了通常难以直接观测的经济关系,所以具有特别重要的意义。

5.1.2.1 影响力和影响力系数

完全需求系数矩阵中,每一列的合计$\sum_{i=1}^{n}\bar{b}_{ij}(j=1,2,\cdots,n)$是$j$部门的最终需求增加一个单位时,对全社会总产出的需求,换个角度看,是j部门的最终需求增加一个单位时,对国民经济各个部门的影响,所以称它为j部门的影响力。如果某一部门对其他部门的中间产品需求越大,则该部门的影响力越大,所以常常用它来分析产业部门的后向关联度,即该部门对其他部门的拉动作用。

社会生产的目的是满足人民不断增长的物质文化需要,社会最终需求的增加是社会生产规模扩大和结构调整的推动力量,每一个部门的最终需求增加时,都会促进社会生产规模的扩大,但是不同部门的这种促进作用的大小是不同的。为了便于比较各个部门的影响力,常常把完全需求系数矩阵中每一列的合计与各列合计的平均值(社会平均影响力)对比,这样得到的系数称为影响力系数,用r_j表示。

$$r_j=\frac{\sum_{i=1}^{n}\bar{b}_{ij}}{\frac{1}{n}\sum_{j=1}^{n}\sum_{i=1}^{n}\bar{b}_{ij}} \tag{5.10}$$

影响力系数有三种情况:

当$r_j=1$时,说明j部门对社会生产的影响程度与社会平均水平相同;

当$r_j<1$时,说明j部门对社会生产的影响程度小于社会平均水平;

当$r_j>1$时,说明j部门对社会生产的影响程度大于社会平均水平。

以我国2007年和2012年6×6投入产出表计算的各部门的影响力系数如表5-8 r_j行所示。可以看出,影响力系数最大的是建筑业,2007年和2012年分别为1.264 8和1.230 7,其次是工业,2007年和2012年分别为1.264 7和1.024 1。这表明增加建筑业和工业的最终需求对国民经济发展的促进作用最大。事实上,在现实生活中,当经济过热或者过冷需要调整产业结构的时候,首先就是调整建筑业。但是这两个部门在2012年的影响力都有所下降。而农、林、牧、渔业以及交通运输、仓储和邮政与信息传输、软件和信息技术服务业的影响力在上升，特别是后者，2012 年比 2007 年上升了 18.7%，大于社会平均影响力。

表 5 - 8　　　　我国 2007 年和 2012 年各部门的影响力系数和感应度系数

	年份	农林牧渔	工业	建筑业	批零住餐	交仓软计	其他服务
r_j	2007	0.781 3	1.264 7	1.264 8	0.849 3	0.918 0	0.921 8
	2012	0.884 6	1.024 1	1.230 7	0.847 4	1.090 1	0.923 1
s_i	2007	0.623 7	3.235 3	0.365 4	0.520 0	0.588 0	0.667 6
	2012	0.736 7	2.298 8	0.518 2	0.684 0	0.756 1	1.006 2

我们利用我国 2012 年 139 × 139 投入产出表和 2007 年 135 × 135 投入产出表计算得到各个部门的影响力系数，全社会平均影响力系数为 1，2012 年大于 1 的有 77 个部门，2007 年大于 1 的有 774 个部门。表 5 - 9 列出了影响力系数较大的前 30 个部门。

表 5 - 9　　　　影响力系数最大的 30 个部门

2012 年		排序	2007 年	
部门	r_j		部门	r_j
计算机	1.333 2	1	计算机制造业	1.368 3
文化、办公用机械	1.306 8	2	文化、办公用机械制造业	1.346 5
视听设备	1.300 8	3	通信设备制造业	1.338 3
通信设备	1.298 5	4	雷达及广播设备制造业	1.330 0
化学纤维制品	1.284 3	5	家用视听设备制造业	1.299 4
家用器具	1.281 0	6	汽车制造业	1.285 7
其他交通运输设备	1.278 3	7	家用电力和非电力器具制造业	1.275 9
电子元器件	1.274 7	8	输配电及控制设备制造业	1.274 9
输配电及控制设备	1.267 2	9	电子元器件制造业	1.270 7
电线、电缆、光缆及电工器材	1.263 1	10	电线、电缆、光缆及电工器材制造业	1.265 2
其他电气机械和器材	1.252 6	11	塑料制品业	1.247 1
电机	1.239 0	12	电机制造业	1.241 3
电池	1.236 4	13	其他电气机械及器材制造业	1.240 0
泵、阀门、压缩机及类似机械	1.234 3	14	其他交通运输设备制造业	1.237 9
塑料制品	1.233 2	15	起重运输设备制造业	1.237 9
广播电视设备和雷达及配套设备	1.232 7	16	铁路运输设备制造业	1.220 2
涂料、油墨、颜料及类似产品	1.231 4	17	专用化学产品制造业	1.218 2
针织或钩针编织及其制品	1.222 9	18	农、林、牧、渔专用机械制造业	1.210 6
物料搬运设备	1.222 8	19	涂料、油墨、颜料及类似产品制造业	1.204 9
汽车整车	1.221 8	20	化学纤维制造业	1.202 9

表5-9(续)

2012 年		排序	2007 年	
部门	r_j		部门	r_j
汽车零部件及配件	1.221 0	21	文教体育用品制造业	1.198 4
铁路运输和城市轨道交通设备	1.212 7	22	农药制造业	1.190 6
金属制品、机械和设备	1.199 1	23	金属制品业	1.189 9
农、林、牧、渔专用机械	1.198 4	24	仪器仪表制造业	1.186 3
有色金属压延加工品	1.197 4	25	针织品、编织品及其制品制造业	1.182 6
其他专用设备修理服务	1.195 2	26	矿山、冶金、建筑专用设备制造业	1.181 1
仪器仪表	1.193 5	27	纺织制成品制造业	1.178 5
采矿、冶金、建筑专用设备	1.191 1	28	其他专用设备制造业	1.177 4
合成材料	1.186 0	29	锅炉及原动机制造业	1.175 0
其他电子设备	1.182 4	30	有色金属压延加工业	1.172 7
平均影响力	**1.239 7**		**平均影响力**	**1.238 3**

注：我国2007年和2012年投入产出表中，同样产品的名称略有不同，如2007年的“文化、办公用机械制造业”“通信设备制造业”，2012年称为“文化、办公用机械”“通信设备”。

从表5－9可以看出：

(1)2007年和2012年影响力系数较大的30个部门中，全部属于第二产业的制造业，充分说明制造业的发展对整个国民经济的发展有十分重要的影响。制造业是立国之本，兴国之器，强国之基，没有强大的制造业，就没有国家和民族的强盛。所以我国“十三五”时期的一个重大举措，就是实施制造强国战略。2015年5月，国务院正式印发了我国实施制造强国战略的行动纲领《中国制造2025》。从投入产出分析中我们可以看到，我国制造业的影响力系数高于社会评价影响力23%以上，而且有上升的趋势。

(2) 影响力系数排名靠前的行业集中于第二产业中与网络经济有关的新兴产业，包括电子计算机制造业，文化、办公用机械制造业，通信设备制造业，等等，其影响力系数均高于社会平均影响力水平30%以上。它们对社会生产具有较大的辐射力，可以带动其他相关产业的发展，是关系国计民生的重要行业。

需要说明的是，根据我国2012年6×6投入产出表计算的建筑业影响力系数最大，而根据我国2012年139×139投入产出表计算的建筑业影响力系数未排在前30位。这是因为139部门的投入产出表将建筑业细分为：房屋建筑、土木工程建筑、建筑安装、建筑装饰和其他建筑服务等，而这些细分部门的影响力系数都大于1。

(3) 我们可以进一步把某个类别产业的影响力系数列出来，做专题分析。例如，我国国民经济和社会发展“十二五”规划纲要就提出，要推动文化产业成为国民经济支柱性产业，增强文化产业整体实力和竞争力。党的十七届六中全会通过总结我国文化改革发展的实践和经验，做出关于深化文化体制改革，推动社会主义文化大发展大繁荣若干重大问题的决定，提出了推动社会主义文化大发展大繁荣的指导思想，以及到2020年我国文化产业的发展目标。文化产业已经成为经济发展的主要新增长点，抢占文化产业发展的制高点已经成为各国和各地区经济发展的重要战略。我们可以利用影响力系数分析文化产业的发展状况，为文化产业的发展思路提供依据。

国家统计局发布的《文化及其相关产业分类》，把文化产业分为新闻服务，出版发行和版权服务，广播、电视、电影服务，文化艺术服务，网络文化服务，文化休闲娱乐服务，其他文化服务，文化用品、设备及相关文化产品的生产，文化用品、设备及相关文化产品的销售九大类，据此可以把投入产出表中的以下部门视为文化产业：造纸及纸制品业，印刷业和记录媒介的复制业，文教体育用品制造业，涂料、油墨、颜料及类似产品制造业，雷达及广播设备制造业，家用视听设备制造业，文化、办公用机械制造业，工艺品及其他制造业，电信和其他信息传输服务业，计算机服务业，软件业，旅游业，教育，新闻出版业，广播、电视、电影和音像业，文化艺术业，体育，娱乐业。

我国 2012 年和 2007 年各文化产业的影响力系数及其在整个国民经济部门中的排名如表 5 - 10 所示。

表 5 - 10　　2012 年和 2007 文化产业影响力系数

2012 年			2007 年		
部门	系数	排序	部门	系数	排序
计算机	1.333 2	1	文化、办公用机械制造业	1.346 5	2
文化、办公用机械	1.306 8	2	雷达及广播设备制造业	1.330 0	4
视听设备	1.300 8	3	家用视听设备制造业	1.299 4	5
通信设备	1.298 5	4	涂料、油墨、颜料及类似产品制造业	1.204 9	19
广播电视设备和雷达及配套设备	1.232 7	16	文教体育用品制造业	1.198 4	21
涂料、油墨、颜料及类似产品	1.231 4	17	工艺品及其他制造业	1.095 3	48
其他通用设备	1.174 3	33	造纸及纸制品业	1.058 1	56
文教、工美、体育和娱乐用品	1.143 8	44	印刷业和记录媒介的复制业	1.055 9	57
造纸和纸品	1.068 0	62	计算机服务业	1.004 4	71
印刷品和记录媒介复制品	1.050 5	65	广播、电视、电影和音像业	0.951 1	84
软件和信息技术服务	0.955 6	87	文化艺术业	0.918 5	92
新闻和出版	0.914 2	97	体育	0.916 4	94
广播、电视、电影和影视录音制作	0.746 2	121	旅游业	0.911 5	96
文化艺术	0.732 2	122	软件业	0.888 6	99
体育	0.719 2	123	新闻出版业	0.856 0	107
娱乐	0.695 8	126	娱乐业	0.782 6	114
教育	0.553 6	134	教育	0.741 0	122
平均影响力系数	**1.026 9**		电信和其他信息传输服务业	0.672 9	126
			平均影响力系数	**1.012 9**	

从表 5 - 10 可以看出，2012 年，文化产业的平均影响力系数为 1.026 9，高于 2007 年的 1.012 9。其中，2012 年影响力系数大于 1 的文化产业部门有 10 个，比 2007 年增加 1 个部门，特别是计算机，文化、办公用机械，视听设备以及通信设备 4 个部门的影响力系数进入 2012 年 139 个产业的前 4 位。这些产业对国民经济发展的拉动作用非常明显。

文化与经济是相辅相成的,经济发展了,人民群众对文化服务、文化产品以及娱乐品等的消费成为新一轮消费热点,产生很大的消费需求量;文化产业是自主创造和技术含量很高的一个产业,文化不仅是经济的重要组成部分,也是推动经济发展的重要杠杆,代表着一个国家和民族的文明程度、发展水平,体现着一个国家的"软实力" 和国际竞争力。

5.1.2.2 感应度和感应度系数

完全需求系数矩阵中每一行的合计 $\sum_{j=1}^{n}\bar{b}_{ij}(i=1,2,\cdots,n)$ 表示的是当对国民经济各个部门的最终需求都增加一个单位时,i 部门应该增加的总产出量,换个角度,是国民经济各个部门的最终需求都增加一个单位时,i 部门应该做出的反应或者感应,所以称它为 i 部门的感应度。如果某一部门提供给其他部门的中间使用越多,那么其感应度越大,反映的是该部门对其他部门的支撑和制约作用,所以常常用它来分析产业部门的前向关联度。

当国民经济各个部门的最终需求都增加一个单位时,每一个部门都会在总产出方面做出反应,但是不同部门的反应程度是不一致的。为了便于比较各个部门的感应度,常常需要得到完全需求系数矩阵中每一行的合计与各行合计的平均值(社会平均感应度)的比值,即感应度系数,用 s_i 表示。

$$s_i=\frac{\sum_{j=1}^{n}\bar{b}_{ij}}{\frac{1}{n}\sum_{i=1}^{n}\sum_{j=1}^{n}\bar{b}_{ij}} \tag{5.11}$$

感应度系数也在 1 的上下波动。一个部门的 s_i 值大,说明这个部门受其他各个部门最终需求的影响大。当其他各个部门的最终需求都增加时,这个部门的总产出应该增加最多。从表 5-7 看出,当各个部门的最终需求都增加时,要扩大各个部门的生产,需要大量消耗原料、材料、动力等工业产品,所以工业的感应度非常大,为 3.235 3,比其他 5 个部门的总和还大。但是要注意,建筑业的感应度系数与其影响力系数完全相反,仅为 0.365 4,是感应度系数最小的部门。原因是对建筑业产品的消耗没有表现在投入产出表的第一象限,而是在第三象限反映,同时对建筑业产品的最终需求表现在投入产出表的第二象限,所以还不能完全根据感应度系数判断建筑业受各个部门最终需求影响的程度小。

利用我国 2012 年 139 × 139 投入产出表和 2007 年 135 × 135 投入产出表计算得到各个部门的感应度系数,其中系数大于 1 的部门分别有 31 个和 34 个(见表 5-11)。这些部门的感应度高于社会平均感应度水平,对国民经济发展有比较强的支撑作用。

表 5-11　　感应度系数大于 1 的部门

2012 年		排序	2007 年	
部门	系数		部门	系数
电力、热力生产和供应	5.555 3	1	电力、热力的生产和供应业	6.767 1
精炼石油和核燃料加工品	4.176 0	2	石油及核燃料加工业	4.170 8
货币金融和其他金融服务	3.909 7	3	石油和天然气开采业	4.041 7
批发和零售	3.869 2	4	农业	3.793 6

表5-11(续)

2012 年		排序	2007 年	
部门	系数		部门	系数
基础化学原料	3.729 4	5	电子元器件制造业	3.731 2
电子元器件	3.649 4	6	钢压延加工业	3.496 7
石油和天然气开采产品	3.572 1	7	基础化学原料制造业	3.275 9
有色金属及其合金和铸件	3.323 2	8	有色金属冶炼及合金制造	2.611
煤炭采选产品	3.167 7	9	批发零售业	2.589 9
钢压延产品	2.931 1	10	煤炭开采和洗选业	2.423 5
商务服务	2.565 3	11	金属制品业	2.394 5
专用化学产品和炸药、火工、焰火产品	2.345 7	12	银行业、证券业和其他金融活动	2.348 9
道路运输	2.303 5	13	其他通用设备制造业	2.334 9
金属制品	2.236 7	14	塑料制品业	2.250 5
合成材料	2.197 7	15	汽车制造业	2.109 2
棉、化纤纺织及印染精加工品	2.170 6	16	造纸及纸制品业	2.056 8
塑料制品	2.145 3	17	合成材料制造业	2.004 7
有色金属压延加工品	1.954 1	18	专用化学产品制造业	1.977 7
造纸和纸制品	1.715 5	19	有色金属压延加工业	1.875 7
其他通用设备	1.709 9	20	道路运输业	1.650 2
黑色金属矿采选产品	1.604 6	21	棉、化纤纺织及印染精加工业	1.591 4
畜牧产品	1.502 8	22	畜牧业	1.555 5
汽车零部件及配件	1.476 4	23	商务服务业	1.531 2
钢、铁及其铸件	1.464 8	24	废品废料	1.496 5
木材加工品和木、竹、藤、棕、草制品	1.262 7	25	黑色金属矿采选业	1.432 1
有色金属矿采选产品	1.243 4	26	有色金属矿采选业	1.319 3
化学纤维制品	1.124 2	27	炼钢业	1.271 4
房地产	1.114 1	28	餐饮业	1.236 8
电线、电缆、光缆及电工器材	1.096 1	29	电线、电缆、光缆及电工器材制造业	1.170 6
输配电及控制设备	1.095 2	30	仪器仪表制造业	1.107 2
废弃资源和废旧材料回收加工品	1.059 9	31	木材加工及木、竹、藤、棕、草制品业	1.094 9
		32	水上运输业	1.083 5
		33	非金属矿及其他矿采选业	1.079 7
		34	化学纤维制造业	1.019 2

从表 5 - 11 可以看出:

(1) 感应度系数排名前两位的部门集中在能源部门。2012 年和 2007 年,电力、热力的生产和供应业感应度系数分别为 5.555 3 和 6.767 1,大大高于社会平均感应度。石油和核燃料加工品紧随其后,居第二位,两年均比社会平均感应度高 3 倍多。这些部门主要为国民经济各个部门提供中间消耗,居于产业链的上游,对国民经济的发展起着较大的制约作用,即所谓的"瓶颈"产业。当经济高速增长时,社会各个部门纷纷增加投入,如果这些部门不能满足需求的话,就会制约国民经济发展,影响整个国民经济发展的速度。同时也应该看到,当国民经济的增长速度减缓时,各个部门纷纷减少投入,如果这些部门仍然保持较高的供应量,就会造成供大于求。对于这些部门,应当在稳定其产量的基础上,有重点地扶持和发展有需求压力和市场潜力的部门,保证它们的适度发展。

(2)2012年,第三产业对国民经济各个部门的支撑程度不断上升。2007年,第三产业有6个部门的感应度系数大于1,分别排在第9、12、20、23、28、32位。虽然2012年第三产业只有5个部门的感应度系数大于1,但是部门排序靠前了,分别排在第3、4、11、13和28位。特别是货币金融和其他金融服务部门,由2007年的第12位(银行业、证券业和其他金融活动)上升到2012年的第3位,感应度系数由2.348 9增加到3.909 7。

(3)农业兴,基础牢;农村稳,天下安。农业的基础地位比较明显。2007年,农业的5个部门中,狭义的农业即种植业的感应度系数为3.793 6,排在第4位,畜牧业的感应度系数为1.555 5,排在第22位。2012年,中央一号文件《关于加快推进农业科技创新持续增强农产品供给保障能力的若干意见》明确指出,加快推进农业科技创新是实现农业持续稳定发展、长期确保农产品有效供给的根本出路。只有在稳定粮食等农产品生产的基础上,才能进一步推进农业结构调整,拓展农业发展的道路,促进现代农业的发展。数据显示,我国发展现代农业有了一定的基础。2012年,部门分类中狭义农业分得更细一些,所以无法比较,但畜牧产品的感应度系数仍排在第22位。

为了说明文化产业各个部门对国民经济最终需求变化的敏感程度,我们在表5-12中列出文化产业感应度系数。2007年,虽然感应系数大于1的只有2个部门,但是感应度系数值非常大,文化艺术业的感应度系数达6.767 1,排在135个部门中的第1位,电子计算机制造业的感应度系数为3.793 6,排在135个部门的第4位。文化产业18个部门的平均感应度系数为1.127 8,说明随着经济的发展,知识经济的日益兴起,文化产业已成为国民经济发展的重要动力。当代中国进入了全面建成小康社会的关键时期和深化改革开放、加快转变经济发展方式的攻坚时期,文化越来越成为民族凝聚力和创造力的重要源泉,越来越成为综合国力竞争的重要因素,越来越成为经济社会发展的重要支撑。

表5-12　　2012年和2007年文化产业感应度系数

2012年			2007年		
部门	系数	排序	部门	系数	排序
计算机	0.829 0	52	文化艺术业	6.767 1	1
文化、办公用机械	0.343 0	133	电子计算机制造业	3.793 6	4
视听设备	0.417 7	116	广播、电视、电影和音像业	0.958 6	38
通信设备	0.504 5	88	旅游业	0.929 5	41
广播电视设备和雷达及配套设备	0.344 1	132	工艺品及其他制造业	0.847 9	46
涂料、油墨、颜料及类似产品	0.770 7	52	印刷业和记录媒介的复制业	0.823 9	49
其他通用设备	1.709 9	20	文化、办公用机械制造业	0.797 3	51

表5-12(续)

2012 年			2007 年		
部门	系数	排序	部门	系数	排序
文教、工美、体育和娱乐用品	0.649 8	70	雷达及广播设备制造业	0.760 9	57
造纸和纸品	1.715 5	19	造纸及纸制品业	0.645 0	68
印刷品和记录媒介复制品	0.786 8	44	家用视听设备制造业	0.560 6	81
软件和信息技术服务	0.470 5	97	体育	0.503 9	93
新闻和出版	0.378 4	125	电信和其他信息传输服务业	0.479 6	96
广播、电视、电影和影视录音制作	0.391 8	122	文教体育用品制造业	0.477 9	97
文化艺术	0.361 6	127	计算机服务业	0.438 9	106
体育	0.356 5	129	涂料、油墨、颜料及类似产品制造业	0.422 3	112
娱乐	0.433 2	111	教育	0.395 8	123
教育	0.404 6	119	娱乐业	0.364 5	127
			新闻出版业	0.333 4	134

5.1.2.3 国民经济综合关联分析

从上述分析中我们看到,影响力系数和感应度系数的社会平均值都为 1,同一个部门的影响力系数和感应度系数相对于社会平均值的水平是不尽相同的,即同一个部门对国民经济的拉动作用与支撑作用不一定一致。为了反映各个部门的拉动作用与支撑作用情况,我们以影响力系数为 1 的直线作为横轴,以感应度系数为 1 的直线为纵轴,以两者的交点为原点构成一个坐标系,所分成的四部分分别为一、二、三、四象限。我国 2012 年各个部门的影响力系数与感应度系数落入四个象限的情况如图 5 - 1 所示①。

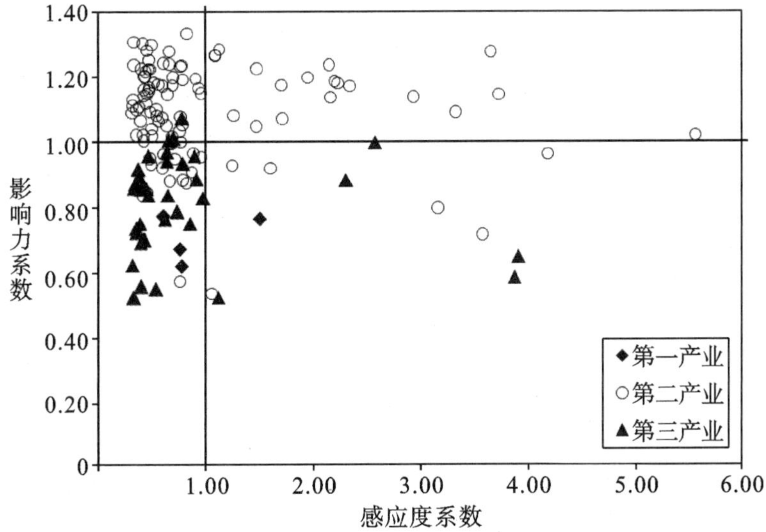

图 5 - 1 我国 2012 年各部门影响力系数和感应度系数落入象限情况

① 以下我们均只用 2012 年投入产出表数据进行计算和分析。

处于第一象限的产业部门影响力系数与感应度系数都大于1，这些部门具有强辐射性和强制约性的双重性质。它们对国民经济的拉动和支撑作用都很大，也就是与其他部门的关联度比较大。这样的产业部门就产业关联方面来讲，是实施产业集群发展战略的最佳选择。我国2012年处于该象限的有20个部门，如表5-13第(1)和第(2)栏所示。

从表5-13可以看出，影响力系数与感应度系数都大于1的部门均属于第二产业。它们的平均影响力系数为2.2062，高出社会平均影响力1.2倍多；它们的平均感应度系数为1.1666，比社会平均感应度高16.66%。这20个部门中大多数部门属于基础产业，中间投入比重较高，对经济发展的拉动作用和瓶颈制约作用都很明显。

表5-13　我国2012年影响力系数与感应度系数都大于1的部门(第一象限)

部门	影响力系数	感应度系数	综合关联系数
	(1)	(2)	(3)
棉、化纤纺织及印染精加工品	2.1706	1.1352	1.6529
木材加工品和木、竹、藤、棕、草制品	1.2627	1.0800	1.1713
造纸和纸制品	1.7155	1.0680	1.3918
基础化学原料	3.7294	1.1444	2.4369
合成材料	2.1977	1.1860	1.6919
专用化学产品和炸药、火工、焰火产品	2.3457	1.1707	1.7582
化学纤维制品	1.1242	1.2843	1.2042
橡胶制品	0.9418	1.1655	1.0537
塑料制品	2.1453	1.2332	1.6892
钢、铁及其铸件	1.4648	1.0446	1.2547
钢压延产品	2.9311	1.1346	2.0328
有色金属及其合金和铸件	3.3232	1.0876	2.2054
有色金属压延加工品	1.9541	1.1974	1.5757
金属制品	2.2367	1.1796	1.7081
其他通用设备	1.7099	1.1743	1.4421
汽车零部件及配件	1.4764	1.2210	1.3487
输配电及控制设备	1.0952	1.2672	1.1812
电线、电缆、光缆及电工器材	1.0961	1.2631	1.1796
电子元器件	3.6494	1.2747	2.4620
电力、热力生产和供应	5.5553	1.0200	3.2876
平均	**2.2062**	**1.1666**	**1.6864**

2012年，有两个文化产业部门——造纸和纸制品及其他通用设备落入第一象限(见表5-14)。这两个部门均属于第二产业。

处于第二象限的产业部门影响力系数大于1，感应度系数小于1，属于强辐射、低制约性的部门，对经济发展的拉动作用较强。2012年，有59个部门(见表5-14)落入第二象限，其中58个部门属于第二产业，只有科技推广和应用服务属于第三产业。处于第二象限的产业部门其平均影响力高于社会平均影响力14.91%。它们是受其他产业部门发展制约程度较小，但对整体经济发展拉动较大的部门。

表5-14 我国2012年影响力系数大于1、感应度系数小于1的部门（第二象限）

部门	影响力系数	感应度系数	部门	影响力系数	感应度系数
屠宰及肉类加工品	1.012 2	0.694 2	文化、办公用机械	1.306 8	0.343 0
方便食品	1.018 4	0.356 6	采矿、冶金、建筑专用设备	1.191 1	0.782 1
乳制品	1.017 8	0.427 8	化工、木材、非金属加工专用设备	1.163 5	0.476 2
调味品、发酵制品	1.000 6	0.425 1	农、林、牧、渔专用机械	1.198 4	0.437 3
其他食品	1.015 6	0.503 4	其他专用设备	1.195 2	0.703 6
毛纺织及染整精加工品	1.096 8	0.548 6	汽车整车	1.221 8	0.413 0
麻、丝绢纺织及加工品	1.040 1	0.506 0	铁路运输和城市轨道交通设备	1.212 7	0.442 7
针织或钩针编织及其制品	1.222 9	0.466 2	船舶及相关装置	1.141 6	0.438 9
纺织制成品	1.158 4	0.435 8	其他交通运输设备	1.278 3	0.669 2
纺织服装服饰	1.174 0	0.687 4	电机	1.239 0	0.602 0
皮革、毛皮、羽毛及其制品	1.075 4	0.595 3	电池	1.236 4	0.668 2
鞋	1.106 5	0.380 5	家用器具	1.281 0	0.462 6
家具	1.097 0	0.369 0	其他电气机械和器材	1.252 6	0.480 9
印刷品和记录媒介复制品	1.050 5	0.786 8	计算机	1.333 2	0.829 0
文教、工美、体育和娱乐用品	1.143 8	0.649 8	通信设备	1.298 5	0.504 5
肥料	1.146 6	0.955 5	广播电视设备和雷达及配套设备	1.232 7	0.344 1
农药	1.176 4	0.566 0	视听设备	1.300 8	0.417 7
涂料、油墨、颜料及类似产品	1.231 4	0.770 7	电子元器件	1.274 7	3.649 4
日用化学产品	1.093 0	0.485 8	其他电子设备	1.182 4	0.517 4
橡胶制品	1.165 5	0.941 8	仪器仪表	1.193 5	0.901 5
水泥、石灰和石膏	1.046 6	0.640 1	其他制造产品	1.147 0	0.464 9
石膏、水泥制品及类似制品	1.118 9	0.454 1	金属制品、机械和设备修理服务	1.199 1	0.443 8
砖瓦、石材等建筑材料	1.080 5	0.544 7	房屋建筑	1.089 4	0.326 7
玻璃和玻璃制品	1.078 4	0.771 7	土木工程建筑	1.108 9	0.322 2
陶瓷制品	1.061 8	0.401 5	建筑安装	1.130 8	0.336 7
铁合金产品	1.063 8	0.559 4	建筑装饰和其他建筑服务	1.029 8	0.763 1
锅炉及原动设备	1.169 7	0.595 7	航空运输	1.071 7	0.779 9
金属加工机械	1.155 2	0.480 6	仓储	1.009 3	0.699 5
物料搬运设备	1.222 8	0.489 7	科技推广和应用服务	1.003 4	0.659 2
泵、阀门、压缩机及类似机械	1.234 3	0.774 3	**平均**	**1.149 1**	**0.612 6**

2012 年，有 8 个文化产业部门落入第二象限（见表 5 - 15），这 8 个部门都属于第二产业。

表 5 - 15　我国 2012 年文化产业部门的影响力系数与感应度系数及其所属象限

部门	影响力系数	感应度系数	所属象限
造纸和纸制品	1.068 0	1.715 5	一
印刷品和记录媒介复制品	1.050 5	0.786 8	二
文教、工美、体育和娱乐用品	1.143 8	0.649 8	二
涂料、油墨、颜料及类似产品	1.231 4	0.770 7	二
文化、办公用机械	1.306 8	0.343 0	二
其他通用设备	1.174 3	1.709 9	一
计算机	1.333 2	0.829 0	二
通信设备	1.298 5	0.504 5	二
广播电视设备和雷达及配套设备	1.232 7	0.344 1	二
视听设备	1.300 8	0.417 7	二
软件和信息技术服务	0.955 6	0.470 5	三
教育	0.553 6	0.404 6	三
新闻和出版	0.914 2	0.378 4	三
广播、电视、电影和影视录音制作	0.746 2	0.391 8	三
文化艺术	0.732 2	0.361 6	三
体育	0.719 2	0.356 5	三
娱乐	0.695 8	0.433 2	三
平均	**1.026 9**	**0.639 3**	

处于第三象限的产业部门影响力系数与感应度系数都小于社会平均水平，2012 年共有 49 个产业部门（见表 5 - 16）。其中大部分是第三产业和第一产业部门及对第一产业产品进行加工的部门，主要提供消费的货物和服务，因此，它们对其他各个部门生产的辐射和制约作用比较弱。

有 7 个文化产业部门落入第三象限（见表 5 - 16），并且都属于第三产业。

表 5-16　我国 2012 年影响力系数和感应度系数均小于 1 的部门（第三象限）

部门	影响力系数	感应度系数	部门	影响力系数	感应度系数
林产品	0.614 3	0.773 8	住宿	0.833 3	0.652 1
渔产品	0.666 3	0.758 6	餐饮	0.827 1	0.971 7
农、林、牧、渔服务	0.768 6	0.609 4	电信和其他信息传输服务	0.747 0	0.855 9
非金属矿采选产品	0.871 2	0.815 2	软件和信息技术服务	0.955 6	0.470 5
开采辅助服务和其他采矿产品	0.947 1	0.717 1	资本市场服务	0.544 9	0.539 2
谷物磨制品	0.905 7	0.866 6	保险	0.759 8	0.618 8
饲料加工品	0.963 7	0.889 8	租赁	0.853 5	0.455 9

表5-16(续)

部门	影响力系数	感应度系数	部门	影响力系数	感应度系数
植物油加工品	0.948 4	0.951 3	研究和试验发展	0.939 2	0.636 6
糖及糖制品	0.842 5	0.458 0	专业技术服务	0.956 0	0.893 3
水产加工品	0.945 2	0.487 4	水利管理	0.852 8	0.439 0
蔬菜、水果、坚果和其他农副食品加工品	0.960 9	0.605 8	生态保护和环境治理	0.890 4	0.381 4
酒精和酒	0.876 3	0.662 8	公共设施管理	0.856 2	0.344 7
饮料和精制茶加工品	0.997 0	0.670 0	居民服务	0.699 7	0.425 8
烟草制品	0.569 8	0.758 1	其他服务	0.882 7	0.912 6
炼焦产品	0.878 2	0.783 1	教育	0.553 6	0.404 6
医药制品	0.992 9	0.684 5	卫生	0.868 5	0.352 8
耐火材料制品	0.916 2	0.594 5	社会工作	0.618 9	0.321 9
石墨及其他非金属矿物制品	0.999 0	0.764 2	新闻和出版	0.914 2	0.378 4
燃气生产和供应	0.928 3	0.492 8	广播、电视、电影和影视录音制作	0.746 2	0.391 8
水的生产和供应	0.830 9	0.427 9	文化艺术	0.732 2	0.361 6
铁路运输	0.783 1	0.736 0	体育	0.719 2	0.356 5
水上运输	0.967 1	0.642 4	娱乐	0.695 8	0.433 2
管道运输	0.850 8	0.405 1	社会保障	0.517 8	0.334 6
装卸搬运和运输代理	0.932 8	0.785 1	公共管理和社会组织	0.687 0	0.398 3
邮政	0.834 0	0.467 7	**平均**	**0.825 3**	**0.594 7**

处于第四象限的产业部门影响力系数小于社会平均水平，而感应度系数高于社会平均水平，2012 年有 11 个部门处于第四象限(见表 5 - 17)。这些部门均属于弱辐射力、强制约性的产业。

表 5 - 17　我国 2012 年影响力系数小于 1、感应度系数大于 1 的部门(第四象限)

部门	影响力系数	感应度系数
畜牧产品	0.759 9	1.502 8
煤炭采选产品	0.791 2	3.167 7
石油和天然气开采产品	0.710 3	3.572 1
黑色金属矿采选产品	0.917 9	1.604 6
有色金属矿采选产品	0.926 6	1.243 4
精炼石油和核燃料加工品	0.962 0	4.176 0
废弃资源和废旧材料回收加工品	0.531 4	1.059 9
批发和零售	0.581 1	3.869 2
道路运输	0.880 6	2.303 5
房地产	0.520 3	1.114 1
商务服务	0.990 0	2.565 3

总的来看,我国国民经济感应度系数和影响力系数较大的产业主要集中在第二产业,因此需要加快产业结构调整,在改造现有传统工业的同时,积极扶持与知识经济、信息技术相关的集约型、高科技产业,大力扶植和支持旅游业等有较大盈利空间的产业,以实现产业结构的"高度化"和"软化"。

此外,我们还可以用一个部门影响力系数与感应度系数的平均值——综合关联度系数——来分析产业部门对国民经济的拉动和支撑作用。

$$综合关联度系数 = \frac{影响力系数 + 感应度系数}{2}$$

表5－13第(3)栏显示,影响力系数与感应度系数都大于1的部门,其平均综合关联度系数为1.686 4,其中最大的是电力、热力生产和供应,达到3.287 6。

据我国2012年投入产出表,其中文化产业部门的综合关联度系数如表5－18所示。

表5－18　　**文化产业部门的综合关联度系数**

部门	综合关联度系数
造纸和纸制品	1.391 8
印刷品和记录媒介复制品	0.918 6
文教、工美、体育和娱乐用品	0.896 8
涂料、油墨、颜料及类似产品	1.001 0
文化、办公用机械	0.824 9
其他通用设备	1.442 1
计算机	1.081 1
通信设备	0.901 5
广播电视设备和雷达及配套设备	0.788 4
视听设备	0.859 3
软件和信息技术服务	0.713 1
教育	0.479 1
新闻和出版	0.646 3
广播、电视、电影和影视录音制作	0.569 0
文化艺术	0.546 9
体育	0.537 9
娱乐	0.564 5
平均	**0.833 1**

从表5－18计算结果可以看出,造纸和纸制品,涂料、油墨、颜料及类似产品,其他通用设备以及计算机的综合关联度系数都大于社会平均水平。这些文化产业与其他产业的关联度强,其发展对国民经济增长的推动作用和制约作用都比较大,是国民经济的支柱产业。但是,文化产业的平均综合关联度系数为0.833 1,从整体来看,文化产业对国民经济的拉动和支撑程度还不高。

5.1.3 各部门对国民经济收入的影响系数分析

从投入产出表反映的经济关系可以看出，当一个部门的最终产品增加时，会引起各部门产出的增加，同时又会引起增加值的增加。每个部门最终产品与增加值之间的这种数量联系，一般用影响乘数表示。各部门最终产品对增加值的影响乘数可用矩阵形式确定，即：

$$E'_n = A'_n (I - A)^{-1}$$

其中：E_n 为各个部门增加值影响乘数的列向量，E'_n 为其行向量；A_n 为各部门的增加值率的列向量。

用类似的方法，也可以确定各部门最终产品对增加值各分项的影响系数，例如，劳动报酬影响乘数 $E_V' = A'_V (I - A)^{-1}$，生产税净额影响乘数 $E'_T = A'_T (I - A)^{-1}$ 等。

根据表3－2确定的完全需求系数、增加值系数和增加值即各组成部分影响乘数如表5－19所示。

表5－19　完全需求系数、增加值系数和增加值影响乘数表

		农林牧渔	工业	建筑业	批零住餐	交仓软计	其他服务
完全需求系数	农林牧渔	1.190 7	0.106 9	0.077 5	0.055 3	0.056 7	0.036 7
	工业	0.486 1	1.746 5	1.073 8	0.333 2	0.663 7	0.451 7
	建筑业	0.002 0	0.004 8	1.032 2	0.006 5	0.012 3	0.014 1
	批零住餐	0.040 9	0.070 0	0.077 0	1.068 1	0.078 6	0.080 3
	交仓软计	0.039 2	0.066 9	0.099 6	0.065 8	1.210 1	0.082 4
	其他服务	0.070 9	0.123 2	0.185 6	0.223 8	0.233 4	1.244 3
增加值系数	劳动报酬系数	0.592 7	0.086 0	0.162 0	0.221 8	0.168 9	0.275 6
	生产税净额系数	－0.032 4	0.043 9	0.036 9	0.179 8	0.014 3	0.046 5
	固定资本折旧系数	0.025 3	0.032 2	0.011 9	0.040 4	0.091 9	0.098 2
	营业盈余系数	0.000 0	0.061 8	0.054 7	0.179 7	0.123 9	0.130 6
	增加值系数	0.585 5	0.223 9	0.265 5	0.621 7	0.399 0	0.550 9
增加值影响乘数	劳动报酬影响乘数	0.783 0	0.275 2	0.672 3	0.372 2	0.378 7	0.437 5
	生产税净额影响乘数	－0.005 9	0.092 6	0.106 6	0.216 4	0.070 1	0.092 7
	固定资本折旧影响乘数	0.058 0	0.080 1	0.079 3	0.083 4	0.160 3	0.148 7
	营业盈余影响乘数	0.051 6	0.145 1	0.173 2	0.250 3	0.236 2	0.215 8
	增加值影响乘数	0.886 7	0.593 0	0.749 7	0.922 3	0.845 3	0.894 6

这些影响乘数是相对稳定的经济参数，在分析某个或一些部门的增加值因素调整时，对各个部门的增加值、居民收入、财政收入等的影响程度是十分有意义的。

5.2 宏观经济效益分析

5.2.1 经济效益概念

经济效益是劳动所得与劳动所费的比值,或者是投入与产出之比。所得或产出就是劳动成果,可以指各种不同的使用价值,如各种货物和服务、消费品、投资品等,也可以指以价值形式表现的各种劳动成果,如社会总产出、国内生产总值等。所费或投入,可以是物化劳动与活劳动的消耗,如生产中消耗的原材料、燃料、动力、服务、支付的劳动报酬等,也可以是占用的资金,如生产中占用的固定资产和流动资产等。

经济效益是这两方面的比值。所得与产出,所费与投入既可以作分母,也可以作分子。由此经济效益指标有正指标和逆指标之分。正指标反映单位投入(所费)量的产出(所得)量,子项是产出量,母项是投入量,该指标越大越好;逆指标反映单位产出量需要或占用的投入量,子项是投入量,母项是产出量,该指标越小越好。正指标与逆指标互为倒数。

经济效益可以分为宏观经济效益和微观经济效益。所谓宏观经济效益,是从整个国民经济来考察的经济效益。因此,国民经济效益就是宏观经济效益。提高国民经济效益,就是要以最少的社会消耗和占用,去创造尽可能多的符合社会需要的成果,或者,以最少的社会投入去获得最多的社会产出。

国民经济效益指标一定是消耗或占用与成果之比,投入与产出之间,缺少一个方面,就不称其为经济效益指标。例如,国内生产总值和国内生产总值增长率就不是国民经济的效益指标。因为,国内生产总值只代表社会最终有用成果一方,没有劳动消耗或占用与它相比;国内生产总值增长率是两个时期劳动成果的比值(扣除基数),属于社会成果方面的动态相对数,同样没有劳动消耗或占用与其相比。

国民经济效益指标要求相比的指标 —— 成果与消耗或产出与投入的计算范围应该一致,否则就不是效益指标。例如,人均国内生产总值、人均某种社会产品的占用量就不是国民经济效益指标。因为人均国内生产总值是当年国内生产总值与当年全国平均人口数相比的结果;而全国人口并没有全部参与社会生产,只有约占全国人口数一半的社会劳动者,才是与国内生产总值相对应的劳动消耗量。同理,人均某种社会产品占用量与人均国内生产总值一样,也不是经济效益指标。

5.2.2 投入产出表提供的劳动消耗和劳动成果数据

投入产出表全面反映了国民经济的运行情况,综合表现了各部门的投入和产出,从中可以直接取得各部门社会消耗、占用和社会产出成果的数据。

反映社会生产过程中投入的指标主要在投入产出表的纵列。第一象限是各个部门在生产过程中消耗的货物和服务量;第三象限的固定资产折旧是各个部门在生产过程中消耗的固定资产量,劳动者报酬是各个部门在生产过程中消耗的活劳动量;把生产过程中消耗的货物和服务量与消耗的固定资产量加起来,反映物化劳动消耗。把以上三项加起来，反映各个部门生产过程中的全部消耗，即社会总成本。

反映社会生产成果的指标主要在投入产出表的第二象限和第三象限。社会生产的目的是向社会提供尽可能多的供最终使用的社会产品，而第二象限反映的正是各个部门提供给社会最终使用的产品数量，所以其总量，特别是最终消费数量是最重要的劳动成果指标；第三象限的劳动者报酬、生产税净额和营业盈余是社会生产的新创造价值，其中劳动者报酬是个人所得，其数量关系到人民群众切身利益，生产税净额是国家所得，其数量关系到社会公共利益，营业盈余是企业所得，其数量关系到企业的生存发展，所以它们都是测定经济效益的重要成果指标。此外，总产出当然也是生产成果指标。

5.2.3 直接经济效益指标

这里所谓的直接经济效益指能够直接利用投入产出表上的数据进行的分析。

社会消耗主要包括物化劳动消耗和活劳动消耗，而由投入产出表中的数据主要可以建立下列经济效益指标：

5.2.3.1 物化劳动消耗与劳动成果的比率

以货物和服务消耗量作分子，总产出作分母，可以计算各个部门的生产消耗率——中间投入率和社会生产消耗率：

$$中间投入率=\frac{中间投入}{总产出}$$

$$社会生产消耗率=\frac{全社会中间投入}{社会总产出}$$

根据表3－2和附表5计算的我国2007年2012年各部门中间投入率和社会生产消耗率如表5－20、表5－21所示。

表5－20　　2007年物化劳动消耗经济效益指标

		农林牧渔	工业	建筑业	批零住餐	交仓软计	其他服务	全社会
生产(中间)消耗率		0.413 8	0.767 0	0.768 6	0.475 4	0.505 3	0.511 4	0.694 0
单位中间投入创造的产出	按增加值计算	1.141 6	0.303 8	0.301 1	1.103 6	0.978 9	0.995 2	0.440 9
	按总产出计算	2.416 4	1.303 8	1.301 1	2.103 6	1.978 9	1.995 2	1.440 9
单位中间投入创造的生产税净额		0.002 4	0.063 8	0.037 3	0.232 3	0.082 3	0.034 7	0.064 7

表5－21　　2012年物化劳动消耗经济效益指标

		农林牧渔	工业	建筑业	批零住餐	交仓软计	其他服务	全社会
生产(中间)消耗率		0.414 5	0.776 1	0.734 5	0.378 3	0.601 0	0.449 1	0.664 8
单位中间投入创造的产出	按增加值计算	1.412 7	0.288 5	0.361 5	1.643 5	0.663 9	1.226 8	0.504 1
	按总产出计算	2.412 7	1.288 5	1.361 5	2.643 5	1.663 9	2.226 8	1.504 1
单位中间投入创造的生产税净额		－0.078 1	0.056 5	0.050 3	0.475 2	0.023 9	0.103 6	0.069 1

中间投入率和社会生产消耗率分别表示各个部门和全社会每生产1亿元总产出要消

耗多少亿元的货物和服务。2012 年，全社会生产消耗率是 66.48%，批发和零售、住宿和餐饮的生产消耗率最低，为 37.83%，工业的生产消耗率最高，为 77.61%。与生产消耗率相对应的是增加值率，它们互为消长关系，所以增加值率虽然是两个劳动成果之比，不是严格意义上的经济效益指标，但是它确实能够反映经济效益。

以总产出作分子，货物和服务消耗量作分母，表示各个部门和全社会每单位货物和服务消耗能够带来多少总产出。

同理，以货物和服务消耗量作分子，增加值或国内生产总值作分母，可以计算各个部门的生产单位中间投入创造的增加值；增加值或国内生产总值作分子，货物和服务消耗量作分母，表示每单位货物和服务消耗能够创造多少增加值。根据第 3 章表 3 - 2 计算的这些指标如表 5 - 20、表 5 - 21 所示。

从物化劳动消耗的经济效益看，除单位中间投入创造的生产税净额外，其余指标农、林、牧、渔业都比较高，但是结合活劳动消耗看，主要是我国农业投入的劳动量多，增加值中的劳动报酬占的比重大，为 59.27%，占到增加值的近 6 成。如果从单位中间投入对国家的贡献，即单位中间投入创造的生产税净额看，农、林、牧、渔业为负数，意味着每亿元中间投入得到国家补贴为 0.078 1 亿元。

5.2.3.2 活劳动消耗与劳动成果的比率

劳动者报酬与总产出或者增加值之比，可以反映活劳动消耗的经济效益。其正指标是劳动报酬产出率，表示单位活劳动消耗创造的总产出或者增加值；逆指标表示每生产单位总产出或增加值需要消耗多少活劳动。根据第 3 章表 3 - 2 计算的各个部门和全社会的劳动报酬产出率如表 5 - 22 所示。

表 5 - 22　　2012 年活劳动消耗经济效益指标

		农林牧渔	工业	建筑业	批零住餐	交仓软计	其他服务	全社会
劳动报酬产出率	按增加值计算	0.988 0	2.602 8	1.638 5	2.803 2	2.363 0	1.999 3	2.032 3
	按总产出计算	1.687 3	11.624 7	6.171 0	4.508 7	5.922 3	3.628 9	6.063 7
单位产出消耗的活劳动	按增加值计算	1.012 2	0.384 2	0.610 3	0.356 7	0.423 2	0.500 2	0.492 1
	按总产出计算	1.687 3	11.624 7	6.171 0	4.508 7	5.922 3	3.628 9	6.063 7

从表 5 - 22 可以看出，我国农、林、牧、渔业的活劳动消耗经济效益是很低的，正指标大大低于社会平均水平，而逆指标大大高于社会平均水平。工业有 3 项指标均好于社会平均水平。对于按增加值计算劳动报酬产出率，批发和零售、住宿和餐饮业以及交通运输、仓储和邮政与信息传输、软件和信息技术服务业都高于社会平均水平。

5.2.3.3 全部劳动消耗与劳动成果的比率

为了反映生产过程中的全部劳动消耗的经济效益，可以用社会总成本与劳动成果相比。反映全部劳动消耗的经济效益多用正指标，即单位社会总成本创造的价值（增加值、总产出、生产税、营业盈余等）。根据第 3 章表 3 - 2 计算的各个部门和全社会的社会总成本、利税总额、社会总成本增加值率和社会总成本利税率如表 5 - 23 所示。

除此之外，我们还可以分析单位中间投入或活劳动投入提供的社会最终使用或最终消费等。如果同时编制固定资产投入产出表,还能反映和对比固定资产占用的社会效益。若是连续编制投入产出表,可以从动态上研究各项经济效益指标的变动趋势。

表 5-23　　　　根据投入产出表计算的全部劳动消耗经济效益指标

	农林牧渔	工业	建筑业	批零住餐	交仓软计	其他服务	全社会
社会总成本*(亿元)	92 317	827 681	125 916	61 162	75 021	218 547	1 400 643
利税总额**(亿元)	-2 896	97 782	12 697	34 327	12 031	47 041	200 984
社会总成本增加值率(%)	0.567 2	0.250 4	0.292 3	0.970 7	0.463 0	0.669 5	0.383 3
社会总成本利税率(%)	-0.031 4	0.118 1	0.100 8	0.561 2	0.160 4	0.215 2	0.143 5

注:* 等于中间投入、固定资产折旧与劳动报酬之和,** 等于生产税净额与营业盈余之和。

5.2.4　间接经济收益分析[①]

国民经济是一个有机的整体,各部门之间存在着相互联系、相互制约的关系。当一部门获得直接经济收益后,会通过部门之间的技术经济联系把获得的直接经济收益传递给其他部门。由于这种经济收益不是通过直接消耗一定数量生产要素而产生的,而是通过部门之间相互联系从其他部门得到的,因此称这种经济收益为间接经济收益[②]。

根据中间产品分配系数矩阵计算方法得到分配系数矩阵 $\boldsymbol{H}=(h_{ij})_{n\times n}$。其中 $h_{ij}=\dfrac{x_{ij}}{X_i}(i,j=1,2,\cdots,n)$,表示 i 部门的产品被 j 部门用作中间产品的数量占 i 部门产品总量的比例。该值越大,说明 i 部门向 j 部门提供的中间使用相对较多,从 j 部门得到的收入也比较多。因此我们可以从分配系数矩阵入手,建立部门间经济收益模型。

由于各个部门之间存在着广泛的直接和间接联系,i 部门通过 j 部门与其他部门发生间接联系,因此有间接分配系数存在。我们定义直接分配系数与间接分配系数之和为完全分配系数。若用 f_{ij} 表示 i 部门对 j 部门的完全分配系数,则按定义其计算公式为:

$$f_{ij}=\frac{i\text{ 部门对 }j\text{ 部门的直接分配量}+i\text{ 部门对 }j\text{ 部门的全部间接分配量}}{X_i}\quad(i,j=1,2,\cdots,n)$$

虽然投入产出表为我们提供了 i 部门对 j 部门的直接分配量 x_{ij} 和 X_i 数据,但是我们无法度量出 i 部门对 j 部门的全部间接分配量,因此,完全分配系数不能像直接分配系数一样可以直接根据投入产出表来计算。那么如何求得完全分配系数呢?

本书第 4 章图 4-1“采煤对电的完全消耗示意图”揭示了生产一单位的煤对电产品的直接消耗和间接消耗的情况。换个角度来讲,就是电部门的产品直接分配给了采煤部门,可以从采煤部门得到直接和间接收入(这正是完全分配系数的意义),因此,可以从收入的角度探讨电对采煤的完全分配系数。

为了分析电部门从采煤部门得到的直接和间接收入,我们应该把图 4-1 的箭头和编号反向(见图 5-2)。因为如果只把图 4-1 中的 a_{ij} 换成 h_{ij},而不把编号反向的话,逻辑

---

① 这部分内容可选讲。

② 衡量间接经济效益需要间接经济收益数据,因此这里讨论间接经济收益的测算。

关系就成了电提供产品给钢、配件、生铁、燃料和采煤而获得直接收入，钢、配件、生铁、燃料又从采煤工具、钢材和坑木获得收入，这显然不是我们所想研究的问题了。此外，直接消耗系数是根据投入产出表第一象限纵列计算的，而分配系数是根据投入产出表第一象限横列计算的，下标正好交换。

由图 5 - 2 可知，单位电从采煤得到的直接收入是 h_{91}，得到的第一次间接收入是 $h_{92}h_{21}+h_{93}h_{31}+h_{94}h_{41}$，得到的第二次间接收入是 $h_{95}h_{52}h_{21}+h_{96}h_{62}h_{21}+h_{97}h_{73}h_{31}+h_{98}h_{83}h_{31}$。

所以单位电从采煤得到的完全收入为：

$$f_{19}=h_{19}+(h_{92}h_{21}+h_{93}h_{31}+h_{94}h_{41})+(h_{95}h_{52}h_{21}+h_{96}h_{62}h_{21}+h_{97}h_{73}h_{31}+h_{98}h_{83}h_{31})+\cdots$$

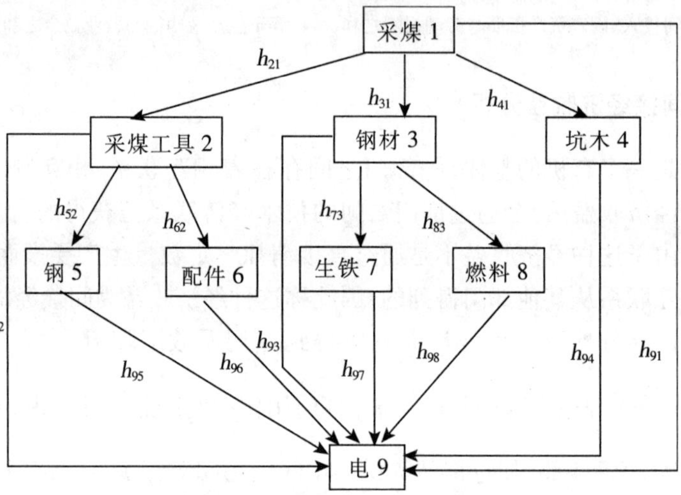

图 5 - 2　电部门从采煤部门得到的完全收入示意图

推而广之，各种产品之间的完全分配系数为：

$$f_{ij}=h_{ij}+\sum_{k=1}^{n}h_{jk}h_{ki}+\sum_{s=1}^{n}\sum_{k=1}^{n}h_{js}h_{sk}h_{ki}+\cdots \tag{5.13}$$

假定经济总体只分为两个部门，根据两部门的投入产出表计算的分配系数矩阵为：

$$\boldsymbol{H}=\begin{pmatrix}h_{11} & h_{12}\\ h_{21} & h_{22}\end{pmatrix}$$

在式(5.13)中，当 $k=1$、2 时的第一次间接分配系数为：

$$\sum_{k=1}^{2}h_{jk}h_{ki}=h_{j1}h_{1i}+h_{j2}h_{2i} \tag{5.14}$$

当 $j=1,i=1$ 时，式(5.14)为：$h_{11}h_{11}+h_{12}h_{21}$

当 $j=1,i=2$ 时，式(5.14)为：$h_{11}h_{12}+h_{12}h_{22}$

当 $j=2,i=1$ 时，式(5.14)为：$h_{21}h_{11}+h_{22}h_{21}$

当 $j=2,i=2$ 时，式(5.14)为：$h_{21}h_{12}+h_{22}h_{22}$

故第一次间接分配系数为：

$$\sum_{k=1}^{2}h_{jk}h_{ki}=h_{j1}h_{1i}+h_{j2}h_{2i}=\begin{pmatrix}h_{11}h_{11}+h_{12}h_{21} & h_{11}h_{12}+h_{12}h_{22}\\ h_{21}h_{11}+h_{22}h_{21} & h_{21}h_{12}+h_{22}h_{22}\end{pmatrix} \tag{5.14a}$$

式(5.14a) 中的元素正好是分配系数矩阵转置后再平方的对应元素,即:

$$\begin{pmatrix} h_{11}h_{11}+h_{12}h_{21} & h_{11}h_{12}+h_{12}h_{22} \\ h_{21}h_{11}+h_{22}h_{21} & h_{21}h_{12}+h_{22}h_{22} \end{pmatrix} = \boldsymbol{H}'^2 \tag{5.14b}$$

同样,考察只有两种产品时的第二次间接分配系数有:

$$\sum_{s=1}^{2}\sum_{k=1}^{2} h_{js}h_{sk}h_{ki} = h_{j1}h_{11}h_{1i} + h_{j1}h_{12}h_{2i} + h_{j2}h_{21}h_{1i} + h_{j2}h_{22}h_{2i} \tag{5.14c}$$

然后分别把 j、$i=1$、2 的各种组合代入式(5.14c),可以得到:

$$\sum_{s=1}^{2}\sum_{k=1}^{2} h_{js}h_{sk}h_{ki} = \begin{pmatrix} h_{11} & h_{21} \\ h_{12} & h_{22} \end{pmatrix}^3 = \boldsymbol{H}'^3 \tag{5.14d}$$

因此我们可以得到式(5.13) 的矩阵表达式:

$$\boldsymbol{F} = \boldsymbol{H}' + \boldsymbol{H}'^2 + \boldsymbol{H}'^3 + \cdots + \boldsymbol{H}'^k \tag{5.15}$$

式(5.15) 中:$\boldsymbol{F}$ 是以完全分配系数 f_{ij} 为元素的 n 阶矩阵;$\boldsymbol{H}'$ 是直接分配系数矩阵的转置矩阵;$\boldsymbol{H}'^2$ 是第一次间接分配系数矩阵;$\boldsymbol{H}'^3$ 是第二次间接分配系数矩阵;$\boldsymbol{H}'^k$ 是第 $k-1$ 次间接分配系数矩阵。

用单位矩阵加在式(5.15) 的两端则有:

$$\boldsymbol{I} + \boldsymbol{F} = \boldsymbol{I} + \boldsymbol{H}' + \boldsymbol{H}'^2 + \boldsymbol{H}'^3 + \cdots + \boldsymbol{H}'^k \tag{5.15a}$$

用 $(\boldsymbol{I} - \boldsymbol{H}')$ 去左乘式(5.15a) 得:

$$(\boldsymbol{I} - \boldsymbol{H}')(\boldsymbol{I} + \boldsymbol{F}) = (\boldsymbol{I} - \boldsymbol{H}')(\boldsymbol{I} + \boldsymbol{H}' + \boldsymbol{H}'^2 + \boldsymbol{H}'^3 + \cdots + \boldsymbol{H}'^k) \tag{5.15b}$$

式(5.15b) 右端为:

$$(\boldsymbol{I} - \boldsymbol{H}')(\boldsymbol{I} + \boldsymbol{H}' + \boldsymbol{H}'^2 + \boldsymbol{H}'^3 + \cdots + \boldsymbol{H}'^k) = \boldsymbol{I} - \boldsymbol{H}'^{k+1} \tag{5.15c}$$

如果 $0 \leqslant h_{ij} < 1 \qquad (i,j = 1,2,\cdots,n)$

则当 $k \to \infty$ 时,$\boldsymbol{H}'^k \to 0$ 时,有:

$$(\boldsymbol{I} - \boldsymbol{H}')(\boldsymbol{I} + \boldsymbol{F}) = \boldsymbol{I} \tag{5.15d}$$

根据逆矩阵原理,两个矩阵相乘为一个单位矩阵,这两个矩阵就互为逆矩阵,则有:

$$(\boldsymbol{I} + \boldsymbol{F}) = (\boldsymbol{I} - \boldsymbol{H}')^{-1} \tag{5.15e}$$

由此得到完全分配系数的求解公式为:

$$\boldsymbol{F} = (\boldsymbol{I} - \boldsymbol{H}')^{-1} - \boldsymbol{I} \tag{5.16}$$

$0 \leqslant h_{ij} < 1(i,j=1,2,\cdots,n)$ 是保证式(5.16) 绝对可解的条件,因此被称为强条件。从理论上讲,无论价值型投入产出表还是实物型投入产出表,都有直接分配系数非负且小于 1。但是,由于自然资源、产业结构等因素,国民经济可能在某些产品上有较大的对外依存性,反映在投入产出表中就是本经济体的这些产品生产量很小,进口量相当大,这可能会导致个别 $h_{ij} > 1$;特别是地区经济是不完整的经济,某些产品的外购量必然很大,而目前我国地区投入产出表大部分属于补充输入型表,即不区分外地购入和进口产品与本地生产的同种产品,这更会导致一些 $h_{ij} > 1$。这样一来,式(5.16) 的强条件不再成立,那么是否还可以求得完全分配系数矩阵呢?

根据式(5.13),即使有少数元素大于 1,但是在一个求和项中,元素之间的乘积也有可能小于 1,并通过下一轮运算使得矩阵逐渐向 0 收敛。这启发了我们对式(5.16) 成立的弱条件的思考。

由式(5.15)可知,如果分配系数矩阵 H 收敛,则式(5.16)成立。我们考虑 $\boldsymbol{H}$ 的收敛性:$(H)^n_{\lim n\to\infty} = \lim_{n\to\infty}\sum_{i=1}^{n}\cdots\sum_{k=1}^{n}\sum_{s=1}^{n}h_{ik}\cdots h_{ks}h_{sj}$,只要 $h_{ik}\cdots h_{ks}h_{sj}$ 满足一定条件,如以 e^{-n} 的速度收敛于0,那么可得到 $(H)^n_{\lim n\to\infty} = 0$。当然,要找出 $h_{ik}\cdots h_{ks}h_{sj}$ 的收敛速度是相当困难的,实际运用时并不需要十分严格地求出其收敛速度。一个较为实用的方法是对 H 进行足够高阶(n 次)的乘积运算,即如果 $\exists n$,使得 $N > n$ 之后的所有项满足 $\forall \varepsilon > 0, (H')^N < \varepsilon$ 恒成立,那么,矩阵 H 的极限为0。这样,式(5.16)的弱条件是 $(H)^n_{\lim n\to\infty} = 0$,如果分配系数矩阵满足这个条件,即使有少数的元素大于或等于1,也能够应用式(5.16)求解完全分配系数。弱条件是通过放宽 $\boldsymbol{H}$ 的收敛条件,使式(5.16)在更广泛的范围内可以计算。

为了验证式(5.16)的弱条件,我们对某地2002年122×122投入产出表分配系数矩阵做实证分析。某地2002年122×122投入产出表的分配系数矩阵 $\boldsymbol{H}$ 中,有26个元素大于1,其中最大的分配系数为19.02。对122×122分配系数矩阵 $\boldsymbol{H}$ 进行多次幂运算,并求得每次运算的极大值:$\max(\boldsymbol{H'}) = 19.02$,$\max(\boldsymbol{H'})^2 = 9.6149$,$\max(\boldsymbol{H'})^3 = 3.4126$,$\max(\boldsymbol{H'})^4 = 1.9018$,$\max(\boldsymbol{H'})^5 = 1.1199$,$\max(\boldsymbol{H'})^6 = 0.8674,\cdots,\max(\boldsymbol{H'})^{50} = 1.2465e^{-11}$。可见,从 $n=6$ 开始,矩阵 $\boldsymbol{H}$ 的幂已经小于1,而随着运算阶数的增大,矩阵 $\boldsymbol{H}$ 逐渐趋于0。为了比较形象地说明 $\boldsymbol{H}$ 的收敛性,我们将 $\max(\boldsymbol{H'})^n, n\in(1,2,\cdots,50)$ 绘制为图5-3。

图5-3中的左上往右下的虚线即为各次幂运算后 $\boldsymbol{H}$ 的最大元素。从图5-3可以很直观地发现,分配系数矩阵 $\boldsymbol{H}$ 中虽然有少数元素大于1,但是其幂运算的收敛速度相当快,从第10阶之后基本上趋于0,即 $(\boldsymbol{H})^n_{\lim n\to\infty} = 0$,因此完全分配系数的计算公式 $\boldsymbol{F} = (\boldsymbol{I} - \boldsymbol{H'})^{-1} - \boldsymbol{I}$ 成立。

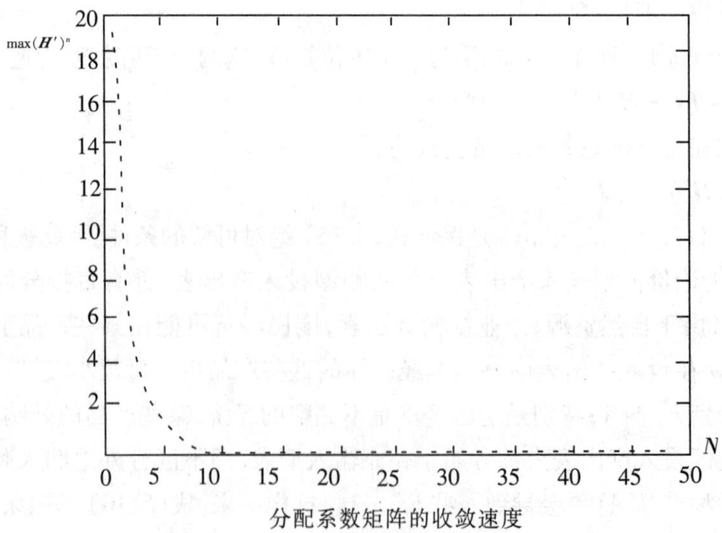

图5-3 某地2002年122×122分配系数矩阵收敛速度图

5.3 两大部类和投资与消费比例分析

国民经济中最根本的比例有社会生产两大部类比例和投资与消费的比例。利用投入产出表提供的数据能够比较准确地研究国民经济中的重大比例。传统分析方法一般都是以生产企业的实际统计数据为基础对国民经济各种比例关系进行分析,这样的分析十分粗糙。例如,传统分析方法以重工业为第一部类,农业和轻工业为第二部类。但是我们知道,一种产品往往既可以作为生产资料使用,又可以作为消费资料使用。有的重工业产品要用作消费,很多农产品要投入生产过程进一步加工,这样的分析非常不准确,甚至可能得出相反的结论。

5.3.1 两大部类比例分析

两大部类比例关系,即生产资料生产与消费资料生产之间的比例关系,是马克思再生产理论中十分重要的理论抽象,也是国民经济中最基本的比例。社会再生产活动要顺利进行,不仅要使两大部类在实物总量上相互适应,而且要使两大部类在价值上能够互相补偿。投入产出法以“纯部门”划分生产类别,而且在表中同时反映了各个部门产品的最终用途和价值构成,这就使我们不仅能准确地决定两大部类产品的总量,而且可以较准确地研究两大部类的价值构成。

5.3.1.1 第Ⅰ和第Ⅱ部类产品总量的确定和分析

投入产出表的横行反映了产品的使用去向,这就为第Ⅰ和第Ⅱ部类产品总量的确定提供了方便。第一象限是中间产品象限,必定是生产资料;各部门提供的最终产品中,用于生产部门固定资产更新的产品,必定是生产资料;用于满足各种消费的产品,必定是消费资料。物资供销部门的存货往往是消费品,货物生产部门的存货一般是生产资料;用于投资的产品和用于出口的产品究竟是生产资料还是消费资料,需要具体进行分析。生产性投资的产品必定是生产资料,非生产性投资的产品必定是消费资料。出口产品没有在本国实际使用,可以根据调查比例进行分摊。由此,社会总产品可划分为第Ⅰ和第Ⅱ部类,如图 5－4 所示。

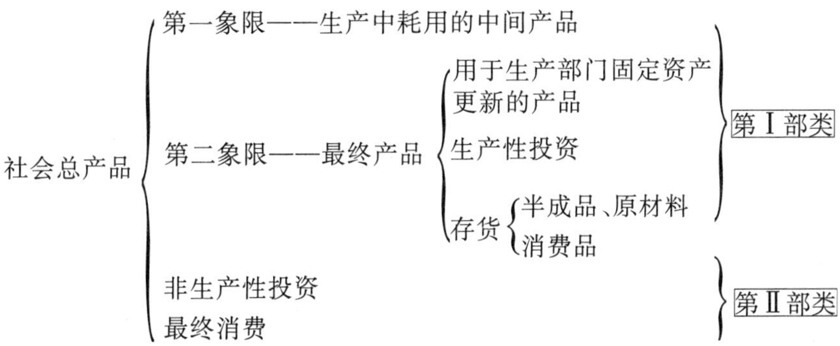

图 5－4　社会总产品的分类

我们用各个部门提供的中间产品和最终产品比例确定其固定形成总额、存货增加、净出口和其他的部类所属。而建筑业主要提供固定资产,各个部门对建筑业产品的中间产品即固定资产折旧,反映在第三象限,如果也用中间产品和最终产品比例确定其属于生产用还是非生产用,与实际情况是不符的。故我们用国家统计局网站“国家数据”中2010—2014年的平均“全社会住宅投资”与平均“全社会投资”的比例确定其固定资本形成总额、净出口及其他的部类所属。这样可以将2012年我国6×6投入产出表(见表3-2)的社会总产品划分为两大部类(见表5-24、表5-25)。

表5-24　**第Ⅰ部类产品结构表**　单位:亿元

部门	中间产品	固定资产	存货增加	净出口和其他	合计
农林牧渔	65 250	2 258		-2 711	64 797
工业	752 625	65 613	4 770	4 287	827 295
建筑业	8 661	106 970		862	116 493
批零住餐	54 508	2 663	500		57 671
交仓软计	59 942	6 735	207	1 876	68 760
其他服务	123 842	4 950			128 792
合计	1 064 828	189 189	5 477	4 314	1 263 808

表5-25　**第Ⅱ部类产品结构表**　单位:亿元

部门	消费	固定资产	存货增加	净出口和其他	合计
农林牧渔	21 194	836	3 598	-1 004	24 624
工业	81 021	15 068	1 095	984	98 168
建筑业	0	21 942		177	22 119
批零住餐	24 243	2 003	376	11 197	37 819
交仓软计	14 306	3 046	93	848	18 293
其他服务	130 955	5 666		175	136 796
合计	271 719	48 561	5 162	21 005	346 447

显然,各部门都是既生产第Ⅰ部类产品,也生产第Ⅱ部类产品,但是各部门第Ⅰ和第Ⅱ部类产品的比重是有差异的。为了便于对比,我们将各部门第Ⅰ和第Ⅱ部类产品总量及其比重列于表5-26。

表5-26　**第Ⅰ和第Ⅱ部类产品对比表**

部门	总产出(亿元)	Ⅰ部类		Ⅱ部类	
		总量(亿元)	比重(%)	总量(亿元)	比重(%)
农林牧渔	89 421	64 797	72.46	24 624	27.54
工业	925 463	827 295	89.39	98 168	10.61
建筑业	138 613	116 493	84.04	22 119	15.96
批零住餐	95 490	57 671	60.39	37 819	39.61
交仓软计	87 052	68 760	78.99	18 293	21.01
其他服务	265 588	128 792	48.49	136 796	51.51
合计	1 601 627	1 263 808	78.91	337 819	21.09

从表5－26可以看出，在社会总产品中，第Ⅰ部类产品占78.91%，第Ⅱ部类产品占21.09%。从各个部门看，只有其他服务业的第Ⅱ部类产品占50%以上，其余5个部门产品用于生产的比重都大于其用于消费的比重。

5.3.1.2　第Ⅰ和第Ⅱ部类产品价值构成的分析

两大部类产品分别由各个生产部门生产，而每个部门产品价值中的转移价值C（等于中间投入C''＋固定资产折旧D）、劳动报酬V和社会纯收入M（为方便起见，这里用符号M表示生产税净额和营业盈余之和）各不相同。为了分析第Ⅰ和第Ⅱ部类产品的价值构成，我们应该按照部门去分解产品的价值要素。我们知道，投入产出表中纵列反映各个部门产品的价值构成，只要确定了各部门的直接消耗系数、固定资产折旧系数、劳动报酬系数和社会纯收入系数，就可以把各个部门第Ⅰ和第Ⅱ部类产品的价值构成分解出来。

通常我们可以先确定某一个部类（如第Ⅱ部类）产品的价值构成，把各部门生产的第Ⅱ部类产品的数量$X_{IIk}(X=1,2,\cdots,n)$，分别乘以本部门的转移价值系数、劳动报酬系数、社会纯收入系数就能计算出各个部门第Ⅱ部类产品的价值要素C_{II}、V_{II}和M_{II}。对于k部门，其第Ⅱ部类产品的价值构成可计算如下：

$$C_{IIk}=\sum_{i=1}^{n+1}a_{ik}X_{IIk} \tag{5.17a}$$

$$V_{IIk}=a_{Vk}X_{IIk} \tag{5.17b}$$

$$M_{IIk}=a_{Mk}X_{IIk} \tag{5.17c}$$

其中：$\sum_{i=1}^{n+1}a_{ik}$为k部门的包括固定资产折旧在内的转移价值系数$\sum_{i=1}^{n+1}a_{ik}=\sum_{i=1}^{n}a_{ij}+a_{D_j}$；

X_{IIk}为k部门生产的Ⅱ部类产品的总产出量；

C_{II}为k部门生产的Ⅱ部类产品的转移价值量；

V_{II}为k部门生产的Ⅱ部类产品的劳动报酬量；

M_{II}为k部门生产的Ⅱ部类产品的社会纯收入量。

对于全部第Ⅱ部类产品有：

$$C_{II}=\sum_{j=1}^{n}C_{IIj}=\sum_{j=1}^{n}\sum_{i=1}^{n+1}a_{ik}X_{IIj} \tag{5.18a}$$

$$V_{II}=\sum_{j=1}^{n}V_{IIj}=\sum_{j=1}^{n}\sum_{i=1}^{n}a_{Vj}X_{IIj} \tag{5.18b}$$

$$M_{II}=\sum_{j=1}^{n}M_{IIj}=\sum_{j=1}^{n}\sum_{i=1}^{n}a_{Mj}X_{IIj} \tag{5.18c}$$

各个部门第Ⅰ部类产品的价值构成可以按式（5.18a）、式（5.18b）、式（5.18c）计算，只是把公式中各个符号下标的Ⅱ换成Ⅰ。也可以从各个部门的全部转移价值C、劳动报酬V和社会纯收入M中减去第Ⅱ部类产品的相应价值，即：

$$C_I=C-C_{II} \tag{5.19a}$$

$$V_I=V-V_{II} \tag{5.19b}$$

$$M_I=M-M_{II} \tag{5.19c}$$

在确定了第Ⅰ和第Ⅱ部类产品在各部门产品总量中所占比重$W_j^I=\dfrac{X_{Ij}}{X_j}$和$W_j^{II}=\dfrac{X_{IIj}}{X_j}$

的基础上，也可以按式(5.20)计算全社会第 Ⅰ 和第 Ⅱ 部类产品的价值构成：

$$C_I = \sum_{j=1}^{n} C_j W_j^I \qquad C_{II} = \sum_{j=1}^{n} C_j W_j^{II}$$
$$V_I = \sum_{j=1}^{n} V_j W_j^I \qquad V_{II} = \sum_{j=1}^{n} V_j W_j^{II} \tag{5.20}$$
$$M_I = \sum_{j=1}^{n} M_j W_j^I \qquad M_{II} = \sum_{j=1}^{n} M_j W_j^{II}$$

根据2012年投入产出表，可以得到如图5－27所示的价值构成系数。

表5－27　　各部门价值构成系数表

	农林牧渔	工业	建筑业	批零住餐	交仓软计	其他服务
转移价值系数 $\sum_{i=1}^{n+1} a_{ik}$	0.439 7	0.808 3	0.746 3	0.418 7	0.692 9	0.547 3
劳动报酬系数 a_{vj}	0.592 7	0.086 0	0.162 0	0.221 8	0.168 9	0.275 6
社会纯收入系数 a_{mj}	－0.032 4	0.105 7	0.091 6	0.359 5	0.138 2	0.177 1

用这些系数分别与社会总产出、第 Ⅰ 部类总产出、第 Ⅱ 部类总产出相乘，可得到各个部门和全社会两大部类产品的价值构成(见表5－28)。

两大部类价值要素的分析，给我们提供了许多进一步研究国民经济比例关系的材料。在两大部类比例的分析中，最重要的是研究两大部类再生产中价值实现的比例。第 Ⅰ 部类的新创造价值 Ⅰ$(v+m)$ 与第 Ⅱ 部类生产资料转移价值 Ⅱc 的比例关系，是社会再生产与扩大再生产中极重要的基本比例。从表5－28可知，全国第 Ⅰ 部类新创造价值和第 Ⅱ 部类的转移价值分别为：

Ⅰ$(v+m) = 188\ 339 + 149\ 061 = 337\ 400$(亿元)

Ⅱ$c = 210\ 062$ 亿元

显然 Ⅰ$(v+m) >$ Ⅱc，全社会可以实现扩大再生产。进一步还可以看出：

Ⅰ$(v+m) -$ Ⅱ$c = 337\ 400 - 210\ 062 = 127\ 338$(亿元)

这是可能用于扩大再生产的生产资料，它占社会总产品的7.95%。

此外，我们还可以分析第 Ⅰ 部类产品的全部价值 Ⅰ$(c+v+m)$ 与第 Ⅰ、第 Ⅱ 部类必要劳动创造的价值 Ⅰv 和 Ⅱv 的相互关系，从表5－28可得：

Ⅰ$(c+v+m) -$ (Ⅰv + Ⅱv) $= 1\ 263\ 811 - 264\ 134 = 999\ 677$(亿元)

这是可以用来满足提高人民消费水平的产品数量，以及用来扩大再生产的消费资料总量。它占社会总产品的62.42%。

表 5 - 28 两大部类价值要素计算表

	总产出（亿元）			系数			转移价值（亿元）			必要劳动创造的价值（亿元）			社会纯收入价值（亿元）		
	合计	其中		转移价值系数	劳动报酬系数	社会纯收入系数	合计	其中		合计	其中		合计	其中	
		Ⅰ部类	Ⅱ部类					Ⅰ部类	Ⅱ部类		Ⅰ部类	Ⅱ部类		Ⅰ部类	Ⅱ部类
	（1）	（2）	（3）	（4）	（5）	（6）	（7）=（1）×（4）	（8）=（2）×（4）	（9）=（3）×（4）	（10）=（1）×（5）	（11）=（2）×（5）	（12）=（3）×（5）	（13）=（1）×（6）	（14）=（2）×（6）	（15）=（3）×（6）
农林牧渔	89 421	64 797	24 624	0.439 7	0.592 7	-0.032 4	39 318	28 491	10 827	52 996	38 402	14 594	-2 897	-2 099	-798
工业	925 463	827 295	98 168	0.808 3	0.086 0	0.105 7	748 052	668 703	79 349	79 612	71 167	8 445	97 821	87 445	10 376
建筑业	138 613	116 493	22 119	0.746 3	0.162 0	0.091 6	103 447	86 939	16 507	22 462	18 877	3 584	12 697	10 671	2 026
批零住餐	95 490	57 671	37 819	0.418 7	0.221 8	0.359 5	39 982	24 147	15 835	21 179	12 791	8 388	34 329	20 733	13 596
交仓软计	87 052	68 760	18 293	0.692 9	0.168 9	0.138 2	60 318	47 644	12 675	14 699	11 610	3 089	12 031	9 503	2 528
其他服务	265 588	128 792	136 796	0.547 3	0.275 6	0.177 1	145 356	70 488	74 868	73 186	35 490	37 696	47 036	22 809	24 227
合计	1 601 627	1 263 808	337 819				1 136 473	926 411	210 062	264 134	188 339	75 795	201 016	149 061	51 955
比重（%）	100	78.91	21.09				100	81.52	18.48	100	71.30	28.70	100	74.15	25.85

注：由于四舍五入，一些合计略有误差。

5.3.2　资本形成与最终消费比例分析

资本形成与最终消费的比例,即实物投资与消费的比例,是国民经济中最重要的比例关系之一。二者的比例除了决定于国民可支配收入中用于消费和储蓄的比例外,还必须同产业结构相适应。投入产出表第二象限中比较详细地列出了资本形成与最终消费所使用的产品数量,这就为我们深入分析资本形成与最终消费的比例,研究资本形成与最终消费的变化对国民经济的全面影响奠定了基础。

5.3.2.1　资本形成与最终消费的比例

从投入产出表中可以直接得到全社会和各个部门资本形成(投资)和消费的总量。表5－29是根据我国2012年投入产出表数据列出的全社会和各个部门资本形成和消费量。

计算表明,全社会资本形成率(投资率)和最终消费率分别为47.76%和52.24%,但是各个部门很不相同:最终消费率最高的是其他服务业,为92.50%,其次是批发和零售、住宿和餐饮业,为81.39%,而建筑业产品全部为资本形成。

表5－29　全社会和各个部门的资本形成和最终消费及其比重

		农林牧渔	工业	建筑业	批零住餐	交仓软计	其他服务	全社会
最终消费	总额(亿元)	21 194	81 021	0	24 243	14 306	130 955	271 719
	最终消费率*(%)	76.00	48.35	0	81.39	58.66	92.50	52.24
资本形成	总额(亿元)	6 693	86 546	128 912	5 542	10 081	10 616	248 390
	资本形成率*(%)	24.00	51.65	100	18.61	41.34	7.50	47.76

注:* 这里的最终消费率和资本形成率指最终消费额和资本形成额在最终消费总额与资本形成总额合计中所占的比重。

进一步还可以计算分析固定资产资本形成、存货在资本形成总额中的比重;居民消费和政府消费在最终消费中的比重。从动态上研究这些比例关系的变动规律及其对国民经济发展的影响,具有重要意义。

5.3.2.2　资本形成与最终消费产品构成的分析

通过投入产出表能够进一步计算资本形成与最终消费产品是由哪些部门提供的,从而可研究各部门提供产品的数量比例。例如,由我国2012年投入产出表可以计算得到如表5－30所示的资本形成与最终消费产品结构。

由表5－30可以看出,在各类资本形成与最终消费中,各个部门产品所占比重明显不相同。资产资本形成主要是由建筑业提供,占全社会资本形成总额的51.90%,其次是工业,占34.84%。在消费总量中,其他服务业所占比重最大,占全社会最终消费的48.20%,其次是工业,为29.82%。

分析资本形成与最终消费的产品构成,对研究投入产出表编表当期的生产结构和满足社会最终需求的相互关系,无疑具有重要意义。但是,我们应当看到,研究最终消费与资本形成的产品构成,更重要的作用在于寻求其中的规律性,分析和预测投资与消费变动对国民经济的影响,研究产业结构对资本形成和最终消费的制约关系。

表 5 - 30　　资本形成与最终消费的构成　　单位:亿元

部门	资本形成		最终消费	
	总额	结构	总额	结构
农林牧渔	6 693	2.69	21 194	7.80
工业	86 546	34.84	81 021	29.82
建筑业	128 912	51.90	0	0
批零住餐	5 542	2.23	24 243	8.92
交仓软计	10 081	4.06	14 306	5.26
其他服务业	10 616	4.28	130 955	48.20
合计	248 390	100.00	271 719	100.00

5.3.2.3　资本形成、消费变动对国民经济影响的分析

若用系数表示表 5 - 30 资本形成总额和最终消费中各部门产品的比重,可称该系数为资本形成系数 $d_{i1}(i=1,2,\cdots,n)$ 和消费系数 $d_{i2}(i=1,2,\cdots,n)$。如果再扩大到整个最终需求范围,把最终需求分为 k 类,则国民经济各个部门第 k 种最终使用在全部部门第 k 种最终使用中的比重 d_{ik},称为最终产品结构系数,其计算式为:

$$d_{ik}=\frac{Y_k}{S_k}\qquad(i=1,2,\cdots,n)\tag{5.21}$$

式(5.21)中:Y_k 为 i 部门提供的用于满足第 k 种最终需求的产品数量;S_k 为第 k 种最终需求的总量。

式(5.21)的矩阵表示 $\boldsymbol{D}$ 称为最终产品结构系数:

$$\boldsymbol{D}=\begin{pmatrix} d_{11} & d_{12} & \cdots & d_{1k} \\ d_{21} & d_{22} & \cdots & d_{2k} \\ \vdots & \vdots & & \vdots \\ d_{n1} & d_{n2} & \cdots & d_{nk} \end{pmatrix}$$

由表 3 - 2 计算得到的最终产品结构系数为:

$$\boldsymbol{D}=\begin{pmatrix} 7.80 & 2.69 & -22.25 \\ 29.82 & 34.84 & 31.58 \\ 0.00 & 51.90 & 6.22 \\ 8.92 & 2.23 & 67.08 \\ 5.26 & 4.06 & 16.32 \\ 48.20 & 4.27 & 1.05 \end{pmatrix}$$

最终产品结构系数是一种重要的经济参数,当确定了固定资本形成、存货增加、居民消费、政府消费、出口等最终需求总量时,可以利用式(5.21)确定各部门的最终产品量和各部门的总产量:

$$\begin{cases} Y_1 = d_{11}S_1 + d_{12}S_2 + \cdots + d_{1k}S_k \\ Y_2 = d_{21}S_1 + d_{22}S_2 + \cdots + d_{2k}S_k \\ \cdots \\ Y_n = d_{n1}S_1 + d_{n2}S_2 + \cdots + d_{nk}S_k \end{cases} \tag{5.22a}$$

用矩阵表示式(5.22a)为：

$$\boldsymbol{Y} = \boldsymbol{DS} \tag{5.22b}$$

式(5.22b)中 $\boldsymbol{S}$ 为 k 种最终使用总量列向量，即：

$$\boldsymbol{S} = \begin{pmatrix} S_1 \\ S_2 \\ \vdots \\ S_k \end{pmatrix}$$

把式(5.22b)代入投入产出行模型 $\boldsymbol{X} = (\boldsymbol{I} - \boldsymbol{A})^{-1}\boldsymbol{Y}$ 中有：

$$\boldsymbol{X} = (\boldsymbol{I} - \boldsymbol{A})^{-1}\boldsymbol{DS} \tag{5.23}$$

式(5.23)反映了各个部门总产出与 k 种最终需求量的关系。可以用来研究资本形成和最终消费的变化，以及产业结构调整的具体方向。

本章小结

1. 一张完整的投入产出表，是表现各种经济变量相互联系的“数据库”。利用直接消耗系数可以分析部门间的直接关联度和制约度；利用分配系数可以分析部门间的生产支撑度和生产拉动程度；利用增加值系数可以分析生产部门的有机构成和劳动生产率、劳动者的收入、劳动就业、对国家的贡献等。由里昂惕夫逆阵 $(\boldsymbol{I} - \boldsymbol{A})^{-1}$，可以分析国民经济各个部门的影响力和感应度，对确定支柱产业、调整产业结构等有重要作用。

2. 投入产出表提供了丰富的劳动成果和劳动消耗数据，可以进行物化劳动消耗经济效益、活劳动消耗经济效益、全部劳动消耗经济效益等直接经济效益分析，还可以推导出完全分配系数矩阵，进行间接经济效益分析。

思考与练习题

1. 利用直接从投入产出表计算的各种系数可以进行哪些方面的分析？

2. 什么是影响力和影响力系数、感应度和感应度系数？

3. 为什么建筑业的影响力系数一般总是高于社会平均影响力？这对宏观经济调控有什么作用？

4. 根据我国2007年6×6投入产出表计算的工业的影响力系数和感应度系数都很高，这意味着什么？

5. 什么是经济效益？投入产出表给我们提供了哪些劳动成果和劳动消耗的指标？

6. 利用投入产出表数据可以计算哪些直接经济效益指标？请用附录中我国2007年17×17投入产出表数据计算第三产业的直接经济效益指标。

7. 如何利用投入产出表数据进行间接经济效益分析？

8. 假设国民经济分为农业、工业、建筑业、运输计算机软件业、商业、其他服务业6个

部门,它们的完全消耗系数如下:

$$B = \begin{pmatrix} 0.0737 & 0.2536 & 0.0738 & 0.0917 & 0.2078 & 0.0125 \\ 0.0086 & 0.4555 & 0.3914 & 0.0736 & 0.1499 & 0.1629 \\ 0 & 0 & 0 & 0 & 0 & 0 \\ 0.0669 & 0.4934 & 0.8877 & 0.1950 & 0.1058 & 0.2391 \\ 0.0385 & 0.2716 & 0.0675 & 0.0325 & 0.0567 & 0.0139 \\ 0.0685 & 0.1312 & 0.0539 & 0.0276 & 0.1812 & 0.2304 \end{pmatrix}$$

(1) 计算各部门的影响力系数,并做简要的分析说明。

(2) 计算第 2 部门的感应度系数,并做简要的分析说明。

9. 我国 2007 年 17 × 17 投入产出表中,影响力系数最大的是哪两个部门?试对其进行经济分析。

10. 我国 2007 年 17 × 17 投入产出表中,第三产业的影响力系数和感应度系数分别为多少?

6 投入产出法在综合平衡和经济规划中的应用

国民经济要持续、稳定、健康地发展，最根本的是加强综合平衡，制定科学的发展规划。

国民经济活动涉及面非常广泛，国民经济各个部门、社会再生产各个环节之间存在着十分错综复杂的联系。因此国民经济的综合平衡和经济规划需要科学的方法。

投入产出模型既反映了经济总体的平衡，又反映了部门的平衡，这对于把所要研究的问题置于整个国民经济的综合平衡中是非常有利的。因此投入产出法在综合平衡分析、经济规划、经济预测中有独特的作用。

6.1 投入产出法在综合平衡中的应用

在经济发展中，一个国家或地区总要进行一些大型项目的建设。在这些项目的建设过程中，要消耗其他部门的产品，而项目建成投产后，又会对整个国民经济产生重大的影响：或是扩大社会生产能力，改变生产结构；或是增加消费，改变消费结构。扩大再生产要增加劳动就业量，增加劳动报酬支出。

6.1.1 某些产品的中间需求增加对国民经济的影响分析

一个或若干个大型项目的建设中，要消耗一些部门的产品从而影响这些部门的产出。但是，由于直接或间接经济联系，每一个部门的产出是各个部门产出的函数，所以大型项目的建设中绝不是仅仅要求被消耗产品的部门增加产出就可以了，而是对全社会各个部门的产出都有一定的要求。

由于大型项目的建设中要消耗的产品，形成对各种产品的中间需求，而这些中间需求是在投入产出表范围以外的需求，所以我们可以将这些中间需求看作对这些产品的最终使用的增加需求，并利用投入产出行模型 $\boldsymbol{X}=(\boldsymbol{I}-\boldsymbol{A})^{-1}\boldsymbol{Y}$ 计算出最终需求增加对各个部门总产出的需求量。

令 ΔY^* 是大型项目建设中要消耗的各种产品数量，例如，需要投入第 k、l、$n-1$ 种产品，$\boldsymbol{Y}^*$ 是包括这些新增加需求的最终使用量，$\boldsymbol{X}^*$ 是在新的最终需求条件下，各个部门总产出应该达到的数量，则我们有：

$$\boldsymbol{Y}^{*}=\boldsymbol{Y}+\Delta Y^{*}=\begin{pmatrix} Y_1 \\ Y_2 \\ \vdots \\ Y_k+\Delta Y_k \\ \vdots \\ Y_l+\Delta Y_l \\ \vdots \\ Y_{n-1}+\Delta Y_{n-1} \\ Y_n \end{pmatrix} \qquad (6.1)$$

把式(6.1)代入投入产出行模型则有：

$X^{*}=(I-A)^{-1}Y^{*}$

这样计算出来的总产出，就是既能满足现行生产和人民消费需求，又能满足大型项目建设对中间产品需要的数量。

以表 3 - 2 为例，若规划期由于一些项目建设需要多消耗 3 000 亿元的工业产品，2 000 亿元的建筑产品，1 050 亿元的交通运输、仓储和邮政与信息传输、软件和信息技术服务（“交仓软计”），则：

$$\boldsymbol{Y}^{*}=\begin{pmatrix} 24\ 172 \\ 172\ 839+3\ 000 \\ 129\ 951+2\ 000 \\ 40\ 982 \\ 27\ 110+1\ 050 \\ 141\ 747 \end{pmatrix}=\begin{pmatrix} 24\ 172 \\ 175\ 839 \\ 131\ 951 \\ 40\ 982 \\ 28\ 160 \\ 141\ 747 \end{pmatrix}$$

则各个部门总产出为：

$$\boldsymbol{X}^{*}=(\boldsymbol{I}-\boldsymbol{A})^{-1}\boldsymbol{Y}^{*}$$

$$=\begin{pmatrix} 1.211\ 1 & 0.180\ 3 & 0.122\ 6 & 0.069\ 3 & 0.084\ 5 & 0.055\ 6 \\ 0.819\ 6 & 2.945\ 0 & 1.810\ 6 & 0.561\ 9 & 1.119\ 1 & 0.761\ 7 \\ 0.003\ 0 & 0.008\ 1 & 1.034\ 2 & 0.007\ 1 & 0.013\ 5 & 0.015\ 0 \\ 0.054\ 3 & 0.118\ 0 & 0.106\ 5 & 1.077\ 3 & 0.096\ 9 & 0.092\ 7 \\ 0.052\ 0 & 0.112\ 7 & 0.127\ 8 & 0.074\ 6 & 1.227\ 5 & 0.094\ 2 \\ 0.094\ 4 & 0.207\ 8 & 0.237\ 6 & 0.240\ 0 & 0.265\ 6 & 1.266\ 1 \end{pmatrix}\begin{pmatrix} 24\ 172 \\ 175\ 839 \\ 131\ 951 \\ 40\ 982 \\ 28\ 160 \\ 141\ 747 \end{pmatrix}$$

$$=\begin{pmatrix} 90\ 268 \\ 939\ 075 \\ 140\ 758 \\ 96\ 141 \\ 88\ 930 \\ 266\ 957 \end{pmatrix}$$

将计算得到的总产出列向量 X^{*} 与表 3 - 2 中的总产出列向量 X 比较，如表 6 - 1 所示。

表 6 - 1　　总产出变化比较表

	X(亿元)	X*(亿元)	增加额(亿元)	增长率(%)
农林牧渔	89 421	90 268	847	0.95
工业	925 463	939 075	13 612	1.47
建筑业	138 613	140 758	2 145	1.55
批零住餐	95 490	96 141	651	0.68
交仓软计	87 052	88 930	1 878	2.16
其他服务	265 588	266 957	1 369	0.52
合　计	1 601 627	1 622 128	20 501	1.28

计算表明，为了满足项目建设要消耗 3 000 亿元的工业产品，2 000 亿元的建筑产品，1 050 亿元的交通运输、仓储和邮政与信息传输、软件和信息技术服务，不仅工业总产出要增长 1.47%、增加 13 612 亿元，建筑总产出要增长 1.55%、增加 2 145 亿元，交通运输、仓储和邮政与信息传输、软件和信息技术服务要增长 2.16%、增加 1 878 亿元，而且由于直接或间接影响，还要求农、林、牧、渔总产出增长 0.95%、增加 847 亿元，批发和零售、住宿和餐饮总产出增长 0.68%、增加 651 亿元，其他服务总产出增长 0.52%、增加 1 369 亿元。

6.1.2　产品总量变化对国民经济的影响分析

如果大型项目已建成投产，只要其产品可以作生产资料，就可能扩大各个部门的生产能力，国民经济的生产结构就可能发生变化。同理，如果进行产业结构调整，需要减少某些部门产品的生产量，也会使国民经济的生产结构发生变化。

从投入产出行模型可知，每一种产品的总产出数量 X_i 都是各个部门产品总产出数量的函数：

$$\begin{cases} X_1 = a_{11}X_1 + a_{12}X_2 + \cdots + a_{1,n-1}X_{n-1} + a_{1n}X_n + Y_1 \\ X_2 = a_{21}X_1 + a_{22}X_2 + \cdots + a_{2,n-1}X_{n-1} + a_{2n}X_n + Y_2 \\ \cdots \\ X_{n-1} = a_{n-1,1}X_1 + a_{n-1,2}X_2 + \cdots + a_{n-1,n-1}X_{n-1} + a_{n-1,n}X_n + Y_{n-1} \\ X_n = a_{n1}X_1 + a_{n2}X_2 + \cdots + a_{n,n-1}X_{n-1} + a_{nn}X_n + Y_n \end{cases}$$

假定大型项目建成投产增加了第 n 种产品，第 n 个方程是一个已知量，前 $n-1$ 个方程将受到影响而发生变化。对前 $n-1$ 个方程进行分析：

$$\begin{cases} X_1 = a_{11}X_1 + a_{12}X_2 + \cdots + a_{1,n-1}X_{n-1} + a_{1n}X_n + Y_1 \\ X_2 = a_{21}X_1 + a_{22}X_2 + \cdots + a_{2,n-1}X_{n-1} + a_{2n}X_n + Y_2 \\ \cdots \\ X_{n-1} = a_{n-1,1}X_1 + a_{n-1,2}X_2 + \cdots + a_{n-1,n-1}X_{n-1} + a_{n-1,n}X_n + Y_{n-1} \end{cases}$$

用矩阵表示为：

$$\boldsymbol{X}_{(n-1)} = \boldsymbol{A}_{(n-1)}\boldsymbol{X}_{(n-1)} + \begin{pmatrix} a_{1n} \\ a_{2n} \\ \vdots \\ a_{n-1,n} \end{pmatrix} \boldsymbol{X}_n + \boldsymbol{Y}_{(n-1)} \tag{6.2}$$

其中：$\boldsymbol{X}_{(n-1)} = \begin{pmatrix} X_1 \\ X_2 \\ \vdots \\ X_{n-1} \end{pmatrix}$　　$\boldsymbol{Y}_{(n-1)} = \begin{pmatrix} Y_1 \\ Y_2 \\ \vdots \\ Y_{n-1} \end{pmatrix}$

$$\boldsymbol{A}_{(n-1)} = \begin{pmatrix} a_{11} & a_{12} & \cdots & a_{1,n-1} \\ a_{21} & a_{22} & \cdots & a_{2,n-1} \\ \vdots & \vdots & & \vdots \\ a_{n-1,1} & a_{n-1,2} & \cdots & a_{n-1,n-1} \end{pmatrix}$$

对式(6.2)整理得：

$$\boldsymbol{X}_{(n-1)} - \boldsymbol{A}_{(n-1)}\boldsymbol{X}_{(n-1)} = \begin{pmatrix} a_{1n} \\ a_{2n} \\ \vdots \\ a_{n-1,n} \end{pmatrix} \boldsymbol{X}_n + \boldsymbol{Y}_{(n-1)} \tag{6.2a}$$

$$(\boldsymbol{I} - \boldsymbol{A}_{(n-1)})\boldsymbol{X}_{(n-1)} = \begin{pmatrix} a_{1n} \\ a_{2n} \\ \vdots \\ a_{n-1,n} \end{pmatrix} \boldsymbol{X}_n + \boldsymbol{Y}_{(n-1)} \tag{6.2b}$$

式(6.2b)两端左乘$(\boldsymbol{I} - \boldsymbol{A}_{(n-1)})^{-1}$得：

$$\boldsymbol{X}_{(n-1)} = (\boldsymbol{I} - \boldsymbol{A}_{(n-1)})^{-1} \left[\begin{pmatrix} a_{1n} \\ a_{2n} \\ \vdots \\ a_{n-1,n} \end{pmatrix} \boldsymbol{X}_n + \boldsymbol{Y}_{(n-1)} \right] \tag{6.3}$$

再考虑由于第n部门的总产出已经增加，即$\boldsymbol{X}_n \rightarrow \boldsymbol{X}_n + \Delta\boldsymbol{X}_n$，前$n-1$个部门的总产出也会发生变化，即$\boldsymbol{X}_{(n-1)} \rightarrow \boldsymbol{X}_{(n-1)} + \Delta\boldsymbol{X}_{(n-1)}$，则式(6.3)变为：

$$\boldsymbol{X}_{(n-1)} + \Delta\boldsymbol{X}_{(n-1)} = (\boldsymbol{I} - \boldsymbol{A}_{(n-1)})^{-1} \left[\begin{pmatrix} a_{1n} \\ a_{2n} \\ \vdots \\ a_{n-1,n} \end{pmatrix} (\boldsymbol{X}_n + \Delta\boldsymbol{X}_n) + \boldsymbol{Y}_{(n-1)} \right] \tag{6.4}$$

其中：$\Delta\boldsymbol{X}_{(n-1)} = \begin{pmatrix} \Delta X_1 \\ \Delta X_2 \\ \vdots \\ \Delta X_{n-1} \end{pmatrix}$

式(6.4) 减式(6.3) 得：

$$\Delta X_{(n-1)} = (I - A_{(n-1)})^{-1}\left[\begin{pmatrix} a_{1n} \\ a_{2n} \\ \vdots \\ a_{n-1,n} \end{pmatrix} \Delta X_n\right] \tag{6.5}$$

式(6.5) 可以求解出前 $n-1$ 个部门的总产出由于受第 n 个部门总产出影响的变化量。但是,需要求解 $n-1$ 阶的逆矩阵。在实际投入产出核算中,公布 n 阶投入产出表的同时公布了 n 阶直接消耗系数和完全消耗系数。是否可以利用这些给定的 n 阶数据求解 $n-1$ 阶的 $\Delta X_{(n-1)}$ 呢？我们将里昂惕夫矩阵与逆矩阵进行 $n-1$ 阶分块,即：

$$I - A = \left(\begin{array}{cccc:c} 1-a_{11} & -a_{12} & \cdots & -a_{1,n-1} & -a_{1n} \\ -a_{21} & 1-a_{22} & \cdots & -a_{2,n-1} & -a_{2n} \\ \vdots & \vdots & & \vdots & \vdots \\ -a_{n-1,1} & -a_{n-1,2} & \cdots & 1-a_{n-1,n-1} & -a_{n-1,n} \\ \hdashline -a_{n1} & -a_{n2} & \cdots & -a_{n,n-1} & 1-a_{nn} \end{array}\right)$$

$$(I - A)^{-1} = \bar{B} = \left(\begin{array}{cccc:c} \bar{b}_{11} & \bar{b}_{12} & \cdots & \bar{b}_{1,n-1} & \bar{b}_{1,n} \\ \bar{b}_{21} & \bar{b}_{22} & \cdots & \bar{b}_{2,n-1} & \bar{b}_{2,n} \\ \vdots & \vdots & & \vdots & \vdots \\ \bar{b}_{n-1,1} & \bar{b}_{n-1,2} & \cdots & \bar{b}_{n-1,n-1} & \bar{b}_{n-1,n} \\ \hdashline \bar{b}_{n1} & \bar{b}_{n2} & \cdots & \bar{b}_{n,n-1} & \bar{b}_{nn} \end{array}\right)$$

则$(I-A)$ 和$(I-A)^{-1}$ 可以表示为：

$$(I - A) = \begin{pmatrix} I - A_{(n-1)} & -U \\ -R' & 1-a_{nn} \end{pmatrix}$$

$$(I - A)^{-1} = \begin{pmatrix} \bar{B}_{(n-1)} & T \\ S' & \bar{b}_{nn} \end{pmatrix}$$

其中：

$$I - A_{(n-1)} = \begin{pmatrix} 1-a_{11} & -a_{12} & \cdots & -a_{1,n-1} \\ -a_{21} & 1-a_{22} & \cdots & -a_{2,n-1} \\ \vdots & \vdots & & \vdots \\ -a_{n-1,1} & -a_{n-1,2} & \cdots & 1-a_{n-1,n-1} \end{pmatrix}$$

$$U = \begin{pmatrix} a_{1n} \\ a_{2n} \\ \vdots \\ a_{n-1,n} \end{pmatrix} \qquad R = \begin{pmatrix} a_{n1} \\ a_{n2} \\ \vdots \\ a_{n,n-1} \end{pmatrix}$$

$$\bar{\boldsymbol{B}}_{(n-1)}=\begin{pmatrix}\bar{b}_{11} & \bar{b}_{12} & \cdots & \bar{b}_{1,n-1}\\ \bar{b}_{21} & \bar{b}_{22} & \cdots & \bar{b}_{2,n-1}\\ \vdots & \vdots & & \vdots\\ \bar{b}_{n-1,1} & \bar{b}_{n-1,2} & \cdots & \bar{b}_{n-1,n-1}\end{pmatrix}$$

$$\boldsymbol{T}=\begin{pmatrix}\bar{b}_{1n}\\ \bar{b}_{2n}\\ \vdots\\ \bar{b}_{n-1,n}\end{pmatrix}\qquad \boldsymbol{S}=\begin{pmatrix}\bar{b}_{n1}\\ \bar{b}_{n2}\\ \vdots\\ \bar{b}_{n,n-1}\end{pmatrix}$$

里昂惕夫矩阵与逆矩阵之积为单位矩阵,即:

$$\begin{aligned}(\boldsymbol{I}-\boldsymbol{A})(\boldsymbol{I}-\boldsymbol{A})^{-1}&=\begin{pmatrix}(\boldsymbol{I}-\boldsymbol{A})_{(n-1)} & -\boldsymbol{U}\\ -\boldsymbol{R}' & 1-a_{nn}\end{pmatrix}\begin{pmatrix}\bar{\boldsymbol{B}}_{(n-1)} & \boldsymbol{T}\\ \boldsymbol{S}' & \bar{b}_{nn}\end{pmatrix}\\ &=\begin{pmatrix}(\boldsymbol{I}-\boldsymbol{A}_{(n-1)})\bar{\boldsymbol{B}}_{(n-1)}-\boldsymbol{US}' & (\boldsymbol{I}-\boldsymbol{A}_{(n-1)})\boldsymbol{T}-\boldsymbol{U}\bar{b}_{nn}\\ -\boldsymbol{R}'\bar{\boldsymbol{B}}_{(n-1)}+(1-a_{nn})\boldsymbol{S}' & -\boldsymbol{R}'\boldsymbol{T}+(1-a_{nn})\bar{b}_{nn}\end{pmatrix}\\ &=\begin{pmatrix}\boldsymbol{I}_{(n-1)} & \boldsymbol{0}_{(n-1)\times 1}\\ \boldsymbol{0}_{1\times(n-1)} & 1\end{pmatrix}\end{aligned}\tag{6.6}$$

由式(6.6)有:

$$(\boldsymbol{I}-\boldsymbol{A})_{(n-1)}\boldsymbol{T}-\boldsymbol{U}\bar{b}_{nn}=\boldsymbol{0}_{(n-1)\times 1}\tag{6.6a}$$

整理式(6.6a)有:

$$(\boldsymbol{I}-\boldsymbol{A})_{(n-1)}\boldsymbol{T}=\boldsymbol{U}\bar{b}_{nn}\tag{6.6b}$$

式(6.6b)两端左乘$[\boldsymbol{I}-\boldsymbol{A}_{(n-1)}]^{-1}$得:

$$[\boldsymbol{I}-\boldsymbol{A}_{(n-1)}]^{-1}\boldsymbol{U}\bar{b}_{nn}=\boldsymbol{T}\tag{6.6c}$$

写出 $\boldsymbol{U}$ 和 $\boldsymbol{T}$ 列向量的元素并把 $\bar{b}_{nn}$ 移项有:

$$(\boldsymbol{I}-\boldsymbol{A}_{(n-1)})^{-1}\begin{pmatrix}a_{1n}\\ a_{2n}\\ \vdots\\ a_{n-1,n}\end{pmatrix}=\begin{pmatrix}\bar{b}_{1n}/\bar{b}_{nn}\\ \bar{b}_{2n}/\bar{b}_{nn}\\ \vdots\\ \bar{b}_{n-1,n}/\bar{b}_{nn}\end{pmatrix}\tag{6.7}$$

比较式(6.7)与式(6.5),可以得到求解当第 n 部门产品总量发生变化时,其他 $n-1$ 个部门产品的变化量公式,即:

$$\Delta\boldsymbol{X}_{(n-1)}=\begin{pmatrix}\bar{b}_{1n}/\bar{b}_{nn}\\ \bar{b}_{2n}/\bar{b}_{nn}\\ \vdots\\ \bar{b}_{n-1,n}/\bar{b}_{nn}\end{pmatrix}\Delta\boldsymbol{X}_n\tag{6.8}$$

从式(6.8)可以看出,前 $n-1$ 个部门总产出的变化量与 n 阶里昂惕夫逆矩阵 $(\boldsymbol{I}-\boldsymbol{A})^{-1}$ 中的第 n 列元素有关,它等于第 n 列前 $n-1$ 个元素与第 n 个元素的比值乘以第 n 部门总产出的变化量。显然,如果不是第 n 部门的总产出发生变化,而是任何其他部门总产出变化，比如第 k 部门总产出发生变化了，则其他部门总产出的变化量等于第 k 列（除主对角线上的元素外）各个元素与主对角线上的元素的比值乘上第 k 部门总产出变化量。

例如，根据我国 2012 年 6 × 6 投入产出表（见表 3 - 2），如果计算期批发和零售、住宿和餐饮的总产出增加 10%，即增加 870.52 亿元，则我们可以用表 4 - 2 的完全需求系数计算出其他各个部门总产出的变化量：

$$\begin{pmatrix} \Delta X_1 \\ \Delta X_2 \\ \Delta X_3 \\ \Delta X_5 \\ \Delta X_6 \end{pmatrix} = \begin{pmatrix} \bar{b}_{14}/\bar{b}_{44} \\ \bar{b}_{24}/\bar{b}_{44} \\ \bar{b}_{34}/\bar{b}_{44} \\ \bar{b}_{54}/\bar{b}_{44} \\ \bar{b}_{64}/\bar{b}_{44} \end{pmatrix} \times \Delta X_4 = \begin{pmatrix} 0.0693/1.0773 \\ 0.5619/1.0773 \\ 0.0071/1.0773 \\ 0.0746/1.0773 \\ 0.2400/1.0773 \end{pmatrix} \times 870.52 = \begin{pmatrix} 56.04 \\ 454.03 \\ 5.73 \\ 60.27 \\ 193.91 \end{pmatrix}$$

计算表明，运输邮电业的总产出增加 870.52 亿元，会直接或间接影响其他部门的总产出增加，其中需要农、林、牧、渔产品和服务总产出增加 56.04 亿元，工业总产出增加 454.03 亿元，建筑业总产出增加 5.73 亿元，交通运输、仓储和邮政与信息传输、软件和信息技术服务总产出增加 60.27 亿元，其他服务业总产出增加 193.91 亿元。

当然，如果调整产业结构，需要减少某个部门的总产出，则只要将这个部门总产出的减少量 ΔX_k 用负数来表示，同样可以利用式（6.8）计算分析其他部门的总产出应该做什么样的调整。

6.1.3 投入产出模型在劳动就业量分析中的应用

劳动力是最重要的生产要素，劳动力总量及劳动力就业结构是关系国计民生和社会劳动生产率的重要数量和比例。劳动力总量及劳动力就业结构是否合理，应该看其是否与国民经济发展水平和结构相符合。研究劳动力总量及劳动力就业结构与国民经济发展水平和结构的比例，是国民经济综合平衡的主要内容之一。我国是一个人口和劳动力资源大国，预测和安排新增加的劳动力，具有重要意义。

社会经济的发展、人民生活水平的提高、生产技术的进步和劳动生产率的提高，必然要反映在对最终需求的增加和结构的变化以及生产规模的扩大上。从投入产出的角度看，存在这样的传递关系：最终使用变化→总产出变化→劳动报酬变化→劳动就业量变化→劳动就业结构变化。而且任何一个部门的最终使用、总产出或者劳动就业量发生变化，都会影响其他部门的劳动报酬、劳动就业量发生变化。利用投入产出模型可以深入、全面地分析国民经济发展与劳动就业量和劳动力就业结构变化的关系。

由劳动报酬系数 $a_{vj} = V_j / X_j$ 可得出 $V_j = a_{vj} X_j (j = 1, 2, \cdots, n)$，把 V_j 写成矩阵形式为：

$$\boldsymbol{V} = \hat{\boldsymbol{A}}_V \boldsymbol{X} \tag{6.9}$$

式（6.9）中：

$$\hat{\boldsymbol{A}}_V = \begin{pmatrix} a_{v1} & & & \\ & a_{v2} & & \\ & & \ddots & \\ & & & a_{vn} \end{pmatrix} \qquad \boldsymbol{V} = \begin{pmatrix} V_1 \\ V_2 \\ \vdots \\ V_n \end{pmatrix}$$

如果生产规模扩大，总产出增加，在劳动报酬系数不变的条件下，劳动报酬也会增加，其变化量如下：

$$V + \Delta V = \hat{A}_V(X + \Delta X) \tag{6.10}$$

式(6.10) 中：

$$\Delta X = \begin{pmatrix} \Delta X_1 \\ \Delta X_2 \\ \vdots \\ \Delta X_n \end{pmatrix} \qquad \Delta V = \begin{pmatrix} \Delta V_1 \\ \Delta V_2 \\ \vdots \\ \Delta V_n \end{pmatrix}$$

式(6.10) 减式(6.9) 得：

$$\Delta V = \hat{A}_V \Delta X \tag{6.11}$$

如果最终使用增加ΔY，在劳动报酬系数不变的条件下，劳动报酬会产生如下变化量：

$$\Delta V = \hat{A}_V(I - A)^{-1}\Delta Y \tag{6.12}$$

式(6.11) 和式(6.12) 分别把劳动报酬变化量与总产出变化量和最终使用变化量联系起来了。

以新增加的劳动报酬数除以劳动者平均劳动报酬，就得到应该增加的劳动者人数。

以表3－2为例，假定建筑业和其他服务业的最终使用分别增加1 180亿元和1 230亿元，其余部门的最终使用不变，那么各个部门的劳动报酬从而劳动就业量会增加多少呢？

根据表3－2计算的完全需求系数、劳动报酬系数，劳动报酬增加额为：

$$\Delta V = \hat{A}_V(I - A)^{-1}\Delta Y$$

$$= \begin{pmatrix} 0.592\,7 & & & & & \\ & 0.086\,0 & & & & \\ & & 0.162\,0 & & & \\ & & & 0.221\,8 & & \\ & & & & 0.168\,9 & \\ & & & & & 0.275\,6 \end{pmatrix} \times$$

$$\begin{pmatrix} 1.211\,1 & 0.180\,3 & 0.122\,6 & 0.069\,3 & 0.084\,5 & 0.055\,6 \\ 0.819\,6 & 2.945\,0 & 1.810\,6 & 0.561\,9 & 1.119\,1 & 0.761\,7 \\ 0.003\,0 & 0.008\,1 & 1.034\,2 & 0.007\,1 & 0.013\,5 & 0.015\,0 \\ 0.054\,3 & 0.118\,0 & 0.106\,5 & 1.077\,3 & 0.096\,9 & 0.092\,7 \\ 0.052\,0 & 0.112\,7 & 0.127\,8 & 0.074\,6 & 1.227\,5 & 0.094\,2 \\ 0.094\,4 & 0.207\,8 & 0.237\,6 & 0.240\,0 & 0.265\,6 & 1.266\,1 \end{pmatrix} \begin{pmatrix} 0 \\ 0 \\ 1\,180 \\ 0 \\ 0 \\ 1\,230 \end{pmatrix}$$

$$= \begin{pmatrix} 213.09 \\ 3\,073.39 \\ 1\,238.81 \\ 239.74 \\ 266.78 \\ 1\,837.70 \end{pmatrix}$$

计算表明,为了满足建筑业和其他服务业的最终使用增加 1 180 亿元和 1 230 亿元,各个部门都要扩大生产、增加劳动报酬。不仅这两个部门的劳动报酬分别增加了 1 238.81 亿元和 1 837.70 亿元,而且其他 4 个部门的劳动报酬也增加了,其中农、林、牧、渔产品和服务增加 213.09 亿元,工业增加 3 073.39 亿元,批发和零售、住宿和餐饮增加 239.74 亿元,交通运输、仓储和邮政与信息传输、软件和信息技术服务增加 266.78 亿元。

如果计算期全社会平均劳动报酬为 59 000 元(5.9 万元),则全社会可以增加的劳动者人数为:

$$\frac{213.09 + 3\,073.39 + 1\,238.81 + 239.74 + 266.78 + 1\,837.70}{0.000\,59}$$
$$= 361\,169 + 5\,209\,136 + 2\,099\,678 + 406\,339 + 452\,169 + 3\,114\,746$$
$$= 11\,643\,237(\text{人})$$

由于劳动报酬总额增加,全社会可以增加的就业人数是 1 164.323 7 万人,其中农、林、牧、渔业可以增加 36.116 9 万人,工业可以增加 520.913 6 万人,建筑业可以增加 209.967 8 万人,批发和零售、住宿和餐饮业可以增加 40.633 9 万人,交通运输、仓储和邮政与信息传输、软件和信息技术服务业可以增加 45.216 9 万人,其他服务业可以增加 311.474 6 万人。

如果各个部门计算期平均劳动报酬不一样,可以分别以各个部门增加的劳动报酬除以其平均劳动报酬,从而求得各个部门可以增加的就业人数。

6.2 投入产出法在经济规划中的应用

6.2.1 投入产出模型在制定规划中的作用

经济规划是根据发展战略的要求,系统地分析国民经济原有的基础,确定国民经济总量应该达到的水平,是国民经济发展的蓝图。在社会主义市场经济条件下,国家主要通过中长期规划来指导经济的发展和引导经济结构的调整。如何科学制定国民经济规划,既需要正确的指导思想,又需要编制规划的科学方法。

在我国的建设实践中,常规制定规划的方法一般都是从社会总产品入手,直接规划各部门总产品的生产量。一种常用的做法是围绕重点建设项目进行综合平衡,即首先确定一些重点项目的生产规模(总产出),然后相应安排其他部门的发展和人民的生活。例如,第一个五年计划,采用了从 156 个重点项目为出发点安排规划。另一种常用的做法是以若干种重工业产品为中心,例如“以钢为纲”,来安排国民经济其他指标。从数学工具和平衡方法看,这样的规划基本上只用加、减、乘、除等简单四则混合运算和采用单式记账的平衡表。这样做存在较大的局限性:无法揭示国民经济错综复杂的直接和间接联系,从而无法根据国民经济各个部门和各种产品之间的相互联系制定规划,容易注重生产,片面追求产量和产值的高速度,忽视社会最终需要;缺乏对国民经济进行总体平衡的核算工具,难以把单项和局部规划置于整个国民经济的综合平衡中;仅根据经验和简单的因素分析评价规划方案具有局限性。

投入产出表既有国民经济总体平衡,又有各个部门平衡;既有生产成果方面的指标,又有生产消耗的指标;既有分配方面的指标,又有最终使用方面的指标。这就为从局部与总体的结合上为制定规划创造了条件。投入产出模型通过直接消耗系数、完全消耗系数和其他系数,建立起了各部门、各种产品之间总量和结构间的直接或间接数量联系,能从实物运动与价值运动的结合中,建立部门之间、再生产环节之间联系的数学模型,利用电脑的高速运转,量化国民经济错综复杂的直接和间接联系。这些对于制定与检查国民经济规划、预测国民经济的发展前景,是非常重要的。

前面已经强调,投入产出模型中的消耗系数具有相对稳定性,在这一前提下,当事先确定了各部门的总产出规划时,利用直接消耗系数和相应的线性模型,可以对既定规划方案进行科学的预测与评价;当确定了需要各部门能够生产的总产品量或能够提供的最终产品量时,利用完全消耗系数和相应的线性模型,又能很方便地计算各部门可以得到的最终需求量或应有的产出量。所以投入产出模型是经济预测和规划的有效工具,利用这一方法既可以规划各部门的合理比例,又可以在规划执行当中,检查各部门比例关系是否协调,并能制定规划的调整方案,从而使各种产品的生产规模更加符合客观要求,使国民经济在综合平衡的基础上得到协调发展。

制定国民经济规划应该考虑这样一些问题:第一,制定的规划是否符合社会主义基本经济规律,即是否能满足人民群众日益增长的物质文化需求;第二,规划是否建立在积极稳妥的基础上,即生产资源和生产能力是否能得到保证;第三,规划是否能适应当前经济管理水平,能否获得制定规划所需要的统计数据。

投入产出行模型和列模型分别建立了总产出与最终使用、总投入与增加值(最初投入)之间的联系,所以利用投入产出模型制定规划的方法也有很多种。

6.2.2 利用投入产出模型制定规划的方法

6.2.2.1 从总产出出发制定规划

从总产出出发制定规划的基本思想是,首先在模型以外确定各个部门的总产出。一般可以根据各个部门总产出时间序列、现有生产能力和资源条件等,用测定长期趋势的方法,如移动平均法、方程拟合法等测算出各个部门规划期的总产出列向量;也可以根据资金、劳动投入和技术进行情况,利用生产函数测算出各个部门规划期的总产出列向量。然后把总产出列向量代入行模型$\boldsymbol{Y}=(\boldsymbol{I}-\boldsymbol{A})\boldsymbol{X}$中,求出在一定的总产出水平下,各个部门能够有多少产品供社会最终使用。

以表3-2为例,假如农、林、牧、渔产品和服务总产出增长5%,工业总产出增长10%,建筑业总产出增长12%,批发和零售、住宿和餐饮总产出增长15%,交通运输、仓储和邮政与信息传输、软件和信息技术服务总产出增长6%,其他服务总产出增长20%,即各个部门的总产出分别由$\boldsymbol{X}_0$变为$\boldsymbol{X}_t$:

$$\boldsymbol{X}_0=\begin{pmatrix}89\ 421\\925\ 463\\138\ 613\\95\ 490\\87\ 052\\265\ 588\end{pmatrix}\Rightarrow\boldsymbol{X}_t=\begin{pmatrix}93\ 892\\1\ 018\ 009\\155\ 247\\109\ 814\\92\ 275\\318\ 706\end{pmatrix}$$

根据模型 $\boldsymbol{Y}=(\boldsymbol{I}-\boldsymbol{A})\boldsymbol{X}$ 和 $\boldsymbol{W}=\boldsymbol{A}\hat{\boldsymbol{X}}$ 可以计算出各个部门的最终使用量和中间流量（见表6－2）。

从总产出出发制定规划的优点是可以充分考虑生产能力和资源条件的制约，使所制定的规划建立在切实可行的基础上，但这种方法没有考虑社会的最终需求。从表6－2可知，本来农、林、牧、渔产品和服务总产出欲增长5%，结果最终产品不但没有增长，反而下降了6.8%；交通运输、仓储和邮政与信息传输、软件和信息技术服务总产出欲增长6%，最终产品却下降了6.0%；工业的最终产品增长速度也低于其总产出的增长速度。然而，批发和零售、住宿和餐饮的总产出增长了15%，最终产品却增长了18.5%；其他服务业总产出增长了20%，最终产品增长了25.5%。

为什么会出现总产出与最终产品增长相悖的情况呢？原因是：农、林、牧、渔业，工业，交通运输、仓储和邮政与信息传输、软件和信息技术服务业的总产出增长速度慢于其他部门，为了满足其他部门总产出较快的增长速度，就必须提供较多的产品给其他部门作为中间使用，一定的总产出量减去较多的中间产品，剩下的最终产品就相对少了；而批发和零售、住宿和餐饮业以及其他服务业的总产出增长速度高于其他部门，提供给其他部门作中间使用的产品数量相对较少，一定的总产出减去较少的中间产品，剩下的最终产品就相对多了。

从总产出出发制定规划与传统规划方法看起来好像没有什么区别，但是它把所有部门联系起来进行综合平衡，因此与传统规划方法还是有本质的不同。同时，根据投入产出模型可以定量地测度出在各个部门一定的总产出水平下，实际可以得到各个部门最终产品的数量，从而调整总产出水平。此外，这种方法可以作为其他方法的参照，以该方法之长，补其他方法之短。

6.2.2.2　从最终产品出发制定规划

在社会主义市场经济条件下，制定科学、可行的国民经济发展规划，应该体现社会主义经济发展的目标，符合社会主义基本经济规律的要求，从根本上说，是满足人民群众日益增长的物质文化需求。这就要求从最终产品出发制定规划。

从最终产品出发制定国民经济规划，首先要求在模型以外确定各个部门的最终使用数量 Y。一般可以从人民生活水平提高的速度和社会人口增长的数量出发，确定居民消费总量和构成；从社会公共服务的需要出发，确定政府消费总量和构成；从安排好社会简单再生产的需求出发，确定固定资产更新的需求；从社会经济发展的长远目标考虑，确定社会实物投资（包括固定资产投资和存货投资）的规模；从经济总体的产业结构、社会需求，以及外部市场条件，确定进出口产品总量和结构。把以上各项汇总，得到各个部门最终产品列向量 Y。然后利用投入产出模型 $\boldsymbol{X}=(\boldsymbol{I}-\boldsymbol{A})^{-1}\boldsymbol{Y}$，确定各部门应当提供的中间产品量和各部门总产出量。

以表3－2为例，假如农、林、牧、渔业，交通运输、仓储和邮政与信息传输、软件和信息技术服务业最终使用增长10%，建筑业最终使用增长12%，批发和零售、住宿和餐饮最终使用增长15%，交通运输、仓储和邮政与信息传输、软件和信息技术服务最终使用增长6%，其他服务最终使用增长20%，即各个部门的总产出分别由 $\boldsymbol{Y}_0$ 变为 $\boldsymbol{Y}_t$：

$$
\boldsymbol{Y}_0=\begin{pmatrix}24\ 172\\172\ 839\\129\ 951\\40\ 982\\27\ 110\\141\ 747\end{pmatrix}\Rightarrow \boldsymbol{Y}_t=\begin{pmatrix}25\ 381\\190\ 123\\145\ 545\\47\ 129\\28\ 737\\170\ 096\end{pmatrix}
$$

根据模型$\boldsymbol{X}=(\boldsymbol{I}-\boldsymbol{A})^{-1}\boldsymbol{Y}$和$\hat{\boldsymbol{B}}\boldsymbol{Y}$可以计算出各个部门的总产出列向量和中间流量矩阵(见表6－3)。

从最终使用出发制定规划的优点是能够以需求确定生产,这样可以充分考虑社会的最终需求,以需求确定产出,避免盲目生产,符合社会主义基本经济规律;可以充分考虑消费、投资和进出口等的比例与构成,有利于协调国民经济的一些重大比例关系。但是这种方法没能考虑生产能力和资源条件的制约。

从表6－3可知,本来农、林、牧、渔业,交通运输、仓储和邮政与信息传输、软件和信息技术服务业最终使用分别欲增长5%和6%,结果却要求总产出分别增长9.6%和10.5%;而其他服务业最终使用欲增长20%,却只需要总产出增长17.0%。

为什么会出现最终使用与总产出增长相悖的情况呢?原因是:农、林、牧、渔业,交通运输、仓储和邮政与信息传输、软件和信息技术服务业的最终使用增长速度慢于其他部门,为了满足其他部门最终使用较快的增长速度,就必须提供较多的产品给其他部门作中间使用,一定的最终使用量加上较多的中间产品,总产出就相对多了;而其他服务业的最终使用增长速度快于其他部门,提供给其他部门作中间使用的产品数量相对较少,一定的最终使用加上较少的中间产品,总产出就相对少了。

6.2.2.3 从部分总产出和部分最终使用出发制定规划

为了扬弃从总产出出发制定规划和从最终使用出发制定规划的优点和局限,可以采取从部分总产出和部分最终使用出发制定规划的方法。

这种方法的基本思想是把总产出列向量和最终使用列向量分成两部分,在模型以外分别确定一部分最终使用和一部分总产出,然后从最终使用出发制定规划,在模型以内分别求得另一部分最终使用和另一部分总产出。从部分总产出和部分最终使用出发制定规划的步骤是:

第一,把最终使用和总产出分别分成m种产品构成的列向量和$n-m$种产品构成的列向量两部分,即:

$$
\boldsymbol{Y}=\begin{pmatrix}Y_m\\Y_{n-m}\end{pmatrix}\qquad \boldsymbol{X}=\begin{pmatrix}X_m\\X_{n-m}\end{pmatrix}
$$

其中$n-m$种产品是关系国计民生的重要产品,如石油、电力、粮食、棉花、运输等,以及比较容易测定最终需求的产品,如基本上用作消费的货物和服务,基本上用作资本形成的建筑产品、机械设备,等等。对这$n-m$种产品在模型以外认真确定其最终需求量,即可以采用上述从最终使用出发制定规划来确定最终需求量的方法,而其余m种产品的最终需求量待定。对最终需求量待定的m种产品要确定其总产出量,而让$n-m$种产品的总产出待定。这样,Y_{n-m}和X_m为已知量,Y_m和X_{n-m}为待定量。

表 6 - 2

从总产出出发制定规划测算表

	总产出			中间使用（亿元）							最终使用		
	基期（亿元）	增长率（%）	计算期（亿元）	农业 $a_{i1}X_1$	工业 $a_{i2}X_2$	建筑业 $a_{i3}X_3$	批零住餐 $a_{i4}X_4$	交仓软计 $a_{i5}X_5$	其他服务 $a_{i6}X_6$	合计 $\sum_{j=1}^{6} a_{ij}X_j$	基期（亿元）	计算期（亿元）	增长率（%）
农林牧渔	89 421	5	93 892	12 937	51 953	1 224	2 991	898	1 391	71 394	24 172	22 525	- 6.8
工业	925 463	10	1 018 009	21 261	627 604	86 200	13 332	25 686	58 844	832 927	172 839	185 103	7.1
建筑业	138 613	12	155 247	8	1 584	4 183	320	633	3 125	9 853	129 951	145 354	11.9
批零住餐	95 490	15	109 814	1 468	33 403	3 797	4 456	3 168	14 988	61 280	40 982	48 552	18.5
交仓软计	87 052	6	92 275	1 231	27 793	6 614	3 728	13 565	13 871	66 801	27 110	25 478	- 6.0
其他服务	265 588	20	318 706	2 011	47 737	12 006	16 714	11 506	50 906	140 881	141 747	177 834	25.5
合计	1 601 627	11.6	1 787 942	38 916	790 073	114 024	41 542	55 456	143 125	1 183 136	536 800	604 845	12.7

表 6 - 3

从最终使用出发制定规划测算表

	最终使用			中间使用（亿元）							总产出		
	基期（亿元）	增长率（%）	计算期（亿元）	农业 $b_{i1}Y_1$	工业 $b_{i2}Y_2$	建筑业 $b_{i3}Y_3$	批零住餐 $b_{i4}Y_4$	交仓软计 $b_{i5}Y_5$	其他服务 $b_{i6}Y_6$	合计 $\sum_{j=1}^{6} b_{ij}Y_j$	基期（亿元）	计算期（亿元）	增长率（%）
农林牧渔	24 172	5	25 381	30 739	34 284	17 841	3 268	2 429	9 464	98 026	89 421	98 026	9.6
工业	172 839	10	190 123	20 802	559 911	263 518	26 480	32 159	129 568	1 032 438	925 463	1 032 438	11.6
建筑业	129 951	12	145 545	75	1 541	150 530	334	388	2 544	155 412	138 613	155 412	12.1
批零住餐	40 982	15	47 129	1 377	22 441	15 503	50 770	2 784	15 772	108 647	95 490	108 647	13.8
交仓软计	27 110	6	28 737	1 319	21 433	18 607	3 515	35 275	16 031	96 179	87 052	96 179	10.5
其他服务	141 747	20	170 096	2 396	39 511	34 579	11 309	7 632	215 366	310 792	265 588	310 792	17.0
合计	536 800	13.1	607 011	56 707	679 120	500 578	95 677	80 667	388 745	1 801 494	1 601 627	1 801 494	12.5

第二，把$(\boldsymbol{I}-\boldsymbol{A})^{-1}$做相应的分块，即：

$$(\boldsymbol{I}-\boldsymbol{A})^{-1}=\overline{\boldsymbol{B}}=\left(\begin{array}{cccc|cccc}\bar{b}_{11} & \bar{b}_{12} & \cdots & \bar{b}_{1m} & \bar{b}_{1,m+1} & \bar{b}_{1,m+2} & \cdots & \bar{b}_{1n} \\ \bar{b}_{21} & \bar{b}_{22} & \cdots & \bar{b}_{2m} & \bar{b}_{2,m+1} & \bar{b}_{2,m+2} & \cdots & \bar{b}_{2n} \\ \vdots & \vdots & & \vdots & \vdots & \vdots & & \vdots \\ \bar{b}_{m1} & \bar{b}_{m2} & \cdots & \bar{b}_{mm} & \bar{b}_{m,m+1} & \bar{b}_{m,m+2} & \cdots & \bar{b}_{mn} \\ \hline \bar{b}_{m+1,1} & \bar{b}_{m+1,2} & \cdots & \bar{b}_{m+1,m} & \bar{b}_{m+1,m+1} & \bar{b}_{m+1,m+2} & \cdots & \bar{b}_{m+1,n} \\ \vdots & \vdots & & \vdots & \vdots & \vdots & & \vdots \\ \bar{b}_{n-1,1} & \bar{b}_{n-1,2} & \cdots & \bar{b}_{n-1,m} & \bar{b}_{n-1,m+1} & \bar{b}_{n-1,m+2} & \cdots & \bar{b}_{n-1,n} \\ \bar{b}_{n1} & \bar{b}_{n2} & \cdots & \bar{b}_{nm} & \bar{b}_{n,m+1} & \bar{b}_{n,m+2} & \cdots & \bar{b}_{nn}\end{array}\right)$$

$$=\begin{pmatrix}\overline{B}_{mm} & \overline{B}_{m,n-m} \\ \overline{B}_{n-m,m} & \overline{B}_{n-m,n-m}\end{pmatrix}$$

第三，把分块的总产出列向量、最终使用列向量代入模型$\boldsymbol{X}=(\boldsymbol{I}-\boldsymbol{A})^{-1}\boldsymbol{Y}$得：

$$\begin{pmatrix}\boldsymbol{X}_m \\ \boldsymbol{X}_{n-m}\end{pmatrix}=\begin{pmatrix}\overline{\boldsymbol{B}}_{mm} & \overline{\boldsymbol{B}}_{m,n-m} \\ \overline{\boldsymbol{B}}_{n-m,m} & \overline{\boldsymbol{B}}_{n-m,n-m}\end{pmatrix}\begin{pmatrix}\boldsymbol{Y}_m \\ \boldsymbol{Y}_{n-m}\end{pmatrix} \tag{6.13}$$

求解式(6.13)，得到两个矩阵方程：

$$\boldsymbol{X}_m=\overline{\boldsymbol{B}}_{mm}\boldsymbol{Y}_m+\overline{\boldsymbol{B}}_{m,n-m}\boldsymbol{Y}_{n-m} \tag{6.14a}$$

$$\boldsymbol{X}_{n-m}=\overline{\boldsymbol{B}}_{n-m,m}\boldsymbol{Y}_m+\overline{\boldsymbol{B}}_{n-m,n-m}\boldsymbol{Y}_{n-m} \tag{6.14b}$$

由式(6.14a)可以确定未知的$\boldsymbol{Y}_m$：

$$\boldsymbol{Y}_m=\overline{\boldsymbol{B}}_{mm}^{-1}(\boldsymbol{X}_m-\overline{\boldsymbol{B}}_{m,n-m}\boldsymbol{Y}_{n-m}) \tag{6.15a}$$

把式(6.15a)代入式(6.14b)，得到未知的$\boldsymbol{X}_{n-m}$：

$$\boldsymbol{X}_{n-m}=\overline{\boldsymbol{B}}_{n-m,m}\overline{\boldsymbol{B}}_{mm}^{-1}(\boldsymbol{X}_m-\overline{\boldsymbol{B}}_{m,n-m}\boldsymbol{Y}_{n-m})+\overline{\boldsymbol{B}}_{n-m,n-m}\boldsymbol{Y}_{n-m} \tag{6.15b}$$

以表3-2为例，假如经过测算，要求农、林、牧、渔产品和服务最终使用增长5%，工业最终使用增长10%，建筑业最终使用增长12%，批发和零售、住宿和餐饮最终使用增长15%，交通运输、仓储和邮政与信息传输、软件和信息技术服务最终使用增长6%，其他服务业最终使用增长20%，即：

$$\boldsymbol{X}_t=\begin{pmatrix}93\ 892 \\ 1\ 018\ 009 \\ 0 \\ 0 \\ 0 \\ 0\end{pmatrix} \qquad \boldsymbol{Y}_t=\begin{pmatrix}0 \\ 0 \\ 145\ 545 \\ 47\ 129 \\ 28\ 737 \\ 170\ 096\end{pmatrix}$$

$$\overline{\boldsymbol{B}}_{mm}=\overline{\boldsymbol{B}}_{2\times 2}=\begin{pmatrix}1.211\ 1 & 0.180\ 3 \\ 0.819\ 6 & 2.945\ 0\end{pmatrix}$$

$$\overline{\boldsymbol{B}}^{-1}{}_{mm}=\overline{\boldsymbol{B}}^{-1}{}_{2\times 2}=\begin{pmatrix}0.861\ 4 & -0.052\ 7 \\ -0.239\ 7 & 0.354\ 2\end{pmatrix}$$

$$\overline{\boldsymbol{B}}_{m,n-m}=\overline{\boldsymbol{B}}_{2\times4}=\begin{pmatrix}0.1226 & 0.0693 & 0.0845 & 0.0556\\ 1.8106 & 0.5619 & 1.1191 & 0.7617\end{pmatrix}$$

$$\overline{\boldsymbol{B}}_{n-m,m}=\overline{\boldsymbol{B}}_{4\times2}=\begin{pmatrix}0.0030 & 0.0081\\ 0.0543 & 0.1180\\ 0.0520 & 0.1127\\ 0.0944 & 0.2078\end{pmatrix}$$

$$\overline{\boldsymbol{B}}_{n-m,n-m}=\overline{\boldsymbol{B}}_{4\times4}=\begin{pmatrix}1.0342 & 0.0071 & 0.0135 & 0.0150\\ 0.1065 & 1.0773 & 0.0969 & 0.0927\\ 0.1278 & 0.0746 & 1.2275 & 0.0942\\ 0.2376 & 0.2400 & 0.2656 & 1.2661\end{pmatrix}$$

利用式(6.15a)求未知的 Y_1 和 Y_2:

$$\boldsymbol{Y}_m=\boldsymbol{Y}_{(2)}=\begin{pmatrix}Y_1\\ Y_2\end{pmatrix}=\overline{\boldsymbol{B}}_{2\times2}^{-1}(\boldsymbol{X}_{(2)}-\overline{\boldsymbol{B}}_{2\times4}Y_{(4)})$$

$$=\begin{pmatrix}0.8614 & -0.0527\\ -0.2397 & 0.3542\end{pmatrix}\times\left[\begin{pmatrix}93\,892\\ 1\,018\,009\end{pmatrix}-\begin{pmatrix}0.1226 & 0.0693 & 0.0845 & 0.0556\\ 1.8106 & 0.5619 & 1.1191 & 0.7617\end{pmatrix}\begin{pmatrix}145\,545\\ 47\,129\\ 28\,737\\ 170\,096\end{pmatrix}\right]$$

$$=\begin{pmatrix}0.8614 & -0.0527\\ -0.2397 & 0.3542\end{pmatrix}\left[\begin{pmatrix}93\,892\\ 1\,018\,009\end{pmatrix}-\begin{pmatrix}33\,003\\ 441\,724\end{pmatrix}\right]$$

$$=\begin{pmatrix}0.8614 & -0.0527\\ -0.2397 & 0.3542\end{pmatrix}\begin{pmatrix}60\,889\\ 566\,285\end{pmatrix}$$

$$=\begin{pmatrix}22\,585\\ 186\,002\end{pmatrix}$$

利用式(6.15b)求未知的 X_3、X_4、X_5 和 X_6:

$$\boldsymbol{X}_{n-m}=\boldsymbol{X}_{(4)}=\overline{\boldsymbol{B}}_{4\times2}\overline{\boldsymbol{B}}_{2\times2}^{-1}(\boldsymbol{X}_{(2)}-\overline{\boldsymbol{B}}_{2\times4}\boldsymbol{Y}_{(4)})+\overline{\boldsymbol{B}}_{4\times4}\boldsymbol{Y}_{(4)}$$

$$\begin{pmatrix}X_3\\ X_4\\ X_5\\ X_6\end{pmatrix}=\begin{pmatrix}0.0030 & 0.0081\\ 0.0543 & 0.1180\\ 0.0520 & 0.1127\\ 0.0944 & 0.2078\end{pmatrix}\begin{pmatrix}0.8614 & -0.0527\\ -0.2397 & 0.3542\end{pmatrix}$$

$$\times\left[\begin{pmatrix}93\,892\\ 1\,018\,009\end{pmatrix}-\begin{pmatrix}0.1226 & 0.0693 & 0.0845 & 0.0556\\ 1.8106 & 0.5619 & 1.1191 & 0.7617\end{pmatrix}\begin{pmatrix}145\,545\\ 47\,129\\ 28\,737\\ 170\,096\end{pmatrix}\right]$$

$$+\begin{pmatrix}1.0342 & 0.0071 & 0.0135 & 0.0150\\ 0.1065 & 1.0773 & 0.0969 & 0.0927\\ 0.1278 & 0.0746 & 1.2275 & 0.0942\\ 0.2376 & 0.2400 & 0.2656 & 1.2661\end{pmatrix}\begin{pmatrix}145\,545\\ 47\,129\\ 28\,737\\ 170\,096\end{pmatrix}$$

$$=\begin{pmatrix}0.0030 & 0.0081\\0.0543 & 0.1180\\0.0520 & 0.1127\\0.0944 & 0.2078\end{pmatrix}\begin{pmatrix}0.8614 & -0.0527\\-0.2397 & 0.3542\end{pmatrix}\left[\begin{pmatrix}93\ 892\\1\ 018\ 009\end{pmatrix}-\begin{pmatrix}33\ 004\\427\ 238\end{pmatrix}\right]$$

$$+\begin{pmatrix}1.0342 & 0.0071 & 0.0135 & 0.0150\\0.1065 & 1.0773 & 0.0969 & 0.0927\\0.1278 & 0.0746 & 1.2275 & 0.0942\\0.2376 & 0.2400 & 0.2656 & 1.2661\end{pmatrix}\begin{pmatrix}145\ 545\\47\ 129\\28\ 737\\170\ 096\end{pmatrix}$$

$$=\begin{pmatrix}0.0006 & 0.0027\\0.0185 & 0.0389\\0.0178 & 0.0372\\0.0315 & 0.0686\end{pmatrix}\begin{pmatrix}60\ 888\\590\ 771\end{pmatrix}+\begin{pmatrix}153\ 796\\84\ 829\\73\ 428\\268\ 885\end{pmatrix}$$

$$=\begin{pmatrix}1\ 641\\24\ 128\\23\ 047\\42\ 464\end{pmatrix}+\begin{pmatrix}153\ 796\\84\ 829\\73\ 428\\268\ 885\end{pmatrix}$$

$$=\begin{pmatrix}155\ 434\\108\ 957\\96\ 475\\311\ 349\end{pmatrix}$$

综合已知和求得的总产出与最终使用得：

$$\boldsymbol{X}_t=\begin{pmatrix}93\ 892\\1\ 018\ 009\\155\ 434\\108\ 957\\96\ 475\\311\ 349\end{pmatrix}\qquad \boldsymbol{Y}_t=\begin{pmatrix}22\ 585\\186\ 002\\145\ 545\\47\ 129\\28\ 737\\170\ 096\end{pmatrix}$$

为了比较从部分总产出、部分最终使用出发制定规划与从总产出发制定规划、从最终使用出发制定规划的优点和局限，我们把由式(6.15a)和式(6.15b)测算的值及其增长速度列入表6-4中。

从表6-4可以看出，从部分总产出和部分最终使用出发制定规划，从全社会来看，总产出增长11.4%，最终使用增长11.8%，基本上是平衡增长。当然，从部分总产出和部分最终使用出发制定规划只是部分扬弃了单纯从总产出发制定规划和单纯从最终使用出发制定规划的优缺点，仍然存在一部分产品是否能满足社会最终需求、是否能有生产能力和资源保证的问题。例如，农、林、牧、渔业和其他服务业，仍然出现总产出和最终使用增长相悖的情况，只是比单纯从总产出出发制定规划的相悖程度轻一些。

表 6 - 4　　从部分总产出、部分最终使用出发制定规划的测算及其增长速度

	总产出			最终使用		
	基期（亿元）	计算期（亿元）	增长速度（%）	基期（亿元）	计算期（亿元）	增长速度（%）
农林牧渔	89 421	*93 892*	5.0	24 172	**22 585**	- 6.6
工业	925 463	*1 018 009*	10.0	172 839	**186 002**	7.6
建筑业	138 613	**155 434**	12.1	129 951	*145 545*	12.0
批零住餐	95 490	**108 957**	14.1	40 982	*47 129*	15.0
交仓软计	87 052	**96 475**	10.8	27 110	*28 737*	6.0
其他服务	265 588	**311 349**	17.2	141 747	*170 096*	20.0
合计	1 601 627	1 784 116	11.4	536 800	600 094	11.8

注：表中"总产出" 和"最终使用" 栏中，斜体字是模型以外确定的，粗体字是由模型计算确定的。

6.2.2.4　从增加值出发制定规划

在国民经济发展中，往往要规划经济（国内生产总值）增长速度，规划国内生产总值应该达到的水平。在既定的国内生产总值条件下，规划各个部门的总产出和消耗构成有非常重要的意义，于是提出了从增加值出发制定规划的问题。

从增加值出发制定规划的基本思想是：在既定的经济增长速度下，考虑价格变化因素，确定国内生产总值总额；根据规划期社会最终需求总量与结构、资本形成与最终消费的比例等，确定各个部门应该创造多少增加值，然后把增加值列向量 $\boldsymbol{N}$ 代入公式 $\boldsymbol{X} = (\boldsymbol{I} - \hat{\boldsymbol{C}})^{-1}\boldsymbol{N}$，求得为了满足规划期的增加值及国内生产总值水平，各个部门应该生产的总产出。

这种方法的局限性与从最终使用出发制定规划一样，没有考虑各个部门的生产能力和资源条件。

6.2.2.5　综合方法制定规划

利用投入产出模型做规划的各种方法都有其优点和不足，为了尽可能发挥各种方法的优点，可以把以上方法结合起来。

综合方法制定规划的思路和步骤是：第一，从部分总产出和部分最终使用出发，得到总产出列向量 $\boldsymbol{X}^*$ 和最终使用列向量 $\boldsymbol{Y}^*$，将其作为规划的初步方案。第二，对求得的 $\boldsymbol{X}^*$ 和 $\boldsymbol{Y}^*$ 进行分析，一方面看最终使用列向量 $\boldsymbol{Y}^*$ 是否能从总量和结构上满足社会最终需求，若不能满足就要根据消费、资本形成及进出口需求对其进行调整；另一方面把 $\boldsymbol{X}^*$ 代入公式 $\boldsymbol{N} = (\boldsymbol{I} - \hat{\boldsymbol{C}})\boldsymbol{X}$，若各个部门的增加值与经济发展速度有较大差距，则需要调整总产出。第三，从调整后的最终使用列向量或者调整后的总产出列向量开始迭代。例如，从调整后的最终使用列向量开始迭代，把调整后的最终使用列向量 $\boldsymbol{Y}^{*(1)}$ 代入投入产出行模型，求得能够满足社会最终需求的各个部门的总产出：$\boldsymbol{X}^{*(1)} = (\boldsymbol{I} - \boldsymbol{A})^{-1}\boldsymbol{Y}^{*(1)}$。第四，分析 $\boldsymbol{X}^{*(1)}$，看其是否有生产能力和资源条件作为支撑，是否能支撑经济发展速度。若不能完全保证 $\boldsymbol{X}^{*(1)}$ 的生产，则调整 $\boldsymbol{X}^{*(1)}$。令调整后的总产出列向量为 $\boldsymbol{X}^{*(2)}$，将其代入投入产出行模型，求得适应生产能力和资源条件的最终使用：$\boldsymbol{Y}^{*(2)} = (\boldsymbol{I} - \boldsymbol{A})\boldsymbol{X}^{*(2)}$。如此反复，可以得到一个能最大限度满足社会最终需求和经济发展速度，又有生产能力和

资源条件做保证的规划方案。

6.2.3 利用投入产出模型对既定规划方案进行评价与修订

如果已经制定了国民经济发展规划,可以利用投入产出模型对方案的科学性和可行性进行评价与修订。

国民经济发展规划的科学性,主要看规划方案能否满足全社会的中间需求和最终需求;国民经济发展规划的可行性,主要看能否为规划方案的实施提供各种要素。

如果用$\boldsymbol{\varepsilon}_i$表示$i$部门总产出的不平衡量,用$\boldsymbol{X}_i^*$和$\boldsymbol{Y}_i^*$分别表示$i$部门总产出和最终使用的方案规划量,则:

$$\varepsilon_i = X_i^* - \left(\sum_{j=1}^{n} a_{ij}X_j^* + Y_i^*\right) \qquad (i = 1,2,\cdots,n) \tag{6.16a}$$

其矩阵表示是:

$$\boldsymbol{\varepsilon} = \boldsymbol{X}^* - \boldsymbol{AX}^* - \boldsymbol{Y}^* \tag{6.16b}$$

式(6.16a)中,$\sum_{j=1}^{n} a_{ij}\boldsymbol{X}_j^* + \boldsymbol{Y}_i^*$是满足各个部门总产出规划量的中间需求量和最终需求量;$\boldsymbol{\varepsilon}$、$\boldsymbol{X}^*$和$\boldsymbol{Y}^*$分别是以ε_i、X_i^*和Y_i^*为元素的列向量;$\boldsymbol{A}$是基期直接消耗系数矩阵,或者是规划期修订的直接消耗系数矩阵。

若$\varepsilon_i < 0$,表示i部门总产出不能满足全社会的中间需求和最终需求,规划有缺口;

若$\varepsilon_i > 0$,表示i部门总产出规划大于全社会的中间需求和最终需求,可能会造成积压。

ε_i是i部门产品的绝对不平衡量,它相对于其总产出的程度关系到是否需要对规划方案做修订。为此,需要从相对数角度计算不平衡系数δ_i,反映i产品的不平衡程度。

不平衡系数δ_i可以由i产品的不平衡量与其总产出之比得到,其中总产出可以用规划的总产出量X_i^*,也可以用满足全社会的中间需求和最终需求量$\sum_{j=1}^{n} a_{ij}X_j^* + Y_i^*$,由此有两个公式:

$$\delta_i = \frac{\varepsilon_i}{X_i^*} \qquad (i = 1,2,\cdots,n) \tag{6.17a}$$

$$\delta_i = \frac{\varepsilon_i}{\sum_{j=1}^{n} a_{ij}X_j^* + Y_i^*} \qquad (i = 1,2,\cdots,n) \tag{6.17b}$$

式(6.17a)和式(6.17b)的基数不一样,计算的结果略有差异。δ_i值应在0的上下,当其超过某个限度时,就应该对原方案进行修订。但是,在修订时,不能只调整i部门的总产出,即不能按ε_i或者δ_i调整,而必须考虑i部门的总产出调整变化对其他部门总产出的影响,其他部门总产出调整又会反过来影响i部门的总产出。可以利用投入产出行模型进行综合平衡的调整:

$$\boldsymbol{\Delta X} = (\boldsymbol{I} - \boldsymbol{A})^{-1}\boldsymbol{\varepsilon} \tag{6.18}$$

其中,$\boldsymbol{\Delta X}$是以各个部门总产出变化量为元素的列向量;$\boldsymbol{\varepsilon}$是以各个部门总产出不平衡量为元素的列向量。

6.3 投入产出模型在最优规划中的应用

投入产出模型可以从平衡的角度制定经济规划，使得各个部门协调发展。但是，利用投入产出模型制定规划，只能在总产出、最终使用、中间投入、增加值之间平衡和协调，所有变量不超过投入产出表的范围。实际上，国民经济规划的制约条件不仅仅是投入产出表范围内的变量，还有资金、劳动力、资源、进出口、消费、投资结构等。平衡和协调本身只是规划方案的目标之一，不能反映其他目标；平衡和协调只是评价规划方案优劣的一个标准，不是最优方案的全部标准。所以，利用投入产出模型制定的规划，不能保证方案是使国民经济最有效发展的规划。这就提出利用投入产出模型建立最优规划模型的问题。

6.3.1 投入产出与最优规划模型

6.3.1.1 投入产出最优规划模型

在经济发展迅速，市场竞争激烈，资源日渐耗减的今天，人们做任何事，都希望事半功倍，希望以最少的消耗获得最多的成果。这就是最优问题。

最优问题可以表示为：在自变量 X 满足一定的条件时，求 X 为怎样的值，才能使得函数 $F(X)$ 最大或最小。

最优模型是在一定约束条件下使得某个目标函数值最大的模型。最优规划是在国民经济综合平衡的基础上，优化资源配置，进行多方案的比较，选择最佳方案。

最优规划首先要求把所研究的对象作为一个系统，明确提出这个系统的总体目标。总体目标具有方向性的指导作用，只有目标积极、符合实际，才能得到最优规划方案。

其次，最优规划要求客观分析经济发展的人力、物力和财力等基础条件及其内在联系。只有把这些基础条件相互联系地量化于规划方案中，才能使规划稳妥可行。

最后，最优规划要求采用科学的方法。投入产出模型与线性规划模型相结合，相互取长补短，是制定最优规划的好方法。线性规划的应用广泛，模型的结构简单，比较容易掌握。线性规划从 20 世纪 30 年代开始研究运输问题，到现在已广泛地应用于国民经济的综合平衡、生产力的合理布局、最优规划等问题。

线性规划问题是解决在若干个决策变量（可控变量）构成的等式或不等式的约束下，求一组非负变量值，使得目标函数达到最大值或最小值的方法。而投入产出模型最大的特点是反映国民经济主要总量的平衡和再生产各种关系、各个部门的本质联系，把其作为一组约束条件，可以反映经济发展的基础条件及其内在联系。线性规划与投入产出模型结合，正好体现了最优规划的要求。我们称投入产出与线性规划结合制定规划的模型为投入产出最优规划模型，简称投入产出规划模型。

6.3.1.2 线性规划模型的一般表达式

线性规划模型由两个部分的线性数学表达式组成，一是目标函数式，二是约束条件式。线性规划模型的标准型为：

$$\max(\min)F = \beta_1 x_1 + \beta_2 x_2 + \cdots + \beta_n x_n$$

$$\begin{cases} a_{11}x_1 + a_{12}x_2 + \cdots + a_{1n}x_n = b_1 \\ a_{21}x_1 + a_{22}x_2 + \cdots + a_{2n}x_n = b_2 \\ \cdots \\ a_{m1}x_1 + a_{m2}x_2 + \cdots + a_{mn}x_n = b_m \\ x_1, x_2, \cdots, x_n \geqslant 0 \end{cases} \tag{6.19}$$

其中,F 为某个目标,如效用、成本等,在经济规划中,一般总是要求 F 达到最佳,即最大或者最小;x_i 为决策变量;β 和 a 为已知参数;b_i 为确定数;m 为约束方程的个数。

线性规划模型隐含了这样一些假定:① 比例性假定,指各个决策变量与目标函数均成比例,即各个决策变量以一次方(线性) 出现在目标函数中,各个决策变量在约束条件方程中也以一次方出现;② 独立性假定,指各个决策变量对约束条件和目标函数的影响,彼此是独立的;③ 连续性假定,指各个决策变量是连续变量;④ 确定性假定,指线性规划模型中的所有参数都不含随机因素,是确定的,或者虽然含有随机因素,但是随机因素可以相互抵消。

投入产出模型或经过一定改造的投入产出模型,满足线性规划模型的假定和标准表达式,是最优规划的基本约束条件。

6.3.1.3 制定最优规划的步骤

制定最优规划的一般步骤是:

第一,确定最优规划的目标。只有目标明确,才能选择决策的变量,提出可能的约束,寻求有关的参数。

第二,设定模型。最优规划模型是用决策变量和目标函数对经济现象和未来设想的一种数学模拟,因此需要把决策变量之间的关系和目标函数用恰当的数学关系式表达出来。

第三,收集和整理相关资料。最优规划模型必须依据大量的、准确的数据资料才能建立。通过调查取得现象的原始数据资料是零星的、分散的,必须对这些资料进行去伪存真、去粗取精的加工,探讨事物的规模、水平和演变规律,将其代入最优规划模型并求解。

第四,检验和应用模型。经济现象是复杂的,将经济规划问题数学模型化更是一个非常复杂的问题,对建立的最优规划模型和求解的结果应该进行经济意义、统计推断、计量方法等方面的检验。在此基础上,规划制定者要做出正确的决策和实施方案。

6.3.2 投入产出规划模型的约束条件

6.3.2.1 投入产出规划模型约束条件的要求

制定最优规划方案必须以约束条件为前提,约束条件为各种可行的规划方案规定了范围界限,提供了择优的合理区间,是投入产出规划模型的主体。约束条件是否能正确表达规划期的基础条件及其内在联系,是投入产出规划模型是否有效、是否应用成功的关键。对投入产出规划模型约束条件的要求是:

(1) 约束条件要与规划的目标相关联。经济规划可以就不同范围、不同目标进行制定，当然有不同的制约条件。这就要求在有关的经济理论指导下，对规划对象的现状和发展趋势进行综合分析，从中选出最能反映经济运行的因素作为约束条件。例如，企业经济规划的目标可能是利润最大，达到这个目标的约束条件是生产消耗定额、机器设备状况、生产管理水平等；而国民经济规划的目标可能是国民生产总值最多，达到这个目标的约束条件是生产力布局、产业结构、社会劳动生产率、综合能耗等。约束条件的确定还要考虑主客观条件的限制，力求从需要与可能相结合出发，突出可操作性。理论分析非常有道理、有必要作为约束的条件，如果脱离整个核算和管理水平的实际，数据资料没有可靠的来源，也于事无补。

(2) 约束条件的取值范围要更具有一般性。投入产出模型全部是等式方程，将其作为约束条件，取值是可行解域的边缘。经济现象是非常复杂的，约束条件的取值范围太窄难以涵盖实际可能发生的情况，因此在利用投入产出模型做最优规划时，应该尽可能使约束条件在整个可行解域内而不仅仅是在可行解域的边缘。为此，可以把投入产出模型改为不等式，扩大解的取值范围，使得做出的规划更符合实际，更具有一般性。

6.3.2.2　投入产出规划模型约束条件的种类

投入产出规划模型约束条件体系包括两大类：一类是总产出及其派生的约束条件，如生产能力、资金、劳动力结构等条件；另一类是最终需求及其派生的约束条件，如消费需求的总量及构成、资本形成的总量及构成等条件。

(1) 总产出及其派生的约束条件。

① 总产出约束。国民经济要协调发展，必须保持各种部门产出之间的平衡，每个部门的总产出，既要满足社会的最终需求，也要满足包括本部门的所有部门的中间需求。这一条件可以用投入产出分配使用方程即行模型表示：

$$\begin{cases} a_{11}X_1 + a_{12}X_2 + \cdots + a_{1n}X_n + Y_1 \leqslant X_1 \\ a_{21}X_1 + a_{22}X_2 + \cdots + a_{2n}X_n + Y_2 \leqslant X_2 \\ \cdots \\ a_{n1}X_1 + a_{n2}X_2 + \cdots + a_{nn}X_n + Y_n \leqslant X_n \\ X_j \geqslant 0 \qquad (j = 1,2,\cdots,n) \end{cases} \tag{6.20}$$

由投入产出行模型我们知道，各种产品的最终需求 Y_i 中包括进口产品，因此式(6.20) 意为：对各种产品的最终需求与中间需求之和不能超过各种产品的总供给。

② 生产能力约束。生产能力制约生产规模，因此在制定最优规划时，必须考虑生产能力的约束。这一条件可以表示为：

$$X_i \leqslant E_i \qquad (i = 1,2,\cdots,n) \tag{6.21}$$

式(6.21) 中，E_i 为 i 部门的最大生产能力或设计能力，X_i 为 i 部门的总产出。其意义是：各个部门的总产出不能超过其最大生产能力。这里要注意的是，在实际经济中，生产能力一般用实物量表示，而价值型投入产出表中的总产出是价值量。为了使二者同度量，一种比较简单的办法是用 i 部门的价格把 i 部门的实物量生产能力换算成价值量生产能力，或者把 i 部门的总产出换算成实物量产出。

③ 生产资金约束。资金是使生产能够得以进行的基本要素之一，制定最优规划时，这是必须考虑的重要因素。这一条件可以表示为：

$$k_iX_i \leqslant K_i \qquad (i = 1,2,\cdots,n) \tag{6.22}$$

式(6.22)中,k_i 表示 i 部门的资金占用系数,即 i 部门单位总产出需要占用的固定资产和流动资金数量;K_i 表示 i 部门可用的或拥有的固定资产和流动资金数量。其意义是:各个部门总产出需要的资金不能超过其资金占用额。

④ 劳动力及其结构约束。劳动力作为人的要素,是生产力最重要、最活跃的因素,劳动力的结构是合理生产结构的保证。制定最优规划时,这一条件可以表示为:

$$X_i / T_{ik} \leqslant L_{ik} \qquad (i = 1,2,\cdots,n;\ k = 1,2,\cdots,p) \tag{6.23}$$

式(6.23)中,T_{ik} 为 i 部门 k 种劳动者(如按工作性质分的各类劳动者,按熟练程度分的各类劳动者,按文化程度分的各类劳动者,按专业类别分的各类劳动者,等等)的劳动生产率;L_{ik} 是 i 部门可能得到的 k 种劳动者人数;X_i/T_{ik} 为生产 X_i 总产出需要的 k 种劳动者人数。所以,式(6.23)的意义为:各个部门生产一定的总产出需要的 k 种劳动者人数不能超过其可能得到的 k 种劳动者人数。

⑤ 重要资源约束。生产消耗和生活消费中的货物,归根结底来自大自然。制定最优规划时不能不考虑资源特别是重要资源的约束。这一条件可以表示为:

$$\sum_{i=1}^{n} r_{hi}X_i \leqslant R_{hi} \qquad (h = 1,2,\cdots,s) \tag{6.24}$$

式(6.24)中:r_{hi} 表示 i 部门生产单位总产出需要的第 h 种资源数量;R_{hi} 表示能够提供给 i 部门的第 h 种资源数量。这些重要资源包括石油、天然气、煤炭、矿藏、土地、森林、水力等。式(6.24)的意义为:各个部门生产一定的总产出需要的 h 种重要资源的数量不能超过其可能得到的 h 种重要资源的数量。

(2)最终需求及其派生的约束条件。

满足最终需求是社会生产的目的。最终需求包括消费、投资、进出口,它们不仅要与生产相适应,也要与人民的收入相适应。投入产出最优规划模型中,与最终需求有关的约束条件主要有:

① 居民收入与居民消费供给约束。居民收入是影响居民消费支出最直接、最重要的因素。居民消费支出指居民从生产中得到的劳动报酬收入和从生产以外得到的收入之和扣除非消费支出后的余额。居民消费的供给主要是生产提供的货物和服务,也包括进口的货物和服务。居民的消费支出不能超过消费的供给。这个约束可以表示为:

$$\sum_{j=1}^{n} a_{vj}X_j + V^* - U \leqslant \sum_{i=1}^{n} Y_{ik} + E_i \tag{6.25}$$

式(6.25)中:$\sum_{j=1}^{n} a_{vj}X_j$ 是劳动报酬总额;V^* 表示居民从生产以外得到的收入;U 表示居民非消费支出;Y_{ik} 表示用于居民最终消费的货物和服务;$\sum_{i=1}^{n} Y_{ik}$ 表示各个部门能够提供的 i 种货物和服务总量;E_i 表示进口的 i 种消费品总量。式(6.25)的意义为:居民消费的 i 种货物和服务总量,不能超过生产和进口的 i 种货物和服务总量。

② 消费总量与消费水平约束。随着经济的发展,劳动报酬的提高和人口的增加,对最终消费的需求也会增加。因此规划的消费总量应该要保证居民的消费水平不降低。这个约束可以表示为:

$$\sum_{i=1}^{n}(Y_{i1}^{0})+\sum_{i=1}^{n}\lambda_{i}(R_{i}-R_{i}^{0})+\sum_{i=1}^{n}\lambda_{i}R_{i}^{0}+u_{i}\leqslant\sum_{i=1}^{n}Y_{i1}^{*} \tag{6.26}$$

式(6.26)中：Y_{i1}^{0} 表示基期居民消费的 i 产品总量；R_{i}^{0}、R_{i} 分别表示基期和规划期的人口总数；λ_{i} 表示规划期居民人均消费水平；$\sum_{i=1}^{n}\lambda_{i}(R_{i}-R_{i}^{0})$ 表示规划期新增加人口需要消费的 i 产品总量；$\lambda_{i}R_{i}^{0}$ 表示规划期满足原有人口消费 i 产品的总量；u_{i} 表示其他因素引起的规划期居民的最终消费需求量；$\sum_{i=1}^{n}Y_{i1}^{*}$ 表示规划期可能提供给居民最终消费的 i 种产品总量。式(6.26)的意义为：满足原有人口、新增加人口提高消费水平所需要的 i 种产品总量不能超过可能提供给居民最终消费的 i 种产品总量。

最终消费还包括政府消费，如果考虑政府消费约束，可以在式(6.26)中加入这个条件：

$$\sum_{i=1}^{n}(Y_{i1}^{0}+Y_{i2}^{0})+\sum_{i=1}^{n}\lambda_{i}(R_{i}-R_{i}^{0})+\sum_{i=1}^{n}\lambda_{i}R_{i}^{0}+\sum_{i=1}^{n}\pi_{i}Y_{i2}^{0}+u_{i}\leqslant\sum_{i=1}^{n}(Y_{i1}^{*}+Y_{i2}^{*}) \tag{6.27}$$

式(6.27)中：Y_{i2}^{0} 表示基期政府消费的 i 产品总量；π_{i} 表示规划期政府对 i 产品消费的增减率；$\sum_{i=1}^{n}\pi_{i}R_{i2}^{0}$ 表示规划期政府消费的增减量；$\sum_{i=1}^{n}Y_{i2}^{*}$ 表示规划期可提供给政府最终消费的 i 种产品总量。

③ 资本形成与劳动者对生产资料需求的约束。劳动者同生产资料相结合，是任何生产过程得以实现的前提，是社会财富创造的源泉。在经济规划中，应该使固定资产投资和存货增加保证新增加劳动者对生产资料的需用量。这个约束可以表示为：

$$\sum_{i=1}^{n}\gamma_{i}L_{i}\leqslant\sum_{i=1}^{n}(Y_{i3}+Y_{i4}) \tag{6.28}$$

式(6.28)中：γ_{i} 表示规划期 i 部门人均固定资产和存货占用量；L_{i} 表示规划期的劳动就业人数；Y_{i3}、Y_{i4} 分别表示规划期可能提供的固定资产和存货数量。式(6.28)的意义为：规划期劳动者对生产资料的需求不能超过可能提供的固定资产和存货数量。

④ 进口平衡约束。一些产品，特别是一些重要矿产资源相对不足是我国的基本国情之一。随着经济的快速发展，资源约束矛盾日益突出，不可避免地会提高对外依存度。生产中对某种进口产品的需求，不能超过可能的进口量。这个约束可以表示为：

$$\sum_{i=1}^{n}e_{i}X_{i}\leqslant\sum_{i=1}^{n}F_{i} \tag{6.29}$$

式(6.29)中：e_{i} 为生产单位产品对 i 种进口产品的需求量；X_{i} 为 i 部门的总产出；F_{i} 为 i 种产品可能的进口总量。式(6.29)的意义为：各个部门在生产中对各种进口产品的需求总量不能超过各种产品可能的进口总量。

6.3.3 投入产出最优规划的目标函数

6.3.3.1 目标函数的意义

目标函数是区分平衡模型与最优模型的标志，是模型择优功能的具体体现。在相同的约束条件下，如果目标函数不同，会得到不同的结果和方案。所以，在制定最优规划时，目标函数的确定是另一个重要问题。

目标函数的内生变量应该是一个能够概括所有决策变量的总量指标，并将它们表示为可能达到的极值，如国内生产总值最多、社会消耗量最少等。目标函数表达式中的变量不能超过约束条件中的决策变量，否则，所做的规划会脱离实际或者不能起到择优的作用。

6.3.3.2　投入产出最优规划的目标

经济规划是未来经济社会发展的蓝图，是合理把握社会经济发展的总体目标和人民群众日益增长的物质文化生活的需要。最优规划的目标既要切实可行，又要催人奋进，还要尊重社会经济发展的客观规律。基于此，投入产出最优规划模型的目标常常有以下几种：

（1）创造的国内生产总值最多。国内生产总值是满足社会最终需求的货物和服务的价值，是以一定时期内创造的国内生产总值最多为目标。其既与国民经济发展的目标一致，又体现了社会发展的基本经济规律，还具有国际可比性。这个目标可以表示为：

$$\boldsymbol{F} = \sum_{j=1}^{n} (a_{Dj}X_j + a_{Vj}X_j + a_{Tj}X_j + a_{Mj}X_j) = \max \tag{6.30}$$

（2）生产的最终消费品最多。社会生产的目的归根结底是满足人民不断提高的物质文化生活水平，也就是要生产更多的消费品（包括用于最终消费的货物和服务）。以生产的最终消费最多为目标，既体现了社会生产的终极目标，又体现了政府对人民的关心。这个目标可以表示为：

$$\boldsymbol{F} = \sum_{i=1}^{n} (Y_{i1} + Y_{i2}) = \max \tag{6.31}$$

（3）社会总成本最小。生产一定的总产出，如果社会总成本小，得到的国内生产总值就多，经济效益就好，所以，在社会生产中，总是希望社会总成本最小。这个目标可以表示为：

$$\boldsymbol{F} = \sum_{j=1}^{n} (a_{ij}X_j + a_{Dj}X_j + a_{Vj}X_j) = \min \tag{6.32}$$

除了以上述重要经济指标为目标函数外，在为了某些特殊或者特定的研究目的时，还可以采用其他的目标函数。例如，研究国家财政收支问题时，可以以财政收入最多、偿还债务最多等为目标函数；研究劳动就业问题时，可以以劳动力资源中就业人数最多或者失业人数最少等为目标函数；研究人民居住问题时，可以以商品房竣工面积最大或者商品房积压最少等为目标函数；研究可持续发展问题时，可以以国民福利价值最大、绿色国内生产总值最大、环境污染最轻等为目标函数；研究对外交往问题时，可以以出口创汇最多、实际利用外资最多等为目标函数。

6.4 投入产出模型在多目标最优规划中的应用

国民经济是一个巨大的、复杂的经济系统,在规划国民经济的发展时,往往需要考虑多方面的因素。因此,存在于经济系统中的很多实际问题,往往难以找到单一的优化标准,只设置单一目标函数的最优规划,有些时候不能满足最优规划的需要。例如,建立单一目标的多种投入产出最优规划,可能使得一些目标达到最优,但是另外一些目标不能令人满意。在这种情况下,把投入产出模型与多目标规划结合起来,建立多目标最优规划模型会显示出优越性。研究多于一个目标函数在给定条件下的最优化,称为多目标最优规划,如在一定产业结构下,使国内生产总值和就业人数同时达到最大。其区别于线性最优规划在于它同时考虑两个或两个以上的目标函数。

6.4.1 多目标最优规划模型的一般数学表达式

任何多目标规划问题都由两个基本部分组成:一是两个以上的目标函数,二是若干个约束条件。

目标函数的一般数学表达式为:

$$\boldsymbol{F}(X)=\begin{pmatrix}\max(\min)f_1(X)\\ \max(\min)f_2(X)\\ \vdots\\ \max(\min)f_k(X)\end{pmatrix}=(\boldsymbol{\beta}_{k\times n}\boldsymbol{X}_{n\times 1}) \tag{6.33}$$

式(6.33)中:f 是单目标函数;k 是目标函数的个数;F 是多目标函数,是 k 维函数向量;X 为决策变量向量,可以是投入产出模型中的总产出列向量;$\boldsymbol{\beta}$ 为 k 行 n 列目标函数系数矩阵,利用投入产出表提供的系数矩阵 $\boldsymbol{\beta}$ 可以是 n 行 n 列的矩阵。$\boldsymbol{X}$ 向量和 $\boldsymbol{\beta}$ 系数矩阵分别为:

$$\boldsymbol{\beta}=\begin{pmatrix}\beta_{11} & \beta_{12} & \cdots & \beta_{1n}\\ \beta_{21} & \beta_{22} & \cdots & \beta_{2n}\\ \vdots & \vdots & & \vdots\\ \beta_{k1} & \beta_{k2} & \cdots & \beta_{kn}\end{pmatrix}\qquad \boldsymbol{X}=\begin{pmatrix}X_1\\ X_2\\ \vdots\\ X_n\end{pmatrix}$$

约束条件的一般数学表达式为:

$$\begin{cases}\boldsymbol{\Phi}(X)=\begin{pmatrix}\varphi_1(X)\\ \varphi_2(X)\\ \vdots\\ \varphi_m(X)\end{pmatrix}=\boldsymbol{A}_{m\times n}\boldsymbol{X}_{n\times 1}\leqslant\begin{pmatrix}\delta_1\\ \delta_2\\ \vdots\\ \delta_m\end{pmatrix}\\ X_i\geqslant 0 \qquad\qquad (i=1,2,\cdots,n)\end{cases} \tag{6.34}$$

式(6.34)中:m 为约束方程的个数;$\varphi(m)$ 是约束函数,是 m 维函数向量;$\boldsymbol{A}$ 为 m 行 n 列系数矩阵,利用投入产出模型作为约束条件,m 往往等于 n。

若以 δ 为以 δ_i 为元素的 m 维已知列向量，其余符号同式(6.33) 和式(6.34)，则式(6.33) 和式(6.34) 可以表示为如下的矩阵形式：

$$\begin{cases}\max(\min)\boldsymbol{F}=\boldsymbol{\beta X} & (6.35)\\ \boldsymbol{AX}\leqslant\boldsymbol{\delta} & (6.36)\\ X_i\geqslant 0\end{cases}$$

6.4.2 多目标最优规划模型求解

目前，求解多目标规划的方法很多，通常采用的主要有以下三大类：第一类是化多为少法，即将多目标问题化为比较容易求解的单目标线性规划去解决，如加权平均法、功效系数法、主要目标法等；第二类是分层序列法，即把目标按其重要性给出一个序列，每次都在前一目标最优解集内求下一个目标最优解，直到求出共同的最优解；第三类是层次分析法，这是一种定性与定量相结合的多目标决策与分析方法，对于目标结构复杂且缺乏必要数据的情况更为实用。

这里我们主要介绍第一类化多为少的方法，也就是把多个目标函数转换为单目标函数再求解的方法。

6.4.2.1 加权平均法

利用加权平均的方法把多个目标函数转换为单目标函数，可以采用线性加权法或者平方和加权法。二者都是借鉴多指标综合评价方法的思路，强调对目标重要者预先给出一个尽可能合适的权重，然后“公平” 给出一组代表目标重要程度的权数，这样就把原来的多目标函数用加权求和的方法划为了单目标函数。

线性加权法的基本做法是：假定需要考虑的目标函数有 k 个，分别表示为 $f_1(X)$，$f_2(X)$，…，$f_k(X)$，即 $F(X)=\max(\min)[f_1(X),f_2(X),\cdots,f_k(X)]$。把这 k 个目标函数按照相对重要程度赋予其权数 $w_i(i=1,2,\cdots,k)$，一般使 $\Sigma w_i=1$，然后用加权平均法，得到一个目标函数的评价函数即新的综合目标函数。令新综合目标函数为 $\mathbf{Z}$，则有：

$$\mathbf{Z}=Z[F(X)]=\sum_{i=1}^{k}f_i(X)w_i \qquad \sum w_i=1 \tag{6.37}$$

式(6.37) 表示的新综合目标函数 Z 实际上是 k 个目标函数的代表函数，求解出在满足约束条件 $\Phi(X)$ 下的 Z，就是满足了 k 个目标函数的最优规划方案。

平方和加权法和线性加权法的原理一样，只是在这种方法中，事先设定各个单目标函数的最优值，以各个单项目标函数与其最优值的离差平方和为新的单目标函数，然后再用加权平均的方法得到一个新的综合目标函数。

对于目标函数 $F(X)$ 中的 k 个单目标函数 $f_1(X)$，$f_2(X)$，…，$f_k(X)$，事先设定其单目标的最优值 $f_1^0(X)$，$f_2^0(X)$，…，$f_k^0(X)$，则新综合目标函数可以表示为：

$$\mathbf{Z}=Z[F(X)]=\sum_{i=1}^{k}[f_i(X)-f_i^0(X)]^2w_i \qquad \sum w_i=1 \tag{6.38}$$

式(6.38) 中：$f_i^0(X)$ 为单一的第 i 个目标函数值。

利用加权平均法化多目标为单一目标时，应注意以下几点：

第一，要考虑加权平均法的适用范围。加权平均法比较简便，使用比较广泛，但其适用范围是有一定限制的。加权平均法适用于各目标函数间相互独立且计量单位一致的场合。加权平均法采用“和”的方式,所体现的关系即是“部分之和等于总体”,若各目标函数相互不独立,加和的结果必然是信息的重复,也就难以反映客观实际。计量单位不同也是不能求和的。

当目标函数具有非线性特征时不宜使用加权平均法。如目标函数中某一个具有突出影响,即该目标函数对总目标的影响仅靠增大权重无法完全得到体现。如当某个目标函数值很高而其他目标函数值相对较低时,实际情况下可以认为该结果是优秀的,但应用加权平均法后,由于权重影响的不足,这个目标函数的突出影响就无法很好地体现,从而使整体结果与实际相悖。换句话说,当目标函数具有非线性特征时,用加权平均法划为单目标函数所求解集就可能失效。

第二,单目标的方向应该一致。从上一节我们知道,单个目标函数的方向是有区别的,可以为最大或最小,在加权平均综合中,要求单目标方向必须一致。因为这种多目标加总求和的线性变换方法,使得各目标函数间可以线性地补偿。目标方向如果不一致,则目标函数就会在加和过程中相互抵消。所以目标方向不一致时,就需要用求相反数或求倒数的方法变为一致,然后再运用加权平均法。

第三,权数要考虑重要性和目标绝对量差异。因为加权平均法同时突出了目标值较大且该目标权数较大者的作用。例如,某个目标函数相对于其他目标很重要,但其目标绝对值又相对来说很小,则此时即使赋予该目标较大的权重,对总目标值的影响也可能会不明显。相反,如果目标绝对量很大时,权重的微小变动都会让总目标产生明显的变化。这就容易诱导决策者采用目标倾斜战略来取得理想的总目标值,即突出那些权数较大或目标绝对量较大的目标。当然,从另一方面来说,目标函数的权数较大,说明该目标所代表的方面比较重要,若目标绝对量较大说明该目标影响力强,这些目标达到最优就能使总目标最优,也就在预料之中了。

6.4.2.2 指数法和功效系数法

为了解决具有不同计量单位的目标函数不能汇总的问题,可以借鉴综合评价中同度量化的思想,把各个目标函数标准化,然后再汇总。比较常用的同度量化方法有指数法和功效系数法。

指数法的基本思路和步骤是:在确定了目标函数 $F(X)$ 中的 k 个单目标函数 $f_1(X)$, $f_2(X),\cdots,f_k(X)$ 的最优值 $f_1^0(X),f_2^0(X),\cdots,f_k^0(X)$ 的基础上,将各个单目标函数与其对应的最优值相比,然后再使用加权平均法把多个目标函数单一化。新综合目标函数可以表示为:

$$\mathbf{Z}=\sum_{i=1}^{k}\frac{f_i(X)}{f_i^0(X)}w_i=\max(\min)\qquad \sum_{i=1}^{n}w_i=1 \tag{6.39}$$

功效系数法的基本思路和步骤是:确定每个目标函数的满意值、不容许值,计算各个目标函数的功效系数,然后加权平均求得总功效系数,将其作为新综合目标函数。

功效系数的计算公式为:

$$d_i(X)=\frac{f_{i,\max}(X)-f_i(X)}{f_{i,\max}(X)-f_{i,\min}(X)} \tag{6.40}$$

式(6.40)中:$f_{i,\max}(X)$ 为第 i 个目标函数的满意值,即在一定的约束条件下预期可能达到的最佳值;$f_{i,\min}(X)$ 为第 i 个目标函数的不容许值,即在一定的约束条件下不能比该值更差的值;$f_i(X)$ 为单一的第 i 个目标函数值。

综合的新目标函数可以表示为:

$$Z = \sum_{i=1}^{k} d_i(X) w_i = \max(\min) \tag{6.41}$$

6.4.2.3 主要目标法

主要目标法是指在多个目标中选定一个主要目标,而对其他目标分别设定一个期望值,在要求结果不比期望值差的条件下,求主要目标的最优解。

假定 $f_1(X), f_2(X), \cdots, f_k(X)$ 共 k 个单目标中设第 k 个目标最重要,另外设定其他 $k-1$ 个目标的期望值分别为 $f_1^0(X), f_2^0(X), \cdots, f_{k-1}^0(X)$,则有:

$$F(X) = \max(\min)[f_1(X), f_2(X), \cdots, f_k(X)] \tag{6.42}$$

所以

$$F(X) = \begin{cases} \max(\min) f_k(X) \\ f_1(X) \geqslant (\leqslant) f_1^0, f_2(x) \geqslant (\leqslant) f_2^0, \cdots, f_{k-1}(X) \geqslant (\leqslant) f_{k-1}^0 \end{cases} \tag{6.43}$$

这样目标函数就只有一个了,求解与单目标时一样。

本章小结

1. 投入产出模型既反映了经济总体的平衡,又反映了部门的平衡,因此投入产出法在综合平衡分析、经济规划、经济预测中有独特的作用。

2. 当大型项目建设对某些产品的中间需求增加时,当一种产品的总产出数量发生变化时,当总产出或者最终使用增加时,都可以用投入产出模型定量分析如何使得整个国民经济平衡变化。

3. 投入产出表既有国民经济总体平衡,又有各个部门平衡,对于制定与检查国民经济规划、预测国民经济的发展前景是非常重要的。从总产出出发制定规划、从最终使用出发制定规划以及从部分总产品和部分最终产品出发制定规划各有优点和局限,应该根据实际问题选择使用或结合使用。

4. 投入产出最优规划模型把投入产出法与线性规划相结合,使用其制定的规划既体现平衡性,又体现最优性,把国民经济规划建立在切实可行的基础上。投入产出行模型是最基本的一组约束条件。

思考与练习题

1. 为什么投入产出法是进行国民经济综合平衡的有效方法?
2. 投入产出法在制定经济规划中有什么重要意义?
3. 从总产品出发制定规划与传统方法没有什么不一样吗?
4. 简述从部分总产品和部分最终产品出发制定规划的步骤和优缺点。
5. 什么是投入产出最优规划模型? 它与投入产出模型有什么区别和联系?
6. 为什么投入产出行模型是投入产出最优规划模型的基本约束条件?
7. 下面是一张价值型投入产出表的完全消耗系数矩阵:

$$B = \begin{pmatrix} 0.153\,9 & 0.309\,6 & 0.077\,1 & 0.076\,1 \\ 0.099\,6 & 0.216\,2 & 0.187\,6 & 0.180\,6 \\ 0.347\,6 & 0.074\,47 & 1.228\,1 & 0.873\,4 \\ 0.126\,3 & 0.028\,61 & 0.323\,8 & 0.304\,7 \end{pmatrix}$$

(1) 计算第二部门的影响力系数。

(2) 若第三部门的总产出由原来的3 500亿元增长15%,其余部门的总产出会发生什么样的变化?

8. 根据本书第3章思考与练习题中的第9题编制的投入产出表计算分析:

(1) 若4个部门的总产出分别增长5%、7%、3.8%和10%,各个部门及全社会的最终使用会发生什么样的变化?为什么会发生这样的变化?

(2) 若4个部门的最终使用分别增长5%、7%、3.8%和10%,各个部门及全社会的总产出会发生什么样的变化?为什么会发生这样的变化?

(3) 若农业和轻工业的最终使用分别增长5%和7%,重工业和其他的总产出分别增长3.8%和10%,各个部门及全社会的总产出会发生什么样的变化?为什么会发生这样的变化?

(4) 根据计算结果,对上述三种方法做出评价。

9. 有如下简化的投入产出表:

单位:亿元

	部门	中间使用						最终使用			总产出
		A	B	C	D	E	合计	消费	资本形成	合计	
中间投入	A	20	40	10	5	5	80	20	100	120	200
	B	10	100	30	10	10	160	20	220	240	400
	C	40	100	600	50	50	840	140	20	160	1 000
	D	20	10	30	5	15	80	20	5	20	100
	E	10	10	40	10	10	80	15		20	100
	合计	100	260	710	80	90	240	215	345	560	1 800
增加值		100	140	290	20	10	560				
总投入		200	400	1 000	100	100	1 800				

规划期B部门总产出将增加10亿元(投入结构不变)。

规划期各个部门最终使用比例调整如下:

最终使用比例调整表

单位:%

A		B		C		D		E	
消费	资本形成	消费	资本形成	消费	资本形成	消费	资本形成	消费	资本形成
90	10	92	8	20	80	50	50	40	60

要求:(1)B部门总产出增加10亿元,其他部门的总产出会发生什么变化?

(2) 编制规划期投入产出表。

10. 有一张 4 部门投入产出表的有关资料如下：

单位：亿元

	中间使用	最终使用	总产出
甲	1 318	1 882	3 200
乙	1 850	2 630	4 480
丙	4 000	1 120	5 120
丁	1 600	1 600	3 200

$$\boldsymbol{A}=\begin{pmatrix}0.06 & 0.10 & 0.07 & 0.10\\ 0.01 & 0.30 & 0.03 & 0.10\\ 0.20 & 0.15 & 0.40 & 0.20\\ 0.03 & 0.15 & 0.10 & 0.10\end{pmatrix}$$

要求：(1) 若规划期甲部门和乙部门的最终使用分别增长 5% 和 6%，各个部门的总产出应该如何调整才能使国民经济协调发展？

(2) 如果规划期丙部门的总产出不需要增加，又要保证(1) 中甲部门和乙部门的最终使用增长规划，则丙部门的最终使用将为多少亿元？

7 投入产出模型在价格分析中的应用

在市场经济条件下,商品(产品,即货物和服务)价格有重要的作用。价格是反映商品、生产要素同货币交换比例的重要经济指标,是交换各方利益关系的集中体现。价格对商品供给者和需求者的经济利益有直接影响。借助于价格,可以调节商品的供求量,是商品供求关系变化的指示器;价格是国家实现宏观调控的一个重要手段,借助于价格,可以调节资源的配置方向和结构,促进社会总供给和社会总需求的平衡;价格关系国计民生,与人民群众利益息息相关。

价值是价格的基础,价格是价值的货币表现,价值由社会必要劳动时间决定。从本质上看,价格是一种从属于价值并由价值决定的货币形式,价值的变动是价格变动的内在的、支配性的因素,是价格形成的基础。在现实经济生活中,各种商品价格相互之间具有直接或间接关系,价格运动不仅会发生水平的变化,还将引起种种连锁反应。

投入产出法是一种系统分析方法,可以在各种经济活动的相互联系中,全面反映产品的价值运动,是分析价格问题的重要工具。

7.1 社会必要劳动量的测算

7.1.1 投入产出模型在测算社会必要劳动量中的意义

产品价格是以价值为基础,同时受供求规律的制约。某个部门或某种产品能够被社会所承认,或者可以实现的价值不是由它本身所包含的社会劳动时间决定的,而是由社会需要所决定的社会必要劳动时间决定的。

"社会必要劳动时间"要求包含在产品中的劳动时间或劳动量,必须以反映当时生产发展水平的社会必要劳动时间为限度。如果某产品在生产上花费的劳动时间大于社会必要劳动时间,就不会被社会所承认。反之,如果某产品在生产上所支出的劳动时间少于社会必要劳动时间,还是得以社会必要劳动时间来计量它的价值。

作为价值基础的社会必要劳动时间是客观存在着的量,科学地认识产品中包含的社会必要劳动时间是合理定价的基础。但是,如何测算产品生产的社会必要劳动时间,并非一件易事。产品的价值只有在一种产品与另一种产品相对比的时候才表现出来;价值只能以交换价值的形式表现出来。国民经济各部门之间所形成的复杂的产品交换关系,换一个角度看也是劳动的交换关系。在社会生产过程中,产品价值的转移和产品价值的增值,本质上是劳动时间的转移和劳动时间的增加。由于直接或间接的联系,一种产品的价值量不仅取决于本部门消耗的活劳动量,还取决于消耗其他产品中包含的物化劳动量。物化劳动中包含了多少劳动量,不能由本部门确定,而必须把所有的部门联系起来研究。

投入产出法正是反映产品部门之间复杂联系的经济计量方法,可以为我们测算产品生产的社会必要劳动时间提供有效的手段。

7.1.2　计算社会必要劳动量的方法

用投入产出法确定各种产品的社会必要劳动量,可以按以下三个步骤进行:

第一步,编制如表7-1所示的扩充了活劳动消耗的实物型投入产出表。其中V_j是把各个部门的复杂劳动换算为简单劳动的活劳动消耗量;q_{ij}、Y_i和Q_i的含义与表3-4中的相同。

表7-1　　扩充了活劳动消耗的实物型投入产出表

		计量单位	中间产品 1　2　3　…　n	最终产品	总产出
产品种类	1 2 3 ⋮ n		q_{ij}	Y_i	Q_i
活劳动消耗		人日	V_j		

第二步,确定实物活劳动消耗系数t_j和实物直接消耗系数a_{ij}^*。

实物活劳动消耗系数t_j是单位第j种产品生产过程中消耗的活劳动量。以时间单位表示,其计算式是:

$$t_j = \frac{V_j}{Q_j} \qquad (j = 1,2,\cdots,n) \tag{7.1}$$

实物直接消耗系数为:

$$a_{ij}^* = \frac{q_{ij}}{Q_j} \qquad (i,j = 1,2,\cdots,n) \tag{7.2}$$

第三步,确定单位产品的社会必要劳动量$T_j(j=1,2,\cdots,n)$。单位产品社会必要劳动消耗量的计算公式为:

$$\begin{cases} T_1 = a_{11}^*T_1 + a_{21}^*T_2 + \cdots + a_{n1}^*T_n + t_1 \\ T_2 = a_{12}^*T_1 + a_{22}^*T_2 + \cdots + a_{n2}^*T_n + t_2 \\ \cdots \\ T_n = a_{1n}^*T_1 + a_{2n}^*T_2 + \cdots + a_{nn}^*T_n + t_n \end{cases} \tag{7.3}$$

一般式为:

$$T_j = \sum_{i=1}^{n} a_{ij}^* T_i + t_j \qquad (j = 1,2,\cdots,n)$$

其中：$a_{ij}^* T_i$ 是单位 j 产品消耗的第 i 种产品中所包含的劳动时间；$\sum_{i=1}^{n} a_{ij}^* T_j$ 是单位 j 产品消耗的 n 种产品中所包含的劳动时间总量。

将式(7.3)写成矩阵形式为：

$$\boldsymbol{T} = \boldsymbol{A}^{*\prime}\boldsymbol{T} + \boldsymbol{t} \tag{7.4}$$

其中：

$$\boldsymbol{A}^{*\prime} = \begin{pmatrix} a_{11}^* & a_{21}^* & \cdots & a_{n1}^* \\ a_{12}^* & a_{22}^* & \cdots & a_{n2}^* \\ \vdots & \vdots & & \vdots \\ a_{1n}^* & a_{2n}^* & \cdots & a_{nn}^* \end{pmatrix} \qquad \boldsymbol{T} = \begin{pmatrix} T_1 \\ T_2 \\ \vdots \\ T_n \end{pmatrix} \qquad \boldsymbol{t} = \begin{pmatrix} t_1 \\ t_2 \\ \vdots \\ t_n \end{pmatrix}$$

整理式(7.4)可得：

$$\boldsymbol{T} = (\boldsymbol{I} - \boldsymbol{A}^{*\prime})^{-1}\boldsymbol{t} \tag{7.5}$$

式(7.5)表明：如果知道活劳动消耗系数向量 $\boldsymbol{t}$、实物直接消耗系数矩阵 $\boldsymbol{A}^*$，就可以计算出单位产品的社会必要劳动消耗量。下面举一个简单的例子来说明产品社会必要劳动消耗量的计算方法(见表 7－2)。

表 7－2　　扩充活劳动消耗的实物型投入产出表数例

		计量单位	中间产品				最终产品	总产出
			粮食	钢	煤	合计		
产品种类	粮食	亿千克	20			20	80	100
	钢	万吨		10	40	50	50	100
	煤	万吨	10	80	80	170	230	400
活劳动		万人	5 000	2 000	1 200			

由表 7－2 算出的直接消耗系数及活劳动消耗系数为：

$$\boldsymbol{A}^* = \begin{pmatrix} 0.2 & 0 & 0 \\ 0 & 0.1 & 0.1 \\ 0.1 & 0.8 & 0.2 \end{pmatrix} \qquad \boldsymbol{t} = \begin{pmatrix} 50 \\ 20 \\ 3 \end{pmatrix}$$

通过计算知道，在每千克粮食的生产过程中要消耗 0.2 千克粮食、0.10 千克煤、50 人日；每吨钢的生产过程中要消耗 0.1 吨钢、0.8 吨煤、20 人日；每吨煤的生产过程中要消耗 0.1 吨钢、0.2 吨煤、3 人日。

用模型(7.5)可算出三种产品的劳动消耗量：

$$\boldsymbol{T} = (\boldsymbol{I} - \boldsymbol{A}^{*\prime})^{-1}\boldsymbol{t}$$

$$= \begin{pmatrix} 0.8 & 0 & -0.1 \\ 0 & 0.9 & -0.8 \\ 0 & -0.1 & 0.8 \end{pmatrix}^{-1} \begin{pmatrix} 50 \\ 20 \\ 3 \end{pmatrix}$$

$$
=\begin{pmatrix}1.25 & 0.01953 & 0.17578\\0 & 1.25000 & 1.25000\\0 & 0.15625 & 1.40625\end{pmatrix}\begin{pmatrix}50\\20\\3\end{pmatrix}
$$

$$
=\begin{pmatrix}63.42\\28.75\\7.34\end{pmatrix}
$$

即每万千克粮食所消耗的社会必要劳动时间为 63.42 人日，每吨钢消耗 28.75 人日，每吨煤消耗 7.34 人日。将各种产品的社会必要劳动时间乘上平均一个人日的价值，就可以得到各种产品的价值量。例如，一个人日的平均价值是 600 元，则每吨粮食的价值为 38 052 元，每吨钢的价值为 17 250 元，每吨煤的价值为4 404 元。

从这个例子可以看出，在直接消耗系数矩阵 $\boldsymbol{A}^*$ 已知的条件下，单位产品的社会必要劳动消耗量 T 只是一个简单的计算量。这是用投入产出模型计算商品社会必要劳动消耗量的优点，即用少量的、相对较易确定的活劳动消耗量，就可以计算出较难确定的商品价值量。但是 T 的计算是基于正确确定单位产品所消耗的活劳动即活劳动消耗系数，同时确定商品的价值量需要一个分类很详细、规模比较大的扩展性实物型投入产出表。

7.1.3 值得讨论的问题

计算各种产品的社会必要劳动量必须解决两个问题：一是如何确定活劳动消耗量。同一个产品部门活劳动消耗包括生产一线劳动者的消耗以及研发人员、工程技术人员、管理人员等的劳动消耗，但各种劳动复杂程度不一样。另外，不同产品部门的劳动复杂程度也不一样。根据实际数据编制的投入产出表，取得了部门的平均活劳动消耗量，它只意味着某种产品在不同企业之间生产的条件和劳动的复杂程度平均化了，这个平均化过程也可以看作把部门内部各企业的具体劳动向社会劳动的转化过程。但是，各个部门劳动的复杂程度是不一样的，投入产出表中所表现的各个部门的活劳动消耗，还不是以简单劳动为统一尺度换算出来的活劳动消耗量。因此，需要按统一的标准，将各个部门的活劳动都换算成简单劳动。二是实物型投入产出表不可能把所有产品都包括进来，产品种类成千上万，只能把主要产品按大类列入表中。即使包括进来的大类产品中，也还有很多品种、规格和型号，如电脑有台式电脑与手提电脑之分，无论台式电脑还是手提电脑，都有非常不一样的配置，它们的活劳动消耗量也会不同，价格也大不一样。

关于如何把复杂劳动折算成简单劳动的问题，是经济学上尚未解决的重要课题。但若是做比较粗糙的换算，有以下三种方法可供考虑：

第一种方法，用单位时间平均工资折算。这种办法的依据是社会劳动要体现按劳分配的原则，该原则要求按劳动的数量和质量付给相应的报酬。这里假定在制定工资标准时，考虑了劳动的复杂程度，对不同部门平均单位小时活劳动的消耗，规定了不同的工资水平，这个工资水平应该基本上反映了劳动复杂程度的差别。所以平均工资水平高的部门劳动者的复杂程度就比平均工资水平低的部门劳动者的复杂程度高。

第二种办法，用平均工资级别折算或根据工龄进行折算。这里假定职工平均级别高的部门和企业，劳动复杂程度高一些，或者工龄长的人，劳动熟练程度就高。然后再规定各种级别、各种工龄的劳动者确定简单劳动折算系数。

第三种方法,以劳动者的培训费用或学历职称进行折算。这里假定劳动力的培训费越多、学历职称越高,其从事的劳动复杂程度越高。

上述几种方法可以结合起来应用。在具体确定折算办法时,一方面要考虑是否符合经济理论的要求,另一方面要考虑是否切实可行,是否能在较短时间里,比较简便地收集到所需要的资料。

关于需要很详细的实物投入产出表问题,可以有两种办法解决:

第一种办法,直接对企业生产的产品进行抽样调查,确定各种产品的直接消耗系数和活劳动消耗系数。在这些系数的基础上,利用式(7.5)计算产品的社会必要劳动量。这种办法的优点是简便可行,只需要事先确定详细的产品目录,然后组织抽样调查,确定各种产品之间的消耗系数。计算结果的正确性,基本上由直接消耗系数和活劳动消耗系数的代表性决定,所以要特别注意所抽样本的代表性。只要抽样得到的样本系数能够代表全社会的平均消耗水平,那么计算的结果就是产品的社会必要劳动量。

第二种办法,编制规模较实物型投入产出表相对来说小一些的价值型投入产出表,利用这个价值型投入产出表计算每个部门单位总产出的社会必要劳动消耗量,如每元总产出的社会必要劳动时间,然后仍用式(7.5)计算单位总产出的社会必要劳动消耗量。只是这时公式变成$(\boldsymbol{I}-\boldsymbol{A}')^{-1}\boldsymbol{t}=\boldsymbol{T}$,其中的元素$t_j$和$T_j$分别表示$j$产品部门单位总产值(单位总产出)的活劳动消耗和全部劳动消耗。然后把每一个产品部门单位产值的社会必要劳动时间乘以该产品的价格,就可以近似地算出单位产品的社会必要劳动时间。用公式表示就是:

单位产品的社会必要劳动量 = 单位总产值的社会必要劳动量 × 产品的价格

例如,假定机械制造工业部门每千元总产出的社会必要劳动时间为2.5个工时,已知普通机床价格是40 000元/台,特种机床价格是135 000元/台,则:

普通机床价格的社会必要劳动量= 2.5 工时/千元 × 40 千元/台
= 100 工时/台
= 12.50 工日/台

特种机床价格的社会必要劳动量= 2.5 工时/千元 × 135 千元/台
= 337.50 工时/台
= 42.187 5 工日/台

这种方法的优点是简便可行。但由此计算出来的各种产品价值量的精确性,取决于价值型投入产出表部门分类的详细程度和部门分类的合理性。

7.2 合理价格的确定及其应用

7.2.1 价格方程的建立

合理地确定各种产品的价格,对于进行经济核算,考核经济效益,正确安排国民经济的比例关系,搞好综合平衡,都有重要意义。利用投入产出法,可以建立价格方程,确定各种产品的合理价格。

建立价格方程,制定合理、科学的价格,通常不用价值投入产出表而采用实物型投入产出表,目的是消除既定价格因素的影响。

首先,我们将增加值部分扩充到实物型投入产出表中,使其成为如表 7 - 3 所示式样。

表 7 - 3　　扩充的实物型投入产出表

		计量单位	中间使用 1　2　3　…　n	最终使用	总产出	价格
产品种类	1 2 3 ⋮ n		q_{ij}	Y_i	Q_i	P_i
扩充部分	固定资产折旧	元	D_j			
	劳动报酬	元	V_j			
	生产税净额	元	T_j			
	营业盈余	元	M_j			
总产出			Q_jP_j			

设 P_i 和 P_j 分别为 i 部门和 j 部门产品的价格,根据表 7 - 3,各个部门的总产出为:

$$\begin{cases} Q_1P_1 = q_{11}P_1 + q_{21}P_2 + \cdots + q_{n1}P_n + D_1 + V_1 + T_1 + M_1 \\ Q_2P_2 = q_{12}P_1 + q_{22}P_2 + \cdots + q_{n2}P_n + D_2 + V_2 + T_2 + M_2 \\ \cdots \\ Q_nP_n = q_{1n}P_1 + q_{2n}P_2 + \cdots + q_{nn}P_n + D_n + V_n + T_n + M_n \end{cases} \tag{7.6}$$

写成一般表达式为:

$$Q_jP_j = q_{1j}P_1 + q_{2j}P_2 + \cdots + q_{nj}P_n + D_j + V_j + T_j + M_j$$

两端除以 Q_j 得:

$$P_j = a_{1j}^*P_1 + a_{2j}^*P_2 + \cdots + a_{nj}^*P_n + \bar{D}_j + \bar{V}_j + \bar{T}_j + \bar{M}_j \qquad (j = 1,2,\cdots,n)$$

$$= \sum_{i=1}^{n} a_{ij}^*P_i + \bar{D}_j + \bar{V}_j + \bar{T}_j + \bar{M}_j \tag{7.7}$$

式(7.7) 中 $\sum_{i=1}^{n} a_{ij}^*P_i$ 为单位 j 产品中,以价值形态表示的全部中间消耗;$\bar{D}_j$、$\bar{V}_j$、$\bar{T}_j$、$\bar{M}_j$ 分别为 j 部门单位实物产品的固定资产折旧、劳动报酬、生产税净额和营业盈余。

用矩阵表示式 (7.7) 为:

$$\boldsymbol{P} = \boldsymbol{A}^{*\prime}\boldsymbol{P} + \bar{\boldsymbol{D}} + \bar{\boldsymbol{V}} + \bar{\boldsymbol{T}} + \bar{\boldsymbol{M}} \tag{7.8}$$

移项整理式(7.8) 得:

$$\boldsymbol{P} - \boldsymbol{A}^{*\prime}\boldsymbol{P} = \bar{\boldsymbol{D}} + \bar{\boldsymbol{V}} + \bar{\boldsymbol{T}} + \bar{\boldsymbol{M}}$$

$$\boldsymbol{P} = (\boldsymbol{I} - \boldsymbol{A}^{*\prime})^{-1}(\bar{\boldsymbol{D}} + \bar{\boldsymbol{V}} + \bar{\boldsymbol{T}} + \bar{\boldsymbol{M}}) \tag{7.9}$$

式(7.9) 就是用投入产出法确定的各种产品的价格方程,其中:

$$\boldsymbol{P}=\begin{pmatrix}P_1\\P_2\\\vdots\\P_n\end{pmatrix}\quad \boldsymbol{A}^{*\prime}=\begin{pmatrix}a_{11}^* & a_{21}^* & \cdots & a_{n1}^*\\a_{12}^* & a_{22}^* & \cdots & a_{n2}^*\\\vdots & \vdots & & \vdots\\a_{1n}^* & a_{2n}^* & \cdots & a_{nn}^*\end{pmatrix}$$

$$\overline{\boldsymbol{V}}=\begin{pmatrix}\overline{V}_1\\\overline{V}_2\\\vdots\\\overline{V}_n\end{pmatrix}\quad \overline{\boldsymbol{M}}=\begin{pmatrix}\overline{M}_1\\\overline{M}_2\\\vdots\\\overline{M}_n\end{pmatrix}\quad \overline{\boldsymbol{D}}=\begin{pmatrix}\overline{D}_1\\\overline{D}_2\\\vdots\\\overline{D}_n\end{pmatrix}\quad \overline{\boldsymbol{T}}=\begin{pmatrix}\overline{T}_1\\\overline{T}_2\\\vdots\\\overline{T}_n\end{pmatrix}$$

若以 N_j 表示 j 部门的增加值，$\overline{N}_j$ 表示 j 部门的单位实物产品的增加值（增加值率），$\overline{N}_j=\overline{D}_j+\overline{V}_j+\overline{T}_j+\overline{M}_j$；$\overline{\boldsymbol{N}}$ 表示以 $\overline{N}_j$ 为元素的列向量，$\overline{\boldsymbol{N}}=\overline{\boldsymbol{D}}+\overline{\boldsymbol{V}}+\overline{\boldsymbol{T}}+\overline{\boldsymbol{M}}$，则式(7.9)可以表示为：

$$\boldsymbol{P}=(\boldsymbol{I}-\boldsymbol{A}^{*\prime})^{-1}\overline{\boldsymbol{N}} \tag{7.10}$$

假设有如表 7－4 所示的扩展型实物投入产出表，据此计算 3 个部门产品的平均价格。

表 7－4　**简化的扩展型实物投入产出表**

		中间使用			最终使用	总产出
		甲	乙	丙		
中间投入	甲（吨）		300	675	525	1 500
	乙（箱）	450	600	375	2 325	3 750
	丙（件）	300			1 200	1 500
增加值（万元）		990	2 475	3 900		

根据表 7－4 计算的有关系数如下：

$$\boldsymbol{A}^*=\begin{pmatrix}0 & 0.08 & 0.45\\0.3 & 0.16 & 0.25\\0.2 & 0 & 0\end{pmatrix}\quad \overline{\boldsymbol{B}}^*=\begin{pmatrix}1.14 & 0.11 & 0.54\\0.47 & 1.23 & 0.52\\0.23 & 0.02 & 1.11\end{pmatrix}\quad \overline{\boldsymbol{N}}=\begin{pmatrix}0.66\\0.66\\2.60\end{pmatrix}$$

把有关数据代入式(7.10)则有：

$$\begin{pmatrix}P_1\\P_2\\P_3\end{pmatrix}=\begin{pmatrix}1.14 & 0.47 & 0.23\\0.11 & 1.23 & 0.02\\0.54 & 0.52 & 1.11\end{pmatrix}\begin{pmatrix}0.66\\0.66\\2.60\end{pmatrix}=\begin{pmatrix}1.163\,6\\0.771\,8\\3.533\,6\end{pmatrix}$$

计算表明，三种产品的价格分别是：甲产品 1.163 6 万元／吨，乙产品 0.771 8 万元／箱，丙产品 3.533 6 万元／件。

7.2.2　合理比价的确定方法

在式(7.9)中，只要有报告期实物投入产出表，就能确定直接消耗系数矩阵。$\overline{V}_j$ 是单位 j 产品支付的工资，这是任何单位、部门都有的资料；$\overline{D}_j$ 是单位 j 产品分摊的固定资产折旧,这也有比较详细的核算资料;$\overline{T}_j$ 是单位 j 产品包含的生产税净额列向量,一般由国家法定的税率来决定。但各种单位产品中包含的营业盈余 $\overline{M}_j$ 差异很大,所以确定合理价格的关键就在于确定单位产品中的营业盈余。有学者提出可以用以下三种办法来确定单位产品中的营业盈余(营业盈余率)。

第一种办法:按平均劳动报酬营业盈余率确定单位产品中的营业盈余。按这种方法定价,以各种产品价格中所包含的营业盈余与生产产品所支付的劳动报酬成正比例为前提。其理由是劳动报酬即可变资本在总资本中所占比重越大,雇用劳动力的数量就越大,所创造的剩余产品就越多。所以使用劳动力多的部门,支付的劳动报酬就多,创造的剩余产品就多,因而营业盈余也就应当越多。按平均工资营业盈余率确定单位产品营业盈余可以使价格的高低与活劳动投入的多少一致。这说明价格中的营业盈余是由活劳动创造的。采用这种方法确定价格对有机构成低的部门有利。

按这种办法,单位产品的营业盈余 $\overline{M}_j$ 可以表示为:

$$\overline{M}_j = \alpha \overline{V}_j \qquad (j = 1,2,\cdots,n) \tag{7.11}$$

式(7.11)中,α 是全社会 n 种产品的平均劳动报酬营业盈余率,它可以按式(7.11a)求得:

$$\alpha = \frac{M}{\sum_{j=1}^{n} \overline{V}_j Q_j} \tag{7.11a}$$

式(7.11a)中:Q_j 为 j 产品实物总量;$\overline{V}_j Q_j$ 为生产全部 j 产品支付的劳动报酬;$\sum_{j=1}^{n} \overline{V}_j Q_j$ 为生产 n 种产品而支付的劳动报酬总额;M 为全社会的营业盈余总额。

把式(7.11)代入价格方程(7.9),则各部门产品的价格为:

$$\begin{aligned}\boldsymbol{P} &= (\boldsymbol{I} - \boldsymbol{A}^{*\prime})^{-1}(\overline{\boldsymbol{D}} + \overline{\boldsymbol{V}} + \overline{\boldsymbol{T}} + \alpha \overline{\boldsymbol{V}}) \\ &= (1 - \boldsymbol{A}^{*\prime})^{-1}[\overline{\boldsymbol{D}} + \overline{\boldsymbol{T}} + (1 + \alpha)\overline{\boldsymbol{V}}]\end{aligned} \tag{7.12}$$

第二种办法:按平均成本营业盈余率确定单位产品中的营业盈余。使用这种办法的理由是:产品成本占产品价值的大部分,根据成本计算营业盈余,符合价值决定价格的原则;根据全行业的平均成本计算营业盈余,可以促使各个企业减少物化劳动和活劳动的消耗,降低成本,增加营业盈余;目前企业财务核算中都要计算各种主要产品的成本,资料较齐全。所以,在产品成本基础上确定产品的价格,是一种简便可行的办法。

按这种办法,单位产品的营业盈余 $\overline{M}$ 可以表示为:

$$\overline{M}_j = \beta\left(\sum_{i=1}^{n+1} a_{ij}^{*} P_i + \overline{V}_j\right) \qquad (j = 1,2,\cdots,n) \tag{7.13}$$

式(7.13)中:$\sum_{i=1}^{n+1} a_{ij}^{*} = \sum_{i=1}^{n} a_{ij}^{*} + \overline{D}_j$ 为单位 j 产品中的中间投入和固定资产折旧之和,即单位 j 产品中包括的物化劳动消耗量;$\sum_{i=1}^{n+1} a_{ij}^{*} P_i + \overline{V}_j$ 为单位 j 产品成本;β 表示全社会 n 种产品的平均成本营业盈余率,可以利用式(7.13a)计算得到。

$$\beta = \frac{M}{\sum_{j=1}^{n} Q_j\left(\sum_{i=1}^{n} a_{ij}^{*} P_i + \overline{V}_j\right)} \tag{7.13a}$$

式(7.13a)中：$Q_j(\sum_{i=1}^{n} a_{ij}^* P_i + \bar{V}_j)$ 为 j 产品的总成本；$\sum_{j=1}^{n} Q_j(\sum_{i=1}^{n} a_{ij}^* P_i + \bar{V}_j)$ 为全部产品的总成本即社会总成本。

把式(7.13)代入价格式(7.8)中可得：

$$\boldsymbol{P} = \boldsymbol{A}^{*\prime}\boldsymbol{P} + \bar{\boldsymbol{D}} + \bar{\boldsymbol{V}} + \bar{\boldsymbol{T}} + \beta(\boldsymbol{A}^{*\prime}\boldsymbol{P} + \bar{\boldsymbol{V}}) \tag{7.14}$$

整理式(7.14)则有：

$$\boldsymbol{P} - \boldsymbol{A}^{*\prime}\boldsymbol{P} - \beta\boldsymbol{A}^{*\prime}\boldsymbol{P} = \bar{\boldsymbol{D}} + \bar{\boldsymbol{V}} + \bar{\boldsymbol{T}} + \beta\bar{\boldsymbol{V}} \tag{7.14a}$$

$$(\boldsymbol{I} - \boldsymbol{A}^{*\prime} - \beta\boldsymbol{A}^{*\prime})\boldsymbol{P} = \bar{\boldsymbol{D}} + \bar{\boldsymbol{V}} + \bar{\boldsymbol{T}} + \beta\bar{\boldsymbol{V}} \tag{7.14b}$$

$$\boldsymbol{P} = (\boldsymbol{I} - \boldsymbol{A}^{*\prime} - \beta\boldsymbol{A}^{*\prime})^{-1}[\bar{D} + (1+\beta)\bar{\boldsymbol{V}} + \bar{\boldsymbol{T}}] \tag{7.15}$$

在社会现代化大生产中，分工越来越细，国民经济各部门之间的经济技术联系越来越紧密，价值形成过程也更复杂了。单个部门的产品，不仅是本部门的劳动者的劳动产物，同时也是社会生产总体的共同产物。产品的价格取决于既包括活劳动，也包括物化劳动的社会必要劳动时间。因此按平均成本营业盈余率来定价，反映了物化劳动在价值创造中的作用，有利于促进成本的降低和劳动生产率的提高。

第三种办法：按平均资金营业盈余率确定单位产品中的营业盈余。马克思指出：在部门内部和部门之间都存在激烈的竞争。部门内部的竞争使同类产品的价格不是由个别商品的价值决定，而是由这些商品的社会价值所决定。部门之间的竞争，使资本从一个部门流入另一个部门，形成全社会的平均利润率。平均利润率形成的结果使得商品不是按生产价值出售，而是按生产价格出售。在我国商品也应该按生产价格来出售。因为技术条件在生产中的作用日益加强，生产技术装备虽然不直接创造新的价值，但它同活劳动相结合后，能大大增加这个部门的社会产品价值。按生产价格定价，就应该充分考虑资金在社会再生产过程中的作用，使它成为制定合理价格的一个客观基础。同时，商品按生产价格定价不仅是资本主义条件下资本追求利润的产物，也是社会化大生产高度发展的客观需要，是由现代生产技术装备作用日益显著这一客观事实所决定的。

按平均资金利润率定价，可将单位产品的营业盈余表示为：

$$\bar{M}_j = \gamma\bar{K}_j \qquad (j = 1,2,\cdots,n) \tag{7.16}$$

式(7.16)中：$\bar{K}_j$ 表示单位 j 产品平均占用的资金数量，包括占用在固定资产和存货上的资金；γ 表示全社会的平均资金营业盈余率，可以通过式(7.16a)计算得到。

$$\gamma = \frac{M}{\sum_{j=1}^{n} \bar{K}_j Q_j} \tag{7.16a}$$

式(7.16a)中：$\bar{K}_j Q_j$ 是 j 产品占用的全部资金额；$\sum_{j=1}^{n} \bar{K}_j Q_j$ 是全社会所有产品所占用的资金总额。

将式(7.16)代入价格式(7.9)中得：

$$\boldsymbol{P} = (\boldsymbol{I} - \boldsymbol{A}^{*\prime})^{-1}(\bar{\boldsymbol{D}} + \bar{\boldsymbol{V}} + \bar{\boldsymbol{T}} + \gamma\bar{\boldsymbol{K}}) \tag{7.17}$$

以上三种方法计算得到的价格尽管都可以作为定价的基础，但是在实际定价时，还要考虑很多具体的、复杂的因素。例如，很多经济学家认为，矿产品价格在一般情况下应该按照劣等自然条件来定价，使得在劣等自然条件下从事矿产品生产的企业，除了补偿生产成本外,也能得到营业盈余;而自然条件好的矿山企业,能够得到超额利润,这部分以税收形式上缴给国家。如果某些产品按劣等自然条件来定价,那么式(7.12)、式(7.15)和式(7.17)中的有关系数 α、β、γ 等都应当由劣等生产条件企业的数据来决定,而不能用全社会的平均数。

另外,以上三种定价方法可以结合使用。例如,对大部分部门采用按资金营业盈余率来定价,一部分部门按成本营业盈余率来定价。也可以按照平均资金营业盈余率确定各部门、各行业大类产品的平均价格,然后再按照成本营业盈余率分别确定每个部门或每个行业中各种具体品种、规格的产品价格。

7.2.3 增加值因素变化对各部门价格影响的分析

7.2.3.1 价格水平变动的测算

由式(7.9)可知,固定资产折旧、劳动者报酬、利润、税金等增加值因素是产品价格的组成部分。随着经济的发展、技术的进步、劳动生产率的提高,劳动者的报酬会提高,固定资产折旧会加快,利润、税金也会发生变化,所有这些因素中的一个或者一些发生变化,都会对产品的价格产生影响。研究上述因素变化对价格体系的影响,对于国家制定工资政策、税收政策、价格政策等是很重要的。

当各种产品的实物增加值率发生变化,即由 $\bar{\boldsymbol{N}}$ 变为 $\bar{\boldsymbol{N}}+\boldsymbol{\Delta}\bar{\boldsymbol{N}}$ 时,根据式(7.9)或式(7.10),各部门价格也会发生如下相应的变化:

$$\boldsymbol{P}+\boldsymbol{\Delta P}=(\boldsymbol{I}-\boldsymbol{A}^{*\prime})^{-1}(\bar{\boldsymbol{D}}+\boldsymbol{\Delta}\bar{\boldsymbol{D}}+\bar{\boldsymbol{V}}+\boldsymbol{\Delta}\bar{\boldsymbol{V}}+\bar{\boldsymbol{T}}+\boldsymbol{\Delta}\bar{\boldsymbol{T}}+\bar{\boldsymbol{M}}+\boldsymbol{\Delta}\bar{\boldsymbol{M}}) \tag{7.18a}$$

$$\boldsymbol{P}+\boldsymbol{\Delta P}=(\boldsymbol{I}-\boldsymbol{A}^{*\prime})^{-1}(\bar{\boldsymbol{N}}+\boldsymbol{\Delta}\bar{\boldsymbol{N}}) \tag{7.18b}$$

式(7.18a)与式(7.18b)中:$\boldsymbol{A}^*$ 是实物直接消耗系数矩阵;$\boldsymbol{P}$、$\boldsymbol{\Delta P}$ 分别是 n 种产品价格、价格变化量列向量;$\bar{\boldsymbol{D}}$、$\boldsymbol{\Delta}\bar{\boldsymbol{D}}$、$\bar{\boldsymbol{V}}$、$\boldsymbol{\Delta}\bar{\boldsymbol{V}}$、$\bar{\boldsymbol{T}}$、$\boldsymbol{\Delta}\bar{\boldsymbol{T}}$、$\bar{\boldsymbol{M}}$、$\boldsymbol{\Delta}\bar{\boldsymbol{M}}$ 分别是以实物固定资产折旧系数及其变化量、劳动报酬系数及其变化量、生产税净额系数及其变化量、营业盈余系数及其变化量为元素的列向量;$\bar{\boldsymbol{N}}$、$\boldsymbol{\Delta}\bar{\boldsymbol{N}}$ 分别是实物增加值率及其变化量列向量。

由式(7.18a)和式(7.18b)分别减去式(7.9)和式(7.10)可以得到:

$$\boldsymbol{\Delta P}=(\boldsymbol{I}-\boldsymbol{A}^{*\prime})^{-1}(\boldsymbol{\Delta}\bar{\boldsymbol{D}}+\boldsymbol{\Delta}\bar{\boldsymbol{V}}+\boldsymbol{\Delta}\bar{\boldsymbol{T}}+\boldsymbol{\Delta}\bar{\boldsymbol{M}}) \tag{7.19a}$$

$$\boldsymbol{\Delta P}=(\boldsymbol{I}-\boldsymbol{A}^{*\prime})^{-1}\boldsymbol{\Delta}\bar{\boldsymbol{N}} \tag{7.19b}$$

这就是测定增加值因素变化对各部门产品价格水平影响的模型,所计算出来的各 $\boldsymbol{\Delta P}$,表示因增加值的变化而使价格上涨或下降的绝对金额。

表 7-4 中,假设第 2 部门因为劳动报酬增加使得增加值率由 0.66 上升为 0.73,则 3 个部门的价格将发生如下变化:

$$\begin{pmatrix}\Delta P_1\\ \Delta P_2\\ \Delta P_3\end{pmatrix}=\begin{pmatrix}1.14 & 0.47 & 0.23\\ 0.11 & 1.23 & 0.02\\ 0.54 & 0.52 & 1.11\end{pmatrix}\begin{pmatrix}0\\ 0.07\\ 0\end{pmatrix}=\begin{pmatrix}0.0320\\ 0.0861\\ 0.0364\end{pmatrix}$$

计算表明,第 2 部门单位产品的增加值上升了 0.07 万元/箱,由于直接或间接的联系,不仅第 2 部门的产品价格会上升 0.086 1 万元/箱,而且其他两个部门的产品价格也会分别上涨 0.032 万元/吨、0.036 4 万元/件。

7.2.3.2 价格指数的测算

我们用价值型投入产出表的数据,能否计算增加值因素变化对各个部门产品价格的影响呢？为了说明这一点，我们从一个实例来看。例如，我们已有表 7 - 5 这样的价值型投入产出表。

表 7 - 5　　简化的价值型投入产出表数例　　单位：亿元

		中间使用				最终使用	总产出
		1	2	3	小计		
中间消耗	1	100	20	10	30	70	200
	2	20	10	5	35	65	100
	3	20	10	0	30	20	50
	小计	140	40	151	195	155	350
增加值		60	60	35			
总投入		200	100	50	350		

根据表 7 - 5 计算的各项系数如下：

$$\boldsymbol{A}=\begin{pmatrix}0.5 & 0.2 & 0.2\\ 0.1 & 0.1 & 0.1\\ 0.1 & 0.1 & 0\end{pmatrix}\qquad \boldsymbol{A}_N=\begin{pmatrix}0.3\\ 0.6\\ 0.7\end{pmatrix}$$

$$\boldsymbol{B}=\begin{pmatrix}1.2084 & 0.5459 & 0.4963\\ 0.2730 & 0.1911 & 0.1737\\ 0.2481 & 0.1737 & 0.0670\end{pmatrix}$$

把各项数据代入式(7.10)中有：

$$\begin{pmatrix}P_1\\ P_2\\ P_3\end{pmatrix}=\begin{pmatrix}2.2084 & 0.2730 & 0.2481\\ 0.5459 & 1.1911 & 0.1737\\ 0.4963 & 0.1737 & 1.0670\end{pmatrix}\begin{pmatrix}0.3\\ 0.6\\ 0.7\end{pmatrix}=\begin{pmatrix}1.0000\\ 1.0000\\ 1.0000\end{pmatrix}$$

为什么根据价值表计算的各部门产品价格都为 1 呢？这是因为我们计算出的结果是单位总产出的价格，即一个货币单位那样多的产品的价格，所以当然应为 1。我们把各部门单位总产出的价格都等于 1 作为价格变动以前的基数，即价格指数的基数，可以用它来测算和分析增加值发生变化时，各部门产品的价格指数或价格变化的相对程度。以表 7 - 5 为例，如果第 1 部门因为劳动报酬率提高使得增加值率提高 0.03 个百分点，即 $\Delta a_{N1}=0.03$，其他因素不变，这时各个部门的价格指数为：

$$\begin{pmatrix}P_1\\ P_2\\ P_3\end{pmatrix}=\begin{pmatrix}2.2084 & 0.2730 & 0.2481\\ 0.5459 & 1.1911 & 0.1737\\ 0.4963 & 0.1737 & 1.0670\end{pmatrix}\begin{pmatrix}0.33\\ 0.6\\ 0.7\end{pmatrix}=\begin{pmatrix}1.0662\\ 1.0164\\ 1.0490\end{pmatrix}$$

或者各个部门价格变化率为：

$$\begin{pmatrix}\Delta P_1\\ \Delta P_2\\ \Delta P_3\end{pmatrix}=\begin{pmatrix}2.2084 & 0.2730 & 0.2481\\ 0.5459 & 1.1911 & 0.1737\\ 0.4963 & 0.1737 & 1.0670\end{pmatrix}\begin{pmatrix}0.03\\ 0\\ 0\end{pmatrix}=\begin{pmatrix}0.0662\\ 0.0164\\ 0.0149\end{pmatrix}$$

计算结果表明：当第 1 部门增加值率提高 0.03 个百分点时，不仅该部门产品价格要上升 6.62%,而且其他两个部门产品价格也分别要上升 1.64% 和 1.49%。

也许有人会提问:是不是提高劳动报酬就一定会导致各种产品涨价呢? 回答是否定的。因为劳动报酬系数为 $a_{V_j} = V_j/X_j$ 的倒数 X_j/V_j,即劳动生产率,如果经过劳动者的努力,使劳动生产率大大提高,那么生产单位产品支付的劳动报酬就会降低。在这个基础上来增加劳动报酬,就不会使物价上涨,或者物价上涨的幅度小于工资增长的幅度。从这里我们也可以悟出一个道理:人民生活水平的提高,一定要建立在劳动生产率提高的基础上,否则,人民的货币工资提高了,但物价却上涨更多,人民反而得不到实惠。

7.3 产品价格变动对价格体系的影响分析

国民经济各部门之间有错综复杂的联系,某种产品或某些产品的价格变化会带来复杂的连锁反应。例如,煤炭产品提价可能使钢铁、电产品的成本提高,造成钢铁、电产品的价格上升;钢铁、电产品价格上涨,又会使采煤设备价格上涨和采煤用电增加;采煤设备和采煤用电价格的提高,会反过来促使煤炭涨价。事实上从式(7.9) 可知,任何一种产品的价格都是各个部门产品价格的函数,只要有一种产品的价格发生了变化,就会引起所有产品的价格(价格体系) 发生变化。所以,在调整某种产品或某些产品的价格时,需要认真研究价格的波及作用。

在没有投入产出模型以前,很难确切地计量某种产品或某些产品的价格对价格体系的间接影响。利用投入产出模型,可以具体计量价格的波及作用。

7.3.1 一种产品价格变化对价格体系影响的分析

假定第 n 部门的产品价格发生了变化,由 P_n 变为 $P_n + \Delta P_n$,则其他 $n-1$ 个部门的产品价格也会发生变化。在这种情况下,在式(7.7) 所示的价格方程中,第 n 部门的价格是外生变量,不由其他部门产品价格所决定。其他 $n-1$ 个部门的价格一定会受到第 n 部门产品价格的影响,因此我们可以只考虑式(7.7) 中的前 $n-1$ 个方程[①],如:

$$\begin{cases} P_1 = a_{11}P_1 + a_{21}P_2 + \cdots + a_{n-1,1}P_{n-1} + a_{n1}P_n + a_{N1} \\ P_2 = a_{12}P_1 + a_{22}P_2 + \cdots + a_{n-1,2}P_{n-1} + a_{n2}P_n + a_{N2} \\ \cdots \\ P_{n-1} = a_{1,n-1}P_1 + a_{2,n-1}P_2 + \cdots + a_{n-1,n-1}P_{n-1} + a_{n,n-1}P_n + a_{N,n-1} \end{cases}$$

写成矩阵形式是:

$$\boldsymbol{P}_{(n-1)} = \boldsymbol{A'}_{(n-1)}\boldsymbol{P}_{n-1} + \boldsymbol{RP}_n + \boldsymbol{A}_{N(n-1)} \tag{7.20}$$

其中 $\boldsymbol{P}_{(n-1)} = \begin{pmatrix} P_1 \\ P_2 \\ \vdots \\ P_{n-1} \end{pmatrix}$ $\quad \boldsymbol{A'}_{(n-1)} = \begin{pmatrix} a_{11} & a_{21} & \cdots & a_{n-1,1} \\ a_{12} & a_{22} & \cdots & a_{n-1,2} \\ \vdots & \vdots & & \vdots \\ a_{1,n-1} & a_{2,n-1} & \cdots & a_{n-1,n-1} \end{pmatrix}$

① 为了书写方便,我们采用价值模型。

$$\boldsymbol{R}=\begin{pmatrix} a_{n1} \\ a_{n2} \\ \vdots \\ a_{n,n-1} \end{pmatrix} \qquad \boldsymbol{A}_{N(n-1)}=\begin{pmatrix} a_{N1} \\ a_{N2} \\ \vdots \\ a_{N,n-1} \end{pmatrix}$$

整理式(7.20)有：

$$\boldsymbol{P}_{(n-1)}-\boldsymbol{A}'_{(n-1)}\boldsymbol{P}_{(n-1)}=\boldsymbol{RP}_n+\boldsymbol{A}_{N(n-1)} \tag{7.20a}$$

$$(\boldsymbol{I}-\boldsymbol{A}'_{(n-1)})\boldsymbol{P}_{(n-1)}=\boldsymbol{RP}_n+\boldsymbol{A}_{N(n-1)} \tag{7.20b}$$

$$\boldsymbol{P}_{(n-1)}=(\boldsymbol{I}-\boldsymbol{A}'_{(n-1)})^{-1}(\boldsymbol{RP}_n+\boldsymbol{A}_{N(n-1)}) \tag{7.20c}$$

考虑第 n 部门的价格已经发生了变化，即当 $\boldsymbol{P}_n \Rightarrow \boldsymbol{P}_n+\Delta\boldsymbol{P}_n$ 时，则式(7.20c)成为：

$$\boldsymbol{P}_{(n-1)}+\Delta\boldsymbol{P}_{(n-1)}=(\boldsymbol{I}-\boldsymbol{A}'_{(n-1)})^{-1}[(\boldsymbol{R}(\boldsymbol{P}_n+\Delta\boldsymbol{P}_n)+\boldsymbol{A}_{N(n-1)}] \tag{7.20d}$$

式(7.20d)减式(7.20c)得：

$$\Delta\boldsymbol{P}_{(n-1)}=(\boldsymbol{I}-\boldsymbol{A}'_{(n-1)})^{-1}\boldsymbol{R}\Delta\boldsymbol{P}_n \tag{7.20e}$$

将 $\boldsymbol{R}$ 还原为列向量有：

$$\Delta\boldsymbol{P}_{(n-1)}=(\boldsymbol{I}-\boldsymbol{A}'_{(n-1)})^{-1}\begin{pmatrix} a_{n1} \\ a_{n2} \\ \vdots \\ a_{n,n-1} \end{pmatrix}\Delta\boldsymbol{P}_n \tag{7.20f}$$

可以证明，式(7.20f)可以表示为如下形式：

$$\Delta\boldsymbol{P}_{(n-1)}=\begin{pmatrix} \bar{b}_{n1}/\bar{b}_{nn} \\ \bar{b}_{n2}/\bar{b}_{nn} \\ \vdots \\ \bar{b}_{n,n-1}/\bar{b}_{nn} \end{pmatrix}\Delta\boldsymbol{P}_n \tag{7.21}$$

由式(7.21)可以看出，受第 n 部门的产品价格变化的影响，其他 $n-1$ 个部门产品价格变化率（如果是根据实物型投入产出表计算，则为其他 $n-1$ 个部门产品价格变化额），等于 n 阶完全需求系数矩阵第 n 行前 $n-1$ 个元素与第 n 行第 n 列元素的比值，乘上第 n 部门产品价格变化率。推而广之，第 k 部门产品价格变化对其他部门产品价格的影响，就等于完全需求系数矩阵第 k 行中主对角线上的元素作分母，其他元素作分子计算比值，然后与第 k 部门产品价格变化率相乘。

从式(7.20f)到式(7.21)的证明如下：

将矩阵 $(\boldsymbol{I}-\boldsymbol{A})^{-1}$ 和矩阵 $(\boldsymbol{I}-\boldsymbol{A})$ 从 $n-1$ 行、$n-1$ 列分成四块，并计算 $(\boldsymbol{I}-\boldsymbol{A})^{-1}(\boldsymbol{I}-\boldsymbol{A})$。

$$\boldsymbol{I}-\boldsymbol{A}=\left(\begin{array}{cccc|c} 1-a_{11} & -a_{12} & \cdots & -a_{1,n-1} & -a_{1n} \\ -a_{21} & 1-a_{22} & \cdots & -a_{2,n-1} & -a_{2n} \\ \vdots & \vdots & & \vdots & \vdots \\ -a_{n-1,1} & -a_{n-1,2} & \cdots & 1-a_{n-1,n-1} & -a_{n-1,n} \\ \hline -a_{n1} & -a_{n2} & \cdots & -a_{n,n-1} & 1-a_{nn} \end{array}\right)$$

$$= \begin{pmatrix} \boldsymbol{I} - \boldsymbol{A}_{(n-1)} & -\boldsymbol{U} \\ -\boldsymbol{R}' & 1 - a_{nn} \end{pmatrix}$$

$$(\boldsymbol{I} - \boldsymbol{A})^{-1} = \bar{\boldsymbol{B}} = \left(\begin{array}{cccc:c} \bar{b}_{11} & \bar{b}_{12} & \cdots & \bar{b}_{1,n-1} & \bar{b}_{1,n} \\ \bar{b}_{21} & \bar{b}_{22} & \cdots & \bar{b}_{2,n-1} & \bar{b}_{2,n} \\ \vdots & \vdots & & \vdots & \vdots \\ \bar{b}_{n-1,1} & \bar{b}_{n-1,2} & \cdots & \bar{b}_{n-1,n-1} & \bar{b}_{n-1,n} \\ \hdashline \bar{b}_{n1} & \bar{b}_{n2} & \cdots & \bar{b}_{n,n-1} & \bar{b}_{nn} \end{array}\right)$$

$$= \begin{pmatrix} \bar{\boldsymbol{B}}_{(n-1)} & \boldsymbol{T} \\ \boldsymbol{S}' & \bar{b}_{nn} \end{pmatrix}$$

$$(\boldsymbol{I} - \boldsymbol{A})^{-1}(\boldsymbol{I} - \boldsymbol{A}) = \begin{pmatrix} \bar{\boldsymbol{B}}_{(n-1)} & \boldsymbol{T} \\ \boldsymbol{S}' & \bar{b}_{nn} \end{pmatrix} \begin{pmatrix} \boldsymbol{I} - \boldsymbol{A}_{(n-1)} & -\boldsymbol{U} \\ -\boldsymbol{R}' & 1 - a_{nn} \end{pmatrix}$$

$$= \begin{pmatrix} \bar{\boldsymbol{B}}_{(n-1)} \cdot (\boldsymbol{I} - \boldsymbol{A}_{(n-1)}) - \boldsymbol{T}\boldsymbol{R}' & -\bar{\boldsymbol{B}}_{n-1}\boldsymbol{U} + \boldsymbol{T}(1 - a_{nn}) \\ \boldsymbol{S}' \cdot (\boldsymbol{I} - \boldsymbol{A}_{(n-1)}) - \bar{b}_{nn}\boldsymbol{R}' & -\boldsymbol{S}'\boldsymbol{U} + \bar{b}_{nn}(1 - a_{nn}) \end{pmatrix}$$

$$= \begin{pmatrix} \boldsymbol{I}_{(n-1)} & 0_{(n-1)\times 1} \\ 0_{1\times(n-1)} & 1 \end{pmatrix} \tag{7.21a}$$

式(7.21a)中乘积的第2行、第1列的元素为:

$$\boldsymbol{S}'(\boldsymbol{I} - \boldsymbol{A}_{(n-1)}) - \bar{b}_{nn}\boldsymbol{R}' = 0_{(n-1)\times 1} \tag{7.21b}$$

式(7.21b)等价于:

$$\boldsymbol{S}'(\boldsymbol{I} - \boldsymbol{A}_{(n-1)}) = \bar{b}_{nn}\boldsymbol{R}' \tag{7.21c}$$

将式(7.21c)两边转置得:

$$\boldsymbol{S} = (\boldsymbol{I} - \boldsymbol{A}'_{(n-1)})^{-1}\bar{b}_{nn}\boldsymbol{R} \tag{7.21d}$$

把式(7.21d)写成向量形式则为:

$$\begin{pmatrix} \bar{b}_{n1} \\ \bar{b}_{n2} \\ \vdots \\ \bar{b}_{n,n-1} \end{pmatrix} = (\boldsymbol{I} - \boldsymbol{A}'_{(n-1)})^{-1}\bar{b}_{nn} \begin{pmatrix} a_{n1} \\ a_{n2} \\ \vdots \\ a_{n,n-1} \end{pmatrix} \tag{7.21e}$$

由于 $\bar{b}_{nn}$ 是一个数,故式(7.21e)可以写成:

$$(\boldsymbol{I} - \boldsymbol{A}'_{(n-1)})^{-1} \begin{pmatrix} a_{n1} \\ a_{n2} \\ \vdots \\ a_{n,n-1} \end{pmatrix} = \begin{pmatrix} \bar{b}_{n1}/\bar{b}_{nn} \\ \bar{b}_{n2}/\bar{b}_{nn} \\ \vdots \\ \bar{b}_{n,n-1}/\bar{b}_{nn} \end{pmatrix} \tag{7.21f}$$

把式(7.21f)与式(7.20f)比较,得到:

$$(\boldsymbol{I}-\boldsymbol{A}'_{(n-1)})^{-1}\begin{pmatrix}a_{n1}\\a_{n2}\\\vdots\\a_{n,n-1}\end{pmatrix}\Delta P_n=\begin{pmatrix}\bar{b}_{n1}/\bar{b}_{nn}\\\bar{b}_{n2}/\bar{b}_{nn}\\\vdots\\\bar{b}_{n,n-1}/\bar{b}_{nn}\end{pmatrix}\Delta P_n$$

应当指出的是，当用实物型投入产出模型进行分析时，ΔP_n 是价格变动的绝对额，计算出来的 $\Delta P_{(n-1)}$ 也是其他 $n-1$ 个部门价格变动的绝对额。而如果用价值型投入产出模型进行分析，由于价格基数为 1，所以 ΔP_n 是价格变动的相对程度（变化率），计算出来的 $\Delta P_{(n-1)}$ 也是其他 $n-1$ 个部门的价格变化率。

例如，根据表7-4计算的三种产品的价格分别是1.163 6万元/吨，0.771 8万元/箱和3.533 6万元/件。若第一种产品的价格上涨10%，即 $\Delta P_1=0.116\,36$ 万元，则第二和第三部门产品价格将上升为：

$$\begin{pmatrix}\Delta P_2\\\Delta P_3\end{pmatrix}=\begin{pmatrix}\bar{b}_{12}/\bar{b}_{11}\\\bar{b}_{13}/\bar{b}_{11}\end{pmatrix}\Delta P_3=\begin{pmatrix}0.11/1.14\\0.54/1.14\end{pmatrix}\times 0.116\,36=\begin{pmatrix}0.011\,2\\0.055\,1\end{pmatrix}$$

由计算结果可知，第一种产品的价格上涨 0.116 36 万元，会引起第二种产品价格上涨 0.011 2 万元、第三种产品价格上涨 0.055 1 万元。

根据表 7-5，若第三种产品的价格上涨 10%，由于价格指数的基数为 1，则第一和第二部门产品价格上升率为：

$$\begin{pmatrix}\Delta P_1\\\Delta P_2\end{pmatrix}=\begin{pmatrix}\bar{b}_{31}/\bar{b}_{33}\\\bar{b}_{32}/\bar{b}_{33}\end{pmatrix}\Delta P_3=\begin{pmatrix}0.248\,1/1.067\\0.173\,7/1.067\end{pmatrix}\times 10\%=\begin{pmatrix}2.325\,2\%\\1.627\,9\%\end{pmatrix}$$

7.3.2 两种产品价格变化对价格体系影响的分析

在实际经济生活中，往往存在着若干种产品的价格同时发生变化的情况。我们先由两种产品的价格发生变化，来求解其他产品价格发生变化的模型，然后再用数学归纳法求解 k 种产品的价格发生变化对其他产品价格影响的模型。

假设第 n 种和第 $n-1$ 种产品价格发生了变化，即 P_n 变为 $P_n+\Delta P_n$，P_{n-1} 变为 $P_{n-1}+\Delta P_{n-1}$，则其他 $n-2$ 个部门的产品价格也会发生变化。在这种情况下，在式(7.7) 所示的价格方程中，第 n 个和第 $n-1$ 个部门的价格是外生变量，不由其他部门产品价格所决定。其他 $n-2$ 个部门的产品价格一定会受到第 n 和第 $n-1$ 部门产品价格的影响，因此我们可以只考虑式(7.7) 中的前 $n-2$ 个方程，如：

$$\begin{cases}P_1=a_{11}P_1+a_{21}P_2+\cdots+a_{n-2,1}P_{n-2}+a_{n-1,1}P_{n-1}+a_{n1}P_n+a_{N1}\\P_2=a_{12}P_1+a_{22}P_2+\cdots+a_{n-2,2}P_{n-2}+a_{n-1,2}P_{n-1}+a_{n2}P_n+a_{N2}\\\cdots\\P_{n-2}=a_{1,n-2}P_1+a_{2,n-2}P_2+\cdots+a_{n-2,n-2}P_{n-2}+a_{n-1,n-2}P_{n-1}+a_{n,n-2}P_n+a_{N,n-2}\end{cases}\tag{7.22}$$

用矩阵表示式(7.22) 则有：

$$\boldsymbol{P}_{(n-2)}=\boldsymbol{A}'_{(n-2)}\boldsymbol{P}_{(n-2)}+\begin{pmatrix}a_{n-1,1}&a_{n1}\\a_{n-1,2}&a_{n2}\\\vdots&\vdots\\a_{n-1,n-2}&a_{n,n-2}\end{pmatrix}\begin{pmatrix}P_{n-1}\\P_n\end{pmatrix}+\boldsymbol{A}_{N,(n-2)}\tag{7.22a}$$

式(7.22a)中:

$$A_{(n-2)}=\begin{pmatrix} a_{11} & a_{12} & \cdots & a_{1,n-2} \\ a_{21} & a_{22} & \cdots & a_{2,n-2} \\ \vdots & \vdots & & \vdots \\ a_{n-2,1} & a_{n-2,2} & \cdots & a_{n-2,n-2} \end{pmatrix}$$

$$P_{(n-2)}=\begin{pmatrix} P_1 \\ P_2 \\ \vdots \\ P_{n-2} \end{pmatrix} \qquad A_{N,(n-2)}=\begin{pmatrix} a_{N1} \\ a_{N2} \\ \vdots \\ a_{N,n-2} \end{pmatrix}$$

当$\begin{pmatrix} P_{n-1} \\ P_n \end{pmatrix} \Rightarrow \begin{pmatrix} P_{n-1}+\Delta P_{n-1} \\ P_n+\Delta P_n \end{pmatrix}$时,前 $n-2$ 种产品的价格变化为:

$$P_{(n-2)}+\Delta P_{(n-2)}=A'_{(n-2)}P_{(n-2)}+\begin{pmatrix} a_{n-1,1} & a_{n1} \\ a_{n-1,2} & a_{n2} \\ \vdots & \vdots \\ a_{n-1,n-2} & a_{n,n-2} \end{pmatrix}\begin{pmatrix} P_{n-1}+\Delta P_{n-1} \\ P_n+\Delta P_n \end{pmatrix}+A_{N(n-2)} \tag{7.22b}$$

其中:

$$\Delta P_{(n-2)}=\begin{pmatrix} \Delta P_1 \\ \Delta P_2 \\ \vdots \\ \Delta P_{n-2} \end{pmatrix}$$

式(7.22b)减去式(7.22a)得:

$$\Delta P_{(n-2)}=(I-A'_{(n-2)})^{-1}\begin{pmatrix} a_{n-1,1} & a_{n1} \\ a_{n-1,2} & a_{n2} \\ \vdots & \vdots \\ a_{n-1,n-2} & a_{n,n-2} \end{pmatrix}\begin{pmatrix} \Delta P_{n-1} \\ \Delta P_n \end{pmatrix} \tag{7.23}$$

这就是两种产品的价格发生变化对其他部门产品价格的影响的求解模型。我们还无法证明式(7.23)可以像式(7.21)那样用 n 阶完全需求系数矩阵中的元素来计算:

$$(I-A'_{(n-2)})^{-1}\begin{pmatrix} a_{n-1,1} & a_{n1} \\ a_{n-1,2} & a_{n2} \\ \vdots & \vdots \\ a_{n-1,n-2} & a_{n,n-2} \end{pmatrix}。$$

7.3.3 k 种产品价格变化对价格体系影响的分析

比较式(7.21)和式(7.23),采用数学归纳法,可以得到当后 k 种产品价格变化时,前 $n-k$ 种产品的价格变化的计算式为:

$$\Delta \boldsymbol{P}_{(n-k)} = (\boldsymbol{I}_{(n-k)} - \boldsymbol{A}'_{(n-k)})^{-1} \begin{pmatrix} a_{n-k+1,1} & a_{n-k+2,1} & \cdots & a_{n-1,1} & a_{n1} \\ a_{n-k+1,2} & a_{n-k+2,2} & \cdots & a_{n-1,2} & a_{n2} \\ \vdots & \vdots & & \vdots & \vdots \\ a_{n-k+1,n-k-1} & a_{n-k+2,n-k-1} & \cdots & a_{n-1,n-k-1} & a_{n,n-k-1} \\ a_{n-k+1,n-k} & a_{n-k+2,n-k} & \cdots & a_{n-1,n-k} & a_{n,n-k} \end{pmatrix} \times \begin{pmatrix} \Delta P_{n-k+1} \\ \Delta P_{n-k+2} \\ \vdots \\ \Delta P_{n-1} \\ \Delta P_n \end{pmatrix} \tag{7.24}$$

如果不是后 k 种产品价格变化,而是任意 k 种产品价格变化对整个价格体系的影响,按照式(7.24),就应该对矩阵($\boldsymbol{I}-\boldsymbol{A}$)换行换列,使价格变化了的 k 种产品的系数处于后 k 行和后 k 列。这样处理比较麻烦且不便于计算机处理。而且,一般实际工作中编制的投入产出表的规模都比较大,如我国 2002 年的投入产出表规模是 122 × 122,相对于 n 个部门的投入产出表,如果 k 比较小时,$(\boldsymbol{I}_{(n-k)} - \boldsymbol{A}'_{(n-k)})^{-1}$ 的阶数比较大。是否可以找到比较简单的求解方法呢?

为了寻求比较简单的求解方法,我们对 n 阶矩阵($\boldsymbol{I}-\boldsymbol{A}$)和$(\boldsymbol{I}-\boldsymbol{A})^{-1}$ 做$(n-k)$行、$(n-k)$列分块:

$$(\boldsymbol{I}-\boldsymbol{A}) = \left(\begin{array}{cccc|cccc} 1-a_{11} & -a_{12} & \cdots & -a_{1,n-k} & -a_{1,n-k+1} & -a_{1,n-k+2} & \cdots & -a_{1n} \\ -a_{21} & 1-a_{22} & \cdots & -a_{2,n-k} & -a_{2,n-k+1} & -a_{2,n-k+2} & \cdots & -a_{2n} \\ \cdots & \cdots & & \cdots & \cdots & \cdots & & \cdots \\ -a_{n-k,1} & -a_{n-k,2} & \cdots & 1-a_{n-k,n-k} & -a_{n-k,n-k+1} & -a_{n-k,n-k+2} & \cdots & -a_{n-k,n} \\ \hline -a_{n-k+1,1} & -a_{n-k+1,2} & \cdots & -a_{n-k+1,n-k} & 1-a_{n-k+1,n-k+1} & -a_{n-k+1,n-k+2} & \cdots & -a_{n-k+1,n} \\ \cdots & \cdots & & \cdots & \cdots & \cdots & & \cdots \\ -a_{n-1,1} & -a_{n-1,2} & \cdots & -a_{n-1,n-k} & -a_{n-1,n-k+1} & -a_{n-1,n-k+2} & \vdots & -a_{n-1,n} \\ -a_{n,1} & -a_{n,2} & \cdots & -a_{n,n-k} & -a_{n,n-k+1} & -a_{n,n-k+2} & \vdots & 1-a_{nn} \end{array}\right)$$

$$= \begin{pmatrix} \boldsymbol{I}_{(n-k)} - \boldsymbol{A}_{(n-k)} & -\boldsymbol{U}_{(n-k,k)} \\ -\boldsymbol{R}'_{(k,n-k)} & \boldsymbol{I}_{(k)} - \boldsymbol{A}_{(k)} \end{pmatrix}$$

$$(\boldsymbol{I}-\boldsymbol{A})^{-1} = \left(\begin{array}{cccc|cccc} \bar{b}_{11} & \bar{b}_{12} & \cdots & \bar{b}_{1,n-k} & \bar{b}_{1,n-k+1} & \bar{b}_{1,n-k+2} & \cdots & \bar{b}_{1n} \\ \bar{b}_{21} & \bar{b}_{22} & \cdots & \bar{b}_{2,n-k} & \bar{b}_{2,n-k+1} & \bar{b}_{2,n-k+2} & \cdots & \bar{b}_{2n} \\ \cdots & \cdots & & \cdots & \cdots & \cdots & & \cdots \\ \bar{b}_{n-k,1} & \bar{b}_{n-k,2} & \cdots & \bar{b}_{n-k,n-k} & \bar{b}_{n-k,n-k+1} & \bar{b}_{n-k,n-k+2} & \cdots & \bar{b}_{n-k,n} \\ \hline \bar{b}_{n-k+1,1} & \bar{b}_{n-k+1,2} & \cdots & \bar{b}_{n-k+1,n-k} & \bar{b}_{n-k+1,n-k+1} & \bar{b}_{n-k+1,n-k+2} & \cdots & \bar{b}_{n-k+1,n} \\ \cdots & \cdots & & \cdots & \cdots & \cdots & & \cdots \\ \bar{b}_{n-1,1} & \bar{b}_{n-1,2} & \cdots & \bar{b}_{n-1,n-k} & \bar{b}_{n-1,n-k+1} & \bar{b}_{n-1,n-k+2} & \vdots & \bar{b}_{n-1,n} \\ \bar{b}_{n,1} & \bar{b}_{n,2} & \cdots & \bar{b}_{n,n-k} & \bar{b}_{n,n-k+1} & \bar{b}_{n,n-k+2} & \vdots & \bar{b}_{nn} \end{array}\right)$$

$$= \begin{pmatrix} \bar{\boldsymbol{B}}_{(n-k)} & \boldsymbol{T}_{(n-k,k)} \\ \boldsymbol{S}'_{(k,n-k)} & \bar{\boldsymbol{B}}_{(k)} \end{pmatrix}$$

则式(7.24)可以表示为:

$$\Delta P_{(n-k)} = S \cdot (\bar{B}'_{(k)})^{-1} \cdot \Delta P_{(k)} \qquad (7.25)①$$

式(7.25) 是与式(7.21) 等价的。

式(7.25) 表明,要考察后 k 种产品价格变化对整个价格体系的影响,只需要对 k 阶完全需求系数矩阵 $\bar{B}_{(k)}$ 的转置求逆。与式(7.24) 相比较,虽然二者都要求逆矩阵,但是当 $k < \frac{n}{2}$ 时,$\bar{B}_{(k)}$ 的阶数低于 $(I_{(n-k)} - A_{(n-k)})^{-1}$ 的阶数。更重要的是,如果是测算任意 k 种产品价格变化对整个价格体系的影响,式(7.25) 会体现出它的优越性。因为此时不必要对直接消耗系数矩阵做一系列的行列变换,而只需要在完全需求系数矩阵中确定 k 种产品对应的 k 阶子矩阵 $\bar{B}_{(k)}$,以及第 k 列其余元素 S,就可以用式(7.25) 计算出 $n-k$ 种产品价格的变化。

本章小结

1. 在市场经济条件下,产品价格关系到各方面的利益。产品价格以价值为基础,由社会必要劳动时间所决定。这是一个十分复杂的问题。投入产出法是反映产品部门之间复杂联系的经济计量方法,可以为测算产品生产的社会必要劳动时间提供有效的手段。

2. 利用投入产出法,可以建立价格方程 $P = (I - A^{*\prime})^{-1}(\bar{D} + \bar{V} + \bar{T} + \bar{M})$。该公式的应用关键在于确定单位产品中的营业盈余。一般可以按平均劳动报酬营业盈余率、平均成本营业盈余率、平均资金营业盈余率确定。由价格方程可以测算增加值因素变化对各部门价格的影响。

3. 利用投入产出模型,可以具体计量一种产品、两种产品和 k 种产品价格变化对整个价格体系的影响。

但是用价值型投入产出表与用实物型投入产出表分析价格问题是不一样的。对实物型投入产出表而言,由价格方程确定的价格是每一种产品价格的绝对金额,增加值因素变化和一些产品价格变化对整个价格体系的影响也是价格变化的绝对金额。而对价值型投入产出表而言,由价格方程确定的价格全为 1,因此称为"价格指数的基数",增加值因素变化和一些产品价格变化对整个价格体系的影响是价格变化的相对程度。

---

① 式(7.25) 证明如下:

根据 $$(I-A)^{-1}(I-A) = \begin{pmatrix} \bar{B}_{(n-k)} & T \\ S' & \bar{B}_{(k)} \end{pmatrix} \begin{pmatrix} I_{(n-k)} - A_{(n-k)} & -U \\ -R' & I_{(k)} - A_{(k)} \end{pmatrix}$$

$$= \begin{pmatrix} \bar{B}_{(n-k)} \cdot (I_{(n-k)} - A_{(n-k)}) - TR' & -\bar{B}_{(n-k)} \cdot U + T \cdot (I_{(k)} - A_{(k)}) \\ S'(I_{(n-k)} - A_{(n-k)}) - \bar{B}_{(k)} \cdot R' & -SU + \bar{B}_{(k)} \cdot (I_{(k)} - A_{(k)}) \end{pmatrix}$$

$$= \begin{pmatrix} I_{(n-k)} & 0_{(n-k,k)} \\ 0_{(k,n-k)} & I_{(k)} \end{pmatrix}$$

有 $$S' \cdot (I_{(n-k)} - A_{(n-k)}) - \bar{B}_{(k)} \cdot R' = 0_{(k,n-k)}$$

$$S' \cdot (I_{(n-k)} - A_{(n-k)}) = \bar{B}_{(k)} \cdot R'$$

两边转置再求逆得:

$$(I_{(n-k)} - A'_{(n-k)})^{-1} R = S \cdot (\bar{B}'_{(k)})^{-1}$$

思考与练习题

1. 投入产出法在社会必要劳动量测算中有什么作用?

2. 为什么建立价格方程最好用实物型投入产出表?

3. 如何确定单位产品中的营业盈余? 各种方法有什么利弊?

4. 用价值型投入产出表资料和用实物型投入产出表资料分析价格问题有什么不同?

5. 为什么用价值型投入产出表计算的各个部门的价格全为1? 这样的价格列向量有什么意义?

6. 有人说调整工资必然要引起物价上涨。你认为正确吗? 为什么?

7. 一张扩展型实物投入产出表如下:

		中间使用			最终使用	总产出
		甲	乙	丙		
中间投入	甲(件)		200	450	350	1 000
	乙(吨)	300	400	250	1 550	2 500
	丙(箱)	200			800	1 000
扩展部分	劳动报酬(元)	500	1 125	2 000		
	增加值其余部分(元)	160	275	600		

$$B^* = \begin{pmatrix} 1.140\,7 & 0.108\,6 & 0.540\,5 \\ 0.475\,3 & 0.235\,7 & 0.522\,8 \\ 0.228\,1 & 0.021\,7 & 1.108\,1 \end{pmatrix}$$

要求:(1) 计算三个部门的平均价格。

(2) 若第一个部门的价格提高10%,三个部门的价格将发生什么变化?

8. 假设国民经济分为农业、工业、建筑业、运输计算机软件业、商业、其他服务业6个部门,其基期总产出(单位:亿元)和完全消耗系数如下:

$$B = \begin{pmatrix} 0.073\,7 & 0.253\,6 & 0.073\,8 & 0.091\,7 & 0.207\,8 & 0.012\,5 \\ 0.008\,6 & 0.455\,5 & 0.391\,4 & 0.173\,6 & 0.149\,9 & 0.162\,9 \\ 0 & 0 & 0 & 0 & 0 & 0 \\ 0.066\,9 & 0.493\,4 & 0.887\,7 & 0.195\,0 & 0.105\,8 & 0.239\,1 \\ 0.038\,5 & 0.271\,6 & 0.067\,5 & 0.032\,5 & 0.056\,7 & 0.013\,9 \\ 0.068\,5 & 0.131\,2 & 0.053\,9 & 0.027\,6 & 0.181\,2 & 0.230\,4 \end{pmatrix}$$

$$X' = (2\,760 \quad 1\,650 \quad 1\,900 \quad 980 \quad 1\,250 \quad 2\,050)$$

要求:(1) 若报告期运输计算机软件业的价格提高10%,其他部门的价格将发生什么变化?

(2) 若报告期运输计算机软件业的总产出增长10%,其他部门的总产出将会发生什么变化?

9. 有如下的价值型投入产出表(单位:亿元):

		中间使用					最终使用			总产出
		Ⅰ	Ⅱ	Ⅲ	Ⅳ	小计	最终消费	资本形成	小计	
中间投入	Ⅰ	140	348	298	264	1 050	1 280	68	1 348	2 398
	Ⅱ	4	902	52	186	1 144	1 720	256	1 976	3 120
	Ⅲ	62	436	1 752	474	2 724	648	706	1 354	4 078
	Ⅳ	62	502	542	370	1 476	554	370	924	2 400
	小计	268	2 188	2 644	1 294	6 394	4 202	1 400	5 602	11 996
增加值		2 130	932	1 437	1 106	5 602				
总投入		2 398	3 120	4 078	2 400	11 996				

要求:(1) 计算直接消耗系数和完全消耗系数矩阵。

(2) 当第 Ⅰ 部门价格提高20%时,全社会的最终消费总额会发生什么变化?

(3) 如果第 Ⅱ 部门的增加值率提高为35%,其余部门不变,则各个部门的价格将会发生什么变化?

10. 假设由一张 3 × 3 的实物型投入产出表计算的完全消耗系数矩阵如下:

$$\boldsymbol{B}^{*}=\begin{pmatrix}0.733\ 5 & 0.400\ 9 & 0.801\ 7\\ 0.288\ 9 & 0.723\ 6 & 0.133\ 6\\ 0.109\ 3 & 0.650\ 1 & 0.300\ 1\end{pmatrix}$$

三个部门产品价格分别为60元、105元和90元。如果第 Ⅱ 部门产品价格提高18%,各部门将做怎样的调整?

8　投入产出表的编制与若干方法论

编制投入产出表是投入产出分析的基础。编制价值型投入产出表还是实物型投入产出表、价值型投入产出表采用什么价格形式、用什么方法编制投入产出表等,需要事先设计。编制投入产出表需要大量产品部门的总产出、最终使用、增加值及其构成的数据资料,这会涉及统计核算、会计核算和业务核算。目前,我国的会计、统计和业务核算的数据同投入产出表对数据的要求不完全相适应,在实际编制投入产出表中,有许多具体问题和方法论问题需要解决。

8.1　投入产出表的设计

编制投入产出表,首先要制订投入产出表的设计方案。投入产出表的设计应考虑编表目的,考虑实现会计、统计核算的水平,同时还要兼顾国家制定的有关标准。设计一张投入产出表,主要是选择适当的表式结构,制订具体的部门划分方案。

8.1.1　投入产出表的选择

投入产出表的设计,首先应该确定编制什么样的投入产出表。对产品投入产出表而言,全国表要明确是选择编制实物型投入产出表还是价值型投入产出表,或者二者都编制;地区表要明确是选择补充输入型投入产出表还是非补充输入型投入产出表。就编表方式而言,要明确是直接编制产品×产品表,还是首先编制我们在本书第3章中讨论的供给表和使用表(UV表),然后再推导出产品×产品表。

正如我们在有关章节中指出的,这些表式各有特点,具体选择时必须从编表的目的和本经济体的实际出发,从经济分析的需要与资料提供的可能两方面决定。

8.1.2　投入产出表的部门划分

在本书第1章中我们已经强调,为了保证各种产品在生产中投入与产出的线性关系,保证部门间消耗系数的相对准确性和稳定性,使其尽量符合投入产出分析的基本假定,在投入产出分析中要求按照产品部门,或称纯部门来划分部门。但是,一个国家或一个地区所生产的产品成千上万,每种产品还有不同的规格型号,严格来说,不同地区、不同企业生产的同种产品,其消耗结构也不尽相同。事实上我们不可能把每种产品按规格型号去划分部门,只能把相近的产品归并成大类。另外,我们也不可能把所有类别的产品都同等地列入投入产出表,而必须确定主要的产品部门。

首先，在决定列入投入产出表中部门的多少时，要根据投入产出分析的目的要求来确定。如果编表的目的是进行政策分析和宏观经济理论分析，如研究国民经济整体的综合平衡比例关系，部门的划分可以稍粗一些；如果编表目的是制定国民经济规划、进行经济预测、研究价格问题等，部门的划分就要求细一些。

其次，要根据当前会计、统计核算资料的可能条件去确定部门。投入产出表所需要的大量数据，要尽可能利用现有的会计和统计资料，不能对所有的数据都另行收集和整理，否则工作量太大，脱离现有条件的可能，无法取得数据。投入产出表的部门分类要尽可能符合国家规定的部门划分标准或国际标准，联合国统计署曾经制定过投入产出表标准分类目录，供各国参考使用。

再次，部门的分类还要考虑投入产出表的实际使用效果。部门划分太粗，部门之间的消耗系数就不大稳定，因为一个部门包括的产品种类太多，各种产品结构的变动对消耗系数的影响很大。一般来说，部门划分越细，所反映的部门间相互联系越接近实际。不过，部门划分过细，许多数据资料受到现有核算水平的限制，不得不进行推算估算，又会使消耗系数的准确性受到影响。部门划分的粗细程度还会影响投入产出表的填满率。美国 1947 年 17 × 17 投入产出表的填满率为 96.54%，188 × 188 表的填满率仅为 28.99%；苏联 1962 年的 83 × 83 价值投入产出表的填满率为 61.8%，而 346 × 346 表的填满率仅为 8.4%。

最后，还有一个究竟把哪些部门列入投入产出表中的问题。对全国投入产出表而言，应该涵盖国民经济所有行业。如我国 2012 年投入产出表的部门包括 42 个一级部门、139 个二级部门，涵盖了第一产业的农、林、牧、渔和农林牧渔服务业等 5 个部门；第二产业工业的采掘业，制造业，电力、燃气及水的生产及供应业等 93 个部门，建筑业 4 个部门；第三产业的运输、邮电、贸易、住宿、餐饮、金融、房地产、各种服务业、旅游业、科学研究、文教卫生、公共管理和社会组织等 37 个部门。而地区经济一般是不完整的经济，地区投入产出表中的部门不能像全国表那样全面，应该有所权衡。根据我国各地编制投入产出表的经验，在具体划分部门时可遵循以下原则。

8.1.2.1 中心产品原则

首先根据国家（或者地区）的经济发展战略，确定若干中心产品。凡是为中心产品提供中间使用的部门，或者大量消耗中心产品的部门，都应当列入投入产出表中，并且部门划分要细一些。其他产品可以适当归类，划分粗一些。例如，山西省 1979 年投入产出表，把煤炭、电力、化工及消费品生产作为中心产品，凡是与这些中心产品有比较密切关系的部门都列入投入产出表中。又如，我国 1973 年的实物型投入产出表，是以钢、煤、运输、粮食、电力五种产品为中心产品。把粮食作为中心产品，那么生产粮食必需的化肥、农药、农机等产品都要列入投入产出表；同时消耗粮食的饲料、食用植物油（大豆榨油）等，也要列入表中。

8.1.2.2 地方规划原则

在编制地区投入产出表时，如果不便于确定中心产品，就应从地区的经济特点出发，把列入地区经济发展规划的主要产品列入投入产出表。同时还要注意尽量多选形成最终使用的产品，本地区有优势或者将来有发展前途的产品，以及本地区虽然不生产或者生产较少，但是本地消耗比较多的产品。例如，天津市曾经编制投入产出表的目的是建立天津市宏观经济模型，为制定中长期发展规划服务，而天津有不少工业企业利用废旧物料作为原材料,如用粉煤生产建筑材料,所以还专门设置了“废旧物料”等部门。

8.1.2.3 长远建设目标原则

编制投入产出表应满足长远发展规划的要求。例如,黑龙江省20世纪80年代的长远建设目标是改造老基地,发展具有粮、煤、木材、石油、机械等群体优势的产业,综合开发新领域。黑龙江省当时编制投入产出表就着眼于长远建设目标,为调整本地区经济结构服务。因此,部门的分类不仅突出了本地区的优势部门,如粮食、森林采伐、石油、煤炭四大骨干产业,而且突出了将要大力发展的部门,如把磷肥从化肥工业中分出来,单独作为一个部门。

8.2 投入产出表的编表方法及数据来源

编制一张投入产出表,需要大量的核算数据,而不同的核算数据可以编制不同的投入产出表,或者编表方法相同,但对核算数据的要求却不同。

8.2.1 投入产出表的基本编表方法

在本书第1章中,我们阐述了联合国颁布实施的国民账户体系(SNA)中,基于数据采集和分析的目的,采用了两种投入产出表,一种是供给表(V表)和使用表(U表),一种是产品×产品对称表。据此,投入产出表的基本编表方法有两种:一种是先编制供给表和使用表,在此基础上推导出产品×产品表,一般称为间接推导法;另一种是分解资料直接编制产品×产品表,一般称为直接分解法。

供给表和使用表是直接根据产业活动单位(基层单位)的数据编制,是联合国倡导、为世界大多数国家所采用的方法。这种方法着眼于产业活动单位,而每一个产业活动单位生产了哪些产品,生产中投入了什么产品是比较清楚的,通过加总产业活动单位的数据得到产业部门的数据。这种方法的优点是:直接利用了产业活动单位的基础核算数据,被调查单位的填报工作量相对比较小,编表简单易行,而且能够从总供给与总需求的平衡、总投入与总产出的平衡方面描述国民经济运行状态,发挥投入产出表在国民经济核算中的作用。这种方法的缺点是:在一定的假定条件下,用数学方法推导产品×产品表,会导致一些数据不那么准确,而且可能出现在经济意义上解释不通的负投入。

直接编制产品×产品表是按产品部门(纯部门)的数据编制,为少数国家所采用,我国主要采用这种方法编表。这种方法要求被调查单位按产品部门的要求分解所有的成本和费用数据,通过推算放大,得到产品部门的数据。这种方法的优点是:推算放大产品部门数据的依据是产业活动单位或企业的有关原始记录,比用数学方法推导的数据更准确些。这种方法的缺点是:编表工作量太大,编表时间比较长,投入产出表应用的及时性比较差,一旦有被调查单位的成本和费用数据分解不准确,会影响整个投入产出表数据的准确性。

8.2.2 直接分解法产品×产品投入产出表的编制

8.2.2.1 数据来源

用直接分解法编制产品×产品表,要求被调查的单位按产品部门的要求划分出总产出、中间投入及其构成、增加值及其构成、最终使用及其构成、进出口(或外地购入和销往外地)及其构成。具体编制产品×产品表要经过以下步骤:取得产品部门的总产出数据,以此作为投入产出表横行和纵列的总控制数;取得产品部门的增加值和最终使用数据,以此作为投入产出表第三和第二象限的控制数,然后推算各产品部门增加值和最终使用的构成;取得各个产品部门的中间消耗总量数据,以此作为投入产出表第一象限的控制数,然后推算各产品部门的中间消耗构成数;把上述各项数据中的流通费用分解出来,加到相应的流通部门中;使横行和纵列满足投入产出平衡关系。

上述资料有一部分可以直接从现有各级核算资料中取得,如国家统计系统和部门统计系统的统计资料、财政决算资料、会计决算资料等。

编表收集资料的基本方法,可以分为两种,即市场法和费用法。

所谓市场法,是按投入产出表的横行方向收集资料,收集各部门产品的分配使用情况。从一个企业来看,一般不完全了解自己产品的最终使用去向;从全社会来看,商业物资部门只能掌握大宗商品的主要去向,如基建用多少,生产用多少,生活用多少,但进一步细分的资料它们也难以全面提供。所以,用市场法收集资料困难较多。

所谓费用法,是按投入产出表的纵列方向收集资料,收集各部门生产中的各种消耗情况,包括货物和服务消耗与活劳动消耗资料。这种方法收集资料基本符合会计核算制度,资料较容易取得。当然,除了充分利用现有会计、统计资料外,还要通过其他各种统计调查研究方法,如典型调查、抽样调查、重点调查、普查等来收集和积累资料。

根据我国有些地区的编表经验,我们主要采用费用法即从纵列收集资料的方法,以市场法做补充,从而相互验证。

为了使资料的收集工作尽量节约人力与物力,并使收集到的资料准确可靠,需要遵循以下原则:

(1) 以现有的统计、会计、业务核算资料与制度为基础。根据一些地区的经验,编制投入产出表所需要的资料,有70%以上都是直接来自现有的统计和会计资料,或在现有会计统计资料的基础上经过加工、整理、推算得出的资料。其余30%的资料,也要通过原有核算系统,用各种方式取得。所以尽管投入产出表的部门分类与现行核算制度的部门分类不一致,但也不能脱离现有核算资料去另搞一套。

(2) 按照投入产出模型的要求来收集与整理资料。在设计投入产出模型时,除了决定采用什么表式外,还有一些具体规定。例如,采用什么价格,流通费用如何计算,运输量用什么方法计算等。一旦对这些问题做出了规定,就要在收集资料和加工整理中遵循这些规定。例如,运输量的计算方法有两种,一种是按生产地来计算,即根据各类产品在生产中消耗的原材料、燃料、设备等所需要的运输量来计算总运量;另一种是按消费地来计算,即计算各类产品生产出来以后运至消费地所需要的运输量。计算方法不同,收集到的资料也不同,如果不遵循统一的规定,就会影响编表的质量。

(3) 指标的含义与计算口径要严格符合科学性。编表所需要的资料来源各不相同,因此在使用这些资料时,必须对指标的含义与计算口径有严格的规定。例如,产品分配使用中生产消耗和生活消费的划分,一些经过简单加工以后就可以供消费使用的农副产品,把它们算作最终产品还是中间产品,要有明确的规定。又如统计与财务指标,在计算口径和计算方法上有所不同,最常见的例子就是"资产负债",国民经济核算采用"现值成本法”,而会计采用“历史成本法”。对这些问题,在编表时也要加以统一。总之,对指标的内涵、外延都要做出科学的、统一的规定。

无论采用费用法还是市场法收集的资料,都不全是投入产出表要求的“纯部门资料”,还需做进一步的分解或转换。

在我国,由于农产品总产出和建筑业总产出是按“产品法”计算的,所以比较容易得到纯农业部门和建筑业部门的总产出和中间投入数据;批发、零售、餐饮、运输、邮电和其他服务业总产出按经营收入法计算,行政事业单位按经常性支出计算总产出,所以均比较容易分解出纯部门资料。比较困难的是工业资料的分解。我国工业调查对象基本上是企业单位,而不是产业活动单位,一个工业企业往往同时生产多种产品,而它们的行业所属是按照其主产品性质划分的,总产出、中间投入、增加值等资料都需要分解。根据我国编制投入产出表的经验,可以在工业年报中,增加一张按纯部门分解的总产值构成调查表。

要取得产品部门的中间流量,就要对生产中投入的货物和服务进行纯部门分解。这是编制投入产出表的基本内容,这项分解工作的质量,不仅关系到直接消耗系数的准确性,也关系到整个投入产出表的质量。由于现行的核算资料没有产品部门的中间投入资料,需要在编表年专门设计投入产出专项调查。一般农业、建筑业、服务部门的消耗构成可以利用现行统计中的成本来推算;工业则要求被调查单位对投入的各种原材料、燃料、动力等,按产品部门进行归类,以取得具有代表性的中间投入结构数据。在此基础上推算放大成产品部门的中间投入数据。

最终产品由资本形成、消费与进出口三部分组成。资本形成又分为固定资产形成和存货增加;消费分为居民个人消费与社会消费。在投入产出表中,不仅需要它们的总量,而且需要部门构成的资料。但是,在现行支出法国内生产总值核算中,没有按产品部门的分类项目,在编表年也需要进行专项调查取得投入产出表要求的资料。

8.2.2.2 价值投入产出表的计价

价值表的直接消耗系数不仅受生产技术联系的影响,也受相对价格 P_i/P_j 的影响。如果产品价格完全反映了价值,那么价值表的直接消耗系数就不会受价格变化的影响了。但是在实际经济生活中,产品的价格不可能完全与价值相符合,所以价格对直接消耗系数的影响也就存在。因此,需要讨论在投入产出表中用什么价格更适宜的问题。

生产者价格是指产品在直接生产过程中形成的、可以离开生产过程的价格,表现为直接生产者出售产品的价格,如工业品的出厂价格、农产品的收购价格。它不包括生产过程在流通领域的继续而引起的流通费用。生产者价格由产品的生产成本(劳动对象的转移价值、固定资产折旧、劳动者报酬)、利润和税金组成。消费者价格,又称为购买者价格或者最终消费价格,是货物和服务的消费者购买它们时支付的价格,等于生产者价格加上流通费用。

采用生产者价格可以在投入产出表中排除由于产品运输距离远近、流通环节多少不同而给价格带来的影响,从而使直接消耗系数较稳定;投入产出表中单独列出流通部门,反映它们与其他生产部门之间的生产技术联系,本身是有意义的,采用生产者价格,可以避免在投入产出表中流通费用的重复计算。但是,由于企业财务成本核算中使用的主要是购买者价格,最终产品部分取自批发、零售餐饮业的资料也是消费者价格,直接取得生产者价格的数据比较困难。

采用消费者价格能全面反映产品的生产过程与流通过程的价值,现实的会计核算多用消费者价格核算成本,所以消费者价格的资料取得比较容易。但是,用消费者价格会造成产品估价的不一致,从而使得直接消耗系数不稳定,并容易造成投入产出表中运输、流通费用的重复计算。

为了使投入产出系数相对稳定,从而便于进行投入产出分析,在编制投入产出表时采用生产者价格更好一些。而从实际调查或各种报表上取得的资料一般是包括了流通费用在内的消费者价格计算的数据,因此需要将流通费用从总产出、中间投入、最终使用等中分解出来。

然而,要做好这种流通费用的分解工作,存在着两方面的困难:一是依靠现有统计资料无法得到满意的数据。企业只有直接从生产单位购进各种产品所需各种运费或商业附加费的原始单据,而没有相应的统计数据。运输部门只有大类产品的运输费用数据,而没有细分部门或产品的数据。商业物资部门只有综合的费用率,而没有各类产品的分项目费用的数据。二是目前企业管理和统计水平不高,一般都没有生产中实际消耗各类产品的来源与运费等的原始数据,而只有购买某种产品时所付的运费或其他费用数据。

我国编制投入产出表时,先按消费者价格数据编制,通过典型调查获得产品部门的各种运输形式的运输费用率和商业毛利率,以此为系数(分解的比例),把各个产品部门的流通费用分解出来,编制流通费用矩阵。然后从消费者价格数据的投入产出表中扣除流通费用,将其加在相应的流通部门中,从而得到按生产者价格编制的投入产出表。

8.2.3 UV 表推导法

如前所述,供给表和使用表对于利用部门实际资料编表比较方便,因为每一个部门生产中消耗了哪些产品、消耗了多少产品是有记录的,每一个部门生产了什么产品、生产了多少产品也是有记录的。但是进行投入产出分析要用"纯"表的系数。这就提出了如何将 UV 表转换成产品 × 产品表和产业 × 产业表的问题。

为了从 UV 表推导出产品 × 产品表,必须以下面两个假定之一为基础:一是产品工艺假定 —— 假定每一种产品无论在哪个部门生产,都有相同的投入结构;二是部门工艺假定 —— 假定同一个部门无论生产什么产品,都有相同的投入结构。我们用表 8 - 1 为例说明这种推导方法。

若以 $\boldsymbol{U}$ 表示产业的投入矩阵、$\boldsymbol{V}$ 表示产业的产出矩阵、$\boldsymbol{N}$ 表示产业的最初投入列向量、$\boldsymbol{G}$ 表示产业部门的总产出列向量、$\boldsymbol{Q}$ 表示产品总量列向量、$\boldsymbol{F}$ 表示产品的最终需求列向量,则表 8 - 1 中各项数据的矩阵表示是:

$$\boldsymbol{U}=\begin{pmatrix}10&60&0\\40&60&20\\20&30&60\end{pmatrix}\qquad \boldsymbol{V}=\begin{pmatrix}90&10&0\\0&280&20\\0&10&190\end{pmatrix}\qquad \boldsymbol{N}=\begin{pmatrix}30\\150\\120\end{pmatrix}$$

$$\boldsymbol{G}=\begin{pmatrix}100\\300\\200\end{pmatrix}\qquad \boldsymbol{Q}=\begin{pmatrix}90\\300\\210\end{pmatrix}\qquad \boldsymbol{F}=\begin{pmatrix}20\\180\\100\end{pmatrix}$$

表 8 - 1 简化的 UV 表①

		产品 1	产品 2	产品 3	产业 1	产业 2	产业 3	最终需求	总计
产品	1				10	60	0	20	90
	2				40	60	20	180	300
	3				20	30	60	100	210
产业	1	90	10	0					100
	2	0	280	20					300
	3	0	10	190					200
最初投入					30	150	120		
总计		90	300	210	100	300	200		

8.2.3.1 *在产品工艺假定下推导产品×产品表*

为了编制产品×产品表,需要把各产业中次要产品的产出和投入转移到它们所属的主产品产业中去,使得各个产业的唯一产品就是自己的主产品。为此,先用各个产业的产出合计数去除 U 表中各个产业生产中所消耗的各种产品数,这样得到 j 产业生产单位总产出(系多种产品的总产出)所消耗的 i 产品数量 h_{ij}。令 $\boldsymbol{H}$ 为以 h_{ij} 为元素的矩阵,则:

$$h_{ij}=\frac{u_{ij}}{G_j}\qquad(i,j=1,2,\cdots,n)\tag{8.1}$$

式(8.1)的矩阵表示式是:

$$\boldsymbol{H}=\boldsymbol{U}\hat{\boldsymbol{G}}^{-1}\tag{8.2}$$

根据表 8 - 1 的数据计算可得:

$$\boldsymbol{H}=\boldsymbol{U}\hat{\boldsymbol{G}}^{-1}=\begin{pmatrix}10&60&0\\40&60&20\\20&30&60\end{pmatrix}\begin{pmatrix}\frac{1}{100}&&\\&\frac{1}{300}&\\&&\frac{1}{200}\end{pmatrix}=\begin{pmatrix}0.1&0.2&0\\0.4&0.2&0.1\\0.2&0.1&0.3\end{pmatrix}$$

再利用各产业的产出去除各自产业所生产的各种产品数,得到产品比例矩阵 $\boldsymbol{C}$,其中的元素 c_{ij} 表示在 j 产业的总产出中 i 产品所占的比重。

$$c_{ij}=\frac{v_{ji}}{G_j}\tag{8.3}$$

式(8.3)的矩阵表示式是:

$$\boldsymbol{C}=\boldsymbol{V}'\hat{\boldsymbol{G}}^{-1}\tag{8.4}$$

根据表 8 - 1 的数据计算可得:

① 表 8 - 1 中的"产品"是同类产品的综合体,"产业"是按主要生产同质性划分的部门,在实际操作中,往往以"企业部门"代替。在 8.2.3 节中,"产品"与"产业"是不同的概念。

$$C = V'\hat{G}^{-1} = \begin{pmatrix} 90 & 0 & 0 \\ 10 & 280 & 10 \\ 0 & 20 & 190 \end{pmatrix} \begin{pmatrix} \frac{1}{100} & & \\ & \frac{1}{300} & \\ & & \frac{1}{200} \end{pmatrix} = \begin{pmatrix} 0.9 & 0 & 0 \\ 0.1 & 0.94 & 0.05 \\ 0 & 0.06 & 0.95 \end{pmatrix}$$

在产品工艺假定下，j 产业单位产出对 i 产品的消耗系数 h_{ij}，是 j 产业所生产的各种产品单位产出对 i 产品的消耗系数即产品 × 产品表直接消耗系数 $a_{i1}, a_{i2} \cdots, a_{in}$ 的加权算术平均数，权数是 j 产业产出中各种产品所占的比重 $c_{1j}, c_{2j}, \cdots, c_{nj}$。即：

$$h_{ij} = a_{i1}c_{1j} + a_{i2}c_{2j} + \cdots + a_{in}c_{nj} = \sum_{k=1}^{n} a_{ik}c_{kj} \tag{8.5}$$

用矩阵表示式(8.5)是：

$$H = A_c C \tag{8.6}$$

A_c 是在产品工艺假定下的产品 × 产品表直接消耗系数矩阵，由式(8.6)可以求出 A_c：

$$A_c = HC^{-1} = U\hat{G}^{-1}(V'\hat{G}^{-1})^{-1} = UV'^{-1} \tag{8.7}$$

产品的中间流量矩阵是：

$$W_c = A_c \hat{Q} \tag{8.8}$$

根据表 8－1 的数据计算可得：

$$A_c = HC^{-1} = \begin{pmatrix} 0.1 & 0.2 & 0 \\ 0.4 & 0.2 & 0.1 \\ 0.2 & 0.1 & 0.3 \end{pmatrix} \begin{pmatrix} 0.9 & 0 & 0 \\ 0.1 & 0.94 & 0.05 \\ 0 & 0.06 & 0.95 \end{pmatrix}^{-1}$$

$$= \begin{pmatrix} 0.0874 & 0.2135 & -0.0112 \\ 0.4215 & 0.2067 & 0.0944 \\ 0.2126 & 0.0865 & 0.3112 \end{pmatrix}$$

$$W_c = A_c\hat{Q} = \begin{pmatrix} 0.0874 & 0.2135 & -0.0112 \\ 0.4215 & 0.2067 & 0.0944 \\ 0.2126 & 0.0865 & 0.3112 \end{pmatrix} \begin{pmatrix} 90 & & \\ & 300 & \\ & & 210 \end{pmatrix}$$

$$= \begin{pmatrix} 8 & 64 & -8 \\ 38 & 62 & 20 \\ 19 & 26 & 65 \end{pmatrix}$$

现在我们分析一下 A_c 是否是产品 × 产品表，是否坚持了产品工艺假定。第一，矩阵 H 中的元素 h_{ij} 是通过 U 表计算的，所以它是一个产品 × 产业表；矩阵 C 是通过 V 表转置求得的，所以它是一个产品 × 产业表，而 C^{-1} 是产业 × 产品表。根据矩阵的运算规则，$A_c = HC^{-1}$ 是产品 × 产品表。第二，从式(8.5) $h_{ij} = \sum_{k=1}^{n} a_{ik}c_{kj}$ 可以看出，k 产品对 i 产品的消耗系数 a_{ik} 取决于 k 是什么产品。k 不同，对 i 产品的消耗也不同。而生产 k 产品的是 j 产业，所以 a_{ik} 的大小与 k 产品是哪个产业生产的无关，不管是哪个产业，只要生产 k 产品，其消耗系数都是 a_{ik}。所以我们可以断定 A_c 的求得坚持了产品工艺假定。

上述计算只是推算出了产品 × 产品表第一象限的系数，还应该推导出产品的最初投入系数列向量 $\boldsymbol{A}_{Zc}$。推导的思路仍然是先计算出 j 部门单位总产出(系多种产品)中最终投入的比重，然后用 j 部门产出中各种产品所占的比重对其加权平均，得出产品的最初投入系数。

$$\boldsymbol{A'}_{Zc} = \boldsymbol{N'}\hat{\boldsymbol{G}}^{-1}C^{-1} = \boldsymbol{N'}\hat{\boldsymbol{G}}^{-1}(\boldsymbol{V'}\hat{\boldsymbol{G}}^{-1})^{-1} = \boldsymbol{N'V'}^{-1} \tag{8.9}$$

产品的最初投入向量 $\boldsymbol{Z'}_c = \boldsymbol{A'}_{Zc}\hat{\boldsymbol{Q}}$

根据表 8 - 1 中的数据计算可得：

$$\boldsymbol{Z'}_c = \boldsymbol{N'}\hat{\boldsymbol{G}}^{-1}\boldsymbol{C}^{-1}\hat{\boldsymbol{Q}}$$

$$= (30 \quad 150 \quad 120)\begin{pmatrix} \frac{1}{300} & & \\ & \frac{1}{300} & \\ & & \frac{1}{210} \end{pmatrix}\begin{pmatrix} 0.9 & 0 & 0 \\ 0.1 & 0.94 & 0.05 \\ 0 & 0.06 & 0.95 \end{pmatrix}^{-1}\begin{pmatrix} 90 & & \\ & 300 & \\ & & 210 \end{pmatrix}$$

$$= (25 \quad 148 \quad 127)$$

综上所述，在产品工艺假定下推导的产品 × 产品表结构和数例如表 8 - 2、表 8 - 3 所示。

表 8 - 2　　产品 × 产品表(产品工艺假定)

		产品	最终使用	总产出
		1　2　…　n		
产品	1 2 ⋮ n	$\boldsymbol{W}_C = \boldsymbol{A}_C\hat{\boldsymbol{Q}} = \boldsymbol{HC}^{-1}\hat{\boldsymbol{Q}} = \boldsymbol{UV'}^{-1}\hat{\boldsymbol{Q}}$	$\boldsymbol{F}$	$\boldsymbol{Q}$
最初投入		$\boldsymbol{Z'}_C = \boldsymbol{N'}\hat{\boldsymbol{G}}^{-1}\boldsymbol{C}^{-1}\hat{\boldsymbol{Q}} = \boldsymbol{N'V'}^{-1}\hat{\boldsymbol{Q}}$		
总投入		$\boldsymbol{Q'}$		

表 8 - 3　　产品 × 产品表数例(产品工艺假定)

		产品			最终使用	总产出
		1	2	3		
产品	1	8	64	- 2	20	90
	2	38	62	20	180	300
	3	19	26	65	100	210
最初投入		25	148	127		
总投入		90	300	210		

8.2.3.2　在部门工艺假定下推导产品×产品表

首先用各种产品的总产出去除以V表中各产业生产的该产品数量，得到市场份额矩阵 $\boldsymbol{D}$，其中的元素 d_{ij} 表示 j 产业生产的 i 产品在全社会生产的 i 产品总量中所占的比重：

$$d_{ij}=\frac{v_{ij}}{Q_j} \tag{8.10}$$

式(8.10)的矩阵表示是：

$$\boldsymbol{D}=\boldsymbol{V}\hat{\boldsymbol{Q}}^{-1} \tag{8.11}$$

根据表8-1的数据计算可得：

$$\boldsymbol{D}=\boldsymbol{V}\hat{\boldsymbol{Q}}^{-1}=\begin{pmatrix}90 & 10 & 0\\0 & 280 & 20\\0 & 10 & 190\end{pmatrix}\begin{pmatrix}\frac{1}{90} & & \\ & \frac{1}{300} & \\ & & \frac{1}{210}\end{pmatrix}=\begin{pmatrix}1 & 0.033 & 0\\0 & 0.934 & 0.095\\0 & 0.033 & 0.905\end{pmatrix}$$

根据部门工艺假定，同一个产业所生产的各种产品都有相同的投入结构，因此各产业生产单位产出（系多种产品的产出）对 i 产品的直接消耗系数 $h_{ik}(k=1,2,\cdots,n)$，同时也就是该产业生产单位 j 产品对 i 产品的直接消耗系数。如果以各产业所生产的 j 产品数在全部 j 产品产出中所占比重 $d_{kj}(k=1,2\cdots n)$ 为权数对 h_{ik} 加权平均，所得到的加权算术平均数就是单位 j 产品对 i 产品的直接消耗系数，即：

$$a_{ij}=h_{i1}d_{1j}+h_{i2}d_{2j}+\cdots+h_{in}d_{nj}=\sum_{k=1}^{n}h_{ik}d_{kj} \tag{8.12}$$

用矩阵表示式(8.12)是：

$$\boldsymbol{A}_m=\boldsymbol{HD} \tag{8.13}$$

$\boldsymbol{A}_m$ 是部门工艺假定下产品×产品表的直接消耗系数矩阵。由于矩阵 $\boldsymbol{D}$ 是各个产业生产的某种产品在全社会生产的这种产品中所占的市场份额，$\boldsymbol{A}_m$ 是以市场份额为权数推导出来的，所以往往也称部门工艺假定为"市场份额假定"。

根据表8-1的数据计算可得：

$$\boldsymbol{A}_m=\boldsymbol{HD}=\begin{pmatrix}0.1 & 0.2 & 0\\0.4 & 0.2 & 0.1\\0.2 & 0.1 & 0.3\end{pmatrix}\begin{pmatrix}1 & 0.033 & 0\\0 & 0.934 & 0.095\\0 & 0.033 & 0.905\end{pmatrix}=\begin{pmatrix}0.1 & 0.19 & 0.019\\0.4 & 0.203 & 0.11\\0.2 & 0.11 & 0.281\end{pmatrix}$$

产品×产品表的中间流量矩阵 W_m 为：

$$\boldsymbol{W}_m=\boldsymbol{A}_m\hat{\boldsymbol{Q}}=\begin{pmatrix}0.1 & 0.19 & 0.019\\0.4 & 0.203 & 0.11\\0.2 & 0.11 & 0.281\end{pmatrix}\begin{pmatrix}90 & & \\ & 300 & \\ & & 210\end{pmatrix}=\begin{pmatrix}9 & 57 & 4\\36 & 61 & 23\\18 & 33 & 59\end{pmatrix}$$

同理，可以推导出在部门工艺假定下产品×产品表的最初投入系数矩阵 $\boldsymbol{A}_{zm}$ 和最初投入矩阵 $\boldsymbol{Z}'_m$。

$$\boldsymbol{A}'_{zm}=\boldsymbol{N}'\hat{\boldsymbol{G}}^{-1}\boldsymbol{D} \tag{8.14}$$

$$\boldsymbol{Z}'_m=\boldsymbol{N}'\hat{\boldsymbol{G}}^{-1}\boldsymbol{D}\hat{\boldsymbol{Q}} \tag{8.15}$$

根据表 8 - 1 的数据计算可得：

$$Z'_m = N'\hat{G}^{-1}D\hat{Q}$$

$$= (30 \quad 150 \quad 120)\begin{pmatrix} \frac{1}{100} & & \\ & \frac{1}{300} & \\ & & \frac{1}{200} \end{pmatrix}\begin{pmatrix} 1 & 0.033 & 0 \\ 0 & 0.934 & 0.095 \\ 0 & 0.033 & 0.905 \end{pmatrix}\begin{pmatrix} 90 & & \\ & 300 & \\ & & 210 \end{pmatrix}$$

$$= (27 \quad 149 \quad 124)$$

综上所述，在部门工艺假定下推导的产品 × 产品表结构和数例如表 8 - 4、表 8 - 5 所示。

表 8 - 4　　**产品 × 产品表（部门工艺假定）**

		产品 1 2 … n	最终使用	总产出
产品	1 2 ⋮ n	$W_m = HD\hat{Q}$	F	Q
最初投入		$Z'_m = N'\hat{G}^{-1}D\hat{Q}$		
总投入		Q'		

表 8 - 5　　**产品 × 产品表数例（部门工艺假定）**

		产品			最终使用	总产出
		1	2	3		
产品	1	9	57	4	20	90
	2	36	61	23	180	300
	3	18	33	59	100	210
最初投入		27	149	124		
总投入		90	300	210		

8.2.3.3　在两种假定下推导产业部门 × 产业部门表

推导产业部门 × 产业部门表也有两种途径，一是固定产品销售份额假定，即假定使用者的需求结构取决于产品，而不论该产品是哪个产业部门销售的；二是固定产业销售份额假定，即假定使用者对同一产业部门的各种产品总是有相同的需求结构。

以下我们略去推导过程，直接给出在两种假定下推导的产业部门 × 产业部门表的公式和结构，如表 8 - 6、表 8 - 7 所示。

表 8－6　　产业部门 × 产业部门表(固定产品销售份额假定)

		产品	最终使用	总产出
		1　2　…　n		
产品	1	$\boldsymbol{W_D = C^{-1}H\hat{Q}}$	$\boldsymbol{F_D = C^{-1}F}$	Q
	2			
	⋮			
	n			
最初投入		$\boldsymbol{N'}$		
总投入		$\boldsymbol{G'}$		

表 8－7　　产业部门 × 产业部门表(固定产业销售份额假定)

		产品	最终使用	总产出
		1　2　…　n		
产品	1	$\boldsymbol{W_p = DH\hat{Q}}$		G
	2			
	⋮			
	n			
最初投入		$\boldsymbol{N'}$		
总投入		$\boldsymbol{G'}$		

在实际经济中,产品的分类往往未与部门的分类一一对应,所以常常编制长方形 UV 表。由于行数与列数不相等的矩阵不能求逆矩阵,如果要通过长方形 UV 表推导产品 × 产品表或产业部门 × 产业部门表,只能在市场份额假定下进行推导。

8.3　直接消耗系数的修订

8.3.1　问题的提出

直接消耗系数实际上是一种按大类产品计算的综合定额,它不仅受生产过程中工艺技术变化的影响,而且还受生产管理因素的影响。此外,它还受部门内产品生产结构变化、产品生产布局变化以及价格因素的影响。所以我们说直接消耗系数所反映的生产技术联系只具有相对的稳定性。由于技术进步等种种因素的变化,实际上直接消耗系数不可能一成不变,特别是在做长期规划和预测时,更不能保证它不发生变化。

解决消耗系数变化这个问题的最好办法,是逐年编制投入产出表,使得在进行经济分析和规划时可以得到最准确的消耗系数。但是,由于编制投入产出表的工作量很大,目前世界上大部分国家的核算体系都不能按年提供编表所需要的资料,所以常常是隔若干年编一次表。这就提出了如何对直接消耗系数进行修订和预测的问题。

如果测定直接消耗系数有较大变化,就要对它进行修订。修订的方法有非数学方法和数学方法两大类。我国和其他国家曾经用过的非数学修订法有德尔菲法和重点系数修订法，数学修订法有 RAS 法和平均增加倍率法。

8.3.2 修订直接消耗系数的非数学方法

8.3.2.1 德尔菲法

德尔菲法（Delphi Method）在我国常常被称为专家调查法，是在20世纪40年代美国兰德公司首次采用的一种预测方法。德尔菲法是一种建立在科学基础上的对未来进行的科学估算，特别适合高度复杂、理论不完善、数据不确定现象的调查，现在被广泛地应用于预测、调查、评价等方面。

利用德尔菲法修订直接消耗系数的步骤是：一是把欲了解的内容编制成调查表；二是确定专家，向有关专家发出调查表，征求他们对未来直接消耗系数变化的意见；三是把有关专家的意见进行综合整理，反馈给每个专家，请他们做第二轮、第三轮的判断、分析，每位专家可以根据反馈的信息修改自己原先的意见，也可以坚持原先的意见，结果处理一般可以用算术平均值来反映专家们集中的意见。利用德尔菲法有以下特点：① 调查的匿名性，即采用专家匿名发表意见的方式，专家彼此互不相识，他们之间不发生横向联系，只能与调查人员发生关系，目的是避免权威人士的意见影响他人的意见。② 多轮反馈性，即将前一轮各位专家的意见进行统计归纳后，反馈给专家。每个专家根据这个统计归纳的结果，慎重地考虑其他专家的意见，提出自己的意见。然后把收回的第二轮征询的意见，再进行统计归纳，再反馈给专家，如此多次反复。③ 意见收敛性，即通过数轮回收调查表和反馈调查表后，专家的意见会相对集中，常常可以在很大程度上得到某个部门直接消耗系数变动趋势和数值的比较一致的意见，据此可以做出最后的修订。

8.3.2.2 重点系数修订法

把已有投入产出表的直接消耗系数在计算机上进行由大到小的排列，从中选出前 k 个直接消耗系数并求和 $\sum^{k} a_{ij}$，使 $\sum^{k} a_{ij}$ 占到全部直接消耗系数之和 $\sum_{i=1}^{n}\sum_{j=1}^{n} a_{ij}$ 的 90% 以上，这些系数即为重点直接消耗系数。然后将选出来的重点直接消耗系数做技术经济分析，分析它们对应部门目前的技术状况、管理水平、产品品种结构的变化、生产组织的变动等，确定其中需要修订的系数和目前不需要修订的系数。

对需要修订的重点系数，可以用消耗定额变化趋势时间序列资料作为主要依据，考虑技术经济条件的变化，应用移动平均法或自然回归方法等，对其进行认真的修订。当然也可以对重点系数采用德尔菲法进行修订。

山西省在编制1979年的投入产出表时采用了这种方法进行预测。在19×19的投入系数矩阵中，共有361个直接消耗系数，其中比重占90%以上的系数有71个。经过分析，71个重点直接消耗系数中，需要修订的只有30个左右，而其他290个非重点系数按0.2%的比率调小。

8.3.3 修订直接消耗系数的数学方法

8.3.3.1 RAS 法——适时修正法

RAS 法是国外普遍使用的一种数学修订方法，是1960年前后在英国剑桥大学发展起来的。它的主要优点是：修订工作量少，花费时间少，在一定的经济假定下，根据少量调查资料与电子计算机可很快得到修正结果。

RAS 法的原理是:利用计算期或规划期某些控制数据,如中间产品合计数、中间投入合计数等,找出一套行乘数(系数)R 去调整已有(基期)直接消耗系数矩阵的各行元素,同时找出一套列乘数 S 去调整已有直接消耗系数矩阵的各列元素,使经过调整的直接消耗系数计算的总量等于各个控制数据。我们以表 8 - 8 的投入产出表为例来说明 RAS 法的计算过程。

表 8 - 8　**基期投入产出表**　单位:亿元

		产品				最终使用	总产出
		1	2	3	小计		
产品	1	100	20	10	130	70	200
	2	20	10	5	35	65	100
	3	20	10	0	30	20	50
	小计	140	40	15	195	155	350
增加值		60	60	35	155		
总产出		200	100	50	350		

假如计算期三个部门的总产出分别由 200、100、50 变成 300、150、100;最终使用分别由 70、65、20 变为 80、100、50;增加值分别由 60、60、35 变为 90、80、60,即:

$$\boldsymbol{X}_t = \begin{pmatrix} 300 \\ 150 \\ 100 \end{pmatrix} \qquad \boldsymbol{Y}_t = \begin{pmatrix} 80 \\ 100 \\ 50 \end{pmatrix} \qquad \boldsymbol{N}_t = \begin{pmatrix} 90 \\ 80 \\ 60 \end{pmatrix}$$

则计算期中间产品合计数为:

$$\boldsymbol{U}^* = \begin{pmatrix} 300 - 80 \\ 150 - 100 \\ 100 - 50 \end{pmatrix} = \begin{pmatrix} 220 \\ 50 \\ 50 \end{pmatrix}$$

中间投入合计数为:

$$\boldsymbol{C}^* = \begin{pmatrix} 300 - 90 \\ 150 - 80 \\ 100 - 60 \end{pmatrix} = \begin{pmatrix} 210 \\ 70 \\ 40 \end{pmatrix}$$

这样,计算期投入产出表只剩中间流量是未知的了,如表 8 - 9 所示。

表 8 - 9　**计算期投入产出表**　单位:亿元

		产品				最终使用	总产出
		1	2	3	小计		
产品	1				220	80	300
	2				50	100	150
	3				50	50	100
	小计	210	70	40			
增加值		90	80	60			
总产出		300	150	100			

为了确定计算期各部门之间的中间流量，我们用中间产品合计数 $\boldsymbol{U}^*$ 和中间投入合计数 $\boldsymbol{C}^*$ 作为控制数，进行以下推算：

第一步：用基期的直接消耗系数矩阵 $\boldsymbol{A}_0$ 乘以计算期的总产出列向量 $\boldsymbol{X}_t$，得到假定的计算期的中间流量矩阵 $\boldsymbol{W}_1=\boldsymbol{A}_0\hat{\boldsymbol{X}}_t$，即：

$$\boldsymbol{W}_1=\boldsymbol{A}_0\hat{\boldsymbol{X}}(t)=\begin{pmatrix}0.5 & 0.2 & 0.2\\ 0.1 & 0.1 & 0.1\\ 0.1 & 0.1 & 0\end{pmatrix}\begin{pmatrix}300 & & \\ & 150 & \\ & & 100\end{pmatrix}=\begin{pmatrix}150 & 30 & 20\\ 30 & 15 & 10\\ 30 & 15 & 0\end{pmatrix}$$

我们看到 $\boldsymbol{W}_1$ 中各行元素合计与各列元素合计都与 $\boldsymbol{U}^*$ 和 $\boldsymbol{C}^*$ 中的数据不一致，需要进行调整(可以先调整行，也可以先调整列)。我们首先进行横行的调整，令 $\boldsymbol{U}_1$ 为矩阵 $\boldsymbol{A}_0\hat{\boldsymbol{X}}_t$ 各行元素合计数的列向量。若要矩阵 $\boldsymbol{W}_1$ 中 $\boldsymbol{U}_1$ 与 $\boldsymbol{U}^*$ 中的对应元素相等，应当计算第一次行调整系数向量 $\boldsymbol{r}_1(\boldsymbol{r}_1=\boldsymbol{U}^*/\boldsymbol{U}_1)$。

$$\underset{\boldsymbol{A}_0\hat{\boldsymbol{X}}_t}{\begin{pmatrix}150 & 30 & 20\\ 30 & 15 & 10\\ 30 & 15 & 0\end{pmatrix}}\quad \underset{\boldsymbol{U}_1}{\begin{pmatrix}200\\ 55\\ 45\end{pmatrix}}\quad \underset{\boldsymbol{U}^*}{\begin{pmatrix}220\\ 50\\ 50\end{pmatrix}}\quad \underset{\boldsymbol{r}_1=\boldsymbol{U}^*/\boldsymbol{U}_1}{\begin{pmatrix}1.1000\\ 0.9091\\ 1.1111\end{pmatrix}}$$

第二步：调整矩阵 $\boldsymbol{A}_0\hat{\boldsymbol{X}}(t)$ 的各横行，即用 r_1 去乘矩阵 $\boldsymbol{A}_0\hat{\boldsymbol{X}}_t$ 的各行元素，相当于用对角矩阵 $\hat{\boldsymbol{r}}_1$ 去左乘 $\boldsymbol{A}_0\hat{\boldsymbol{X}}_t$，得 $\hat{\boldsymbol{r}}_1\boldsymbol{A}_0\hat{\boldsymbol{X}}_t$。调整后的中间流量矩阵的各行元素合计等于 $\boldsymbol{U}^*$ 中对应元素，但是 $\hat{\boldsymbol{r}}_1\boldsymbol{A}_0\hat{\boldsymbol{X}}_t$ 中各列元素的合计数 $\boldsymbol{C}_1$ 与 $\boldsymbol{C}^*$ 中对应元素不一致。若要矩阵 $\hat{\boldsymbol{r}}_1\boldsymbol{A}_0\hat{\boldsymbol{X}}_t$ 中每一列元素的合计与 $\boldsymbol{C}^*$ 中的对应元素相等，则应当计算第一次列调整系数向量 $\boldsymbol{s}_1(\boldsymbol{s}_1=\boldsymbol{C}^*/\boldsymbol{C}_1)$。

$$\underset{\hat{\boldsymbol{r}}_1\boldsymbol{A}_0\hat{\boldsymbol{X}}_t}{\begin{pmatrix}165 & 33 & 22\\ 27.3 & 13.6 & 9.1\\ 33.3 & 16.7 & 0\end{pmatrix}}$$

$$\boldsymbol{C}_1=(225.6\quad 63.3\quad 31.1)$$

$$\boldsymbol{C}^*=(210\quad 70\quad 40)$$

$$\boldsymbol{s}_1=\boldsymbol{C}^*/\boldsymbol{C}_1=(0.9309\quad 1.1058\quad 1.2862)$$

第三步：调整 $\hat{\boldsymbol{r}}_1\boldsymbol{A}_0\hat{\boldsymbol{X}}_t$ 的各列，即用 $\boldsymbol{S}_1$ 去乘矩阵 $\hat{\boldsymbol{r}}_1\boldsymbol{A}_0\hat{\boldsymbol{X}}_t$ 的各列元素，相当于用对角矩阵去右乘 $\hat{\boldsymbol{r}}_1\boldsymbol{A}_0\hat{\boldsymbol{X}}_t$，得 $\hat{\boldsymbol{r}}_1\boldsymbol{A}_0\hat{\boldsymbol{X}}_t\hat{\boldsymbol{s}}_1$。调整后的中间流量矩阵的各列元素合计等于 $\boldsymbol{C}^*$ 中对应元素，但是 $\hat{\boldsymbol{r}}_1\boldsymbol{A}_0\hat{\boldsymbol{X}}_t\hat{\boldsymbol{s}}_1$ 各行元素合计 $\boldsymbol{U}_2$ 又不等于 $\boldsymbol{U}^*$ 中的对应元素。需要再确定第二次行调整系数向量 $\boldsymbol{r}_2(\boldsymbol{r}_2=\boldsymbol{U}^*/\boldsymbol{U}_2)$。

$$\underset{\hat{\boldsymbol{r}}_1\boldsymbol{A}_0\hat{\boldsymbol{X}}_t\hat{\boldsymbol{s}}_1}{\begin{pmatrix}153.6 & 36.5 & 28.3\\ 25.4 & 15.0 & 11.7\\ 31.0 & 18.5 & 0\end{pmatrix}}\quad \underset{\boldsymbol{U}_2}{\begin{pmatrix}218.4\\ 52.1\\ 48.5\end{pmatrix}}\quad \underset{\boldsymbol{U}^*}{\begin{pmatrix}220\\ 50\\ 50\end{pmatrix}}\quad \underset{\boldsymbol{r}_2=\boldsymbol{U}^*/\boldsymbol{U}_2}{\begin{pmatrix}1.0073\\ 0.9597\\ 1.0101\end{pmatrix}}$$

第四步：调整矩阵的各行，并计算第二次列调整系数向量 $\boldsymbol{s}_2$：

$$\hat{r}_2\hat{r}_1 A_0 \hat{X}_t \hat{s}_1$$

$$\begin{pmatrix} 154.7 & 36.8 & 28.5 \\ 24.4 & 14.4 & 11.2 \\ 31.3 & 18.7 & 0 \end{pmatrix}$$

$C_2 = (210.4 \quad 68.9 \quad 38.7)$

$C^* = (210 \quad 70 \quad 40)$

$s_2 = C^*/C_2 = (0.998\,1 \quad 1.001\,4 \quad 1.007\,6)$

第五步：调整 $\hat{r}_2\hat{r}_1 A_0 \hat{X}_t \hat{s}_1$ 的各列，并计算第三次行调整系数向量 r_3：

$$\hat{r}_2\hat{r}_1 A_0 \hat{X}_t \hat{s}_1\hat{s}_2 \qquad U_3 \qquad U^* \qquad r_3 = U^*/U_3$$

$$\begin{pmatrix} 154.4 & 36.9 & 29.0 \\ 24.4 & 14.4 & 11.0 \\ 31.2 & 18.7 & 0 \end{pmatrix} \quad \begin{pmatrix} 220.3 \\ 48.8 \\ 48.9 \end{pmatrix} \quad \begin{pmatrix} 220 \\ 50 \\ 50 \end{pmatrix} \quad \begin{pmatrix} 0.998\,6 \\ 1.004\,0 \\ 1.002\,0 \end{pmatrix}$$

第六步：调整 $\hat{r}_2\hat{r}_1 A_0 \hat{X}_t \hat{s}_1\hat{s}_2$ 的各列，并计算第三次列调整系数向量 s_3：

$$\hat{r}_3\hat{r}_2\hat{r}_1 A_0 \hat{X}_t \hat{s}_1\hat{s}_2$$

$$\begin{pmatrix} 154.2 & 36.9 & 29.0 \\ 24.5 & 14.4 & 11.0 \\ 31.3 & 18.7 & 0 \end{pmatrix}$$

$C_3 = (210 \quad 70 \quad 40)$

$C^* = (210 \quad 70 \quad 40)$

$s_3 = C^*/C_3 = (1 \quad 1 \quad 1)$

以上迭代逐次进行，直到 U 与 U^* 相当接近或相等，并且 C 与 C^* 相当接近或相等，从而得到中间流量矩阵，进而得到通过 RAS 法调整后的投入产出中间流量 W_t（见表 8 - 10）。

表 8 - 10　　通过 RAS 法得到的投入产出表

		产品				最终使用	总产出
		Ⅰ	Ⅱ	Ⅲ	小计		
产品	Ⅰ	154.2	36.9	28.0	220	80	300
	Ⅱ	24.5	14.4	11.0	50	100	150
	Ⅲ	31.3	18.7	0	50	50	100
	小计	210	70	40	320	230	550
最终产值		90	90	60	230		
总产值		300	150	100	550		

由表 8 - 10 可以求得计算期经过调整的直接消耗系数矩阵 A_t：

$$A_t = W_t \hat{X}_t^{-1} = \begin{pmatrix} 154.2 & 36.9 & 29.0 \\ 24.5 & 14.4 & 11.0 \\ 31.3 & 18.7 & 0 \end{pmatrix} \begin{pmatrix} \frac{1}{300} & & \\ & \frac{1}{150} & \\ & & \frac{1}{100} \end{pmatrix}$$

$$A_t = \begin{pmatrix} 0.5140 & 0.2460 & 0.2900 \\ 0.0817 & 0.0960 & 0.1100 \\ 0.1043 & 0.1247 & 0 \end{pmatrix}$$

上述我们用迭代方法进行了 RAS 法的计算，那么这种迭代会不会周而复始、永无尽头？

英国数学家巴卡拉克对 RAS 法的数学性质做了探索，证明了 RAS 法的迭代是收敛的，无论先从行开始调整还是先从列开始调整，RAS 法都会得到唯一的解。如果在基期的矩阵中有某一元素是 0，那么在调整后的矩阵中它仍然是 0，并且不会有负数出现。

从上述迭代过程中，我们可以看出，RAS 法对各行的调整相当于左乘调整系数的对角矩阵，对各列的调整相当于右乘调整系数的对角矩阵。若是行与列各经过 k 次调整，得到计算期的中间流量矩阵 $\boldsymbol{W}_t$，这个调整过程可以表示为：

$$\boldsymbol{W}_t = \hat{\boldsymbol{r}}_k \hat{\boldsymbol{r}}_{k-1} \cdots \hat{\boldsymbol{r}}_2 \hat{\boldsymbol{r}}_1 \boldsymbol{A}_0 \hat{\boldsymbol{X}}_t \hat{\boldsymbol{s}}_1 \hat{\boldsymbol{s}}_2 \cdots \hat{\boldsymbol{s}}_{l-1} \hat{\boldsymbol{s}}_l \tag{8.16}$$

令：$$\hat{\boldsymbol{R}} = \hat{\boldsymbol{r}}_k \hat{\boldsymbol{r}}_{k-1} \cdots \hat{\boldsymbol{r}}_2 \hat{\boldsymbol{r}}_1 \tag{8.16a}$$

$$\hat{\boldsymbol{S}} = \hat{\boldsymbol{s}}_1 \hat{\boldsymbol{s}}_2 \cdots \hat{\boldsymbol{s}}_{l-1} \hat{\boldsymbol{s}}_l \tag{8.16b}$$

把式(8.16a) 和式(8.16b) 带入式(8.16) 则有：

$$\boldsymbol{W}_t = \hat{\boldsymbol{R}} \boldsymbol{A}_0 \hat{\boldsymbol{X}}_t \hat{\boldsymbol{S}} \tag{8.17}$$

我们的本意是要由 $\boldsymbol{A}_0$ 得到 $\boldsymbol{A}_t$，但迭代过程是调整的中间流量 $\boldsymbol{W}_t$，如果要得到 $\boldsymbol{A}_t$，需要进行如下计算：$\boldsymbol{A}_t = \boldsymbol{W}_t \hat{\boldsymbol{X}}_t^{-1}$，故 RAS 法的数学表达式为：

$$\boldsymbol{A}_t = \hat{\boldsymbol{R}} \boldsymbol{A}_0 \hat{\boldsymbol{X}}_t \hat{\boldsymbol{S}} \hat{\boldsymbol{X}}_t^{-1} = \hat{\boldsymbol{R}} \boldsymbol{A}_0 \hat{\boldsymbol{S}} \tag{8.18}$$

这就是 RAS 法的数学表达式，也是这种修订法名称的由来。

这个数学表达式告诉我们，如果我们知道了总行乘数 $\boldsymbol{R}$ 和总列乘数 $\boldsymbol{S}$，就可以直接把 $\boldsymbol{A}_0$ 调整为 $\boldsymbol{A}_t$。

在上边例子中，总行乘数 $\hat{\boldsymbol{R}}$ 为：

$$\hat{\boldsymbol{R}} = \hat{\boldsymbol{r}}_3 \cdot \hat{\boldsymbol{r}}_2 \cdot \hat{\boldsymbol{r}}_1 = \begin{pmatrix} 1.1065 & & \\ & 0.8760 & \\ & & 1.1246 \end{pmatrix}$$

总列乘数 $\hat{\boldsymbol{S}}$ 为：

$$\hat{\boldsymbol{S}} = \hat{\boldsymbol{s}}_1 \cdot \hat{\boldsymbol{s}}_2 \cdot \hat{\boldsymbol{s}}_3 = \begin{pmatrix} 0.9291 & & \\ & 1.1073 & \\ & & 1.2960 \end{pmatrix}$$

报告期直接消耗系数为：

$$\begin{aligned} \boldsymbol{A}_t &= \hat{\boldsymbol{R}} \boldsymbol{A}_0 \hat{\boldsymbol{S}} \\ &= \begin{pmatrix} 1.1065 & & \\ & 0.8760 & \\ & & 1.1246 \end{pmatrix} \begin{pmatrix} 0.5 & 0.2 & 0.2 \\ 0.1 & 0.1 & 0.1 \\ 0.1 & 0.1 & 0 \end{pmatrix} \begin{pmatrix} 0.9291 & & \\ & 1.1073 & \\ & & 1.2960 \end{pmatrix} \\ &= \begin{pmatrix} 0.5140 & 0.2460 & 0.2900 \\ 0.0817 & 0.0960 & 0.1100 \\ 0.1043 & 0.1247 & 0 \end{pmatrix} \end{aligned}$$

RAS 法是建立在一定的经济假定基础上的。主要的经济假定是认为直接消耗系数的变动受两种经济因素的影响，并且这两种影响具有部门间的一致性。

一是代用影响及其一致性假定。即在产品的生产过程中，i 产品被其他产品所代替或 i 产品代替了其他产品。例如，木材的价格高，供应量不足，在各种产品的生产过程中就用塑料、钢材等来代替它，这时各种产品对木材的消耗系数会减少，对塑料、钢材的消耗系数会增大。也就是说，在各种产品的直接消耗系数中，被代用产品的系数会变小，替代产品的系数会变大。

这种代用的影响反映在RAS的行调整上。若 $r_i < 1$，则第 i 种产品作为中间产品的数量减少，它被其他产品代替了。若 $r_i > 1$，则第 i 种产品作为中间产品数量增加，它代替了其他产品。不过，RAS 法反映代用影响时有一个重要假设，就是各部门所消耗的 i 种产品都同等地被其他产品所替代（$r_i < 1$），或 i 种产品同等地代替了其他产品（$r_i > 1$）。如上述第一次行乘数 $\boldsymbol{r}_1 = (1.1000 \quad 0.9091 \quad 1.1111)'$，当用1.100 0和1.111 1去乘第一行和第三行时，意味着第一种产品和第三种产品代替了其他产品，而且各个部门生产单位总产出都同等多消耗了 0.100 0 单位第一种产品、0.111 1 单位第三种产品；当用 0.909 1 去乘第二行时，意味着第二种产品被其他产品替代了，而且各个部门生产单位总产出消耗的第二种产品都同等地少了 0.090 9 单位。

二是制造影响及其一致性假定。即在生产中某种产品对单位 j 产品的消耗变得更大或更小了。制造影响是由于各种产品在生产过程中由于生产技术水平、管理水平的变动对消耗系数的影响。例如，当农业生产技术落后、生产效率较低时，中间投入数量往往较少，而劳动投入量较多；而在大量使用农业机械、化肥、农药的情况下，中间投入的数量在总投入中的比重会明显上升。当产品生产过程中的管理水平低下，消耗系数往往较高，反之，消耗系数会明显下降。

这种制造的影响反映在 RAS 法的列调整上。若 $s_j < 1$，则第 j 部门的中间投入减少；若 $s_j > 1$，则第 j 部门的中间投入增加。这里也有一个重要假设，就是一个部门对各种产品中间消耗都同比例地减少或增加。

RAS 法作为一种数学方法，有其严格的数学假定性，使得其与实际情况有出入，影响了系数的准确性。但是，用 RAS 法修订直接消耗系数比不修订要好。例如，佩林克和沃尔布洛克用 RAS 法对比利时 1953 年投入产出表进行修订，使之适应 1959 年的情况。检验结果表明，如果不修改，1953 年的直接消耗系数矩阵 $\boldsymbol{A}_0$ 与 1959 年实际直接消耗系数矩阵相比，误差大于 1% 的元素有 17 个，而修订后的消耗系数矩阵与实际消耗系数矩阵相比，误差大于 1% 的元素只有 9 个。美国对 1947—1958 年的投入产出表进行类似检验，误差大于 1% 的元素也由 121 个减少到 103 个。

综上所述，RAS 法的主要经济假定是代用影响和制造影响在部门间具有一致性，这一点在很多情况下不符合实际情况。例如，当生产技术进步后，直接消耗系数发生变化，单位产品对电力、成品油、设备、润滑油等的消耗变化很大，但对部分原材料的消耗则往往变动不大。又如煤，一方面被用作燃料，另一方面又被用作炼焦等工业部门的原料。前者常被天然气所代替，而炼焦用煤则很少被代替。另外，每一个部门包含了很多产品，各种产品的消耗系数不同。当部门的产品结构发生变化时，部门的平均消耗系数随之而变化，但可能有些产品的消耗系数变大，有些产品的消耗系数变小。这就提出了对 RAS

法进行改进的问题。

在 RAS 法计算过程中我们看到，原来 $\boldsymbol{A}_0$ 中为 0 的元素，调整后对应于 $\boldsymbol{A}_t$ 中的元素仍然为 0。因此我们可以把某些经过测算或分析没有发生变化的系数抽出来不参加调整，而在这些元素所在的位置写上 0，同时在控制数中扣除这些元素对应的中间投入量，然后用 RAS 法只调整变化了的元素，最后再把抽出来的元素还原回去。

例如，在一个 3 × 3 的矩阵中，a_{21} 和 a_{33} 为没有发生变化的系数，不对其进行调整，将它们所在位置写上 0：

$$\begin{pmatrix} a_{11} & a_{12} & a_{13} \\ a_{21} & a_{22} & a_{23} \\ a_{31} & a_{32} & a_{33} \end{pmatrix} \rightarrow \begin{pmatrix} a_{11} & a_{12} & a_{13} \\ 0 & a_{22} & a_{23} \\ a_{31} & a_{32} & 0 \end{pmatrix}$$

在 $\boldsymbol{U}^*$ 和 $\boldsymbol{C}^*$ 中扣除了 a_{21} 和 a_{33} 后，经过 RAS 法调整，得到如下矩阵：

$$\begin{pmatrix} a'_{11} & a'_{12} & a'_{13} \\ 0 & a'_{22} & a'_{23} \\ a'_{31} & a'_{32} & 0 \end{pmatrix}$$

再把 a_{21} 和 a_{33} 还原为：

$$\begin{pmatrix} a'_{11} & a'_{12} & a'_{13} \\ a_{21} & a'_{22} & a'_{23} \\ a'_{31} & a'_{32} & a_{33} \end{pmatrix}$$

这就是改进的 RAS 法。实践证明，它可以使修订后的系数的精度大大提高。

在改进的 RAS 法中，对使用 RAS 法调整的那部分直接消耗系数也假定代用和制造影响在部门间具有一致性。为了使这一部分的精度再提高，有人提出了对改进的 RAS 法进行再改进。

这种方法是把基期的 $n \times n$ 的直接消耗系数矩阵分成三个 $n \times n$ 的矩阵：第一个矩阵是由基本上没有变化的直接消耗系数构成的矩阵；第二个矩阵是由变大了的直接消耗系数构成的矩阵；第三个矩阵是由变小了的直接消耗系数构成的矩阵。在第一个矩阵中，凡是变大或变小了的系数所在位置均以 0 表示；在第二个矩阵中，凡是没有变化和变小了的系数所在位置均以 0 表示；在第三个矩阵中，凡是没有变化和变大了的系数所在位置均以 0 表示。同时，把 $\boldsymbol{U}^*$ 和 $\boldsymbol{C}^*$ 也分解成相应的三部分。对于第一个矩阵不做调整，对第二个和第三个矩阵分别用 RAS 法进行调整，最后把三个直接消耗系数矩阵合并。

再改进的 RAS 法即使未发生变化的系数保持不变，又使发生了变化的直接消耗系数不至于做相反方向的修改。

8.3.3.2 平均增加倍率法

上述 RAS 法在调整中间流量时，每一次调整要么满足行控制数，要么满足列控制数，对行和列交叉进行调整。日本学者提出了一种在每一次调整时同时考虑行控制数和列控制数的平均增加倍率法方法，即用计算期行控制数 $U_i^{(t)}$ 与基期相应数据 $U_i^{(0)}$ 的比值和计算期列控制数 $C_j^{(t)}$ 与基期相应数据 $C_j^{(0)}$ 的比值的平均值去调整每一个 x_{ij}。其基本做法是，在已知基期的中间产品流量 $x_{ij}^{(0)}$ 和计算期的中间产品控制数 $U_i^{(t)}$ 与中间投入控制数

$C_j^{(t)}$ 的条件下用一定的公式做迭代，求得计算期的中间流量 $x_{ij}^{(t)}$，然后计算出计算期消耗系数 $a_{ij}^{(t)}$。其具体计算步骤如下：

第一步：求计算期的中间产品流量暂定数 $x_{ij}^{(1)}$ 即：

$$x_{ij}^{(1)} = \frac{1}{2}x_{ij}^{(0)}\left(\frac{U_i^{(t)}}{U_i^{(0)}} + \frac{C_j^{(t)}}{C_j^{(0)}}\right) \qquad (i,j = 1,2,\cdots,n) \tag{8.19}$$

式(8.19)中：$U_i^0 = \sum_{j=1}^{n} x_{ij}^{(0)} \quad (i = 1,2,\cdots,n)$

$$C_j^0 = \sum_{i=1}^{n} x_{ij}^{(0)} \quad (j = 1,2,\cdots,n)$$

第二步：利用式(8.19)逐次迭代计算可得：

$$x_{ij}^{(2)} = \frac{1}{2}x_{ij}^{(1)}\left(\frac{U_i^{(t)}}{U_i^{(1)}} + \frac{C_j^{(t)}}{C_j^{(1)}}\right) \qquad (i,j = 1,2,\cdots,n) \tag{8.20}$$

式(8.20)中：$U_i^{(1)} = \sum_{j=1}^{n} x_{ij}^{(1)} \quad (i = 1,2,\cdots,n)$

$$C_j^{(1)} = \sum_{i=1}^{n} x_{ij}^{(1)} \quad (j = 1,2,\cdots,n)$$

如此反复逐次迭代，迭代至第 k 次计算式为：

$$x_{ij}^{(k)} = \frac{1}{2}x_{ij}^{(k-1)}\left(\frac{U^{(t)}}{U_i^{(k-1)}} + \frac{C_j^{(t)}}{C_j^{(k-1)}}\right) \quad (i,j = 1,2,\cdots,n) \tag{8.21}$$

式(8.21)中：$U_i^{(k-1)} = \sum_{j=1}^{n} x_{ij}^{(k-1)} \quad (i = 1,2,\cdots,n)$

$$C_j^{(k-1)} = \sum_{i=1}^{n} x_{ij}^{(k-1)} \quad (j = 1,2,\cdots,n)$$

如果 $\sum_{j=1}^{n} x_{ij}^{(k)} = U_i^{(t)}(i = 1,2,\cdots,n)$，$\sum_{i=1}^{n} x_{ij}^{(k)} = C_j^{(t)}(j = 1,2,\cdots,n)$，就停止迭代。$x_{ij}^{(k)}(i,j = 1,2,\cdots,n)$ 就是所要求的计算期中间流量元素了。每一个 $x_{ij}^{(k)}$ 与计算期对应的总产出的比值，就是计算期经过修订的直接消耗系数，即：

$$a_{ij}^{(t)} = \frac{x_{ij}^{(k)}}{X_j^{(t)}} \qquad (i,j = 1,2,\cdots,n) \tag{8.22}$$

式(8.22)中：$X_j^{(t)}$ 为计算期 j 部门的总产出。

以上介绍的直接消耗系数修订方法可以作为预测某个时期的直接消耗系数的方法。但是我们要注意，RAS 法和平均增加倍率法，都要在已知计算期各部门总产品合计数、中间产品合计数、中间消耗合计数的基础上，或者是在已知计算期各部门总产出、最终使用、增加值的基础上，才能算出计算期的直接消耗系数。计算期的这些数据往往需要通过预测得到，如果各部门总产品、最终使用、增加值等数据预测不准确，就会影响直接消耗系数的预测数的准确性。因此，把投入产出法应用于规划和预测中，要尽可能提高各部门最终使用、增加值和总产出等的预测精度，这样才能提高投入产出法的应用价值。

另外，每种修订或预测的方法都有局限性，各种方法要结合应用。例如，用数学方法来验证非数学方法的结论，或用专家调查法来检验数学方法的结果。

本章小结

1. 投入产出表是一张反映实际经济活动中投入与产出关系的表，因此，投入产出表的编制是一个非常重要的问题。在这一章中，我们按照投入产出表的编制程序，讨论了若干编表技术和方法论问题。

2. 编制投入产出表必须首先确定编表的目的，在此目的下，决定编表的规模和表式结构、编表的方法和调查方式等，这就是投入产出编表方案的设计。部门划分的原则是我们讨论方案的重点之一。投入产出表设计完成后，大量的后续工作是如何编表。编制投入产出表的方法有直接分解法和间接推导法两种基本的方法。

3. 在编制价值型投入产出表时，涉及采用什么价格的问题。在采用现行价格时，有生产者价格和消费者价格可供选择。这两种价格各有利弊，编表时要根据实际情况加以选用。

4. 投入产出分析的基本假定之一是直接消耗系数的相对稳定性。由于投入产出表的编制和使用总有一定时间间隔，直接消耗系数难免会发生变化，因此有必要对直接消耗系数进行修订。修订的方法有专家调查法、重点系数修订法等非数学方法和RAS法、平均增加倍率法等数学方法。每一种方法都有其优点和局限性，所以在实际工作中，各种方法应该结合应用。

思考与练习题

1. 投入产出表设计的主要内容是什么？
2. 如何确定投入产出表的规模？
3. 编制投入产出表应该列入哪些部门？
4. 编制投入产出表有哪两种基本方法？
5. 简述直接分解法编制产品 × 产品表的步骤。
6. 由UV表推导产品 × 产品表有哪些假定？各种假定的含义是什么？
7. 为什么需要对直接消耗系数进行修订？有哪些修订方法？
8. 为什么在商品工艺假定下推导产品 × 产品表有可能使中间投入为负数？你认为应该如何避免出现负投入？
9. 设有如下资料：

(1) 甲企业部门生产总产出50亿元，其中甲产品40亿元、丙产品10亿元；生产过程中消耗本部门产品20亿元、乙产品5亿元、丙产品5亿元；创造增加值20亿元。

(2) 乙企业部门生产总产出50亿元，其中乙产品40亿元、丙产品10亿元；生产过程中消耗甲产品5亿元、本部门产品15亿元、丙产品10亿元；创造增加值20亿元。

(3) 丙企业部门生产总产出100亿元，其中甲产品25亿元、乙产品10亿元；生产过程中消耗甲产品10亿元、乙产品15亿元、本部门产品20亿元；创造增加值55亿元。

根据以上资料：

(1) 编制一张UV表；

(2) 在商品工艺假定下，推导产品 × 产品表；

(3) 在部门工艺假定下，推导产品 × 产品表。

10. 根据基期资料求经过修订的直接消耗系数。

$$A_0=\begin{pmatrix}0.20 & 0.10 & 0\\0.20 & 0.40 & 0.29\\0 & 0.11 & 0.12\end{pmatrix}$$

利用 RAS 法对直接消耗系数进行修订,通过迭代,得到各次行乘数和列乘数:

$$\boldsymbol{r}_1=\begin{pmatrix}0.9853\\1.1011\\1.0092\end{pmatrix}\quad \boldsymbol{r}_2=\begin{pmatrix}0.9053\\0.9987\\0.9659\end{pmatrix}\quad \boldsymbol{r}_3=\begin{pmatrix}0.9896\\0.9276\\1.0162\end{pmatrix}$$

$$\boldsymbol{s}_1=\begin{pmatrix}1.0984\\0.9876\\0.9699\end{pmatrix}\quad \boldsymbol{s}_2=\begin{pmatrix}1.0025\\0.9911\\0.9987\end{pmatrix}$$

9 地区投入产出模型

投入产出法得到了广泛的推广和应用,不仅在全国可以应用,在一个地区、一个部门乃至一个企业也可以应用。部门投入产出模型和企业投入产出模型、地区投入产出模型很类似,而我国大部分省、自治区、直辖市在全国投入产出表编制年份都编制各自地区的投入产出表,故本章重点阐述地区投入产出模型。

9.1 地区投入产出分析的必要性和特点

要使我国经济迅速发展,就必须在中央的统一领导下,充分发挥地方的积极性,使各地区能够根据自己的自然条件和经济条件,充分发挥优势,搞好各地区的经济建设。为此,需要用投入产出法来研究地区的经济联系,以及地区与外地、地区与全国的联系。

9.1.1 地区的概念

地区投入产出模型,是指对全国某一个地区编制的投入产出模型。所谓地区,有三种不同的理解:第一种是按行政区划确定的地区,我国现有的省、自治区、直辖市以及省属地区、市、县等,均属于这种按行政隶属关系划分的地区。第二种是按经济区划确定的地区,指在经济上具有内在联系的某一空间范围,通常是根据自然条件、资源禀赋、地区经济合作关系、现有生产力水平等标准来划分的。我国东、中、西部三大地区的划分,就是依据经济技术发展水平来划分的。泛珠江三角区、泛长江三角区、环渤海区也属于经济区划地区。第三种是按地理区域划分的地区,即按地貌、位置、气候等划分的地区,如沿海地区和内地,平原地区、丘陵地区和山区,等等。按不同标准划分的地区,其投入产出表说明的问题各不相同。在编制地区投入产出表时,究竟以什么作为“地区”,要以编表的目的来决定。由于我国现行统计资料主要是以行政隶属关系的地区进行汇总的,所以一般的地区投入产出模型是按行政区划的地区编制的。

9.1.2 建立地区投入产出表的必要性

在编制全国投入产出表的同时,很多地区也同步编制地区投入产出表,这是有其客观必然性的。

从生产力角度看,编制地区投入产出表,是发挥地区优势,进行地区综合平衡,促进社会主义建设的迫切需要。

党的十六大吹响了中华民族全面复兴的号角，提出了全面建设小康社会的奋斗目标。党的十八大进一步提出了建党 100 周年时全面建成小康社会的目标，并且明确提出了全面建成小康社会进程中要坚持维护社会公平正义，走共同富裕道路，坚持促进社会和谐等基本要求。不同的生产部门分布在不同的地区，而不同的地区由于历史、自然地理等条件不同，经济发展水平也不同。它们各自有经济发展的优势和劣势。地区的优势部门与其他部门相比较，能够以一定的人力投入和中间消耗取得较多的生产成果。因此，要提高一个国家的经济效益，增强一个国家的经济实力，必须从全国整体利益出发，要充分地、合理地、有效地发挥各地区的优势，搞好合理的生产力布局。地区投入产出模型能够具体分析本地区各部门的投入与产出、使用与分配的结构和联系，分析本地区国民经济的重要比例关系，制定科学的发展规划等，进而分析本地区在全国经济中的地位、作用和优势。

从生产关系角度看，建立地区投入产出表，是正确处理局部与全局、局部与局部的经济关系，保证国民经济良性发展的迫切需要。

进行社会主义现代化建设，既要大幅度提高生产力，也必然要多方面地改变生产关系，改变国民经济的管理方式，充分发挥地方的自主权和积极性。在社会主义市场经济条件下，各个地区的经济关系是以商品交换为基础的。每个地区对产品的需求总量和需求构成，一般并不与本地生产的产品总量和构成相平衡，而是同本地产品可供量及其结构相平衡。而当地产品的可供量除了本地生产外，还有相当部分的外地购入，同时也有相当部分的本地产品销往外地。但是，一个地区不管它的范围有多大，毕竟只是一个局部，是全国这个有机整体的一个组成部分。它有支援其他地区的义务，也有获得其他地区支援的权利。中央与地方的经济关系不是等价交换的，多数地区要拿出一部分产品和资金供中央统筹使用，而其重要的用途之一就是支援贫穷边远地区的建设。这就产生了如何处理好地方与中央、本地与外地的关系，如何处理好经济结构、生产比例、协作化、专业化等问题。地区投入产出表在研究这些问题时，有其独特的作用。

从规划和统计工作的角度看，编制地区投入产出表，是提高地区规划工作和统计工作水平，把地区中、长期规划建立在科学基础上的迫切要求。

地区规划是一国国民经济规划的组成部分，其综合平衡是全国规划综合平衡的基础和保证。地区往往是一个不完整的经济体，全国平衡不一定等于各地区也是平衡的。因此，全国的综合平衡必须建立在局部的综合平衡基础上，局部的综合平衡又必须以全国的综合平衡为指导。地区投入产出表能够提供编制地区规划的重要参数，能够在与其他地区相互联系的过程中来确定本地区的规划。投入产出表采用棋盘式平衡表，这对于综合表现统计数据，对于统计数据的完整性和准确性，对于统计基础工作规范化，对于统计工作科学化，是很有益的。编制地区投入产出表，无疑会提高各地区统计工作的水平。

从投入产出法的应用角度看，编制地区投入产出表，是完善全国投入产出分析的需要。

全国投入产出表中反映的是全国的经济活动总量，而各个生成单位分布在全国各地，它们的自然资源、技术条件、管理水平等各不相同，消耗水平、消费水平、生产总值也存在很大差别。为了加强管理，找出地区之间存在的差距，有必要建立地区投入产出模型来进行分析。全国投入产出表的部门比较齐全，限于实际工作的困难，它的部门分类不可能太细,特别是不可能把每一个地区的优势部门都详细地表现出来。这样全国投入产出表的各种系数就不可能准确地反映地区的消耗和分配水平(系数),不能完全满足地区管理的要求。而地区投入产出模型,可以突出地区的重点和优势部门,把这些部门划分得更细一些。如果把地区模型与全国模型结合起来分析,可以使全国投入产出分析更加深入和具体。同时,地区投入产出模型也是全国投入产出模型的基础。如果各地区按照统一的部门分类目录和顺序编制投入产出表,就可以把它们归并为全国模型的行和列,从而很容易汇总编制成全国投入产出表。此外,地区生产结构发生变化,会使得全国投入产出表的消耗系数不稳定,为了完善全国投入产出分析,也有必要编制地区投入产出表。

9.1.3　地区投入产出表的特点

与全国投入产出表相比较,地区投入产出表有以下特点:

(1) 地区投入产出表的部门分类往往不完整。由于地区国民经济部门不完整,所以一些全国有的部门,在某个地区可能由于历史、自然资源、气候、土壤等条件的限制而没有这些部门。因此,地区投入产出表的部门可能没有全国投入产出表那么齐全。但这不等于地区投入产出表的规模就一定比全国投入产出表小,因为地区投入产出表中有些部门的分类比全国投入产出表的部门分类要细一些。这是由于:① 地区间存在着多种协作关系,某些产品零部件可以分别在几个地区进行生产,然后运至某一地区组装。从全国来看,这些是同属于某一类产品的不同生产工序,而从地区来看,这些零件部件都是它们的产成品。要如实反映地区经济中外地购入和销往外地的关系,就需要将部门划分得细一些。② 由于一个地区往往有一个或几个主导部门,如山西的煤炭工业、黑龙江的原油开采工业等,它们在地区经济发展中起着关键作用,为此就要在投入产出表中对主导部门、为主导部门提供生产条件的部门、在主导部门基础上发展起来并大量消耗主导部门产品的部门进行详细划分。

(2) 地区投入产出表中,对外地购入和销往外地要做较详细的反映。由于地区经济部门的不完整性,使得外地购入和销往外地的产品数量占地区生产总量的比重,往往要高于全国进口和出口数量占全国生产总量的比重。外地购入和销往外地在地区经济中占有极其重要的地位。因而地区投入产出表处理外地购入和销往外地的方式,就与全国投入产出表处理进出口的方式有所不同。在全国投入产出表中,进口与出口只在最终产品部分(第二象限) 分列两栏,通过全国投入产出表,可以了解进口与出口产品的种类和构成以及其在最终使用中的比重等。而地区投入产出表中外地购入和销往外地要反映的是一个国家内部地区间的经济联系,加上这两者占地区生产量的比重较大,对地区经济影响也较大,所以为了加强地区的综合平衡,地区投入产出表中需要比较详细地列出外地购入产品的具体用途和销往外地产品的具体去向。这样地区投入产出表对外地购入和销往外地产品的处理就不能像全国投入产出表那样高度综合,而需要把外地购入和销往外地的产品进行比较详细的划分,使其成为投入产出表中的单独部分。

(3) 地区投入产出表中,本地生产供本地使用的最终产品与本地生产总值①往往不相等,即 $\sum_{i=1}^{n} Y_i \neq \sum_{j=1}^{n} N_j$。这是因为地区生产总值的生产额与使用额往往不相等。特别是新工业区,生产总值不大,但生产总值的使用(基建投资等)可以很大。

(4) 地区投入产出表在取得资料方面也与全国投入产出表有不同的特点。一方面是地区投入产出表的某些数据取得很困难。因为地区的经济单位中有隶属于中央的部分,它们的统计资料汇总渠道不同,有的数据如国家储备、军事工业统计资料等,地区难以获取。另一方面,一个地区往往也存在着跨地区的经济活动,如铁路、航运、管道运输、联营企业等,按产品部门就需要对其进行分解,这是一个复杂且工作量巨大的事情。还有就是外地的购入和销往外地产品的渠道也较多,不容易掌握它们的准确数量和具体去向。这些都给地区投入产出表的编制造成了一定困难。但是,另一方面,毕竟地区投入产出表包括的范围比全国小得多,便于组织力量,采用各种方式收集资料,所以编制地区投入产出表又有较全国投入产出表更为直接和方便的条件。

9.2 地区投入产出表的形式和模型

地区投入产出表分为实物型和价值型两种,每种表按照外地购入和销往外地的处理方式的不同,又可分为补充输入型表和非补充输入型表。

9.2.1 地区实物型投入产出表

9.2.1.1 补充输入型地区实物投入产出表

补充输入型地区实物投入产出表又称简单地区实物型投入产出表。它的特点是对输入的产品(包括外地购入和进口产品)与本地生产的产品不做区分,即把它们视为完全一样的产品,输入的产品只是本地生产产品的补充。也就是说对中间产品和最终产品都不区分本地生产和外地购入,只是在表中的"资源"部分增加"地区外购入",在"最终产品"中增加"销往外地",表中只反映输进、输出产品总量,不详细反映输入产品在本地区的使用情况。补充输入型地区实物投入产出表如表 9-1 所示。

表 9-1　简单地区实物型投入产出表

	计量单位	资源					中间产品					最终产品					总计
		年初库存	本年生产	购入	进口	合计	产品1	产品2	…	产品 n	合计	最终消费	资本形成	销往外地	出口	合计	
产品 1 产品 2 ⋮ 产品 n																	

① 即地区国内生产总值。国家统计局要求,从 2004 年 1 月 1 日起,各地区 GDP 的中文名称改为"地区生产总值"。

补充输入型地区实物投入产出表对外地购入和销往外地产品的处理比较简单,没有完全反映出地区投入产出的特点,只适合于外地购入和销往外地产品比重较小的地区使用。

9.2.1.2　非补充输入型地区实物投入产出表

非补充输入型地区实物投入产出表把外地购入产品与本地产品作为完全不同的产品处理,详细反映外地购入产品在本地区的使用去向。

完整的非补充输入型地区实物投入产出表的形式与全国表有很大的不同,可以分为6个部分,具体表式如表9－2所示。

表9－2　完整的非补充输入型地区实物投入产出表

<table>
<tr><td colspan="7" rowspan="3"></td><td rowspan="3">计量单位</td><td colspan="2">中间产品</td><td colspan="9">最终产品</td><td rowspan="3">总计</td></tr>
<tr><td rowspan="2">1,2,…,n</td><td rowspan="2">合计</td><td colspan="3">本地使用</td><td colspan="6">销往地区</td></tr>
<tr><td>最终消费</td><td>资本形成</td><td>合计</td><td>地区1</td><td>地区2</td><td>…</td><td>地区k</td><td>出口</td><td>合计</td></tr>
<tr><td colspan="5">购入地区</td><td rowspan="2">本地生产</td><td rowspan="2">1
2
⋮
n</td><td rowspan="2"></td><td colspan="2" rowspan="2">Ⅰ(本地生产供本地中间消耗)</td><td colspan="3" rowspan="2">Ⅱ(本地生产供本地最终使用)</td><td colspan="6" rowspan="2">Ⅲ
(本地生产产品输出去向)</td><td rowspan="2"></td></tr>
<tr><td>地区1</td><td>地区2</td><td>…</td><td>地区L</td><td>进口</td></tr>
<tr><td colspan="5">Ⅳ
(输入产品来源)</td><td>外地购入</td><td>1
2
⋮
m</td><td></td><td colspan="2">Ⅴ(购入产品供本地中间消耗)</td><td colspan="3">Ⅵ(购入产品作本地最终使用)</td><td colspan="6"></td><td></td></tr>
</table>

完整的地区实物型投入产出表中,本地生产的产品分为n类,购入的产品一般分为m类,也可以分为n类。第Ⅰ部分主栏和宾栏均为本地生产的n种产品,表示本地区生产供本地生产消耗的中间产品数量及其构成,这部分对本地的重点产品部门划分可以较细一些。第Ⅱ部分主栏为本地生产的n种产品,宾栏为本地最终使用,反映本地生产用于满足本地最终需求的产品数量及其构成。第Ⅲ部分主栏为本地生产的n种产品,宾栏为产品输出的地区和出口,地区可按全国各省、自治区、直辖市分列,横行反映本地产品销往外地和出口的去向,纵列表示各个其他地区购买本地各种产品的数量。第Ⅳ部分主栏为输入的m种产品,宾栏为输入的地区,也可按全国各省、自治区、直辖市和进口分列,横行反映产品的购入地区及其数量,以及进口的数量,纵列反映某个地区销售给本地区的各种产品数量及进口的各种产品数量。第Ⅴ部分主栏为输入的m种产品,宾栏为本地的n个生产部门(n种产品),反映输入产品提供给本地生产中耗用的情况。第Ⅵ部分主栏为输入的m种产品,宾栏为本地最终使用,反映购入产品满足本地最终使用的情况。

一般很难取得购入产品的来源和销往外地产品的去向的详细数据,所以在实际编表时常常把这两部分略去,只在第二部分表示各种产品销往外地或出口(输出)、外地购入或进口(输入)的总量,从而形成简化的非补充输入型地区实物投入产出表,其表式结构如表9－3所示。

表 9－3　　简化的非补充输入型地区实物投入产出表

		计量单位	中间产品		最终产品						总计
			1　2…　n	合计	固定资产形成	存货增加	最终消费	输出	输入	合计	
本地生产	1 2 ⋮ n										
外地购入	1 2 ⋮ m										

利用地区实物型投入产出表可以建立地区投入产出模型，这种模型同价值型地区投入产出模型相类似，这里不做专门介绍。

9.2.2　地区价值型投入产出模型

9.2.2.1　补充输入型地区价值投入产出表及模型

补充输入型地区价值投入产出表的形式与全国价值型投入产出表很相似，只是在第二部分的最终产品中分列出“销往外地”“外地购入”“出口”“进口”等，如表 9－4 所示。

表 9－4　　补充输入型地区价值投入产出表　　单位：亿元

		中间产品					最终产品									总产出 X
							本地使用									
		产品1	产品2	…	产品 n	合计	固定资产形成	存货增加	最终消费	合计 Y_D	销往外地 F	外地购入 $-G$	出口 E	进口 $-M$	合计 Y	
中间消耗	产品 1	x_{11}	…	x_{1n}						Y_{D1}	F_1	$-G_1$	E_1	$-M_1$	Y_1	X_1
	产品 2	x_{21}	…	x_{2n}						Y_{D2}	F_2	$-G_2$	E_2	$-M_2$	Y_2	X_2
	⋮		…							⋮	⋮	⋮	⋮	⋮	⋮	⋮
	产品 n	x_{n1}	…	x_{nn}						Y_{Dn}	F_n	$-G_n$	E_n	$-M_n$	Y_n	X_n
	合计															
增加值	固定资产折旧	D_1	…	D_n												
	劳动者报酬	V_1	…	V_n												
	生产税净额	T_1	…	T_n												
	营业盈余	M_1	…	M_n												
	合计	N_1	…	N_n												
总投入		X_1	…	X_n												

由式(9.7)有：

$$M_i = m_i(\sum_{j=1}^{n} a_{ij}X_j + Y_{Di}) \qquad (i = 1,2,\cdots,n) \tag{9.7a}$$

式(9.6a)和式(9.7a)可以分别用矩阵表示为：

$$\boldsymbol{G} = \hat{\boldsymbol{g}}(\boldsymbol{AX} + \boldsymbol{Y}_D) \tag{9.8}$$

$$\boldsymbol{M} = \hat{\boldsymbol{m}}(\boldsymbol{AX} + \boldsymbol{Y}_D) \tag{9.9}$$

其中：$\hat{\boldsymbol{g}}$ 和 $\hat{\boldsymbol{m}}$ 分别表示外地购入产品系数和进口产品系数组成的对角矩阵：

$$\hat{\boldsymbol{g}} = \begin{pmatrix} g_1 & & & \\ & g_2 & & \\ & & \ddots & \\ & & & g_n \end{pmatrix} \qquad \hat{\boldsymbol{m}} = \begin{pmatrix} m_1 & & & \\ & m_2 & & \\ & & \ddots & \\ & & & m_n \end{pmatrix}$$

把式(9.8)和式(9.9)代入式(9.3)中有：

$$\boldsymbol{AX} + \boldsymbol{Y_D} + \boldsymbol{F} - [\hat{\boldsymbol{g}}(\boldsymbol{AX} + \boldsymbol{Y_D})] + \boldsymbol{E} - [\hat{\boldsymbol{m}}(\boldsymbol{AX} + \boldsymbol{Y_D})] = \boldsymbol{X} \tag{9.10}$$

整理式(9.10)得：

$$\boldsymbol{AX} + \boldsymbol{Y_D} + \boldsymbol{F} - \hat{\boldsymbol{g}}\boldsymbol{AX} - \hat{\boldsymbol{g}}\boldsymbol{Y_D} + \boldsymbol{E} - \hat{\boldsymbol{m}}\boldsymbol{AX} - \hat{\boldsymbol{m}}\boldsymbol{Y_D} = \boldsymbol{X}$$

$$\boldsymbol{X} - \boldsymbol{AX} + \hat{\boldsymbol{g}}\boldsymbol{AX} + \hat{\boldsymbol{m}}\boldsymbol{AX} = \boldsymbol{Y_D} + \boldsymbol{F} - \hat{\boldsymbol{g}}\boldsymbol{Y_D} + \boldsymbol{E} - \hat{\boldsymbol{m}}\boldsymbol{Y_D}$$

$$(\boldsymbol{I} - \boldsymbol{A} + \hat{\boldsymbol{g}}\boldsymbol{A} + \hat{\boldsymbol{m}}\boldsymbol{A})\boldsymbol{X} = (\boldsymbol{I} - \hat{\boldsymbol{g}} - \hat{\boldsymbol{m}})\boldsymbol{Y_D} + \boldsymbol{F} + \boldsymbol{E}$$

$$[\boldsymbol{I} - (\boldsymbol{I} - \hat{\boldsymbol{g}} - \hat{\boldsymbol{m}})\boldsymbol{A}]\boldsymbol{X} = (\boldsymbol{I} - \hat{\boldsymbol{g}} - \hat{\boldsymbol{m}})\boldsymbol{Y_D} + \boldsymbol{F} + \boldsymbol{E}$$

$$\boldsymbol{X} = [\boldsymbol{I} - (\boldsymbol{I} - \hat{\boldsymbol{g}} - \hat{\boldsymbol{m}})\boldsymbol{A}]^{-1}[(\boldsymbol{I} - \hat{\boldsymbol{g}} - \hat{\boldsymbol{m}})\boldsymbol{Y_D} + \boldsymbol{F} + \boldsymbol{E}] \tag{9.11}$$

在式(9.11)中：

$$\boldsymbol{I} - \hat{\boldsymbol{g}} - \hat{\boldsymbol{m}} = \begin{pmatrix} 1 - g_1 - m_1 & & & \\ & 1 - g_2 - m_2 & & \\ & & \ddots & \\ & & & 1 - g_n - m_n \end{pmatrix}$$

其中的元素 $1 - g_i - m_i = 1 - \dfrac{G_i + M_i}{\sum_{j=1}^{n} a_{ij}X_i + Y_{Di}} = \dfrac{X_i - F_i - E_i}{\sum_{j=1}^{n} a_{ij}X_i + Y_{Di}}$。因为分子 $X_i - F_i - E_i$ 是本地总产出扣除销往外地和出口的数量后，用于满足本地需要的本地区产品数量，所以 $(1 - g_i - m_i)$ 可以称为 i 产品的自给率系数，用 r_i 表示则为：

$$r_i = 1 - g_i - m_i \tag{9.11a}$$

把式(9.11a)写成对角矩阵形式为：

$$\hat{\boldsymbol{R}} = \boldsymbol{I} - \hat{\boldsymbol{g}} - \hat{\boldsymbol{m}} \tag{9.11b}$$

把式(9.11b)代入式(9.11)中则有：

$$\boldsymbol{X} = (\boldsymbol{I} - \hat{\boldsymbol{R}}\boldsymbol{A})^{-1}(\hat{\boldsymbol{R}}\boldsymbol{Y}_D + \boldsymbol{F} + \boldsymbol{E}) \tag{9.12}$$

式(9.12)可以分析研究本地产品生产量与本地最终需求之间的关系。但是这种分析是建立在购入系数、进口系数或者自给率系数相对稳定的基础上。如果影响地区之间经济联系的众多因素发生变化，要注意调整自给率系数。

9.2.2.2 非补充输入型地区价值投入产出表及模型

非补充输入型地区价值投入产出表把本地产品的分配使用与外地购入产品的分配使用完全分开，即使外地购入的产品与本地生产的产品是同种产品，也把二者视为相互不同的产品。与此同时，把本地投入的本地产品与投入的外地产品完全分开，即使投入的外地购入的产品与投入的本地产品是同种产品，也把二者视为不同的投入。所以非补充输入型地区投入产出表把中间流量分成两部分。完整的非补充型地区价值投入产出表分为7个部分，如表9－5所示。

表9－5　　**地区价值型投入产出表(1)**　　单位：亿元

<table>
<tr><td colspan="4" rowspan="3"></td><td colspan="4">中间使用</td><td colspan="6">最终使用</td><td rowspan="3">总产出</td></tr>
<tr><td rowspan="2">产品1</td><td rowspan="2">产品2</td><td rowspan="2">…</td><td rowspan="2">产品n</td><td colspan="3">本地使用</td><td colspan="3">销往外地</td></tr>
<tr><td>固定资产形成</td><td>存货增加</td><td>最终消费</td><td>销往地区
1 2 … k</td><td>出口</td><td>合计</td></tr>
<tr><td colspan="2">购入来源</td><td rowspan="3">本地生产</td><td rowspan="3">产品1
产品2
⋮
产品n</td><td colspan="4" rowspan="3">(Ⅰ)</td><td colspan="3" rowspan="3">(Ⅱ)</td><td colspan="3" rowspan="3">(Ⅲ)</td><td rowspan="3"></td></tr>
<tr><td>购入地区</td><td rowspan="2">进口</td></tr>
<tr><td>1 2 … L</td></tr>
<tr><td colspan="2">Ⅳ</td><td>外地购入</td><td>产品1
产品2
⋮
产品m</td><td colspan="4">(Ⅴ)</td><td colspan="3">(Ⅵ)</td><td colspan="3"></td><td></td></tr>
<tr><td colspan="2" rowspan="2"></td><td>增加值</td><td>固定资产折旧
劳动者报酬
生产税净额
营业盈余
合　计</td><td colspan="4">(Ⅶ)</td><td colspan="3"></td><td colspan="3"></td><td></td></tr>
<tr><td colspan="2">总投入</td><td colspan="4"></td><td colspan="3"></td><td colspan="3"></td><td></td></tr>
</table>

表9－5的第Ⅰ、Ⅱ、Ⅲ、Ⅳ、Ⅴ、Ⅵ部分同完整的非补充输入型地区实物投入产出表类似，只是计量单位是价值量。第Ⅶ部分主栏是增加值，宾栏是本地n个生产部门，反映本地区各部门的增加值及其构成。

因为各种产品分地区外地购入产品和销往外地产品，数据难以取得，实际上常用的非补充输入型地区价值投入产出表都把这两部分略去，而形成如表9－6所示的地区价值型投入产出表(后续非补充输入型地区价值投入产出表均用这种表)。

表 9－6　　**地区价值型投入产出表(2)**　　单位:亿元

		中间使用					最终使用								总产出 X_i
							本地使用				销往外地	出口	购入与进口	合计 Y_i	
		产品 1	产品 2	…	产品 n	合计	固定资产形成	存货增加	最终消费	合计					
本地生产	产品 1	x_{ij}^d (Ⅰ)					(Ⅱ)			Y_{D1}^d	F_1	E_1	0		X_1
	产品 2									Y_{D2}^d	F_2	E_2	0		X_2
	⋮									⋮	⋮	⋮	⋮		⋮
	产品 n									Y_{Dn}^d	F_n	E_n	0		X_n
外地购入	产品 1	x_{ij}^g (Ⅲ)					(Ⅳ)			Y_{D1}^g					G_1
	产品 2									Y_{D2}^g					G_2
	⋮									⋮					⋮
	产品 m									Y_{Dm}^g					G_m
增加值	固定资产折旧	D_1	D_2	…	D_n										
	劳动者报酬	V_1	V_2	…	V_n										
	生产税净额	T_1	T_2	…	T_n	(Ⅴ)									
	营业盈余	M_1	M_2	…	M_n										
	合　计	N_1	N_2	…	N_n										
总投入		$X_1, X_2, \cdots, X_n$													

表 9－6 中上标 d 表示本地生产,上标 g 表示外地购入,下标 D 表示本地最终使用。第Ⅰ部分是本地生产产品提供给本地生产消耗的中间流量矩阵,其中的元素 x_{ij}^d 从横行看,表示本地生产的 i 产品提供给本地 j 部门生产消耗的数量;从纵列看,表示本地 j 部门生产中消耗本地生产的 i 产品数量。第Ⅱ部分是本地生产的产品提供给本地最终使用的数量及其构成,Y_{Di}^d、F_i 和 E_i 分别表示本地生产的 i 产品提供给本地最终使用、销往外地和出口的数量。第Ⅲ部分是外地购入产品提供给本地生产消耗的中间流量矩阵,其中的元素 x_{ij}^g 从横行看,表示外地购入的 i 产品提供给本地 j 部门用作生产消耗的数量;从纵列看,表示本地 j 部门生产中消耗的外地购入的 i 产品数量。第Ⅳ部分 Y_{Di}^g 表示外地购入的 i 产品供本地最终使用的数量,G_i 为购入的第 i 种外地产品总量。第Ⅴ部分是本地各个部门创造的增加值及其构成。

地区价值投入产出表有以下基本的平衡关系:

(1) 本地产品的分配使用方程。对一个地区而言,其生产的产品的分配使用去向主要包括供本地中间使用和最终使用、销往外地以及出口。所以,对于本地生产的第 i 种产品有如下平衡关系:

本地生产供本地中间使用的产品 + 本地生产供本地最终使用的产品 + 本地生产销往外地的产品 + 本地生产用于出口的产品 = 本地总产出

即:

$$\sum_{j=1}^{n} x_{ij}^d + (Y_{Di}^d + F_i + E_i) = X_i \qquad (i = 1,2,\cdots,n) \tag{9.13}$$

对于本地区生产的全部产品有：

$$\sum_{i=1}^{n}\sum_{j=1}^{n}x_{ij}^{d}+\sum_{i=1}^{n}(Y_{Di}^{d}+F_i+E_i)=\sum_{i=1}^{n}X_i \tag{9.14}$$

(2) 外地购入产品分配使用平衡方程。本地从外地购入的产品要么用作本地生产消费，要么用作本地最终使用。所以对于第 i 种外地购入产品有以下平衡关系：

提供给本地中间使用的第 i 种外地购入产品 + 提供给本地最终使用的第 i 种外地购入产品 = 外地购入的 i 产品总量

即：

$$\sum_{j=1}^{n}x_{ij}^{g}+Y_{Di}^{g}=G_i \qquad (i=1,2,\cdots,m) \tag{9.15}$$

(3) 本地产品的生产方程。对一个地区而言，其生产中投入的产品要么来自本地，要么来自外地购入，在其价值总量中包括增加值，所以对于本地第 j 部门有以下平衡关系：

本地生产中消耗的本地产品 + 本地生产中消耗的购入产品 + 增加值 = 总投入

即：

$$\sum_{i=1}^{n}x_{ij}^{d}+\sum_{i=1}^{m}x_{ij}^{g}+D_j+V_j+T_j+M_j=X_j \quad (j=1,2,\cdots,n) \tag{9.16}$$

对于本地区全部产品的生产来说，则有：

$$\sum_{j=1}^{n}\sum_{i=1}^{n}x_{ij}^{d}+\sum_{j=1}^{n}\sum_{i=1}^{m}x_{ij}^{g}+\sum_{j=1}^{n}(D_j+V_j+T_j+M_j)=\sum_{j=1}^{n}X_j \tag{9.17}$$

(4) 本地产品的分配使用方程与生产方程之间的平衡。对于本地区生产的全部产品来说，因为有总投入等于总产出，即：

$$\sum_{i=1}^{n}X_i=\sum_{j=1}^{n}X_j$$

所以从式(9.14) 和式(9.17) 容易得到：

$$\sum_{i=1}^{n}(Y_{Di}^{d}+F_i+E_i)=\sum_{j=1}^{n}\sum_{i=1}^{m}x_{ij}^{g}+\sum_{j=1}^{n}(D_j+V_j+T_j+M_j) \tag{9.18}$$

式(9.18) 说明，本地区生产的全部最终产品等于本地区创造的增加值加外地购入供本地区中间使用的产品价值，这同全国投入产出表中第 Ⅱ 象限合计即最终使用总量等于第 Ⅲ 象限合计即国内生产总值是不同的。因为 $\sum_{j=1}^{n}x_{ij}^{g}$ 是本地生产中消耗的外地购入产品，从实物分配上看，它不是本地区生产的产品，当然不包括在本地产品的分配使用方程中。但是从价值上看，它是本地产品价值的组成部分，所以包括在本地产品的生产方程中。从式(9.18) 可以看出，$\sum_{j=1}^{n}x_{ij}^{g}$ 这部分产品的价值量包含在本地使用的最终产品价值中。由此可见，投入产出表从产品实物运动和价值运动两个方面同时反映社会再生产过程，这是理解全国投入产出平衡关系的关键，对于正确理解地区投入产出的平衡更具有重要的意义。

9.2.3 两种直接消耗系数

由于非补充输入型地区价值投入产出表把中间投入分成了本地产品和购入产品，所以可以确定两种直接消耗系数。

9.2.3.1　对本地产品的直接消耗系数

对本地产品的直接消耗系数 a_{ij}^{d}，是本地区生产单位 j 产品对本地生产的 i 产品的直接消耗量，其计算式为：

$$a_{ij}^{d}=\frac{x_{ij}^{d}}{X_j}\qquad (i,j=1,2,\cdots,n)\tag{9.19}$$

式(9.19)变形可得：

$$x_{ij}^{d}=a_{ij}^{d}X_j\qquad (i,j=1,2,\cdots,n)\tag{9.20}$$

此消耗系数与全国价值型直接消耗系数 a_{ij} 一样，有 $0\leqslant a_{ij}^{d}<1$ 和 $\sum_{i=1}^{n}a_{ij}^{d}<1$ 的特点。

9.2.3.2　对外地购入产品的直接消耗系数

对外地购入产品的直接消耗系数 a_{ij}^{g} 是指生产单位本地 j 产品对外地购入 i 产品的直接消耗量，其计算式为：

$$a_{ij}^{g}=\frac{x_{ij}^{g}}{X_j}\qquad (i=1,2,\cdots,m;\ j=1,2,\cdots,n)\tag{9.21}$$

式(9.21)变形可得：

$$x_{ij}^{g}=a_{ij}^{g}X_j\qquad (i=1,2,\cdots,m;\ j=1,2,\cdots,n)\tag{9.22}$$

显然，有 $0\leqslant a_{ij}^{g}<1$ 和 $\sum_{i=1}^{m}a_{ij}^{g}<1$。

9.2.3.3　引进两种直接消耗系数的地区投入产出模型

把式(9.20)代入式(9.13)中，得：

$$\sum_{j=1}^{n}a_{ij}^{d}X_i+(Y_{Di}^{d}+F_i+E_i)=X_i\qquad (i=1,2,\cdots,n)\tag{9.23}$$

式(9.23)的矩阵表示式为：

$$\boldsymbol{A}^{d}\boldsymbol{X}+\boldsymbol{Y}_{D}^{d}+\boldsymbol{F}+\boldsymbol{E}=\boldsymbol{X}\tag{9.24}$$

或
$$\boldsymbol{X}=(\boldsymbol{I}-\boldsymbol{A}^{d})^{-1}(\boldsymbol{Y}_{D}^{d}+\boldsymbol{F}+\boldsymbol{E})\tag{9.25}$$

其中：$\boldsymbol{A}^{d}=\begin{pmatrix}a_{11}^{d} & a_{12}^{d} & \cdots & a_{1n}^{d}\\ a_{21}^{d} & a_{22}^{d} & \cdots & a_{2n}^{d}\\ \vdots & \vdots & & \vdots\\ a_{n1}^{d} & a_{n2}^{d} & \cdots & a_{nn}^{d}\end{pmatrix}$

式(9.25)中，$(\boldsymbol{I}-\boldsymbol{A}^{d})^{-1}$ 是本地生产单位 j 最终产品对本地产品的完全需求量。

把式(9.22)代入式(9.15)，可以得到：

$$\sum_{j=1}^{n}a_{ij}^{g}X_j+Y_{Di}^{g}=G_i\tag{9.26}$$

式(9.26)的矩阵表示式为：

$$\boldsymbol{A}^{g}\boldsymbol{X}+\boldsymbol{Y}_{D}^{g}=\boldsymbol{G}\tag{9.27}$$

其中：$\boldsymbol{A}^g = \begin{pmatrix} a_{11}^g & a_{12}^g & \cdots & a_{1n}^g \\ a_{21}^g & a_{22}^g & \cdots & a_{2n}^g \\ \vdots & \vdots & & \vdots \\ a_{m1}^g & a_{m2}^g & \cdots & a_{mn}^g \end{pmatrix}$

把式(9.20)和式(9.22)代入式(9.16)中可得：

$$\sum_{i=1}^{n} a_{ij}^d X_j + \sum_{i=1}^{n} a_{ij}^g X_j + (D_j + V_j + T_j + M_j) = X_j \quad (j = 1,2,\cdots,n) \tag{9.28}$$

式(9.28)也可以写为：

$$X_j - \sum_{i=1}^{n} a_{ij}^d X_j - \sum_{i=1}^{m} a_{ij}^g X_j = D_j + V_j + T_j + M_j \quad (j = 1,2,\cdots,n) \tag{9.29}$$

或写成：

$$[I - (\sum_{i=1}^{n} a_{ij}^d + \sum_{i=1}^{m} a_{ij}^g)]X_j = D_j + V_j + T_j + M_j \quad (j = 1,2,\cdots,n) \tag{9.30}$$

式(9.30)中的$\sum_{i=1}^{n} a_{ij}^d + \sum_{i=1}^{m} a_{ij}^g$是本地$j$部门的中间投入率，由生产本地单位$j$总产品消耗的本地$i$产品和外地购入的$i$产品两部分构成。很显然，根据现实经济数据编制的投入产出表一定有：

$$0 \leqslant (\sum_{i=1}^{n} a_{ij}^d + \sum_{i=1}^{m} a_{ij}^g) < 1 \qquad \sum_{j=1}^{n}(\sum_{i=1}^{n} a_{ij}^d + \sum_{i=1}^{m} a_{ij}^g) < 1$$

应当注意，以上各模型中本地产品分为n类，外地购入产品分为m类，一般情况下二者的分类可以不同，当然也可以对本地产品和外地购入产品做统一分类，使得$m=n$，只有在这时矩阵$\boldsymbol{A}^g$才是个方阵。

在$m=n$，$\boldsymbol{A}^g$为方阵的条件下，可以令：

$$\hat{\boldsymbol{C}} = \begin{pmatrix} \sum_{i=1}^{n} a_{i1}^d + \sum_{i=1}^{m} a_{i1}^g & & & \\ & \sum_{i=1}^{n} a_{i2}^d + \sum_{i=1}^{m} a_{i2}^g & & \\ & & \ddots & \\ & & & \sum_{i=1}^{n} a_{in}^d + \sum_{i=1}^{m} a_{in}^g \end{pmatrix}$$

由此式(9.30)可以写成如下矩阵形式：

$$\boldsymbol{X} - \hat{\boldsymbol{C}}\boldsymbol{X} = \boldsymbol{D} + \boldsymbol{V} + \boldsymbol{T} + \boldsymbol{M} \tag{9.31}$$

整理得：

$$\boldsymbol{D} + \boldsymbol{V} + \boldsymbol{T} + \boldsymbol{M} = (\boldsymbol{I} - \hat{\boldsymbol{C}})\boldsymbol{X} \tag{9.32a}$$

$$\boldsymbol{X} = (\boldsymbol{I} - \hat{\boldsymbol{C}})^{-1}(\boldsymbol{D} + \boldsymbol{V} + \boldsymbol{T} + \boldsymbol{M}) \tag{9.32b}$$

式(9.32a)和式(9.32b)的含义与全国投入产出列模型的含义一样，通过它们建立起了本地总投入与本地增加值之间的联系。

9.3 地区投入产出模型的作用

地区投入产出模型与全国投入产出模型十分类似。一般全国投入产出模型在经济结构分析、经济预测、规划管理和价格分析等方面可以发挥的作用,地区投入产出模型也都能够发挥作用,具体运用的方法也基本相同。但是,地区投入产出模型较详细地反映了产品的输入和输出,所以在应用中也有不同的特点。同时,地区的投入产出分析中有一些特殊问题需要加以研究。

9.3.1 分析地区国民经济主要比例的特点

分析一个地区国民经济中的重大比例,如两大部类、农轻重、资本形成与消费等比例关系时应注意以下特点:

(1) 两大部类的结构必须考虑销往外地和外地购入产品以及进口和出口产品。马克思对两大部类比例的研究做了高度的理论抽象,其中假定不存在进出口及销往外地和外地购入。可是若一个地区的实际经济活动中销往外地和外地购入的产品数量占较大比重,在研究地区国民经济的结构比例时,我们就不得不把马克思所抽象掉的这一因素考虑进去。从两大部类产品的生产比例来说,销往外地和出口的产品是本地区生产的,如果我们能够从购入地区的实际使用去向把这部分产品区分为生产资料和消费资料,就应当分别把它们计入本地区生产的第 Ⅰ 部类产品和第 Ⅱ 部类产品中去。可是,一个地区要从其他地区取得本地售出产品使用去向的资料是十分困难的,一般只能对销往外地产品按其主要用途进行归类。从两大部类产品的需求量或使用量来说,外地购入和进口的产品也能分为生产资料和消费资料,它们能满足本地的中间需求和最终需求,参加本地区的社会再生产,所以地区两大部类产品的使用量应当包括外地购入和进口的产品。一个地区两大部类产品的生产量与需求量或使用量,往往会有差异,而这种差异正是需要通过销往外地和外地购入产品及进出口产品加以调节的。这是分析地区两大部类结构时应特别进行研究的问题。

(2) 地区总产品的生产量不等于使用量。地区产业构成的不完整性和社会需求的全面性,导致地区有许多产品需要输出或输入。地区输出与输入的产品总量通常是不相等的,所以一个地区社会产品及生产总值的生产量与使用量也会有差异。全地区社会产品和生产总值与各部门、各类产品都存在这样的基本关系:

本地区的生产量 = 本地区的使用量 + 输出量 - 输入量

或 本地区的使用量 = 本地区的生产量 - 输出量 + 输入量

为此,我们在研究一个地区的经济和各项比例关系时,应当分别从生产量和使用量两个方面去分析。例如,研究一个地区的资本形成率,可以从生产总值和使用总值去分别计算以下两种资本形成率:

$$\text{本地资本形成率} = \frac{\text{本地生产总值} - \text{本地最终消费总额}}{\text{本地生产总值}}$$

$$本地资本形成率=\frac{本地资本形成总额}{本地生产总值使用总值}$$

$$=\frac{本地资本形成总额}{本地资本形成总额+本地最终消耗总额}$$

这两个资本形成率指标在输出和输入总量不相等时，是有差异的。它们分别从单位生产总值和地区生产总值使用总值去说明该地区资本形成和最终消费的比例。以生产总值为基础的资本形成率说明该地区生产的最终成果除了满足自身最终消费以外，可以作为资本形成量的比重；以地区生产总值使用总值为基础的资本形成率说明地区实际的资本形成量的比重。

表9－7是某地区某年投入产出表的简表。该地区生产总值的资本形成率和地区生产总值使用总值的资本形成率分别为：

$$本地区生产总值的资本形成率=\frac{85.4-(43.4+10.3)}{85.4}$$

$$=37.12\%$$

$$本地区生产总值使用总值的资本形成率=\frac{25.6+4.5}{25.6+4.5+43.4+10.3}$$

$$=35.92\%$$

由表9－7提供的数据计算的该地区某年社会产品和生产总值、使用总值以及部门构成，如表9－8所示。

表9－7　　某地区某年投入产出表（简表）　　单位：亿元

		中间使用						最终使用					总产出
		农业	工业	建筑业	流通部门	其他服务业	合计	资本形成	最终消费	输出	输入	合计	
本地产品	农业	7.8	15.1	1.2	0	0	24.1	1.8	15.7	5.1		22.6	46.7
	工业	7.2	42.8	7.8	2.9	2.9	63.6	6.6	19.9	21.7		47.2	110.8
	建筑业	0	0	0	0	0	0	16.4	0	0		16.4	16.4
	流通部门	0.3	1.0	0.3	0.1	1.9	3.6	0.4	0.7	1.7		2.8	6.4
	其他服务业	0.1	0.7	0.1	0.1	0.2	1.2	0.4	9.1	2.6		11.1	12.3
	合计	15.4	59.6	9.4	3.1	5.0	92.5	25.6	43.4	31.1		100.1	192.6
外地产品	农业	0.3	1.7	0	0	0	2.0	0.2	2.9			3.1	
	工业	2.2	7.5	1.2	0.1	0.1	11.1	4.0	5.0			9.0	
	建筑业	0	0	0	0	0	0	0	0			0	
	流通部门	0.3	0.6	0.1	0	0.1	1.1	0.2	0.4			0.6	
	其他服务业	0.1	0.4	0	0	0	0.5	0.1	2.0			2.1	
	合计	2.9	10.2	1.3	0.1	0.2	14.7	4.5	10.3			14.8	
增加值		29.4	41.0	5.7	3.2	7.1	85.4						
总投入		46.7	110.8	16.4	6.4	12.3	192.6						

表 9 - 8　　某地区某年社会产品和生产总值生产与使用量　　单位:亿元

项目	农业	工业	建筑业	流通部门	其他服务业	合计
1. 社会总产品生产量	46.7	110.8	16.4	6.4	12.3	192.6
社会总产品使用量	46.7	109.2	16.4	6.4	12.3	191.0
生产量 - 使用量	0	1.6	0	0	0	1.6
2. 输出量	5.1	21.7	0	1.7	2.6	31.1
输入量	5.1	20.1	0	1.7	2.6	29.5
输出量 - 输入量	0	1.6	0	0	0	1.6
生产 - 使用	0	1.6	0	0	0	1.6
3. 生产总值	29.4	41.0	5.7	3.2	7.1	85.4
生产总值使用总值	20.6	34.5	16.4	1.7	10.6	83.8
生产 - 使用	7.8	6.5	- 10.7	1.5	- 3.5	1.6

从表 9 - 8 的计算可以看出,该地区社会总产品生产量与使用量的差额为 1.6 亿元,等于该地区生产总值与生产总值使用总值的差额,同产品的净输出量(输出量 - 输入量)相同。但是由于存在着生产总值的再分配,并且各种产品的使用价值有较大区别,所以分部门的增加值生产量和使用量的差异比较大。如农业的增加值生产额大于增加值使用额 7.8 亿元,而其他服务业增加值使用额大于增加值生产额 3.5 亿元。此外,因为该地区为社会产品净输出地区,所以本地区生产总值的资本形成率大于生产总值使用总值的资本形成率。

9.3.2　地区输入产品数量与构成的分析

对于非补充输入型的地区投入产出模型,我们前面已经建立了本地产品分配方程 $\boldsymbol{X}=(\boldsymbol{I}-\boldsymbol{A}^d)^{-1}(\boldsymbol{Y}_D^d+\boldsymbol{F}+\boldsymbol{E})$(式 9.25) 和输入产品分配方程 $\boldsymbol{A}^g\boldsymbol{X}+\boldsymbol{Y}_D^g=\boldsymbol{G}$(式 9.27)。把式(9.25) 代入式(9.27) 有:

$$\boldsymbol{G}=\boldsymbol{A}^g(\boldsymbol{I}-\boldsymbol{A}^d)^{-1}(\boldsymbol{Y}_D^d+\boldsymbol{F}+\boldsymbol{E})+\boldsymbol{Y}_D^g \tag{9.33}$$

式(9.33) 的前一部分 $\boldsymbol{A}^g(\boldsymbol{I}-\boldsymbol{A}^d)^{-1}(\boldsymbol{Y}_D^d+\boldsymbol{F}+\boldsymbol{E})$,是满足本地区中间需求的输入产品,其中 $\boldsymbol{A}^g(\boldsymbol{I}-\boldsymbol{A}^d)^{-1}$ 的经济意义是本地生产的最终产品对输入产品的完全消耗系数,等于生产单位本地总产出对输入产品的直接消耗与本地产品完全需求系数之积。根据表 9 - 7 的数据可得:

$$\boldsymbol{A}^d=\begin{pmatrix} 0.1734 & 0.4227 & 0.0723 & 0 & 0 \\ 0.2013 & 0.4540 & 0.5488 & 0.4688 & 0.2439 \\ 0 & 0 & 0 & 0 & 0 \\ 0.0129 & 0.0144 & 0.0244 & 0.0156 & 0.1626 \\ 0.0043 & 0.0099 & 0.0061 & 0.0156 & 0.0163 \end{pmatrix}$$

9 地区投入产出模型

$$(\boldsymbol{I}-\boldsymbol{A}^d)^{-1}=\begin{pmatrix}1.2538 & 0.2813 & 0.2285 & 0.1390 & 0.0880\\0.3257 & 1.7191 & 0.8593 & 0.7998 & 0.5377\\0 & 0 & 1 & 0 & 0\\0.0119 & 0.0194 & 0.0299 & 1.0274 & 0.1660\\0.0050 & 0.0119 & 0.0127 & 0.0217 & 1.0228\end{pmatrix}$$

$$\boldsymbol{A}^g=\begin{pmatrix}0.0064 & 0.0154 & 0 & 0 & 0\\0.0471 & 0.0677 & 0.0732 & 0.0156 & 0.0081\\0 & 0 & 0 & 0 & 0\\0.0064 & 0.0054 & 0.0061 & 0 & 0.0081\\0.0022 & 0.0036 & 0 & 0 & 0\end{pmatrix}$$

由这些系数容易算出对输入产品的完全消耗系数：

$$\boldsymbol{A}^g(\boldsymbol{I}-\boldsymbol{A}^d)^{-1}=\begin{pmatrix}0.0130 & 0.0283 & 0.0147 & 0.0132 & 0.0088\\0.0813 & 0.1300 & 0.1427 & 0.0765 & 0.0514\\0 & 0 & 0 & 0 & 0\\0.0098 & 0.0112 & 0.0123 & 0.0053 & 0.0118\\0.0039 & 0.0068 & 0.0036 & 0.0032 & 0.0021\end{pmatrix}$$

当确定了本地区的最终需求 Y_D^d、Y_D^g 和输出量以后，利用式(9.33)，就能测算出需要输入的各种产品量。

应当指出，对本地产品的完全消耗系数，我们可以通过本地产品的直接消耗系数 $\boldsymbol{A}^d$，用矩阵求逆的方法即通过$(\boldsymbol{I}-\boldsymbol{A}^d)^{-1}$去确定，但是对输入产品的完全消耗系数，则不能用对矩阵$(\boldsymbol{I}-\boldsymbol{A}^g)$求逆的方法去确定。这不仅是因为$\boldsymbol{A}^g$不一定为方阵，$(\boldsymbol{I}-\boldsymbol{A}^g)$的逆矩阵不存在，更重要的是因为通过对输入产品的消耗而形成的对其外地产品的间接消耗关系，并不发生在本地区。也就是说即使$(\boldsymbol{I}-\boldsymbol{A}^g)$的逆矩阵存在，如果用$(\boldsymbol{I}-\boldsymbol{A}^g)^{-1}$去计算对输入产品的完全消耗系数，就把本地区内本来不存在的间接消耗关系计算到本地区的经济活动中去了，这不符合实际经济状况。

除了对输入产品的数量进行测定以外，地区投入产出模型还常用来分析输出、输入产品的结构。可以根据地区投入产出表中提供的各种产品的产出量、输入量、输出量、使用量等计算每种产品的自给率：

$$\text{产品的自给率}=\frac{\text{本地区生产量}}{\text{本地区使用量}}$$

对于自给不足（自给率小于100%）而需要输入的产品，该地区要依赖于外地供应或者进口，应当努力寻求资源。为定量地说明每种产品对外地和国外资源的依赖程度，可计算其输入依存度：

$$\text{输入依存度}=\frac{\text{输入量}}{\text{本地需求量}}$$

对于自给有余（自给率大于100%）而需要输出的产品，应当努力在地区外寻求市场。为定量地说明每种输出产品对地区外市场的依赖程度，可计算其输出依存度：

$$\text{输出依存度}=\frac{\text{输出量}}{\text{本地生产量}}$$

图 9 - 1 是根据某地某年投入产出表资料绘制的输出和输入结构坐标图。横坐标是各种产品的本地区生产量，图中自给率为 100% 的水平线为自给平衡线。显然，自给平衡线以上的阴影部分为自给有余而需要输出的产品；自给平衡线以下的阴影部分为自给不足而需要输入的产品。

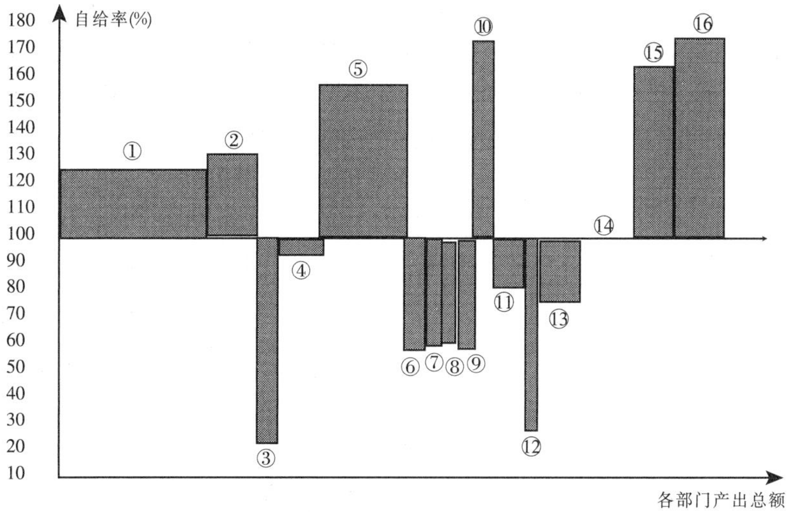

①农业 127%　②矿业 132%　③木竹采运业 13%

④食品饲料加工业 89%　⑤纺织业 160%　⑥木材、竹、草加工业 51%

⑦家具制造业 57%　⑧造纸及纸制品 64%　⑨文体用品 59%

⑩工艺美术 176%　⑪化学工业 77%　⑫化纤工业 20%

⑬机械、电子、电气设备制造业 70%　⑭建筑业 100%

⑮交通运输邮电业 171%　⑯商业 188%

图 9 - 1　某地输入、输出结构

从图 9 - 1 可以看出，某地的工业，特别是加工工业对输入和输出的依赖性比较大。部分产业的输入依存度很高，如木竹采运业为 87%，化纤工业为 80%；另一部分产业输出依存度很高，如商业为 88%，交通运输邮电业为 71%，纺织业为 60%。提供输出、输入产品结构的分析，能够帮助我们认识地区经济发展的特点，明确其优势与劣势，为制定地区经济发展战略提供依据。

9.4　部门和企业投入产出模型

9.4.1　部门投入产出模型

部门投入产出模型是研究部门内部各个子部门或各种产品之间的相互联系，研究该部门与国民经济各个部门的相互依存关系的一种重要工具。

同地区表一样，部门投入产出表也是对全国投入产出表的补充和深化。因为全国投入产出模型包含了各个部门的数据，但是它所列的部门是综合性部门，其子部门的产品有的差异很大。例如，普通钢和特种钢，不仅使用价值有很大的不同，而且投入结构也有很大的不同。一个部门的各个子部门分布在全国各地，它们的自然资源、技术条件、管理水平等都不相同，只列一个综合部门不能满足经济管理的要求。编制部门投入产出表弥补了以上不足。

部门投入产出表的"部门"可以有两种不同的理解。第一种指某一个主管部门。主管部门投入产出表，包括该主管部门所有企业生产的全部产品，而不论这些企业的产品是否是该主管部门的主产品。例如，主管部门编制化工部投入产出表，这时研究的总体是化工系统所属的全部企业和生产单位，不管其是否是化工生产企业，而不属于化工部门的化工生产，不包括在化工部门投入产出表中。这种部门投入产出表对于主管部门进行规划工作和经济分析是很有用的。第二种指纯部门。纯部门投入产出表，包括属于这个部门的所有产品，而不论这些产品是由哪个主管部门的企业生产的。例如，编制纯化工部门的投入产出表，这时研究的总体是所有从事化工生产的企业。不属于化工系统，但从事化工生产的企业都应该包括在该投入产出表中，而化工系统中从事非化工生产的单位不包括在这个投入产出表中。纯部门的投入产出表中的企业从行政隶属关系看，可能属于不同的主管部门。

部门投入产出表的结构和模型基本与地区投入产出表一样，只是把地区投入产出表的"本地区"改为"本部门"，把"地区外"改为"部门外"。

9.4.2 企业投入产出模型

提高企业的经济效益，必须提高企业的管理水平，把投入产出法应用于企业，是实现企业管理现代化的一条重要途径。

企业投入产出模型是反映企业各车间和各种产品之间的生产联系、物资供应、设备和劳动资源利用的经济数学模型。企业投入产出模型对于大部分工业企业都适用，但它尤其适合大批量生产、原材料加工阶段多、有复杂生产工艺联系、生产设备专业化的大型企业采用。

价值型企业投入产出表的结构与地区投入产出表相类似，分为5个部分，表9－9是其一般形式。

价值型企业投入产出表的第Ⅰ部分是一个$n \times n$的方阵，是本企业生产的产品供本企业生产使用的消耗矩阵。它表示企业内部生产的n种产品之间的技术联系。如果把企业的各个车间、各道工序生产的全部成品和半成品都看作同等意义上的产品，那么，一个企业通常生产很多种产品。这一部分的n种产品可以按车间、工序排列，由于在企业内部多是后一道工序消耗前一道工序的产品，即企业内部产品消耗联系多是单向的。因此，第Ⅰ部分一般是一个上三角矩阵。

价值型企业投入产出表第Ⅱ部分是本企业的最终产品，它大部分用于外销。这里"生活用"的产品一部分指供应给本企业的非主产品生产部门，如托儿所、子弟学校等使用的产品；另一部分用于本厂基建和增加库存，企业每个生产环节发生的产品储备量，都应该包括这一部分。应该注意，企业投入产出表中的最终产品只是对本企业而言，对其他企业来说，完全可能是中间投入。例如，钢管厂生产的钢管对该厂来说是最终产品，但对于机械厂来说它是原材料。

表 9－9　　　　　　　　价值型企业投入产出表　　　　　　　　单位:元

<table>
<tr><td colspan="3" rowspan="2"></td><td>中间产品</td><td colspan="5">最终产品</td><td rowspan="2">总计</td></tr>
<tr><td>1　2　…　n</td><td>外销</td><td>本厂基建用</td><td>生活用</td><td>库存增加</td><td>其他</td></tr>
<tr><td rowspan="2">中间投入</td><td>自制产品</td><td>1
2
⋮
n</td><td>第 Ⅰ 部分
x_{ij}^{d}</td><td colspan="5">第 Ⅱ 部分
Y_{Di}^{d}</td><td>X_i</td></tr>
<tr><td>外购产品</td><td>1
2
⋮
m</td><td>第 Ⅲ 部分
x_{ij}^{g}</td><td colspan="5">第 Ⅳ 部分
Y_{Di}^{g}</td><td>G_i</td></tr>
<tr><td>固定费用和新创造价值</td><td colspan="2">折旧大修理
企业管理费
车间经费
劳动报酬
税金利润</td><td>D_j
H_j
C_j
V_j
M_j
第Ⅴ部分</td><td colspan="5"></td><td></td></tr>
<tr><td colspan="3">总计</td><td>X_j</td><td colspan="5"></td><td></td></tr>
</table>

价值型企业投入产出表第 Ⅲ 部分是外购产品用于本企业各种产品生产消耗的数量。企业进行生产活动所需要的原料、材料和动力等,有相当一部分都不是本企业生产的,而是从其他企业购买的。在企业投入产出分析中,我们所关心的是本企业生产 n 种产品对每一种外购产品的消耗情况,所以这一部分的产品分类可以与第一部分的产品分类完全不同。如果同一种产品,企业自己生产一部分,外购一部分,则把它们分别填入第 Ⅰ 部分和第 Ⅲ 部分。

价值型企业投入产出表的第 Ⅳ 部分是外购产品作为本企业最终使用的数量。如果没有对外购产品进行丝毫加工而把它出售出去,也在这一部分反映。

价值型企业投入产出表的第 Ⅴ 部分是各种产品应分摊的固定资产折旧、企业管理费、工资、利润和税金。它反映了企业的固定费用消耗和企业的新创造价值。

企业投入产出表表式和模型与地区投入产出表表式和模型很相似。但是,企业投入产出表有不同于地区投入产出表的特点,主要表现在以下三个方面:

第一,一个地区是一个经济体系,虽不及全国的产品门类齐全,但也生产成百上千种产品,这些产品存在相互提供和相互消耗的关系。因此,投入产出表的第一象限填满率较高;而企业生产的产品种类比地区少得多,第 Ⅰ 象限往往是一个上三角矩阵。

第二,地区部分或全部外购产品总有一部分要作为本地区的最终使用,因此地区投入产出表的第 Ⅳ 部分总有数据;而企业的外购产品一般总是用于本企业生产,不一定作为本企业的最终使用,所以企业表的第 Ⅳ 部分不一定都有数据。

第三,地区投入产出表的第 Ⅱ 部分的最终产品是对本地区而言的,而企业表的第 Ⅱ 部分的最终产品只是对本企业而言的,即地区投入产出表和企业投入产出表的最终产品含义是不同的。

根据企业投入产出表可以建立类似于地区一样的投入产出模型,也可以计算两种直接消耗系数。

企业投入产出模型是实现企业现代化管理的一个重要途径,在企业经营管理中有如下作用:

(1) 分析生产结构。

在现代化的大生产中,各个车间、各个工序相互依存的关系较强,如果一个生产环节出了问题,就会影响其他生产环节,从而影响整个企业的生产。但有了企业投入产出模型就可以较好地解决这个问题。因为企业投入产出模型除了能够全面反映产品在企业各车间之间的流向和流量以外,还能基本上反映出企业所属各工艺环节的生产能力和协调关系。这为研究企业各车间、各环节的比例关系,各种产品的自用与外销比例等,提供了可靠的数据。

(2) 分析主要生产与辅助生产、附属生产的联系和比例。

如果企业投入产出模型中除了主体生产环节外,还把辅助和附属生产也包括在内了,那模型就可以用来详细分析主体生产与辅助和附属生产之间的联系和比例。例如,可以把企业的汽车队、发电车间、净水车间等纳入投入产出表中,分析运输能力等是自给有余还是得部分依靠外部运输力,从而决定该厂应配备多少汽车运输力最合适,等等。

(3) 以产定销制订企业生产计划。

企业根据对市场的调查,了解本厂生产能力、原材料、动力等的供应情况后,事先确定各种产品的最终产品规划,然后利用 $\boldsymbol{X}=(\boldsymbol{I}-\boldsymbol{A}^{d})^{-1}\boldsymbol{Y}$ 就可以算出为保证规划期预定最终产品任务的完成,各种产品的规划总产出量。

(4) 为企业提供了新的管理方式。

从编制过投入产出表和应用过投入产出分析的企业来看,企业投入产出模型不仅有以上作用,而且还为企业管理提供了科学手段,使企业管理面貌发生了巨大的变化。这主要表现在:

第一,促使传统的企业管理向着标准化、规范化方向发展。投入产出表的编制需要大量资料,需要统一的目录分类和指标解释,这为企业的统计核算、会计核算、业务核算者的统一提供了途径。

第二,促使企业使用电子计算机,采用先进的、科学的数据管理方法和信息处理手段,使企业真正走向管理现代化的道路,从而极大地提高管理工作的效率。

第三,有利于管理干部知识的更新,从而提高人才素质,有利于人才开发,造就新一代管理者。一个大型企业或联合企业,工序繁多,工艺复杂,管理层次多,用常规的途径培养出熟悉业务的全方位管理人才需要很长的时间。而编制和应用投入产出表,能在较短的时间内培养出可胜任全方位工作的管理干部,因为要编制和应用投入产出表,必须学习和掌握多方面的知识,如要有总体平衡和局部平衡的思想,要懂得企业生产经营的全过程,要熟悉会计、统计资料,要掌握投入产出分析的基本原理,等等。这使得人才培养工作能够取得事半功倍的效果。

(5) 制定合理的产品价格。

就一个企业来说,特别是大型联合企业,一般都具有复杂的生产结构和工艺联系,具有工序多和产品品种多的特点。企业投入产出模型在分析企业产品内部价格方面也十分有用。

企业的生命力在于不断提高产品质量，降低产品成本，提高企业的经济效益。为此，需要制定一个合理的考核标准，使得企业内部各生产车间和生产工人，在付出了相当的劳动时，能够得到相应的盈利和劳动报酬。这种考核指标就是制定企业内部结算价格，其方法和全国投入产出模型基本相同。

本章小结

1. 地区投入产出模型是投入产出法在地区的推广应用。建立地区投入产出模型不仅是发挥地区优势，进行地区综合平衡，正确处理局部与局部、局部与全局关系的迫切需要，而且也是完善全国投入产出分析的迫切需要。

2. 产品的输入、输出有特别重要的意义，而地区投入产出表与全国投入产出表的显著区别是对产品输入、输出处理方式的不同，由此形成了地区投入产出模型的独特种类：

地区投入产业表
- 实物型
  - 补充输入型
  - 非补充输入型
- 价值型
  - 补充输入型
  - 非补充输入型

从价值表来看，非补充输入型投入产出模型与全国投入产出模型主要有以下不同点：

	地区非补充输入型投入产出模型	全国投入产出模型
表式的划分	7 个部分	4 个部分
直接消耗系数	2 个，即 a_{ij}^{d} 和 a_{ij}^{g}	1 个，即 a_{ij}
行模型	$\boldsymbol{A}^{d}\boldsymbol{X}+\boldsymbol{Y}_{D}^{d}+\boldsymbol{F}+\boldsymbol{E}=\boldsymbol{X}$ $\boldsymbol{A}^{g}\boldsymbol{X}+\boldsymbol{Y}_{D}^{g}=\boldsymbol{G}$	$\boldsymbol{AX}+\boldsymbol{Y}=\boldsymbol{X}$

全国投入产出模型具有的作用，地区投入产出模型也都具有。此外地区投入产出模型还有特殊的作用，即从地区投入产出表较详细的产品输出、输入资料中，能够分析本地区的重大比例关系和本地区与外地区的经济联系。

3. 部门投入产出模型、企业投入产出模型、地区投入产出模型三者的原理非常类似。

思考与练习题

1. 国民经济是一个整体，为什么编制了全国投入产出表还需要编制地区投入产出表？

2. 与全国投入产出表相比，地区投入产出表最大的特点是什么？

3. 全国投入产出表的各个部门的最终使用合计等于各个部门的增加值合计，即 $\sum_{i=1}^{n} Y_i=\sum_{j=1}^{n} N_j$，而地区投入产出表没有这个平衡关系，为什么？

4. 如果地区只编制补充输入型投入产出表,其应用会有哪些局限?

5. 地区投入产出表中有哪两种直接消耗系数? 它们的经济意义是什么?

6. 地区投入产出模型中的$(\boldsymbol{I}-\boldsymbol{A}^{d})^{-1}$的经济意义是什么?

7. 利用地区投入产出表原理,设计一张部门投入产出表,并指出表中各个部分的经济意义。

8. 企业投入产出表以什么为部门? 为什么企业投入产出的第一象限往往是一个上三角矩阵?

9. 企业投入产出模型有什么作用?

10. 有如下地区投入产出表(单位:亿元):

		中间使用				最终使用						总产出
		部门1	部门2	部门3	合计	本地使用			销往外地和出口	购入与进口	合计	
						固定资产形成	存货增加	最终消费				
本地生产	部门1	160	360	40	560	100	10	1 000	330		1 440	2 000
	部门2	580	1 260	560	2 400	300	100	1 400	800		2 600	5 000
	部门3	20	980	400	1 400	360	40	960	240		1 600	3 000
	合计	760	2 600	1 000	4 360	760	150	3 360	1 370		5 640	10 000
外地输入	部门1	40	190	10	240	20	10	60		330		
	部门2	40	100	70	210	100	50	200		560		
	部门3	10	90	50	150	40	30	20		240		
	合计	90	380	130	600	160	90	280		1 130		
增加值		1 150	2 020	1 870	5 040							
总投入		2 000	5 000	3 000	10 000							

要求:(1) 计算两种直接消耗系数。

(2) 计算$(\boldsymbol{I}-\boldsymbol{A}^{d})^{-1}$ 并说明其经济意义。

(3) 如果规划期固定资产形成增加5%,最终消费增加10%,假定各种结构不变,则规划期三个部门的产品各应该购入与进口多少?

(4) 计算并分析三个部门总产品、增加值的生产额与使用额情况。

附 表

附表 1

中国 2002 年 17×17 投入产出表（中间流量）

单位：亿元

	农业	采掘业	食品制造业	纺织、缝纫及皮革产品制造业	其他制造业	电力、蒸汽热及水的生产和供应业	炼焦、煤气及石油加工业	化学工业	建筑材料及其他非金属矿物制品业	金属产品制造业	机械设备制造业	建筑业	运输邮电业	批发零售贸易、餐饮业	房地产业和商业服务业	金融保险业	其他服务业	中间使用合计
总投入	28 579	10 317	14 481	15 635	13 892	8 478	6 448	21 573	5 805	21 365	44 432	28 133	14 606	24 291	17 331	7 314	30 751	313 431
中间投入合计	11 948	4 351	9 984	11 774	9 023	4 232	5 328	15 763	3 896	16 196	33 372	21 538	7 581	12 115	7 117	2 638	14 715	191 572
农业	4 637	40	4 867	1 493	793	2	5	663	4	4	11	2 286	132	1 269	11	0	122	16 339
采掘业	98	352	58	51	89	1 364	3 739	964	561	1 988	244	703	78	50	43	3	205	10 592
食品制造业	1 572	2	1 952	247	12	0	0	166	0	0	0	25	36	1 810	21	1	289	6 133
纺织、缝纫及皮革产品制造业	21	52	29	5 808	446	22	9	146	46	56	193	106	62	206	38	27	884	8 151
其他制造业	161	98	345	219	3 192	33	20	398	256	822	726	1 076	144	780	610	161	1 719	10 761
电力、蒸汽热及水的生产和供应业	331	668	160	258	292	406	160	1 032	357	1 067	678	417	210	486	236	80	591	7 428
炼焦、煤气及石油加工业	281	267	35	47	100	339	316	727	176	607	222	716	1 808	291	51	26	286	6 295
化学工业	1 925	358	477	1 367	1 259	76	111	8 097	388	429	3 044	1 054	137	399	65	33	1 813	21 034
建筑材料及其他非金属矿物制品业	90	72	83	33	72	18	15	122	469	336	582	3 058	26	40	92	9	132	5 247
金属产品制造业	116	413	127	67	535	75	61	341	303	7 507	6 298	4 691	83	77	193	15	206	21 107
机械设备制造业	396	731	127	293	388	773	176	539	294	834	16 136	2 595	1 444	1 427	2 682	265	1 459	30 559
建筑业	50	14	4	7	10	8	2	12	5	11	22	34	196	230	370	112	756	1 841
运输邮电业	615	382	390	334	487	324	296	715	339	871	1 135	1 276	1 629	668	245	207	1 010	10 920
批发零售贸易、餐饮业	796	318	775	853	819	342	222	928	328	902	2 001	1 404	425	1 295	648	284	1 795	14 132
房地产业和商务服务业	119	200	336	402	264	71	68	454	120	351	1 195	1 494	305	1 461	803	797	1 750	10 189
金融保险业	451	161	115	156	159	227	56	245	178	188	514	235	725	1 123	759	499	517	6 308
其他服务业	287	223	106	141	107	151	71	216	71	223	371	369	140	503	250	121	1 183	4 535
增加值合计	16 630	5 967	4 497	3 861	4 869	4 246	1 121	5 809	1 909	5 169	11 060	6 594	7 026	12 176	10 214	4 676	16 035	121 859
劳动者报酬	13 316	2 570	1 204	1 846	1 779	982	342	2 041	988	2 282	4 587	3 899	3 096	4 923	2 374	1 376	11 347	58 950
生产税净额	545	651	1 658	609	844	832	371	1 335	451	1 005	2 205	285	611	4 043	1 124	114	776	17 462
固定资产折旧	765	712	642	501	607	1 206	230	1 038	369	863	1 504	702	1 840	1 002	4 034	574	2 152	18 741
营业盈余	2 005	2 034	993	905	1 638	1 226	178	1 396	100	1 019	2 764	1 709	1 478	2 208	2 681	2 612	1 760	26 706

附表 2

中国 2002 年 17×17 投入产出表（最终使用）

单位:亿元

	最终使用										总产出
	最终消费					资本形成总额			出口	其他	
	农村居民消费	城镇居民消费	小计	政府消费	合计	固定资本形成总额	存货增加	合计			
合计	16 272	36 300	52 571	19 120	71 691	43 632	1 933	45 565	30 943	604	313 431
农业	4 933	5 531	10 464	164	10 628	773	332	1 105	474	714	28 579
采掘业	78	207	285	0	285	0	192	192	448	469	10 317
食品制造业	2 490	4 684	7 174	0	7 174	0	270	270	893	538	14 481
纺织、缝纫及皮革产品制造业	650	2 581	3 231	0	3 231	0	13	13	5 495	376	15 635
其他制造业	246	1 081	1 327	0	1 327	260	143	402	2 075	164	13 892
电力、蒸汽热及水的生产和供应业	229	1 060	1 289	0	1 289	0	12	12	6	117	8 478
炼焦、煤气及石油加工业	42	235	277	0	277	0		−47	312	33	6 448
化学工业	498	950	1 448	0	1 448	0	243	243	2 176	184	21 573
建筑材料及其他非金属矿物制品业	100	460	560	0	560	0		−147	418	−76	5 805
金属产品制造业	76	317	393	0	393	322		318	1 527	150	21 365
机械设备制造业	617	2 336	2 952	0	2 952	12 582	744	13 326	10 445	132	44 432
建筑业	0	0	0	0	0	27 275	0	27 275	105	−1 009	28 133
运输邮电业	468	1 302	1 771	306	2 077	198	42	240	1 452	209	14 606
批发零售贸易、餐饮业	1 415	4 854	6 269	0	6 269	955	139	1 093	2 888	−87	24 291
房地产业和商务服务业	2 226	3 268	5 494	102	5 596	1 143	0	1 143	1 004	171	17 331
金融保险业	537	943	1 480	0	1 480	0	0	0	22	−220	7 314
其他服务业	1 668	6 489	8 157	18 548	26 704	126	0	126	1 203	−1 260	30 751

附表 3

中国 2002 年投入产出表*

单位：亿元

		中间使用							最终使用**				总产出
		农业	工业	建筑业	运输邮电业	批零、餐饮业	其他服务业	中间使用合计	最终消费	资本形成总额	净出口	最终使用合计	
中间投入	农业	4 636.8	7 881.7	2 286.3	131.7	1 269.3	132.9	16 338.7	10 628.2	1 104.7	1 109.9	12 842.8	29 181.6
	工业	4 992.8	86 044.8	14 439.7	4 028.6	5 566.4	12 234.8	127 307.2	18 936.0	14 582.8	7 311.0	40 829.8	168 137.0
	建筑业	49.7	94.4	33.9	196.2	230.5	1 236.9	1 841.5		27 275.4	−369.5	26 905.8	28 747.3
	运输邮电业	615.2	5 271.6	1 276.0	1 628.6	667.8	1 461.3	10 920.5	2 076.9	240.0	2 449.0	4 765.9	15 686.4
	批零、餐饮业	795.8	7 485.8	1 403.7	425.3	1 294.9	2 726.3	14 131.8	6 269.2	1 093.3	1 903.6	9 266.2	23 397.9
	其他服务业	1 460.7	12 851.7	2 713.6	2 250.1	2 193.2	5 424.4	26 893.7	33 781.0	1 268.8	−7 801.4	27 248.3	54 142.1
	中间投入合计	12 551.1	119 630.0	22 153.1	8 660.5	11 222.2	23 216.5	197 433.4	71 691.2	45 565.0	4 602.5	121 858.9	319 292.3
增加值	劳动者报酬	13 316.0	18 620.2	3 898.6	3 096.1	4 922.7	15 096.9	58 950.5					
	生产税净额	544.7	9 963.9	284.9	611.0	4 043.2	2 014.5	17 462.2					
	固定资产折旧	764.9	7 670.5	702.1	1 840.4	1 002.1	6 760.6	18 740.6					
	营业盈余	2 004.9	12 252.4	1 708.6	1 478.4	2 207.7	7 053.6	26 705.6					
	增加值合计	16 630.5	48 507.1	6 594.2	7 025.9	12 175.7	30 925.6	121 858.9					
总产出		29 181.6	168 137.0	28 747.3	15 686.4	23 397.9	54 142.1	319 292.3					

注：* 根据中国 2002 年 17×17 投入产出表合并而成，** 对第二象限的数据做了合并，原表第二象限如附表 4 所示。

附表 4

中国 2002 年投入产出表(最终使用)

单位:亿元

	最终使用										进口	其他
	最终消费					资本形成			出口	最终使用合计		
	居民消费			政府消费	合计	固定资本形成	存货增加	资本形成总额				
	农村居民	城镇居民	小计									
农业	4 932.9	5 531.1	10 464.0	164.2	10 628.2	772.7	332.0	1 104.7	474.2	12 207.1	681.2	714.1
工业	5 024.4	13 911.6	18 936.0	0.0	18 936.0	13 162.9	1 420.0	14 582.8	23 795.7	57 314.5	24 281.8	2 086.5
建筑业	0.0	0.0	0.0	0.0	0.0	27 275.4	0.0	27 275.4	104.6	27 380.0	79.8	−1 009.0
运输邮电业	468.4	1 302.4	1 770.8	306.2	2 076.9	197.6	42.4	240.0	1 451.9	3 768.8	292.0	209.1
批零、餐饮业	1 415.1	4 854.1	6 269.2	0.0	6 269.2	954.8	138.5	1 093.3	2 887.9	10 250.4	3.8	−87.4
其他服务业	4 431.0	10 700.4	15 131.4	18 649.6	33 781.0	1 268.8	0.0	1 268.8	2 228.3	37 278.0	1 605.4	−1 309.3
合 计	16 271.7	36 299.6	52 571.3	19 119.9	71 691.2	43 632.1	1 932.9	45 565.0	30 942.5	148 198.7	26 944.0	604.2

$$
\boldsymbol{B}=\begin{pmatrix}
0.226\,38 & 0.140\,78 & 0.181\,89 & 0.066\,13 & 0.114\,91 & 0.051\,73\\
0.561\,79 & 1.330\,23 & 1.353\,57 & 0.823\,78 & 0.726\,22 & 0.686\,46\\
0.006\,83 & 0.009\,43 & 0.011\,08 & 0.022\,14 & 0.016\,92 & 0.029\,67\\
0.055\,10 & 0.096\,53 & 0.114\,07 & 0.158\,30 & 0.070\,21 & 0.065\,96\\
0.070\,90 & 0.129\,71 & 0.113\,86 & 0.089\,51 & 0.109\,50 & 0.101\,06\\
0.132\,83 & 0.235\,67 & 0.263\,79 & 0.269\,95 & 0.196\,63 & 0.196\,69
\end{pmatrix}
$$

附表 5

中国 2007 年投入产出表**

单位：亿元

		中间使用							最终使用				总产出
		农、林、牧、渔业	工业	建筑业	运输计算机软件业	批零住餐饮业	其他服务业	合计	最终消费	资本形成	净出口和其他	合计	
中间消费	农、林、牧、渔业	6 877	24 657	259	380	1 785	365	34 323	11 498	2 042	2 693	14 570	48 893
	工业	10 248	326 100	37 925	13 088	8 850	17 939	414 149	38 617	42 798	3 738	100 710	514 859
	建筑业	11	160	598	137	128	752	1 786	932	58 847	969	60 936	62 722
	运输计算机软件业*	971	13 723	5 677	3 090	3 192	2 388	29 040	7 013	1 523	1 910	13 421	42 461
	批零住餐饮业*	852	12 336	2 023	1 211	1 407	3 368	21 198	13 496	1 985	2 749	22 450	43 648
	其他服务业*	1 275	17 901	1 726	3 553	5 387	5 995	35 836	60 188	3 725	−39 757	24 399	60 236
	合计	20 234	394 877	48 208	21 458	20 749	30 807	536 333	131 744	110 919	−27 698	236 486	772 819
增加值	劳动者报酬	27 182	38 589	7 405	5 198	5 726	19 802	103 902					
	生产税净额	48	25 210	1 800	1 767	4 820	1 069	34 714					
	固定资产折旧	1 430	17 386	776	5 350	1 764	3 110	29 816					
	营业盈余	0	38 797	4 532	8 688	10 588	5 448	68 054					
	合计	28 659	119 982	14 513	21 004	22 899	29 428	236 486					
总投入		48 893	514 859	62 722	42 461	43 648	60 236	772 819					

注：* 为了便于在表格中表示，我们简称"运输仓储邮政、信息传输、计算机服务和软件业"为"运输计算机软件业"，简称"批发零售贸易、住宿和餐饮业"为"批零住餐饮业"，把"房地产业、租赁和商务服务业""金融业""其他服务业"统称为"其他服务业"。

** 本表根据《中国统计年鉴 2011》中 2007 年 17×17 投入产出表合并而成，并把计量单位由"万元"调整为"亿元"；为了讲授方便，将第二象限的数据做了合并，原表第二象限如附表 6 所示。

表 9－4 中第一部分的 $x_{ij}(i,j=1,2,\cdots,n)$，从横行看，包括本地生产的 i 产品提供给本地生产用的数量，也包括输入产品的 i 产品提供给本地生产用的数量；从纵列看，既包括本地区 j 部门对第 i 种本地产品的消耗，又包括 j 部门对第 i 种购入产品的消耗。由 x_{ij} 所确定的直接消耗系数 $a_{ij}=x_{ij}/X_j$ 也包括了本地生产的 i 产品和输入的 i 产品。

补充输入型地区价值投入产出表中，各横行有如下平衡关系：

$$\sum_{j=1}^{n} x_{ij} + Y_{Di} + F_i - G_i + E_i - M_i = X_i \qquad (i=1,2,\cdots,n) \tag{9.1}$$

式(9.1) 中：Y_{Di} 表示本地生产的 i 产品供本地最终使用的数量；F_i 表示本地生产销往外地的 i 产品数量；G_i 表示从外地购入的 i 产品数量；E_i 表示本地生产用于出口的 i 产品数量；M_i 表示从国外(非常住单位) 进口的 i 产品数量；X_i 表示本地生产的 i 产品数量。

把直接消耗系数 a_{ij} 代入式(9.1) 有：

$$\sum_{j=1}^{n} a_{ij}X_j + Y_{Di} + F_i - G_i + E_i - M_i = X_i \qquad (i=1,2,\cdots,n) \tag{9.2}$$

式(9.2) 用矩阵表示为：

$$\boldsymbol{AX} + \boldsymbol{Y}_D + \boldsymbol{F} - \boldsymbol{G} + \boldsymbol{E} - \boldsymbol{M} = \boldsymbol{X} \tag{9.3}$$

式(9.3) 中：$\boldsymbol{A}$ 是直接消耗系数矩阵；$\boldsymbol{Y}_D$ 是以 Y_{Di} 为元素的列向量；$\boldsymbol{F}$ 是以 F_i 为元素的列向量；$\boldsymbol{G}$ 是以 G_i 为元素的列向量；$\boldsymbol{E}$ 是以 E_i 为元素的列向量；$\boldsymbol{M}$ 是以 M_i 为元素的列向量；$\boldsymbol{X}$ 是以 X_i 为元素的列向量。

整理式(9.3) 后得到以下两个模型：

$$\boldsymbol{Y}_D + \boldsymbol{F} - \boldsymbol{G} + \boldsymbol{E} - \boldsymbol{M} = (\boldsymbol{I} - \boldsymbol{A})\boldsymbol{X} \tag{9.4}$$

$$\boldsymbol{X} = (\boldsymbol{I} - \boldsymbol{A})^{-1}(\boldsymbol{Y}_D + \boldsymbol{F} - \boldsymbol{G} + \boldsymbol{E} - \boldsymbol{M}) \tag{9.5}$$

应当注意，这里的 $(\boldsymbol{I}-\boldsymbol{A})^{-1}$ 不能用来确定对本地区产品的完全消耗系数，这是因为中间流量 x_{ij} 和直接消耗系数 a_{ij} 中都包含了对外地购入产品和进口产品的消耗，$(\boldsymbol{I}-\boldsymbol{A})^{-1}$ 也直接或间接包含了对外地购入产品和进口产品的消耗。

如果要研究购入和进口的产品与本地区社会再生产的直接或间接关系，可以分别确定每种产品的购入系数、进口系数或自给率系数，然后代入式(9.3) 中。

所谓购入系数 g_i 指外地购入的 i 产品数量与本地区使用的 i 产品总量之比值，其计算式为：

$$g_i = \frac{G_i}{\sum_{j=1}^{n} a_{ij}X_j + Y_{Di}} \qquad (i=1,2,\cdots,n) \tag{9.6}$$

由式(9.6) 有：

$$G_i = g_i\left(\sum_{j=1}^{n} a_{ij}X_j + Y_{Di}\right) \qquad (i=1,2,\cdots,n) \tag{9.6a}$$

类似地，进口系数 m_i 指进口的 i 产品数量与本地区使用的 i 产品总量之比值，其计算式为：

$$m_i = \frac{M_i}{\sum_{j=1}^{n} a_{ij}X_j + Y_{Di}} \qquad (i=1,2,\cdots,n) \tag{9.7}$$

附表 6

中国 2007 年投入产出表（最终使用）

单位:亿元

	最终使用										进口	其他
	最终消费支出					资本形成总额			出口	最终使用合计		
	农村居民	城镇居民	小计	政府消费支出	合 计	固定资本	存货增加	合 计				
农、林、牧、渔业	5 159	5 997	11 156	342	11 498	1 067	974	2 042	666	14 205	2 328	2 672
采矿业	87	60	148	0	148	0	249	249	640	1 037	10 339	-290
食品、饮料制造及烟草制品业	4 402	12 286	16 688	0	16 688	0	948	948	1 912	19 548	1 582	1 761
纺织、服装及皮革产品制造业	1 202	4 912	6 114	0	6 114	0	253	253	13 889	20 255	1 427	-53
其他制造业	358	1 963	2 321	0	2 321	1 963	245	2 208	6 030	10 559	2 730	-66
电力、热力及水的生产和供应业	559	2 116	2 675	0	2 675	0	0	0	65	2 740	18	-1 261
炼焦、燃气及石油加工业	137	931	1 068	0	1 068	0	-53	-53	768	1 783	1 450	-717
化学工业	614	1 738	2 351	0	2 351	0	492	492	7 238	10 081	9 105	-545
非金属矿物制品业	50	229	280	0	280	0	54	54	1 484	1 817	377	-566
金属产品制造业	70	340	411	0	411	953	781	1 734	8 714	10 859	4 905	-2 583
机械设备制造业	1 436	5 126	6 562	0	6 562	35 502	1 412	36 914	40 460	83 935	33 710	953
建筑业	0	932	932	0	932	58 847	0	58 847	409	60 187	221	756
运输仓储邮政、信息传输、计算机服务和软件业	1 161	4 230	5 391	1 621	7 013	1 497	26	1 523	4 478	13 014	1 503	313
批发零售贸易、住宿和餐饮业	3 358	10 138	13 496	0	13 496	1 882	103	1 985	4 744	20 225	523	728
房地产业、租赁和商务服务业	2 360	6 428	8 788	569	9 357	3 406	0	3 406	3 209	15 973	2 411	143
金融业	707	3 436	4 143	272	4 415	0	0	0	86	4 501	129	553
其他服务业	2 657	11 373	14 030	32 387	46 417	319	0	319	749	47 484	1 262	66

参考文献

[1]庞皓,向蓉美. 投入产出分析[M]. 成都:西南财经大学出版社,1991.

[2]联合国,等. 国民经济核算体系[M]. 国家统计局国民经济核算司,译. 北京:中国统计出版社,1995.

[3]向蓉美,徐浪,胡品生. 网络经济条件下统计学的应用与发展[M]. 成都:西南财经大学出版社,2007.

[4]沃西里·里昂惕夫. 投入产出经济学[M]. 崔书香,潘省初,谢鸿光,译. 北京:中国统计出版社,1990.

[5]国家统计局国民经济核算司. 2002 年中国投入产出表[M]. 北京:中国统计出版社,2006.

[6]国家统计局国民经济核算司. 中国国民经济核算[M]. 北京:中国统计出版社,2004.

[7]国家统计局国民经济核算司. 中国投入产出表(延长表)编制方法[M]. 北京:中国统计出版社,1997.

[8]刘起运. 宏观经济数量分析方法与模型[M]. 北京:高等教育出版社,2002.

[9]向蓉美,杨作廪,王青华. 国民经济核算及分析[M]. 成都:西南财经大学出版社,2005.

[10] 凯伦·R.普兰斯基. 美国多地区投入产出核算与模型技术[M]. 国家统计局投入产出办公室,辽宁省投入产出协调小组办公室,译校. 沈阳:辽宁人民出版社 ,1991.

[11]陈锡康,李秉全. 投入产出技术[M]. 北京: 中央广播电视大学出版社,1984.

[12]周逸江. 投入产出法简述[M]. 上海:上海人民出版社,1986.

[13]钟契夫,乌家培,邵汉青,等. 投入产出原理及其应用[M]. 北京:中国社会科学出版社,1985.

[14]邵汉青. 投入产出法[M]. 武汉:武汉大学出版社,2000.

[15]向蓉美. 简明国民经济核算体系[M]. 重庆:科学技术文献出版社重庆分社,1988.

[16] B. C. 涅姆钦诺夫. 经济数学方法和模型[M]. 乌家培,张守一,译. 北京:商务印书馆,1981.

[17]涂晓青,李捷. 线性代数[M]. 成都:西南财经大学出版社,2004.

[18]向蓉美,马丹. 文化产业对经济增长的影响分析——基于四川省 2002 年投入产出表资料的分析[J]. 四川省情, 2004(11):13-15.

[19]向蓉美,马丹. 基于投入产出表的经济收益测算研究[M]// 许宪春,刘起运. 2004 年中国投入产出理论与实践. 北京:中国统计出版社,2005.

[20]向蓉美. 诺贝尔经济学奖的统计看点[J]. 中国统计,2004(4):32-33.

[21]向蓉美,史代敏. 对价格投入产出模型求解的思考[J]. 统计研究(增刊),1997.

[22]向蓉美. 投入产出法在国家银行信贷收支分析中的应用[J]. 统计与预测,1994(5):6-9.

[23]向蓉美. 完全分配系数的求解及求解条件探讨[J]. 数据分析(JDA),2006(8):65-73.